**7ª EDIÇÃO 2022**

**WANDER GARCIA • ARIANE WADY • RODRIGO BORDALO**

# COMO PASSAR

## OAB
### SEGUNDA FASE

# PRÁTICA ADMINISTRATIVA

**WANDER GARCIA**
**ANA PAULA GARCIA**
COORDENADORES DA COLEÇÃO

2022 © Editora Foco

**Coordenador:** Wander Garcia
**Autores:** Wander Garcia, Ariane Wady e Rodrigo Bordalo
**Editor:** Roberta Densa
**Diretor Acadêmico:** Leonardo Pereira
**Assistente editorial:** Paula Morishita
**Revisora Sênior:** Georgia Dias
**Diagramação:** Ladislau Lima
**Capa:** Leonardo Hermano
**Impressão e acabamento:** PLENA PRINT

---

Dados Internacionais de Catalogação na Publicação (CIP) de acordo com ISBD

---

W125c Wady, Ariane

Como passar na OAB 2ª fase: prática administrativa / Ariane Wady, Rodrigo Bordalo, Wander Garcia ; organizado por Wander Garcia, Ana Paula Garcia. - 7. ed. - Indaiatuba, SP : Editora Foco, 2022.

312 p. : il. ; 16cm x 23cm.

Inclui bibliografia e índice.

ISBN: 978-65-5515-382-8

1. Direito. 2. Ordem dos Advogados do Brasil - OAB. 3. Exame de Ordem. 4. Prática administrativa. I. Bordalo, Rodrigo. II. Garcia, Wander. III. Garcia, Ana Paula. IV. Título.

2021-3702     CDD 340    CDU 34

---

Elaborado por Vagner Rodolfo da Silva - CRB-8/9410

Índices para Catálogo Sistemático:

1. Direito 340    2. Direito 34

---

**DIREITOS AUTORAIS:** É proibida a reprodução parcial ou total desta publicação, por qualquer forma ou meio, sem a prévia autorização da Editora Foco, com exceção do teor das questões de concursos públicos que, por serem atos oficiais, não são protegidas como Direitos Autorais, na forma do Artigo 8º, IV, da Lei 9.610/1998. Referida vedação se estende às características gráficas da obra e sua editoração. A punição para a violação dos Direitos Autorais é crime previsto no Artigo 184 do Código Penal e as sanções civis às violações dos Direitos Autorais estão previstas nos Artigos 101 a 110 da Lei 9.610/1998.

**NOTAS DA EDITORA:**

**Atualizações do Conteúdo:** A presente obra é vendida como está, atualizada até a data do seu fechamento, informação que consta na página II do livro. Havendo a publicação de legislação de suma relevância, a editora, de forma discricionária, se empenhará em disponibilizar atualização futura. Os comentários das questões são de responsabilidade dos autores.

**Bônus ou *Capítulo On-line*:** Excepcionalmente, algumas obras da editora trazem conteúdo extra no *on-line*, que é parte integrante do livro, cujo acesso será disponibilizado durante a vigência da edição da obra.

**Erratas:** A Editora se compromete a disponibilizar no site www.editorafoco.com.br, na seção Atualizações, eventuais erratas por razões de erros técnicos ou de conteúdo. Solicitamos, outrossim, que o leitor faça a gentileza de colaborar com a perfeição da obra, comunicando eventual erro encontrado por meio de mensagem para contato@editorafoco.com.br. O acesso será disponibilizado durante a vigência da edição da obra.

Impresso no Brasil (10.2021)     Data de Fechamento (10.2021)

**2022**
Todos os direitos reservados à
Editora Foco Jurídico Ltda.
Avenida Itororó, 348 – Sala 05 – Cidade Nova
CEP 13334-050 – Indaiatuba – SP

E-mail: contato@editorafoco.com.br
www.editorafoco.com.br

# APRESENTAÇÃO

Caro leitor,

Com intuito de atualização e treinamento do bacharel em direito para a realização da prova de segunda fase da OAB, a Editora Foco, por meio de seus autores, preparou essa nova edição da obra Como passar na OAB 2ª fase: **PRÁTICA ADMINISTRATIVA**, trazendo algumas importantes novidades.

O manual contém tanto as peças práticas, como as questões cobradas nas provas de segunda fase, nas áreas de Direito Administrativo. Além disso, todo o conteúdo se encontra em consonância com a mais nova legislação em vigor, em especial a nova Lei de Licitações, proporcionando segurança ao candidato quanto à sua preparação em relação à legislação ora vigente.

É com grande satisfação, que lhes apresentamos essa importante obra, fundamental para aprovação na segunda fase do Exame de Ordem, na área de Direito Administrativo. Sucesso!

**Wander Garcia, Ariane Wady e Rodrigo Bordalo**

## Acesse JÁ os conteúdos ON-LINE

**ATUALIZAÇÃO** em PDF
para complementar seus estudos*

Acesse o link:
**www.editorafoco.com.br/atualizacao**

 CAPÍTULOS ON-LINE

Acesse o link:
**www.editorafoco.com.br/atualizacao**

* As atualizações em PDF e Vídeo serão disponibilizadas sempre que houver necessidade, em caso de nova lei ou decisão jurisprudencial relevante, durante o ano da edição do livro.
* Acesso disponível durante a vigência desta edição.

# SUMÁRIO

## ORIENTAÇÕES AO EXAMINANDO ............................................................. XIII

1. PROVIMENTOS CFOAB 144/2011, 156/2013 E 174/2016: O NOVO EXAME DE ORDEM ............ XIII
2. PONTOS A SEREM DESTACADOS NO EDITAL DO EXAME ......................................................... XVII
   - 2.1. Materiais/procedimentos permitidos e proibidos ............................................................. XVII
   - 2.2. Legislação nova e legislação revogada ............................................................................ XVIII
   - 2.3. Critérios de correção .......................................................................................................... XVIII
3. DICAS DE COMO ESTUDAR ......................................................................................................... XX
   - 3.1. Tenha calma ........................................................................................................................ XX
   - 3.2. Tenha em mãos todos os instrumentos de estudo e treinamento ................................... XX
   - 3.3. 1º Passo – Leitura dos enunciados das provas anteriores ................................................ XXI
   - 3.4. 2º Passo – Reconhecimento das leis ................................................................................. XXI
   - 3.5. 3º Passo – Estudo holístico dos exercícios práticos (questões discursivas) .................... XXI
   - 3.6. 4º Passo – Estudo holístico das peças práticas (peças prático-profissionais) ................ XXII
   - 3.7. 5º Passo – Verificar o que faltou ....................................................................................... XXIII
   - 3.8. Dicas finais para resolver os problemas ........................................................................... XXIII
   - 3.9. Dicas finais para o dia da prova ........................................................................................ XXIII

## EXERCÍCIOS PRÁTICOS ............................................................. 1

1. PRINCÍPIOS E ATOS ADMINISTRATIVOS ..................................................................................... 1
2. ESTRUTURA DA ADMINISTRAÇÃO E ENTES DE COOPERAÇÃO ............................................. 15
3. AGENTES PÚBLICOS ..................................................................................................................... 24
4. IMPROBIDADE ADMINISTRATIVA ................................................................................................. 37
5. BENS PÚBLICOS ............................................................................................................................. 43
6. RESPONSABILIDADE DO ESTADO ............................................................................................... 49
7. INTERVENÇÃO NA PROPRIEDADE .............................................................................................. 59
8. LICITAÇÃO E CONTRATO .............................................................................................................. 72
9. SERVIÇOS PÚBLICOS E CONCESSÕES ..................................................................................... 98
10. PARCERIA PÚBLICO-PRIVADA ................................................................................................... 107
11. PODER DE POLÍCIA ..................................................................................................................... 109
12. CONTROLE DA ADMINISTRAÇÃO .............................................................................................. 112

## PEÇAS PRÁTICO-PROFISSIONAIS ... 123
## MODELOS DE PEÇAS E ESTRUTURA BÁSICA ... 201

1. PETIÇÃO INICIAL ... 201
   - 1.1. ESTRUTURA BÁSICA ... 201
   - 1.2. MODELO – PETIÇÃO INICIAL ... 203
2. CONTESTAÇÃO ... 204
   - 2.1. ESTRUTURA BÁSICA ... 204
   - 2.2. MODELO – CONTESTAÇÃO ... 205
3. RECURSOS ... 206
   - 3.1. AGRAVO DE INSTRUMENTO ... 206
   - 3.2. APELAÇÃO ... 210
   - 3.3. RECURSOS EXTRAORDINÁRIO E ESPECIAL ... 212
   - 3.4. RECURSO ORDINÁRIO CONSTITUCIONAL ... 216
4. AÇÃO RESCISÓRIA ... 218
   - 4.1. ESTRUTURA BÁSICA ... 218
   - 4.2. MODELO – PETIÇÃO INICIAL DE AÇÃO RESCISÓRIA ... 219
5. AÇÕES ESPECÍFICAS ... 221
   - 5.1. DESAPROPRIAÇÃO ... 221
   - 5.2. MODELO – PETIÇÃO INICIAL DE AÇÃO DE DESAPROPRIAÇÃO ... 221
   - 5.3. ESTRUTURA BÁSICA – CONTESTAÇÃO EM AÇÃO DE DESAPROPRIAÇÃO ... 223
   - 5.4. MODELO – CONTESTAÇÃO EM AÇÃO DE DESAPROPRIAÇÃO ... 224
   - 5.5. ESTRUTURA BÁSICA – PETIÇÃO INICIAL DE AÇÃO DE INDENIZAÇÃO POR DESAPROPRIAÇÃO INDIRETA ... 227
   - 5.6. MODELO – PETIÇÃO INICIAL DE AÇÃO DE INDENIZAÇÃO POR DESAPROPRIAÇÃO INDIRETA ... 228
6. AÇÃO DE COBRANÇA ... 231
   - 6.1. ESTRUTURA BÁSICA ... 231
   - 6.2. MODELO – PETIÇÃO INICIAL DE AÇÃO DE COBRANÇA ... 232
7. AÇÃO DE RESPONSABILIDADE EXTRACONTRATUAL ... 235
   - 7.1. ESTRUTURA BÁSICA ... 235
   - 7.2. MODELO – PETIÇÃO INICIAL DE AÇÃO INDENIZATÓRIA – RESPONSABILIDADE CIVIL EXTRACONTRATUAL ... 236
8. MANDADO DE SEGURANÇA ... 240
   - 8.1. MANDADO DE SEGURANÇA – INDIVIDUAL ... 240
   - 8.2. MANDADO DE SEGURANÇA – COLETIVO ... 244
9. AÇÃO POPULAR ... 247
   - 9.1. ESTRUTURA BÁSICA ... 247

9.2. MODELO – PETIÇÃO INICIAL DE AÇÃO POPULAR .......................................................... 248
10. *HABEAS DATA* ................................................................................................................. 251
    10.1. ESTRUTURA BÁSICA ................................................................................................ 251
    10.2. MODELO – PETIÇÃO INICIAL DE *HABEAS DATA* ................................................... 252
11. AÇÃO CIVIL PÚBLICA ....................................................................................................... 254
    11.1. ESTRUTURA BÁSICA ................................................................................................ 254
    11.2. MODELO – PETIÇÃO INICIAL DE AÇÃO CIVIL PÚBLICA ......................................... 255
12. AÇÃO DE IMPROBIDADE .................................................................................................. 256
    12.1. ESTRUTURA BÁSICA – PETIÇÃO INICIAL EM AÇÃO DE IMPROBIDADE ............... 256
    12.2. MODELO – PETIÇÃO INICIAL DE AÇÃO DE IMPROBIDADE .................................. 257
    12.3. MODELO – DEFESA PRÉVIA EM AÇÃO DE IMPROBIDADE .................................... 259
    12.4. ESTRUTURA BÁSICA – CONTESTAÇÃO EM AÇÃO DE IMPROBIDADE ................. 265
    12.5. MODELO – CONTESTAÇÃO EM AÇÃO DE IMPROBIDADE ..................................... 266
13. PROCESSOS ADMINISTRATIVOS .................................................................................... 268
    13.1. MODELO – RECURSO EM PROCESSO LICITATÓRIO ............................................. 268
    13.2. MODELO – IMPUGNAÇÃO EM PROCESSO LICITATÓRIO ...................................... 269
14. PARECER ........................................................................................................................... 270
    14.1. ESTRUTURA BÁSICA ................................................................................................ 270
    14.2. MODELO – PARECER ............................................................................................... 270
15. DEFESA DA ADMINISTRAÇÃO ......................................................................................... 271
    15.1. MODELO – INFORMAÇÕES EM MANDADO DE SEGURANÇA ............................... 271
    15.2. MODELO – PEDIDO DE SUSPENSÃO DE LIMINAR OU DE SEGURANÇA ............. 272

## PEÇAS PROCESSUAIS ........................................................................................................ 273
## MODELOS COMPLEMENTARES ........................................................................................ 273

1. EXCEÇÃO DE IMPEDIMENTO ........................................................................................... 273
    1.1. Estrutura Básica ......................................................................................................... 273
    1.2. Modelo – Exceção de Impedimento ........................................................................... 274
2. EXCEÇÃO DE SUSPEIÇÃO ................................................................................................ 275
    2.1. Estrutura Básica ......................................................................................................... 275
    2.2. Modelo – Exceção de Suspeição ............................................................................... 275
3. RECONVENÇÃO ................................................................................................................. 276
    3.1. Estrutura Básica ......................................................................................................... 276
    3.2. Modelo – Reconvenção .............................................................................................. 277
4. IMPUGNAÇÃO AO CUMPRIMENTO DE SENTENÇA ....................................................... 278
    4.1. Estrutura Básica ......................................................................................................... 278
    4.2. Modelo – Impugnação ao Cumprimento de Sentença ............................................... 279

| | | |
|---|---|---|
| 5. | PETIÇÃO INICIAL DE EXECUÇÃO CONTRA A FAZENDA PÚBLICA | 280 |
| | 5.1. Estrutura Básica | 280 |
| | 5.2. Modelo – Petição Inicial de Execução contra a Fazenda Pública | 280 |

## BREVES COMENTÁRIOS SOBRE A LEI 14.133/2021 .................................... 203

| | | |
|---|---|---|
| I. | APLICABILIDADE DA NOVA LEI | 203 |
| II. | ASPECTOS GERAIS | 203 |
| III. | CONTRATAÇÃO DIRETA | 203 |
| IV. | MODALIDADES LICITATÓRIAS | 204 |
| V. | FASES | 205 |
| VI. | INSTRUMENTOS AUXILIARES | 206 |
| VII. | CONTRATOS ADMINISTRATIVOS | 206 |
| VIII. | REGIME SANCIONATÓRIO | 207 |
| IX. | OUTROS ASPECTOS DA LEI 14.133/2021 | 208 |

# SUMÁRIO *ON-LINE*

## EXERCÍCIOS PRÁTICOS .................................................................. 1

| | | |
|---|---|---|
| 1. | PRINCÍPIOS E ATOS ADMINISTRATIVOS | 1 |
| 2. | ESTRUTURA DA ADMINISTRAÇÃO E ENTES DE COOPERAÇÃO | 3 |
| 3. | AGENTES PÚBLICOS | 10 |
| 4. | IMPROBIDADE ADMINISTRATIVA | 29 |
| 5. | BENS PÚBLICOS | 35 |
| 6. | RESPONSABILIDADE DO ESTADO | 38 |
| 7. | INTERVENÇÃO NA PROPRIEDADE | 50 |
| 8. | LICITAÇÃO E CONTRATO | 61 |
| 9. | SERVIÇOS PÚBLICOS | 71 |
| 10. | PODER DE POLÍCIA | 73 |
| 11. | CONTROLE DA ADMINISTRAÇÃO | 79 |

## PEÇAS PRÁTICO-PROFISSIONAIS (provas resolvidas) .......................... 83

MODELO: MANDADO DE SEGURANÇA .................................................................. 84
MANDADO DE SEGURANÇA COM PEDIDO DE LIMINAR ...................................... 84
MODELO: PARECER .............................................................................................. 88
MODELO: PETIÇÃO INICIAL DE AÇÃO ANULATÓRIA DE ATO ADMINISTRATIVO CUMULADA COM OBRIGAÇÃO DE FAZER, COM PEDIDO DE TUTELA ANTECIPADA ............... 94
AÇÃO ANULATÓRIA DE ATO ADMINISTRATIVO CUMULADA COM OBRIGAÇÃO DE FAZER, COM PEDIDO DE ANTECIPAÇÃO DOS EFEITOS DA TUTELA ................................. 94
MODELO: PETIÇÃO INICIAL DE AÇÃO DE DESAPROPRIAÇÃO INDIRETA ............... 99
AÇÃO DE INDENIZAÇÃO POR DESAPROPRIAÇÃO INDIRETA .................................. 99
MODELO: PETIÇÃO INICIAL DE AÇÃO POPULAR .................................................. 105
MODELO: MANDADO DE SEGURANÇA COM PEDIDO DE LIMINAR ...................... 109
MANDADO DE SEGURANÇA COM PEDIDO DE LIMINAR ...................................... 110
MODELO: *HABEAS DATA* ..................................................................................... 115
"HABEAS DATA" ..................................................................................................... 115
MODELO: AÇÃO ANULATÓRIA DE ATO DEMISSÓRIO CUMULADA COM REINTEGRAÇÃO NO CARGO ............................................................................................................. 119
AÇÃO DECLARATÓRIA DE NULIDADE DE ATO ADMINISTRATIVO CUMULADA COM OBRIGAÇÃO DE FAZER CONSISTENTE NA REINTEGRAÇÃO DE SERVIDOR, COM PEDIDO DE TUTELA ANTECIPADA, ..................................................................................... 119
MODELO: RECURSO ORDINÁRIO EM MANDADO DE SEGURANÇA ...................... 122
RECURSO ORDINÁRIO EM MANDADO DE SEGURANÇA ...................................... 123
RAZÕES DE RECURSO ORDINÁRIO EM MANDADO DE SEGURANÇA .................. 123
MODELO: MANDADO DE SEGURANÇA .................................................................. 126
MANDADO DE SEGURANÇA COM PEDIDO DE LIMINAR ...................................... 126
MODELO: APELAÇÃO ............................................................................................ 131
APELAÇÃO ............................................................................................................. 131
MODELO: MANDADO DE SEGURANÇA .................................................................. 136
MANDADO DE SEGURANÇA COM PEDIDO DE LIMINAR ...................................... 136
MODELO: MANDADO DE SEGURANÇA .................................................................. 144
MANDADO DE SEGURANÇA COM PEDIDO DE LIMINAR ...................................... 144

# COMENTÁRIOS GERAIS SOBRE O EDITAL DIREITO ADMINISTRATRATIVO-IMPROBIDADE ADMINISTRATIVA

No que diz respeito à matéria Direito Administrativo, houve alguns acréscimos e alterações em relação aos editais dos exames anteriores.

Passam a ser cobrados os dispositivos da Lei de Introdução às Normas do Direito Brasileiro (LINDB) inseridos pela Lei 13.655/2018 (artigos 20 a 30). São normas que versam sobre segurança jurídica e eficiência na criação e na aplicação do direito público.

Passam a constar expressamente tanto a Lei de Acesso à Informação (Lei 12.527/2011) quanto a Lei Geral de Proteção de Dados-LGPD (Lei 13.709/2018).

No que se refere ao tema de licitações e contratos, vale apontar relevante inovação no ordenamento jurídico. Em 1º de abril de 2021 foi editada a Lei 14.133. Relevante esclarecer que a Lei 8.666/93 não foi imediatamente revogada pelo novo regime e vigorará por 2 anos, com revogação prevista para abril de 2023. Nesse sentido, atualmente convivem os regimes tanto da Lei 14.133/21 quanto da Lei 8.666/93. Até a revogação desta última, a Administração poderá optar por licitar ou contratar diretamente de acordo uma delas. O mesmo raciocínio se aplica para as Leis 10.520/02 (Pregão) e 12.462/11 (Regime Diferenciado de Contratações Públicas).

No que tange ao tema do abuso de autoridade, relevante atentar que há uma nova lei a respeito (Lei 13.869/2019).

Devemos estar preparados para questões que utilizem o entendimento jurisprudencial, pois consta expressamente no edital a exigência de que a resposta reflita a jurisprudência pacificada dos Tribunais Superiores.

Sucesso!

# ORIENTAÇÕES AO EXAMINANDO

## 1. Provimentos CFOAB 144/2011, 156/2013 e 174/2016: o Novo Exame de Ordem

O Conselho Federal da Ordem dos Advogados do Brasil (OAB) publicou em novembro de 2013 o Provimento 156/2013, que alterou o Provimento 144/2011, estabelecendo as normas e diretrizes do Exame de Ordem. Confira o texto integral do provimento, com as alterações promovidas pelos provimentos 167/2015, 172/2016 e 174/2016:

O CONSELHO FEDERAL DA ORDEM DOS ADVOGADOS DO BRASIL, no uso das atribuições que lhe são conferidas pelos arts. 8º, § 1º, e 54, V, da Lei n. 8.906, de 4 de julho de 1994 – Estatuto da Advocacia e da OAB, tendo em vista o decidido nos autos da Proposição n. 2011.19.02371-02,

RESOLVE:

CAPÍTULO I

DO EXAME DE ORDEM

Art. 1º O Exame de Ordem é preparado e realizado pelo Conselho Federal da Ordem dos Advogados do Brasil – CFOAB, mediante delegação dos Conselhos Seccionais.

§ 1º A preparação e a realização do Exame de Ordem poderão ser total ou parcialmente terceirizadas, ficando a cargo do CFOAB sua coordenação e fiscalização.

§ 2º Serão realizados 03 (três) Exames de Ordem por ano.

CAPÍTULO II

DA COORDENAÇÃO NACIONAL DE EXAME DE ORDEM

Art. 2º É criada a Coordenação Nacional de Exame de Ordem, competindo-lhe organizar o Exame de Ordem, elaborar-lhe o edital e zelar por sua boa aplicação, acompanhando e supervisionando todas as etapas de sua preparação e realização. (NR. Ver Provimento n. 156/2013)

Art. 2º-A. A Coordenação Nacional de Exame de Ordem será designada pela Diretoria do Conselho Federal e será composta por: (NR. Ver Provimento n. 150/2013)

I – 03 (três) Conselheiros Federais da OAB;

II – 03 (três) Presidentes de Conselhos Seccionais da OAB;

III – 01 (um) membro da Escola Nacional da Advocacia;

IV – 01 (um) membro da Comissão Nacional de Exame de Ordem;

V – 01 (um) membro da Comissão Nacional de Educação Jurídica;

VI – 02 (dois) Presidentes de Comissão de Estágio e Exame de Ordem de Conselhos Seccionais da OAB.

Parágrafo único. A Coordenação Nacional de Exame de Ordem contará com ao menos 02 (dois) membros por região do País e será presidida por um dos seus membros, por designação da Diretoria do Conselho Federal. (NR. Ver Provimento n. 150/2013)

CAPÍTULO III
DA COMISSÃO NACIONAL DE EXAME DE ORDEM, DA COMISSÃO NACIONAL DE EDUCAÇÃO JURÍDICA, DO COLÉGIO DE PRESIDENTES DE COMISSÕES DE ESTÁGIO E EXAME DE ORDEM E DAS COMISSÕES DE ESTÁGIO E EXAME DE ORDEM

Art. 3º À Comissão Nacional de Exame de Ordem e à Comissão Nacional de Educação Jurídica compete atuar como órgãos consultivos e de assessoramento da Diretoria do CFOAB.

Art. 4º Ao Colégio de Presidentes de Comissões de Estágio e Exame de Ordem compete atuar como órgão consultivo e de assessoramento da Coordenação Nacional de Exame de Ordem.

Art. 5º Às Comissões de Estágio e Exame de Ordem dos Conselhos Seccionais compete fiscalizar a aplicação da prova e verificar o preenchimento dos requisitos exigidos dos examinandos quando dos pedidos de inscrição, assim como difundir as diretrizes e defender a necessidade do Exame de Ordem.

CAPÍTULO IV
DOS EXAMINANDOS

Art. 6º A aprovação no Exame de Ordem é requisito necessário para a inscrição nos quadros da OAB como advogado, nos termos do art. 8º, IV, da Lei n.º 8.906/1994.

§ 1º Ficam dispensados do Exame de Ordem os postulantes oriundos da Magistratura e do Ministério Público e os bacharéis alcançados pelo art. 7º da Resolução n. 02/1994, da Diretoria do CFOAB. (NR. Ver Provimento n. 167/2015)

§ 2º Ficam dispensados do Exame de Ordem, igualmente, os advogados públicos aprovados em concurso público de provas e títulos realizado com a efetiva participação da OAB até a data da publicação do Provimento n. 174/2016-CFOAB. (NR. Ver Provimento n. 174/2016)

§ 3º Os advogados enquadrados no § 2º do presente artigo terão o prazo de 06 (seis) meses, contados a partir da data da publicação do Provimento n. 174/2016-CFOAB, para regularização de suas inscrições perante a Ordem dos Advogados do Brasil. (NR. Ver Provimento n. 174/2016)

Art. 7º O Exame de Ordem é prestado por bacharel em Direito, ainda que pendente sua colação de grau, formado em instituição regularmente credenciada.

§ 1º É facultado ao bacharel em Direito que detenha cargo ou exerça função incompatível com a advocacia prestar o Exame de Ordem, ainda que vedada a sua inscrição na OAB.

§ 2º Poderá prestar o Exame de Ordem o portador de diploma estrangeiro que tenha sido revalidado na forma prevista no art. 48, § 2º, da Lei n. 9.394, de 20 de dezembro de 1996.

§ 3º Poderão prestar o Exame de Ordem os estudantes de Direito dos últimos dois semestres ou do último ano do curso. (NR. Ver Provimento n. 156/2013)

## CAPÍTULO V
## DA BANCA EXAMINADORA E DA BANCA RECURSAL

Art. 8º A Banca Examinadora da OAB será designada pelo Coordenador Nacional do Exame de Ordem. (NR. Ver Provimento n. 156/2013)

Parágrafo único. Compete à Banca Examinadora elaborar o Exame de Ordem ou atuar em conjunto com a pessoa jurídica contratada para a preparação, realização e correção das provas, bem como homologar os respectivos gabaritos. (NR. Ver Provimento n. 156/2013)

Art. 9º À Banca Recursal da OAB, designada pelo Coordenador Nacional do Exame de Ordem, compete decidir a respeito de recursos acerca de nulidade de questões, impugnação de gabaritos e pedidos de revisão de notas, em decisões de caráter irrecorrível, na forma do disposto em edital. (NR. Ver Provimento n. 156/2013)

§ 1º É vedada, no mesmo certame, a participação de membro da Banca Examinadora na Banca Recursal.

§ 2º Aos Conselhos Seccionais da OAB são vedadas a correção e a revisão das provas.

§ 3º Apenas o interessado inscrito no certame ou seu advogado regularmente constituído poderá apresentar impugnações e recursos sobre o Exame de Ordem.(NR. Ver Provimento n. 156/2013)

Art. 10. Serão publicados os nomes e nomes sociais daqueles que integram as Bancas Examinadora e Recursal designadas, bem como os dos coordenadores da pessoa jurídica contratada, mediante forma de divulgação definida pela Coordenação Nacional do Exame de Ordem. (NR. Ver Provimento n. 172/2016)

§ 1º A publicação dos nomes referidos neste artigo ocorrerá até 05 (cinco) dias antes da efetiva aplicação das provas da primeira e da segunda fases. (NR. Ver Provimento n. 156/2013)

§ 2º É vedada a participação de professores de cursos preparatórios para Exame de Ordem, bem como de parentes de examinandos, até o quarto grau, na Coordenação Nacional, na Banca Examinadora e na Banca Recursal. (NR. Ver Provimento n. 156/2013)

## CAPÍTULO VI
## DAS PROVAS

Art. 11. O Exame de Ordem, conforme estabelecido no edital do certame, será composto de 02 (duas) provas:

I – prova objetiva, sem consulta, de caráter eliminatório;

II – prova prático-profissional, permitida, exclusivamente, a consulta a legislação, súmulas, enunciados, orientações jurisprudenciais e precedentes normativos sem qualquer anotação ou comentário, na área de opção do examinando, composta de 02 (duas) partes distintas:

*a)* redação de peça profissional;

*b)* questões práticas, sob a forma de situações-problema.

§ 1º A prova objetiva conterá no máximo 80 (oitenta) questões de múltipla escolha, sendo exigido o mínimo de 50% (cinquenta por cento) de acertos para habilitação à prova prático-profissional, vedado o aproveitamento do resultado nos exames seguintes.

§ 2º Será considerado aprovado o examinando que obtiver, na prova prático-profissional, nota igual ou superior a 06 (seis) inteiros, vedado o arredondamento.

§ 3º Ao examinando que não lograr aprovação na prova prático-profissional será facultado computar o resultado obtido na prova objetiva apenas quando se submeter ao Exame de Ordem imediatamente subsequente. O valor da taxa devida, em tal hipótese, será definido em edital, atendendo a essa peculiaridade. (NR. Ver Provimento n. 156/2013)

§ 4º O conteúdo das provas do Exame de Ordem contemplará as disciplinas do Eixo de Formação Profissional, de Direitos Humanos, do Estatuto da Advocacia e da OAB e seu Regulamento Geral e do Código de Ética e Disciplina, podendo contemplar disciplinas do Eixo de Formação Fundamental. (NR. Ver Provimento n. 156/2013)

§ 5º A prova objetiva conterá, no mínimo, 15% (quinze por cento) de questões versando sobre Estatuto da Advocacia e seu Regulamento Geral, Código de Ética e Disciplina, Filosofia do Direito e Direitos Humanos. (NR. Ver Provimento n. 156/2013)

## CAPÍTULO VII
## DAS DISPOSIÇÕES FINAIS

Art. 12. O examinando prestará o Exame de Ordem no Conselho Seccional da OAB da unidade federativa na qual concluiu o curso de graduação em Direito ou na sede do seu domicílio eleitoral.

Parágrafo único. Uma vez acolhido requerimento fundamentado, dirigido à Comissão de Estágio e Exame de Ordem do Conselho Seccional de origem, o examinando poderá realizar as provas em localidade distinta daquela estabelecida no caput.

Art. 13. A aprovação no Exame de Ordem será declarada pelo CFOAB, cabendo aos Conselhos Seccionais a expedição dos respectivos certificados.

§ 1º O certificado de aprovação possui eficácia por tempo indeterminado e validade em todo o território nacional.

§ 2º O examinando aprovado somente poderá receber seu certificado de aprovação no Conselho Seccional onde prestou o Exame de Ordem, pessoalmente ou por procuração.

§ 3º É vedada a divulgação de nomes e notas de examinados não aprovados.

Art. 14. Fica revogado o Provimento n. 136, de 19 de outubro de 2009, do Conselho Federal da Ordem dos Advogados do Brasil.

Art. 15. Este Provimento entra em vigor na data de sua publicação, revogadas as disposições em contrário.

Ophir Cavalcante Junior, Presidente
Marcus Vinicius Furtado Coêlho, Conselheiro Federal – Relator

## 2. Pontos a serem destacados no edital do exame

### 2.1. Materiais/procedimentos permitidos e proibidos

O Edital do Exame Unificado da OAB vem adotando as seguintes regras em relação aos materiais:

Materiais/Procedimentos permitidos

- Legislação não comentada, não anotada e não comparada.
- Códigos, inclusive os organizados que não possuam índices temáticos estruturando roteiros de peças processuais, remissão doutrinária, jurisprudência, informativos dos tribunais ou quaisquer comentários, anotações ou comparações.
- Leis de Introdução dos Códigos.
- Instruções Normativas.
- Índice remissivo.
- Exposição de Motivos.
- Súmulas.
- Enunciados.
- Orientações Jurisprudenciais.
- Regimento Interno.
- Resoluções dos Tribunais.
- Simples utilização de marca-texto, traço ou simples remissão a artigos ou a lei.
- Separação de códigos por clipes e/ou por cores, providenciada pelo próprio examinando, sem nenhum tipo de anotação manuscrita ou impressa nos recursos utilizados para fazer a separação.
- Utilização de separadores de códigos fabricados por editoras ou outras instituições ligadas ao mercado gráfico, desde que com impressão que contenha simples remissão a ramos do Direito ou a leis.

Observação: As remissões a artigo ou lei são permitidas apenas para referenciar assuntos isolados. Quando for verificado pelo fiscal advogado que o examinando se utilizou de tal expediente com o intuito de burlar as regras de consulta previstas neste edital, articulando a estrutura de uma peça jurídica, o material será recolhido, sem prejuízo das demais sanções cabíveis ao examinando.

Materiais/Procedimentos **proibidos**

- Códigos comentados, anotados, comparados ou com organização de índices temáticos estruturando roteiros de peças processuais.
- Jurisprudências.

- Anotações pessoais ou transcrições.
- Cópias reprográficas (xerox).
- Impressos da internet.
- Informativos de Tribunais.
- Livros de Doutrina, revistas, apostilas, calendários e anotações.
- Dicionários ou qualquer outro material de consulta.
- Legislação comentada, anotada ou comparada.
- Súmulas, Enunciados e Orientações Jurisprudenciais comentadas, anotadas ou comparadas.

Os examinandos deverão comparecer no dia de realização da prova prático-profissional já com os textos de consulta com as partes não permitidas devidamente isoladas por grampo ou fita adesiva de modo a impedir sua utilização, sob pena de não poder consultá-los.

O examinando que descumprir as regras quanto à utilização de material proibido terá suas provas anuladas e será automaticamente eliminado do Exame.

Por fim, é importante que o examinando leia sempre o edital publicado, pois tais regras podem sofrer algumas alterações a cada exame.

## 2.2. Legislação nova e legislação revogada

Segundo o edital do exame, "legislação com entrada em vigor após a data de publicação deste edital, bem como alterações em dispositivos legais e normativos a ele posteriores não serão objeto de avaliação nas provas do Exame de Ordem".

Repare que há dois marcos: a) data da entrada em vigor da lei (não é a data da publicação da lei, mas a data em que esta entra em vigor); b) data da publicação do edital.

Portanto, atente para esse fato quando for estudar.

## 2.3. Critérios de correção

Quando você estiver redigindo qualquer questão, seja um exercício prático (questão discursiva), seja uma peça prático-profissional (peça), lembre-se de que serão levados em conta, para os dois casos, os seguintes critérios previstos no Edital:

a) adequação das respostas ao problema apresentado;
   - peça inadequada (inepta, procedimento errado): nota zero;
   - resposta incoerente ou ausência de texto: nota zero;
      *Obs.: A indicação correta da peça prática é verificada no nomem iuris da peça concomitantemente com o correto e completo fundamento legal usado para justificar tecnicamente a escolha feita.*

b) vedação de identificação do candidato;
   - o caderno de textos definitivos não poderá ser assinado, rubricado ou conter qualquer palavra ou marca que o identifique em outro local que não o apropriado (capa do caderno), sob pena de ser anulado;

c) a prova deve ser manuscrita, em letra legível, com caneta esferográfica de tinta azul ou preta;

- letra ilegível: nota zero;
d) respeito à extensão máxima;
- 150 linhas na peça processual / 30 linhas em cada questão;
- fragmento de texto fora do limite: será desconsiderado;
e) respeito à ordem de transcrição das respostas;
f) caso a prova exija assinatura, deve-se usar:
ADVOGADO...
- Penas para o desrespeito aos itens "e" e "f": nota zero;
g) nas peças/questões, o examinando deve incluir todos dados necessários, sem identificação e com o nome do dado seguido de reticências:
- Ex: Município..., Data..., OAB...;
- Omissão de dados: descontos na pontuação;

Por outro lado, apesar de não previstos textualmente no edital, temos percebido que a examinadora vem adotando, também, os seguintes critérios:

a) objetividade;
- as respostas devem ser claras, com frases e parágrafos curtos, e sempre na ordem direta;
b) organização;
- as respostas devem ter começo, meio e fim; um tema por parágrafo; e divisão em tópicos (na peça processual);
c) coesão textual;
- um parágrafo deve ter ligação com o outro; assim, há de se usar os conectivos (dessa forma, entretanto, assim, todavia...);

*Obs.: porém, quanto às questões da prova prático-profissional que estiverem subdivididas em itens, cada item deverá ser respondido separadamente.*

d) correção gramatical;
- troque palavras que você não conheça, por palavras que você conheça;
- leia o texto que você escreveu;
e) quantidade de fundamentos;
- Cite a premissa maior (lei), a premissa menor (fato concreto) e chegue a uma conclusão (subsunção do caso à norma e sua aplicação);
- Traga o maior número de fundamentos pertinentes; há questões que valem 1,25 pontos, sendo 0,25 para cada fundamento trazido; o examinando que fundamenta sua resposta num ponto só acaba por tirar nota 0,25 numa questão desse tipo;
- Tempestade de ideias; criatividade; qualidade + quantidade;
f) indicação do nome do instituto jurídico aplicável e/ou do princípio aplicável;
g) indicação do dispositivo legal aplicável;
- Ex.: para cada fundamento usado pelo examinando, é NECESSÁRIO citar o dispositivo legal em que se encontra esse fundamento, sob pena de perder até 0,5 ponto, a depender do caso;

h) indicação do entendimento doutrinário aplicável;
i) indicação do entendimento jurisprudencial aplicável;
j) indicação das técnicas interpretativas;
   – Ex.: interpretação sistemática, teleológica etc.

## 3. Dicas de como estudar
### 3.1. Tenha calma

Em primeiro lugar, é preciso ter bastante calma. Quem está para fazer a 2ª fase do Exame de Ordem já está, literalmente, com meio caminho andado.

A diferença é que, agora, você não terá mais que saber uma série de informações sobre as mais de quinze principais disciplinas do Direito cobradas na 1ª fase. Agora você fará uma prova delimitada, na qual aparecem questões sobre um universo muito menor que o da 1ª fase.

Além disso, há a possibilidade de consultar a legislação no momento da prova. Ah, mas antes era possível consultar qualquer livro, você diria. Pois é. Mas isso deixava muitos examinandos perdidos. Primeiro porque não sabiam o que comprar, o que levar e isso gerava estresse, além de um estrago orçamentário. Segundo porque, na hora da prova, eram tantos livros, tantas informações, que não se sabia o que fazer, por onde atacar, o que levava a uma enorme perda de tempo, comprometendo o bom desempenho no exame. E mais, o examinando deixava de fazer o mais importante, que é conhecer e usar a lei. Vi muitas provas em que o examinando só fazia citações doutrinárias, provas essas que, se tivessem feito menção às palavras-chave (aos institutos jurídicos pertinentes) e aos dispositivos legais mencionados no Padrão de Resposta da examinadora, fariam com que o examinando fosse aprovado. Mas a preocupação em arrumar a melhor citação era tão grande que se deixava de lado o mais importante, que é a lei e os consequentes fundamentos jurídicos.

Então, fica a lembrança de que você fará um exame com temas delimitados e com a possibilidade, ainda, de contar com o apoio da lei na formulação de suas respostas, e esses são fatores muito positivos, que devem te dar tranquilidade. Aliás, você já é uma pessoa de valor, um vencedor, pois não anda fácil ser aprovado na 1ª, e você conseguiu isso.

### 3.2. Tenha em mãos todos os instrumentos de estudo e treinamento

Uma vez acalmado o ânimo, é hora de separar os materiais de estudo e de treinamento.

Você vai precisar dos seguintes materiais:

a) todos os exercícios práticos de provas anteriores do Exame Unificado da OAB **(contidos neste livro)**;

b) todas as peças práticas de provas anteriores do Exame Unificado da OAB **(contidas neste livro)**;

c) resolução teórica e prática de todos os exercícios e peças mencionadas **(contida neste livro)**;

d) explicação teórica e modelo das principais peças processuais **(contidos neste livro)**;

e) todas as súmulas de direito penal e processo penal;

f) doutrina de qualidade sobre direito penal e processual penal; nesse sentido recomendamos o livro "Super-Revisão OAB: Doutrina Completa", da Editora Foco (www.editorafoco.com.

br); você também pode usar outros livros de apoio, podendo ser um livro que você já tenha da sua área.

g) Vade Mecum de legislação + Informativos recentes com os principais julgamentos dos Tribunais Superiores (contidos no Vade Mecum de Legislação FOCO, que é o Vade Mecum com o melhor conteúdo selecionado impresso do mercado – confira em www.editorafoco.com.br).

### 3.3. 1º Passo – Leitura dos enunciados das provas anteriores

A primeira providência que deve tomar é ler todos os exercícios e todas as peças já cobradas pelo Exame Unificado da OAB. Nesse primeiro momento não leia as resoluções teóricas dessas questões.

Repito: leia apenas os **enunciados** dos exercícios e das peças práticas. A ideia é que você tenha um "choque de realidade", usando uma linguagem mais forte. Numa linguagem mais adequada, eu diria que você, ao ler os enunciados das questões da 2ª fase, ficará **ambientado com o tipo de prova** e também ficará com as **"antenas" ligadas sobre o tipo de estudo** que fará das peças, da jurisprudência e da doutrina.

### 3.4. 2º Passo – Reconhecimento das leis

Logo após a leitura dos enunciados das questões das provas anteriores, **separe** o livro de legislação que vai usar e todas as leis que serão necessárias para levar no exame e **faça um bom reconhecimento** desse material.

Quando chegar o dia da prova, você deverá estar bem íntimo desse material. A ideia, aqui, não é ler cada artigo da lei, mas, sim, conhecer as leis materiais e processuais pertinentes, atentando-se para seus capítulos e suas temáticas. Leia o sumário dos códigos. Leia o nome dos capítulos e seções das leis que não estão dentro de um código. Procure saber como é dividida cada lei. Coloque marcações nas principais leis. Dê uma olhada no índice remissivo dos códigos e procure se ambientar com ele.

Os dois primeiros passos devem durar, no máximo, um dia estudo.

### 3.5. 3º Passo – Estudo holístico dos exercícios práticos (questões discursivas)

Você deve ter reparado que as questões discursivas presentes neste livro estão classificadas por temas de direito material e de direito processual.

E você deve lembrar que é fundamental ter à sua disposição, além das questões que estão neste livro, a jurisprudência aplicável, um bom livro de doutrina e um *Vade Mecum* de legislação, como o indicado por nós.

Muito bem. Agora sua tarefa é fazer cada questão discursiva (não é a *peça prática*; trata-se do *exercício prático*), uma a uma.

Primeiro leia o enunciado da questão e tente fazê-lo sozinho, como se estivesse no dia da prova. Use apenas a legislação. E não se esqueça de utilizar os **índices**!!!

Antes de fazer cada questão, é muito importante coletar todas as informações que você tem sobre o tema e que conseguiu extrair da lei.

Num primeiro momento, seu trabalho vai ser de "tempestade de ideias". Anote no rascunho tudo que for útil para desenvolver a questão, tais como dispositivos legais, princípios, entendimentos doutrinários que conhecer, entendimentos jurisprudenciais, técnicas interpretativas que pode citar etc.

Depois da tempestade de ideias, agrupe os pontos que levantou, para que sejam tratados de forma ordenada, e crie um esqueleto de resposta. Não é para fazer um rascunho da resposta e depois copiá-lo. A ideia é que faça apenas um esqueleto, um esquema para que, quando estiver escrevendo a resposta, você o faça de modo bem organizado e não esqueça ponto algum.

Quando terminar de escrever uma resposta (e somente depois disso), leia a resolução da questão que está no livro e anote no papel onde escreveu sua resposta **o que faltou nela**. Anote os fundamentos que faltaram e também a eventual falta de organização de ideias e eventuais outras falhas que identificar. Nesse momento, tenha autocrítica. A ideia é você cometer cada vez menos erros a cada exercício. Depois de ler a resolução da questão presente neste livro, deverá buscar na legislação cada lei citada em nosso comentário. Leia os dispositivos citados por nós e aproveite também para conferir os dispositivos legais que têm conexão com o assunto.

Em seguida, pegue seu livro de doutrina de referência e leia o capítulo referente àquela temática.

Por fim, você deve ler todas as súmulas e precedentes jurisprudenciais referentes àquela temática.

Faça isso com todas as questões discursivas (*exercícios práticos*). E anote nos livros (neste livro e no livro de doutrina de referência) tudo o que você já tiver lido. Com essa providência você já estará se preparando tanto para os *exercícios práticos* como para a *peça prática, só* não estará estudando os modelos de peça.

Ao final desse terceiro passo seu *raciocínio jurídico* estará bastante apurado, com um bom *treinamento da escrita* e também com um bom conhecimento da *lei*, da *doutrina* e da *jurisprudência*.

### 3.6. 4º Passo – Estudo holístico das peças práticas (peças prático-profissionais)

Sua tarefa, agora, é resolver todas as peças práticas que já apareceram no Exame Unificado da OAB.

Primeiro leia o enunciado do problema que pede a realização da peça prática e tente fazê-la sozinho, como se estivesse fazendo a prova. Mais uma vez use apenas a legislação. Não se esqueça de fazer a "tempestade de ideias" e o esqueleto.

Terminado o exercício, você vai ler a resolução da questão e o modelo da peça trazido no livro e anotará no papel onde escreveu sua resposta o que faltou nela. Anote os fundamentos que faltaram, a eventual falta de organização de ideias, dentre outras falhas que perceber. Lembre-se da importância da autocrítica.

Agora você deve buscar na legislação cada lei citada no comentário trazido neste livro. Leia os dispositivos citados e aproveite, mais uma vez, para ler os dispositivos legais que têm conexão com o assunto.

Em seguida, leia a jurisprudência pertinente e o livro de doutrina de sua confiança, com o objetivo de rememorar os temas que apareceram naquela peça prática, tanto na parte de direito material, como na parte de direito processual.

Faça isso com todas as peças práticas. E continue anotando nos livros tudo o que já tiver lido.

Ao final desse terceiro passo você sairá com o *raciocínio jurídico* ainda mais apurado, com uma melhora substancial na *sua escrita* e também com ótimo conhecimento da *lei*, da *doutrina* e da *jurisprudência*.

## 3.7. 5º Passo – Verificar o que faltou

Sua tarefa, agora, é verificar o que faltou. Leia os temas doutrinários que ainda não foram lidos, por não terem relação alguma com as questões resolvidas neste livro. Confira também as súmulas e os informativos de jurisprudência que restaram. Se você fizer a marcação do que foi e do que não foi lido, não haverá problema em identificar o que está faltando. Faça a marcação com um lápis. Poder ser um "x" ao lado de cada precedente jurisprudencial lido e, quanto ao livro de doutrina, faça um "x" nos temas que estão no índice do livro. Nos temas mais importantes pode fazer um "x" e um círculo. Isso permitirá que você faça uma leitura dinâmica mais perto da prova, apenas para relembrar esses pontos.

Leia também as demais peças processuais que se encontram no livro e reserve o tempo restante para pesquisa de jurisprudência de anos anteriores e treinamento, muito treinamento. Para isso, reescreva as peças que já fez até chegar ao ponto em que sentir que pegou o jeito.

## 3.8. Dicas finais para resolver os problemas

Em resumo, recomendamos que você resolva as questões e as peças no dia da prova usando as seguintes técnicas:

a) leia o enunciado pelo menos duas vezes, a primeira para ter ideia do todo e a segunda para anotar os detalhes;

b) anote as informações, perguntas e solicitações feitas no enunciado da questão;
   – Ex.: qual é o vício? / fundamente / indique o dispositivo legal;

c) busque a resposta nas leis relacionadas;

d) promova uma tempestade de ideias e ANOTE TUDO o que for relacionado;
   – Ex.: leis, princípios, doutrina, jurisprudência, fundamentos, exemplos etc.;

e) agrupe as ideias e crie um esqueleto de resposta, respondendo às perguntas e solicitações feitas;

f) redija;

g) revise o texto, buscando erros gramaticais.

## 3.9. Dicas finais para o dia da prova

Por fim, lembre-se de que você está na reta final para a sua prova. Falta pouco. Avise aos familiares e amigos que neste último mês de preparação você estará um pouco mais ausente. Peça ajuda nesse sentido. E lembre-se também de que seu esforço será recompensado.

No dia da prova, tome os seguintes cuidados:

a) chegue com muita antecedência;
   – o Edital costuma determinar o comparecimento com antecedência mínima de 1 hora e 30 minutos do horário de início;

b) leve mais de uma caneta permitida;
   - a caneta deve ser azul ou preta, fabricada em material transparente;
   - não será permitido o uso de borracha e corretivo;
c) leve comprovante de inscrição + documento original de identidade, com foto;
d) leve água e chocolate;
e) se ficar nervoso: se você for religioso, faça uma oração antes de iniciar a prova; outra providência muito boa, havendo ou não religiosidade, é você fazer várias respirações profundas, de olhos fechados. Trata-se de uma técnica milenar para acalmar e concentrar. Além disso, antes de ir para a prova, escute suas músicas preferidas, pois isso acalma a dá um ânimo bom.

No mais, tenha bastante foco, disciplina, perseverança e fé!
Tenho certeza de que tudo dará certo.

Wander Garcia<br>Coordenador da Coleção

# EXERCÍCIOS PRÁTICOS

## 1. PRINCÍPIOS E ATOS ADMINISTRATIVOS

**(OAB/Exame Unificado – 2019.2- 2ª fase)** Diante de rebelião instaurada em unidade prisional federal, que contou com a conivência de servidores públicos, a autoridade competente, ao final de apuração em processo administrativo disciplinar, aplicou a disponibilidade como sanção aos agentes penitenciários envolvidos no evento, dentre os quais estava André.

Em razão disso, André procura você para, na qualidade de advogado(a), esclarecer, fundamentadamente, os questionamentos a seguir.

A) A autoridade competente poderia ter aplicado a disponibilidade como sanção a André? **(Valor: 0,60)**

B) Existe desvio de finalidade na aplicação da sanção descrita? **(Valor: 0,65)**

*Obs.: o(a) examinando(a) deve fundamentar suas respostas. A mera citação do dispositivo legal não confere pontuação.*

### GABARITO COMENTADO

A) Não. A disponibilidade não tem a natureza de sanção, somente se aplicando nas hipóteses de extinção do cargo ou declaração da sua desnecessidade, na forma do Art. 41, § 3º, da CRFB/88, **OU** a disponibilidade não consta dentre as penalidades disciplinares previstas no Art. 127 da Lei nº 8.112/90.

B) Sim. Há desvio de finalidade na situação descrita, dado que a disponibilidade foi utilizada para alcançar fim diverso daquele previsto na lei, consoante define o Art. 2º da Lei nº 4.717/65.

## Distribuição dos pontos

| ITEM | PONTUAÇÃO |
|---|---|
| A. Não. A disponibilidade somente se aplica nas hipóteses de extinção do cargo ou declaração da sua desnecessidade (0,50), segundo o Art. 41, § 3º, da CRFB/88 (0,10) **OU** Não. A disponibilidade não consta dentre as penalidades disciplinares (0,50), segundo o Art. 127 da Lei nº 8.112/90 (0,10). | 0,00/0,50/0,60 |
| B. Sim. Há desvio de finalidade, dado que a disponibilidade foi utilizada para alcançar fim diverso daquele previsto na lei (0,55), consoante define o Art. 2º da Lei 4.717/65 **OU** Art. 2º, *caput*, da Lei 9.784/99 (0,10). | 0,00/0,55/0,65 |

**(OAB/Exame Unificado – 2018.3- 2ª fase)** Determinada organização não governamental, destinada à fiscalização das contas públicas, solicitou informações de certa empresa pública federal, que desenvolve atividades bancárias e de operações financeiras, no sentido de obter cópias de todos os processos administrativos envolvendo os investimentos internacionais a serem realizados no ano corrente.

A entidade administrativa em questão deferiu parcialmente o pedido.

Por meio de documento escrito, a empresa pública esclareceu o lugar e a forma pelos quais as cópias das informações disponíveis poderiam ser obtidas, mediante pagamento dos custos para a reprodução dos documentos. Registrou, ainda, que não poderia autorizar o acesso a certos dados, sob o fundamento de que estão submetidos a sigilo, na medida em que colocam em risco a condução de negociações ou as relações internacionais do Brasil. Indicou, enfim, a possibilidade de recurso administrativo, bem como prazo e condições para a sua interposição.

Diante dessa situação hipotética, na qualidade de advogado(a), responda, fundamentadamente, aos questionamentos a seguir.

A) Existe amparo legal para a cobrança pela reprodução dos documentos solicitados? **(Valor: 0,55)**

B) É juridicamente cabível o argumento invocado pela empresa pública federal para qualificar parte das informações como sigilosa? Exemplifique. **(Valor: 0,70)**

*Obs.: o(a) examinando(a) deve fundamentar as respostas. A mera citação do dispositivo legal não confere pontuação.*

### GABARITO COMENTADO

A) A resposta é afirmativa. O ordenamento jurídico faculta a cobrança pela reprodução de documentos pela entidade consultada, para o ressarcimento dos custos e materiais utilizados, na forma do Art. 12 da Lei nº 12.527/11.

B) A resposta é afirmativa. São passíveis de sigilo algumas informações imprescindíveis para a segurança da sociedade e do Estado, na forma do Art. 5º, inciso XXXIII, da CRFB/88, dentre as quais, aquelas que põem em risco a condução de negociações ou as relações internacionais do país, consoante o Art. 23, inciso II, da Lei nº 12.527/11.

## Distribuição dos pontos

| ITEM | PONTUAÇÃO |
|---|---|
| A. Sim. O ordenamento jurídico **faculta** a cobrança pela reprodução de documentos pela entidade consultada, para o **ressarcimento dos custos e materiais** utilizados (0,45), na forma do Art. 12, da Lei nº 12.527/11 (0,10). | 0,00/0,45/0,55 |
| B. Sim. As informações solicitadas pela organização não governamental podem ser consideradas **imprescindíveis para a segurança da sociedade e do Estado** e, portanto, **passíveis de classificação quanto ao sigilo**, porque põem em risco a condução de negociações ou as relações internacionais do país (0,60), na forma do Art. 23 da Lei nº 12.527/11 **OU** Art. 5º, inciso XXXIII, da CRFB/88 (0,10). | 0,00/0,60/0,70 |

(**OAB/Exame Unificado – 2018.2- 2ª fase**) Ricardo, prefeito do município Delta, decide reformar a sede da prefeitura. Para tanto, pretende, dentre outras coisas, pintar a fachada do prédio com as cores do partido ao qual é filiado. Questionado, Ricardo confirma que a intenção é homenagear seu partido, que neste ano completa 40 anos de existência.

A Secretaria municipal de Obras elaborou o projeto básico e orçou as despesas em R$ 500.000,00 (quinhentos mil reais). O prefeito, então, publica edital de licitação, na modalidade concorrência, para a contratação de empresa responsável pelas reformas na sede da prefeitura.

Sobre a hipótese apresentada, responda aos itens a seguir.

A) É lícita a decisão de pintar a fachada do prédio da prefeitura com as cores do partido do prefeito? (**Valor: 0,65**)

B) A licitação pode ser realizada na modalidade concorrência? (**Valor: 0,60**)

*Obs.: o(a) examinando(a) deve fundamentar as respostas. A mera citação do dispositivo legal não confere pontuação.*

### GABARITO COMENTADO

A) A resposta é negativa. Não é lícita a decisão de pintar a fachada do prédio da prefeitura com as cores do partido do prefeito. A utilização das cores de partido político nos prédios públicos faz com que a reforma esteja associada à gestão do prefeito, ferindo assim o princípio da impessoalidade previsto no Art. 37 da CRFB/88.

*Obs.: também será aceita a fundamentação no princípio da moralidade.*

B) A resposta é positiva. Nos casos em que couber tomada de preços (o orçamento da licitação é inferior ao limite previsto no Art. 23, inciso I, alínea *b*, da Lei nº 8.666/93), a Administração poderá utilizar a modalidade concorrência, por se tratar de uma modalidade de maior complexidade, nos termos do Art. 23, § 4º, da Lei nº 8.666/93.

**Distribuição dos pontos**

| ITEM | PONTUAÇÃO |
|---|---|
| A. Não é lícita a decisão de pintar a fachada do prédio da prefeitura com as cores do partido do Prefeito. A utilização das cores de partido político nos prédios públicos faz com que a reforma esteja associada à gestão do prefeito, ferindo assim o princípio da impessoalidade **OU** da moralidade (0,55), previsto no Art. 37 da CRFB/88 (0,10). | 0,00/0,55/0,65 |
| B. Sim. Para contratar as reformas na prefeitura, a Administração poderá utilizar a modalidade concorrência, independentemente do valor (0,50), segundo o Art. 23, § 4º, da Lei nº 8.666/93 (0,10). | 0,00/0,50/0,60 |

(OAB/ Exame Unificado - 2017.2- 2ª Fase) No regular exercicio do poder de policia e apos o devido processo administrativo, certo orgão competente da Administração Publica Federal aplicou à sociedade empresaria Beleza Ltda. multa de R$ 10.000,00 (dez mil reais) pelo descumprimento de normas administrativas que lhe são aplicaveis.

Inconformada, a apenada apresentou o recurso administrativo cabivel, no qual foi verificado que o valor da multa aplicada estava muito aquem dos limites estabelecidos pela lei. Apos ciência e manifestação da pessoa juridica em questão, a multa foi majorada para R$ 50.000,00 (cinquenta mil reais), sendo certo que tal valor foi mantido na terceira instância administrativa após novo recurso da sociedade.

Diante dessa situação hipotetica, considerando que existe autoridade superior à que manteve a majoração da multa aplicada à sociedade empresaria Beleza Ltda. e que não ha legislação especifica acerca de recursos no mencionado processo administrativo, responda aos itens a seguir.

A) Analise a viabilidade de a pessoa juridica prejudicada recorrer administrativamente dessa ultima decisão. (Valor: 0,50)

B) E cabivel a majoração da multa efetuada pela autoridade administrativa? (Valor: 0,75)

*Obs.: o(a) examinando(a) deve fundamentar as respostas. A mera citação do dispositivo legal não confere pontuação.*

### GABARITO COMENTADO

A) Não e viavel recorrer administrativamente, na hipotese. A norma geral do processo administrativo determina o cabimento de recurso por ate três esferas administrativas, que ja se consumaram na hipotese, tal como se depreende do Art. 57 da Lei 9.784/99.

B) Sim. A Administração esta autorizada a majorar a penalidade aplicada ao particular que se mostre contraria à lei, em decorrência do princípio da autotutela OU do poder--dever de zelar pela legalidade dos atos administrativos, na forma do Art. 64 da Lei 9.784/99.

## Distribuição dos pontos

| ITEM | PONTUAÇÃO |
|---|---|
| A. Não. A norma geral do processo administrativo determina o cabimento de recurso por até três esferas administrativas, que já se consumaram na hipótese (0,40), na forma do Art. 57 da Lei 9.784/99 (0,10). | 0,00/0,40/0,50 |
| B. Sim. A Administração está autorizada a majorar a penalidade aplicada ao particular que se mostre contrária à lei (0,35), em decorrência do princípio da autotutela OU do poder- dever de zelar pela legalidade dos atos administrativos (0,30), na forma do Art. 64 da Lei 9.784/99 OU Súmula no 473 do STF (0,10). | 0,00/0,30/0,35/0,40/ 0,45/0,65/0,75 |

**(OAB/Exame Unificado 2017.2- 2ª fase)** O Congresso Nacional aprovou recentemente a Lei 20.100/17, que reestruturou diversas carreiras do funcionalismo público federal e concedeu a elas reajuste remuneratório. Especificamente em relação aos analistas administrativos de determinada agência reguladora, foi instituída gratificação de desempenho.

Ao proceder aos cálculos, a Administração interpreta equivocadamente a lei e calcula a maior o acréscimo salarial, erro que só e percebido alguns anos depois de iniciado o pagamento.

Sobre a hipótese apresentada, responda aos itens a seguir.

A) Não havendo má-fé dos servidores, a Administração pode rever a qualquer tempo os cálculos e exigir a devolução da quantia paga indevidamente? (Valor: 0,75)

B) O ato da Administração que resultar na revisão do cálculo da gratificação precisa, obrigatoriamente, ser motivado? (Valor: 0,50)

*Obs.: o (a) examinando(a) deve fundamentar as respostas. A mera citação do dispositivo legal não confere pontuação.*

### GABARITO COMENTADO

A) A Administração possui o prazo de cinco anos para anular os atos administrativos de que decorram efeitos favoraveis para os destinatarios, conforme disposto no Art. 54 da Lei 9.784/99. Quanto à restituição da quantia paga a maior, por não terem os servidores dado causa ao equivoco e estarem de boa-fe, bem como diante do carater alimentar e do principio da confiança legitima, não sera cabivel.

B) Sim, a Administração deve obrigatoriamente motivar o ato, conforme disposto no Art. 50, inciso I, da Lei 9.784/99 OU no Art. 50, incisos VI ou VIII, da Lei 9.784/99.

## Distribuição dos pontos

| ITEM | PONTUAÇÃO |
|---|---|
| A1. Não, pois o direito da Administração de anular os atos administrativos de que decorram efeitos favoráveis para os destinatários decai em cinco anos (0,35), conforme disposto no Art. 54 da Lei 9.784/99 (0,10). | 0,00/0,35/0,45 |
| A2. Quanto à restituição da quantia paga a maior, por não terem os servidores dado causa ao equívoco e estarem de boa-fé, não será cabível (0,30). | 0,00/0,30 |

| ITEM | PONTUAÇÃO |
|---|---|
| B. Sim, a Administração deve obrigatoriamente motivar o ato na forma do artigo 2º da Lei 9784/99 OU no princípio da motivação (0,40), conforme disposto no Art. 50, inciso I, da Lei 9.784/99 OU no Art. 50, incisos VI ou VIII, da Lei 9.784/99 (0,10). | 0,00/0,40/0,50 |

(OAB/ Exame Unificado – 2016.3 – 2º fase) José Maria, aprovado em concurso público para o cargo de Auditor Fiscal do Ministério da Fazenda, foi convocado a apresentar toda a sua documentação e os exames médicos necessários até o dia 13 de julho. Após a entrega dos documentos, José Maria foi colocado em treinamento, e, passadas duas semanas, iniciou o exercício de suas atividades funcionais, que consistiam no processamento de pedidos de parcelamento de débitos tributários. Ocorre que, meses depois, a Administração percebeu que José Maria não havia, formalmente, sido nomeado e nem assinado o termo de posse.

Responda, fundamentadamente, aos itens a seguir.

A) Os atos praticados por José Maria podem gerar efeitos em relação a terceiros? (Valor: 0,75)

B) A Administração pode exigir de José Maria a devolução dos valores por ele percebidos ao longo do tempo em que não esteve regularmente investido? (Valor: 0,50)

*Obs.: o examinando deve fundamentar suas respostas. A mera citação do dispositivo legal não confere pontuação.*

### GABARITO COMENTADO

A) A resposta é positiva. A situação descrita configura exemplo de atuação de um agente de fato, isto é, aquele que desempenha atividade pública com base na presunção de legitimidade de sua situação funcional. Os atos praticados por agentes de fato podem ser convalidados, a fim de se evitarem prejuízos para a Administração ou a terceiros de boa-fé.

B) A resposta é negativa. Ainda que ilegítima a investidura, o agente de fato tem direito à percepção de sua remuneração porque agiu de boa-fé e as verbas recebidas tinham caráter alimentar, sob pena de enriquecimento sem causa da Administração Pública.

(OAB/ Exame Unificado- 2015.2 – 2ª fase) A lei federal nº 1.234 estabeleceu novas diretrizes para o ensino médio no país, determinando a inclusão de Direito Constitucional como disciplina obrigatória. Para regulamentar a aplicação da lei, o Presidente da República editou o Decreto nº 101 que, a fim de atender à nova exigência legal, impõe às escolas públicas e particulares, a instituição de aulas de Direito Constitucional, de Direito Administrativo e de Noções de Defesa do Consumidor, no mínimo, de uma hora semanal por disciplina, com professores diferentes para cada uma.

Com base na hipótese apresentada, responda, fundamentadamente, aos itens a seguir.

A) Considerando o poder regulamentar, conferido à Administração Pública, de editar atos normativos gerais para complementar os comandos legislativos e permitir sua aplicação, é válido o Decreto nº 101, expedido pelo Chefe do Poder Executivo? (Valor: 0,75)

B) O ato expedido pelo Chefe do Poder Executivo está sujeito a controle pelo Poder Legislativo? (Valor: 0,50)

*Obs.: o examinando deve fundamentar suas respostas. A mera citação do dispositivo legal não confere pontuação.*

### GABARITO COMENTADO

A) A resposta é negativa. O poder regulamentar conferido à Administração tem caráter complementar à lei, a fim de permitir sua aplicação. O poder regulamentar destina-se, portanto, a explicitar o teor das leis, preparando sua execução, não podendo criar obrigação nova, não prevista na lei. O Art. 84, IV, da CRFB/88, dá a exata dimensão dessa prerrogativa: *"expedir decretos e regulamentos para sua fiel execução"*.

B) A resposta é positiva. O Congresso Nacional tem competência constitucional para sustar os atos normativos do Poder Executivo que exorbitem do poder regulamentar, conforme previsão do Art. 49, V, da CRFB/88.

**Distribuição dos pontos**

| ITEM | PONTUAÇÃO |
| --- | --- |
| A. Não, pois o poder regulamentar conferido à Administração tem caráter complementar à lei, a fim de permitir sua aplicação, não podendo criar obrigação nova, não prevista na lei (0,65), conforme Art. 84, IV, da CRFB. (0,10) | 0,00 / 0,65 / 0,75 |
| B. Sim, pois o Congresso Nacional tem competência constitucional para sustar os atos normativos do Poder Executivo que exorbitem do poder regulamentar (0,40), conforme previsão do Art. 49, V, da CRFB. (0,10) | 0,00 / 0,40 / 0,50 |

**(OAB/Exame Unificado-2015-2ª fase)** O Ministério X efetua a doação de um imóvel em área urbana extremamente valorizada, para que determinada agência de turismo da Europa construa a sua sede no Brasil. Meses depois, o Ministro revoga o ato de doação, ao fundamento de que ela era nula por não se enquadrar nas hipóteses legais de doação de bens públicos. A empresa pede a reconsideração da decisão, argumentando que não existe qualquer ilegalidade no ato.

Considerando a situação hipotética descrita acima, responda, justificadamente, aos itens a seguir.

A) Há, de fato, alguma ilegalidade na doação constante do enunciado? (Valor: 0,60)

B) É juridicamente correta a revogação da doação fundamentada na ilegalidade vislumbrada pelo Ministro? (Valor: 0,65)

### GABARITO COMENTADO

A questão versa o conteúdo de dois pontos do programa: os atos administrativos e o seu desfazimento (esperando-se do examinando que consiga distinguir a anulação e a revogação) e os bens públicos e a forma de sua transferência a terceiros.

A) A resposta é afirmativa. A alienação de bens imóveis pertencentes à União dependerá de autorização legislativa para órgãos da administração direta e entidades autárquicas e fundacionais, e, para todos, inclusive as entidades paraestatais, dependerá de avaliação prévia e de licitação na modalidade de concorrência, dispensada esta no caso de doação, permitida exclusivamente para outro órgão ou entidade da administração pública, de qualquer esfera de governo (Art. 17, I, da Lei de Licitações).

B) Não é correta a revogação da doação com fundamento na sua ilegalidade, uma vez que a revogação é fundamentada em motivos de conveniência e oportunidade. Diante de vícios de legalidade, a Administração pode anular os seus atos, conforme entendimento doutrinário tradicional, expressado jurisprudencialmente na Súmula nº 473 do STF.

**Distribuição dos pontos**

| ITEM | PONTUAÇÃO |
| --- | --- |
| A. Sim, a doação direta de bens públicos imóveis, na esfera da União, é permitida exclusivamente para outro órgão ou entidade da administração pública, de qualquer esfera de governo (0,50) (Art. 17, I, b, da Lei nº 8.666/93) (0,10). *Obs.: a mera citação do dispositivo legal não confere pontuação.* | 0,00 / 0,50 / 0,60 |
| B. Não, diante de vícios de legalidade à Administração resta anular os seus atos, com base no princípio da autotutela, já que a revogação ocorre nos casos de conveniência e oportunidade (0,55). Enunciado da Súmula nº 473 do STF OU Art. 53, da Lei n. 9784/99. (0,10) *Obs.: a mera citação do dispositivo legal não confere pontuação.* | 0,00 / 0,55 / 0,65 |

**(OAB/ Exame Unificado-2015.2- 2ª fase)** A Lei nº XX, de março de 2004, instituiu, para os servidores da autarquia federal ABCD, o adicional de conhecimento e qualificação, um acréscimo remuneratório a ser pago ao servidor que, comprovadamente, realizar curso de aperfeiçoamento profissional. Com esse incentivo, diversos servidores passaram a se inscrever em cursos e seminários e a ter deferido o pagamento do referido adicional, mediante apresentação dos respectivos certificados.

Sobre a hipótese, responda aos itens a seguir.

A) A Administração efetuou, desde janeiro de 2006, enquadramento equivocado dos diplomas e certificados apresentados por seus servidores, pagando-lhes, por essa razão, um valor superior ao que lhes seria efetivamente devido. Poderá a Administração, em 2015, rever aqueles atos, reduzindo o valor do adicional pago aos servidores? (Valor: 0,60)

B) Francisco da Silva, servidor da autarquia, vem percebendo, há 6 (seis) anos o referido adicional, com base em um curso que, deliberadamente, não concluiu (fato que passou despercebido pela comissão de avaliação responsável, levada a erro por uma declaração falsa assinada pelo servidor). A Administração, percebendo o erro, poderá cobrar do servidor a devolução de todas as parcelas pagas de forma errada? (Valor: 0,65)

Responda justificadamente, empregando os argumentos jurídicos apropriados e a fundamentação legal pertinente ao caso.

## GABARITO COMENTADO

A) A resposta é negativa. Nos termos expressos do Art. 54 da Lei nº 9.784/1999, "O direito da Administração de anular os atos administrativos de que decorram efeitos favoráveis para os destinatários decai em cinco anos, contados da data em que foram praticados". E, em se tratando de efeitos patrimoniais contínuos, como no exemplo descrito, o prazo de decadência contar-se-á da percepção do primeiro pagamento.

B) A resposta é positiva, uma vez que se demonstre a má-fé do servidor. Nos termos do Art. 54 da Lei nº 9.784/1999, "O direito da Administração de anular os atos administrativos de que decorram efeitos favoráveis para os destinatários decai em cinco anos, contados da data em que foram praticados, salvo comprovada má-fé". Francisco da Silva, que não concluiu o curso e, mesmo assim, apresentou declaração a fim de receber o referido adicional, agiu de má-fé e não está protegido pela fluência do prazo decadencial.

### Distribuição dos pontos

| ITEM | PONTUAÇÃO |
|---|---|
| A. Não, pois decai em 5 anos o direito da Administração de anular os atos administrativos de que decorram efeitos favoráveis para os destinatários (0,50), conforme o Art. 54 da Lei nº 9.784/1999 (0,10).<br>*Obs.: a simples menção ou transcrição do artigo não será pontuada.* | 0,00/0,50/0,60 |
| B. Sim, pois Francisco da Silva, que não concluiu o curso e, mesmo assim, apresentou declaração a fim de receber o referido adicional, agiu de má-fé, e não está protegido pela fluência do prazo decadencial (0,55), previsto no Art. 54 da Lei nº 9.784/1999 (0,10).<br>*Obs.: a simples menção ou transcrição do artigo não será pontuada.* | 0,00/0,55/0,65 |

(OAB/Exame Unificado – 2013.3 – 2ª fase) José está inscrito em concurso público para o cargo de assistente administrativo da Administração Pública direta do Estado de Roraima. Após a realização das provas, ele foi aprovado para a fase final do certame, que previa, além da apresentação de documentos, exames médicos e psicológicos. A lista dos candidatos aprovados e o prazo para a apresentação dos documentos pessoais e para a realização dos exames médicos e psicológicos foram publicados no Diário Oficial do Poder Executivo do Estado de Roraima após 1 (um) ano da realização das provas; assim como foram veiculados através do site da Internet da Administração Pública direta do Estado, tal como previsto no respectivo edital do concurso.

Entretanto, José reside em município localizado no interior do Estado de Roraima, onde não circula o Diário Oficial e que, por questões geográficas, não é provido de Internet. Por tais razões, José perde os prazos para o cumprimento da apresentação de documentos e dos exames médicos e psicológicos e só toma conhecimento da situação quando resolve entrar em contato telefônico com a secretaria do concurso. Insatisfeito, José procura um advogado para ingressar com um Mandado de Segurança contra a ausência de intimação específica e pessoal quando de sua aprovação e dos prazos pertinentes à fase final do concurso.

**Na qualidade de advogado de José, indique os argumentos jurídicos a serem utilizados nessa ação judicial.** (Valor: 1,25)

## RESOLUÇÃO DA QUESTÃO

A despeito da ausência de norma editalícia prevendo a intimação pessoal e específica do candidato José, a Administração Pública tem o dever de intimar o candidato, pessoalmente, quando há o decurso de tempo razoável entre a homologação do resultado e a data da nomeação, em atendimento aos princípios constitucionais da publicidade e da razoabilidade.

É desarrazoada a exigência de que o impetrante efetue a leitura diária do Diário Oficial do Estado, por prazo superior a 1 (um) ano, ainda mais quando reside em município em que não há circulação do DOE e que não dispõe de acesso à Internet.

**Distribuição dos pontos**

| ITEM | PONTUAÇÃO |
|---|---|
| A despeito da ausência de norma editalícia prevendo a intimação pessoal e específica do candidato José, a Administração Pública tem o dever de intimar o candidato, pessoalmente, ainda mais quando reside em município em que não há circulação do DOE e que não dispõe de acesso à Internet, sob pena de violação do princípio da publicidade (0,50), nos termos do Art. 37, *caput*, da CRFB/88 (0,10) <br><br> Obs.: A simples menção aos artigos não pontua | 0,00/0,50/0,60 |
| A despeito da ausência de norma editalícia prevendo a intimação pessoal e específica do candidato José, a Administração Pública tem o dever de intimar o candidato, pessoalmente, quando há o decurso de tempo razoável entre a homologação do resultado e a data da nomeação, sob pena de violação do princípio da razoabilidade/proporcionalidade. (0,65) | 0,00/0,65 |

**(OAB/Exame Unificado – 2013.2 – 2ª fase)** João, comerciante experimentado, fundado na livre iniciativa, resolve pedir à administração do município "Y" que lhe outorgue o competente ato para instalação de uma banca de jornal na calçada de uma rua.

Considerando a situação narrada, indaga-se:

A) Pode o Município "Y" se negar a outorgar o ato, alegando que considera desnecessária a referida instalação? Fundamente. (Valor: 0,40)

B) Pode o município "Y", após a outorga, rever o ato e o revogar? Neste caso é devida indenização a João? Fundamente. (Valor: 0,40)

C) Caso o ato de outorga previsse prazo para a duração da utilização do espaço público, seria devida indenização se o Poder Público resolvesse cancelar o ato de outorga antes do prazo? Fundamente. (Valor: 0,45)

## RESOLUÇÃO DA QUESTÃO

A) O município "Y" tem o direito de negar, porque, tratando-se ato discricionário, sua aprovação é baseada na conveniência e oportunidade do Administrador.

B) Do mesmo modo, o município "Y" pode revogar tal ato autorizativo a qualquer tempo, tendo em vista a precariedade do ato, não sendo devida qualquer indenização em vista dessa característica.

C) Por outro lado, a fixação de prazo certo implica em desnaturação do caráter precário do vínculo, ensejando no particular a legítima expectativa de que sua exploração irá vigorar pelo prazo pré-determinado pela própria Administração. Sendo assim, a revogação do ato antes do esgotamento do prazo caracteriza conduta descrita como *venire contra factum proprium*, ensejando a devida indenização pelos prejuízos efetivamente comprovados.

**(OAB/Exame Unificado – 2012.2 – 2ª fase)** O prefeito do município "X", ao tomar posse, descobriu que diversos servidores públicos vinham recebendo de boa-fé, há mais de dez anos, verbas remuneratórias ilegais e indevidas. Diante de tal situação, o prefeito, após oportunizar o contraditório e a ampla defesa aos servidores, pretende anular o ato concessivo do referido benefício. Antes, porém, resolve consultar seu assessor jurídico, formulando algumas indagações.

Responda aos itens a seguir, utilizando os argumentos jurídicos apropriados e a fundamentação legal pertinente ao caso.

A) É juridicamente correta a pretensão do prefeito, considerando, hipoteticamente, não existir no município legislação disciplinadora do processo administrativo? (Valor: 0,60)

B) Diante da ausência de legislação local, poder-se-ia aplicar à hipótese a Lei Federal n. 9.784/99, que regula o processo administrativo no âmbito federal? (Valor: 0,65)

### RESOLUÇÃO DA QUESTÃO

A) O examinando deve mencionar o princípio da legalidade administrativa e o poder-dever de autotutela, segundo o qual o administrador público não pode e não deve compactuar com a manutenção de ilegalidades na Administração Pública e, por isso, tem o poder-dever de anular o ato (Súmulas 346 e 473 do STF). Todavia, considerando o tempo decorrido e a ausência de marco temporal previsto em lei local, o examinando deve sugerir a aplicação, *in casu*, do princípio da segurança das relações jurídicas, que, tendo em conta a boa-fé dos servidores e o recebimento do benefício financeiro há mais de dez anos, sugere manutenção das verbas em favor dos beneficiários, porquanto já incorporadas ao seu patrimônio.

B) O examinando deve demonstrar conhecimento a respeito do artigo 54 (prazo decadencial de cinco anos para exercício da autotutela) da Lei n. 9.784/99, que, em regra, é de aplicação restrita ao âmbito federal. Todavia, é possível extrair seus conceitos e princípios básicos para aplicação extensiva em entes federativos diversos que ainda não possuem legislação própria para o processo administrativo. No caso específico, é possível extrair da Lei Federal n. 9.784/99 a regra do artigo 54, que estabelece o prazo de cinco anos para a Administração Pública anular seus próprios atos, quando deles derivar direito a terceiros, desde que estes estejam de boa-fé.

O STJ tem entendimento de que, em nome do princípio da segurança jurídica, na ausência de lei local sobre processo administrativo, Estados e Municípios devem aplicar a Lei n. 9.784/99. Isto porque, sob pena de violação ao referido princípio, a ausência de regra expressa na legislação local para o exercício da autotutela não pode autorizar o entendimento da inexistência de prazo decadencial para anulação de ato administrativo que produza efeitos patrimoniais favoráveis a beneficiários de boa-fé.

**Distribuição dos Pontos**

(não será aceita mera menção ao artigo)

| QUESITO AVALIADO | VALORES |
|---|---|
| **Item A**<br><br>NÃO, porque embora o princípio da legalidade administrativa e o poder-dever de autotutela sugiram à revisão do ato (Súmula 473 do STF) (0,25), não se pode olvidar da incidência, no caso concreto, do princípio constitucional da segurança jurídica, tendo em vista que, a existência de boa-fé dos servidores no recebimento de verbas de natureza alimentar por longo espaço de tempo (mais de 10 anos), determina a manutenção dos atos concessivos. (0,35) | 0,00/0,25/0,35/0,60 |
| **Item B**<br><br>SIM, em nome do princípio da segurança jurídica, a jurisprudência dos Tribunais Superiores se consolidou no sentido de que a ausência de regra expressa na legislação local para o exercício da autotutela não autoriza o entendimento da inexistência de prazo decadencial para anulação de ato administrativo que produza efeitos patrimoniais favoráveis a beneficiários de boa-fé, aplicando-se, assim, o prazo decadencial de 5 anos previsto no art. 54, Lei n. 9.784/99 (0,65). | 0,00/0,65 |

**(OAB/Exame Unificado – 2012.2 – 2ª fase)** O prefeito do município "P", conhecido como João do "P", determinou que, em todas as placas de inauguração das novas vias municipais pavimentadas em seu mandato na localidade denominada "E", fosse colocada a seguinte homenagem: "À minha querida e amada comunidade "E", um presente especial e exclusivo do João do "P", o único que sempre agiu em favor de nosso povo!"

O Ministério Público estadual intimou o Prefeito a fim de esclarecer a questão.

Na qualidade de procurador do município, você é consultado pelo Prefeito, que insiste em manter a situação. Indique o princípio da Administração Pública que foi violado e por que motivo. (valor: 1,25)

### RESOLUÇÃO DA QUESTÃO

Evidente, na hipótese, a violação ao princípio da impessoalidade. Por esse princípio traduz-se a ideia de que a Administração Pública tem que tratar a todos os administrados sem discriminações, benéficas ou negativas. Dessa forma, não se admite, por força de regra constitucional, nem favoritismos, nem perseguições, sejam políticas, ideológicas ou eleitorais.

A resposta deve considerar que, no caso concreto, a violação ao princípio da impessoalidade decorre do fato de que a publicidade dos atos, programas, obras ou serviços devem ter caráter educativo, informativo ou de orientação social, dela não podendo constar nomes ou quaisquer elementos que caracterizem promoção pessoal de autoridade ou servidor público.

**Distribuição dos pontos**

(não será aceita mera menção ao artigo)

| QUESITO AVALIADO | VALORES |
|---|---|
| O princípio violado é o da impessoalidade (0,25), uma vez que, no caso concreto, a publicidade presente nas placas de inauguração da localidade NÃO teve caráter educativo, informativo ou de orientação social, mas sim ato característico de promoção pessoal do prefeito, vedado pelo art. 37 § 1º da CF (1,00). | 0,00/0,25/1,00/1,25 |

(OAB/Exame Unificado – 2008.3 – 2ª fase) O servidor público Marcelo requereu férias para o mês de abril, sendo o pedido indeferido pelo chefe da repartição sob a alegação de que, naquele período, havia falta de pessoal na repartição. Marcelo, então, provou que, ao contrário, havia excesso de pessoal. Nessa situação hipotética, qual elemento do ato administrativo está inquinado de vício? Fundamente sua resposta conforme a teoria aplicável à espécie.

### RESOLUÇÃO DA QUESTÃO

A doutrina tradicional do Direito Administrativo ensina que o ato administrativo tem os seguintes requisitos: competência, objeto, forma, motivo e finalidade. Esses requisitos, inclusive, estão citados e definidos, no que diz respeito aos respectivos vícios, na Lei 4.717/65.

O motivo, que consiste na matéria de fato e de direito que justifica a prática do ato, é considerado viciado quando o motivo de fato que justifica o ato é materialmente inexistente. Nesse caso, de acordo com a Teoria dos Motivos Determinantes, o ato praticado é nulo (art. 2º, p. único, "d", da Lei 4.717/65).

A teoria mencionada estabelece que a validade dos atos administrativos está condicionada à existência e à adequação do motivo invocado. No caso, como o motivo invocado pelo chefe da repartição onde trabalha Marcelo se revela inexistente, tal situação fez com que o ato administrativo de indeferimento das férias seja nulo.

Ante o exposto, o caso revela vício do elemento motivo, devendo ser aplicada a Teoria dos Motivos Determinantes.

(OAB/Exame Unificado – 2007.3 – 2ª fase) Segundo entendimento já sedimentado na jurisprudência, a Administração Pública pode, por iniciativa própria, anular os seus atos, a qualquer tempo, quando eivados de ilegalidade, e se deles decorrerem efeitos favoráveis aos seus destinatários. Está correta esta afirmação? Justifique sua resposta.

### RESOLUÇÃO DA QUESTÃO

O princípio da autotutela, previsto no art. 53 da Lei 9.784/99 e na Súmula 473 do Supremo Tribunal Federal, de fato, estabelece que a Administração pode, por iniciativa própria, anular seus atos ilegais, inclusive quando deles decorrem efeitos favoráveis aos destinatários.

Essa possibilidade decorre do próprio princípio da legalidade, pelo qual a lei deve ser sempre respeitada e preservada.

Todavia, o princípio da autotutela deve se harmonizar com o princípio da segurança jurídica, também previsto na Lei 9.784/99 (art. 2º), o que faz com que certos atos, após decorrido certo tempo, não possam ser anulados.

O art. 54 da Lei 9.784/99 traz um prazo decadencial para a Administração anular atos que beneficiam seus destinatários, quando estes estiverem de boa-fé. Esse prazo é de 5 anos. Já se os destinatários dos atos estiverem de comprovada má-fé ou se os atos não beneficiam, mas prejudicam seus destinatários, não há, na lei, prazo para a anulação dos atos.

Dessa forma, a afirmativa está incorreta, pois não faz a ressalva de que, caso o destinatário do ato esteja de boa-fé (e esta é presumida), a Administração pode anular o ato no prazo máximo de 5 anos, contados da data em que foi praticado.

**(OAB/Exame Unificado – 2006.3 – 2ª fase)** O Presidente da Autarquia X solicitou do seu órgão de consultoria jurídica esclarecimento da possibilidade de se revogar um ato administrativo editado há 3 anos, com violação ao princípio da moralidade. Com base na situação-problema acima, explique a distinção entre revogação e anulação do ato administrativo, abordando a competência do Poder Judiciário para revogar ou anular os atos administrativos e seus limites, bem como os efeitos retroativos, ou não, do ato que revoga ou anula.

### RESOLUÇÃO DA QUESTÃO

O Presidente da Autarquia X solicita parecer jurídico sobre a possibilidade de se revogar ato administrativo editado há 3 anos, com violação ao princípio da moralidade.

Para que se responda à consulta formulada faz-se necessário fazer distinção entre a revogação e a anulação, ambas formas de extinção do ato administrativo.

A revogação tem por *motivo* a superveniência de fato novo que torne inconveniente ou inoportuna a manutenção do ato, ao passo que a anulação tem por motivo a ilegalidade do ato.

A primeira tem por *fundamento* a própria regra de competência que autoriza a prática do ato, ao passo que a segunda tem por fundamento o princípio da legalidade.

Quanto à competência, o sujeito ativo da revogação é tão somente a Administração Pública que tenha praticado o ato, ao passo que a anulação pode ser feita pela Administração Pública que praticou o ato ou pelo Poder Judiciário.

Quanto aos *efeitos* da revogação, são *ex nunc*, ou seja, não retroagem, ao passo que os da anulação são *ex tunc*, ou seja, retroagem.

A revogação tem os seguintes limites: a) só incide sobre atos legais, uma vez que os atos ilegais devem ser anulados; b) só incide sobre atos discricionários; c) não atinge atos exauridos, atos que geram direitos adquiridos e atos enunciativos.

A anulação também tem limites. Esta não é possível após o prazo decadencial para a anulação dos atos administrativos que beneficiam particulares de boa-fé (art. 54 da Lei 9.784/99). Há casos em que a anulação pode ser substituída pela convalidação (art. 55 da Lei 9.784/99) ou pela conversão do ato (art. 170 do Código Civil).

O caso em tela revela verdadeira ilegalidade, e não mera inconveniência ou inoportunidade. Aliás, trata-se de grave ilegalidade, pois diz respeito a princípio, e mais, a princípio de índole constitucional, fazendo com que o ato cabível seja a anulação, e não revogação.

É importante ressaltar que o ato foi praticado há menos de 5 anos, de modo que não se faz necessário investigar acerca da boa-fé ou não do beneficiário do ato, para efeito de aplicação do art. 54 da Lei 9.784/99, não tendo operado o prazo decadencial previsto no dispositivo mencionado.

Ante o exposto, nossa manifestação é no sentido de que a autoridade deverá anular o ato praticado, anulação essa que terá efeitos retroativos.

## 2. ESTRUTURA DA ADMINISTRAÇÃO E ENTES DE COOPERAÇÃO

**(OAB/Exame Unificado – 2020.1- 2ª fase)** Eustáquio, prefeito eleito do Município Alfa, pretende implementar, ao longo de sua administração, projetos que atendam ao interesse público. A gestão desses projetos seria realizada em associação a outros entes da Administração e em parceria com a sociedade civil.

Após a posse, Eustáquio realizou numerosas consultas e audiências públicas, e, com base nos estudos elaborados, concluiu que seria pertinente a formalização de um convênio com os Municípios Beta e Gama para promover o turismo na região, bem como estabelecer um acordo de cooperação com entidades da sociedade civil voltadas para a área de saúde.

Diante dessa situação hipotética, responda, fundamentadamente, aos questionamentos a seguir.

A) A formalização de convênio entre os mencionados Municípios deve ser precedida de chamamento público, na forma exigida para os regimes de parceria? (Valor: 0,60)

B) O Município Alfa, para formalizar a parceria por meio do acordo de cooperação, pode transferir recursos financeiros do erário para uma organização da sociedade civil que venha a ser selecionada mediante a realização de chamamento público? (Valor: 0,65)

*Obs.: o(a) examinando(a) deve fundamentar suas respostas. A mera citação do dispositivo legal não confere pontuação.*

### GABARITO COMENTADO

A) Não. Os convênios entre entes federados não se submetem ao regime da Lei nº 13.019/14 **ou** estão submetidos ao Art. 116 da Lei nº 8.666/93, consoante se depreende do Art. 84, parágrafo único, inciso I, da Lei nº 13.019/14.

B) Não. Os acordos de cooperação não admitem a transferência de recursos financeiros, na forma do Art. 2º, inciso VIII-A, da Lei nº 13.019/14.

**Distribuição dos pontos**

| ITEM | PONTUAÇÃO |
|---|---|
| A. Não. Os convênios entre entes federados não se submetem ao regime da Lei nº 13.019/14 ou estão submetidos ao Art. 116 da Lei nº 8.666/93 (0,50), consoante se depreende do Art. 84, parágrafo único, inciso I, da Lei nº 13.019/14 (0,10). | 0,00/0,50/0,60 |
| B. Não. Os acordos de cooperação não admitem a transferência de recursos financeiros (0,55), na forma do Art. 2º, inciso VIII-A, da Lei nº 13.019/14 (0,10). | 0,00/0,55/0,65 |

**(OAB/Exame Unificado – 2019.3- 2ª fase)** O governo de certo estado da Federação está realizando, no ano corrente, estudos para criar uma agência reguladora para os serviços de transporte intermunicipal, a ser denominada *Transportare*.

Concluiu-se pela necessidade de lei para criar a mencionada entidade autárquica, com a delimitação das respectivas competências relacionadas à atividade regulatória, a abranger a edição de atos normativos técnicos para os serviços públicos em questão, segundo os parâmetros estabelecidos pela lei (as funções de fiscalização, incentivo e planejamento).

Apontou-se, ainda, que o quadro de pessoal de tal entidade deveria adotar o regime de emprego público, submetido à Consolidação das Leis do Trabalho, sob o fundamento de ser mais condizente com o princípio da eficiência.

Diante dessa situação hipotética, responda, fundamentadamente, aos questionamentos a seguir.

A) Existe respaldo constitucional para a competência regulatória a ser atribuída à agência Transportare? **(Valor: 0,60)**

B) É possível adotar o regime de pessoal sugerido? (Valor: 0,65)

*Obs.: o(a) examinando(a) deve fundamentar suas respostas. A mera citação do dispositivo legal não confere pontuação.*

### GABARITO COMENTADO

A) Sim. A competência regulatória, que seja abrangente das funções de normatização técnica, segundo os parâmetros estabelecidos pela lei (as funções de fiscalização, incentivo e planejamento), tem respaldo constitucional, nos termos do Art. 174 da CRFB/88.

B) Não. A lei pretende criar uma agência reguladora, entidade autárquica em regime especial, que se submete ao Regime Jurídico Único **ou** ao Regime Jurídico Administrativo dos Servidores Públicos, na forma do Art. 39, *caput*, da CRFB/88.

**Distribuição dos pontos**

| ITEM | PONTUAÇÃO |
|---|---|
| A. Sim. A competência regulatória, que seja abrangente das funções de normatização técnica, segundo os parâmetros estabelecidos pela lei (as funções de fiscalização, incentivo e planejamento), tem respaldo constitucional (0,50), nos termos do Art. 174 da CRFB/88 (0,10). | 0,00/0,50/0,60 |
| B. Não. A lei pretende criar uma agência reguladora, entidade autárquica em regime especial, que se submete ao Regime Jurídico Único **ou** ao Regime Jurídico Administrativo dos Servidores Públicos (0,55), na forma do Art. 39, *caput*, da CRFB/88 (0,10). | 0,0/0,55/0,65 |

**(OAB/Exame Unificado – 2019.2- 2ª fase)** O Estado Alfa, para prestar os serviços de captação e tratamento de água, uniu-se aos municípios localizados em seu território, formando um consórcio público de direito público.

Devido ao aumento da população, foi necessário buscar novos mananciais, o que acarretou a necessidade de construção de novas adutoras. Por consequência, a nova tubulação precisará passar por áreas particulares, prevendo-se, com isso, a instituição de novas servidões.

Na qualidade de advogado(a) consultado(a), esclareça os itens a seguir.

A) Os entes da federação consorciados podem ceder servidores para o consórcio público? **(Valor: 0,65)**

B) O consórcio público em questão pode instituir servidão? **(Valor: 0,60)**

*Obs.: o(a) examinando(a) deve fundamentar suas respostas. A mera citação do dispositivo legal não confere pontuação.*

### GABARITO COMENTADO

A) Sim. Os entes consorciados podem ceder servidores para o consórcio público na forma e condições de cada ente consorciado, nos termos do Art. 4º, § 4º, da Lei nº 11.107/05 OU do Art. 241 da CRFB/88.

B) Sim. Por ser pessoa jurídica de direito público, o consórcio pode instituir servidão, nos termos do contrato de consórcio, conforme o Art. 2º, § 1º, inciso II, da Lei nº 11.107/05.

**Distribuição dos pontos**

| ITEM | PONTUAÇÃO |
|---|---|
| A. Sim. Os entes consorciados podem ceder servidores para o consórcio público na forma e condições de cada ente consorciado (0,55), nos termos do Art. 4º, § 4º, da Lei 11.107/05 OU do Art. 241 da CRFB/88 (0,10). | 0,00/0,55/0,65 |
| B. Sim. Por ser pessoa jurídica de direito público, nos termos do contrato de consórcio (0,50), conforme o Art. 2º, § 1º, inciso II, da Lei 11.107/05 (0,10). | 0,00/0,50/0,60 |

**(OAB/Exame Unificado – 2018.2- 2ª fase)** O Governador do estado Ômega decidiu nomear Alberto, engenheiro civil formado há dois anos, para o cargo de diretor da companhia estadual de água e esgoto, empresa pública que presta serviços em todo o estado e que tem um faturamento médio mensal em torno de R$ 1 bilhão. Assim que assumiu o cargo, seu primeiro emprego, Alberto ordenou a realização de licitação para ser construída uma nova estação de tratamento de esgoto.

Publicado o edital, seis empresas apresentaram propostas comerciais, sendo que o menor preço foi ofertado pela sociedade empresária Faz de Tudo. Ao analisar a documentação entregue pela referida empresa para fins de habilitação, a comissão de licitação apontou que o sócio-administrador da Faz de Tudo também é sócio- administrador de uma segunda empresa (Construtora Mercadão Ltda.), esta última declarada inidônea para participar de licitação na Administração Pública estadual.

Sobre a hipótese apresentada, responda aos itens a seguir.

A) É válida a nomeação de Alberto? **(Valor: 0,65)**

B) A sociedade empresária Faz de Tudo pode ser habilitada no certame? **(Valor: 0,60)**

*Obs.: o(a) examinando(a) deve fundamentar as respostas. A mera citação do dispositivo legal não confere pontuação.*

### GABARITO COMENTADO

A) A resposta é negativa. Como Alberto se formou há apenas dois anos e esse era seu primeiro emprego, ele não possui experiência profissional para ocupar o cargo de diretor da companhia estadual de água e esgoto. O examinando deve indicar as alíneas constantes no Art. 17, inciso I, da Lei nº 13.303/16.

B) A resposta é negativa. A Lei de Responsabilidade das Estatais não permite a contratação de sociedades empresárias constituídas por sócio de outra empresa declarada inidônea. O examinando deve indicar o Art. 38, inciso IV, da Lei nº 13.303/16.

**Distribuição dos pontos**

| ITEM | PONTUAÇÃO |
|---|---|
| A. Não. Como Alberto se formou há apenas dois anos e esse era seu primeiro emprego, ele não possui experiência profissional para ocupar o cargo de diretor da companhia estadual de água e esgoto (0,55), nos termos do Art. 17, inciso I, da Lei nº 13.303/16 (0,10). | 0,00/0,55/0,65 |
| B. Não. A Lei de Responsabilidade das Estatais não permite a contratação de sociedades empresárias constituídas por sócio de outra empresa declarada inidônea (0,50), nos termos do Art. 38, inciso IV, da Lei nº 13.303/16 (0,10). | 0,00/0,50/0,60 |

**(OAB/Exame Unificado – 2018.2- 2ª fase)** Os Municípios Alfa, Beta e Gama decidiram criar um consórcio público para a execução de serviços de saneamento básico. Como não iriam outorgar o exercício de potestades públicas à entidade administrativa, os entes federativos em questão formalizaram o respectivo protocolo de intenções, no qual previram a criação de uma pessoa jurídica de direito privado, a ser denominada *"Saneare"*, pelo prazo de vinte anos, constituída na forma da lei. Contudo, logo no início das atividades da *"Saneare"*, o Município Alfa descumpriu com as obrigações regularmente assumidas no contrato de rateio.

Na qualidade de advogado(a) consultado(a), esclareça os questionamentos a seguir.

A) *"Saneare"* é uma associação pública? **(Valor: 0,60)**

B) O Município Gama tem legitimidade para, isoladamente, exigir do Município Alfa o cumprimento das obrigações constantes do contrato de rateio? **(Valor: 0,65)**

*Obs.: o(a) examinando(a) deve fundamentar as respostas. A mera citação do dispositivo legal não confere pontuação.*

### GABARITO COMENTADO

A) A resposta é negativa. *"Saneare"* é pessoa jurídica de direito privado, razão pela qual não pode ser considerada uma associação pública, que é pessoa jurídica de direito público, na forma do Art. 6º da Lei nº 11.107/05.

B) A resposta é positiva. O Município Gama é legitimado para exigir o cumprimento das obrigações constantes do contrato de rateio, isoladamente ou em conjunto com os demais entes consorciados, nos termos do Art. 8º, § 3º, da Lei nº 11.107/05.

## Distribuição dos pontos

| ITEM | PONTUAÇÃO |
|---|---|
| A. Não. *"Saneare"* é pessoa jurídica de direito privado, razão pela qual não pode constituir uma associação pública, que é pessoa jurídica de direito público (0,50), na forma do Art. 4º, IV, **OU** Art. 6º, da Lei nº 11.107/05 (0,10). | 0,00/0,50/0,60 |
| B. Sim. O Município Gama é legitimado para exigir o cumprimento das obrigações constantes do contrato de rateio, isoladamente ou em conjunto com os demais entes consorciados (0,55), nos termos do Art. 8º, § 3º, da Lei nº 11.107/05 (0,10). | 0,00/0,55/0,65 |

(OAB/Exame Unificado-2015.2- 2ªfase) O Estado X e os Municípios A, B, C e D constituíram consórcio público, com personalidade jurídica de direito público, para a prestação de serviços conjuntos de abastecimento de água e esgotamento sanitário. Com base na situação apresentada, responda aos itens a seguir.

A) É possível a fixação de prazo de duração para o consórcio ou, ao contrário, a constituição de um consórcio público para prestação de serviços conjuntos pressupõe prazo indeterminado? (Valor: 0,40)

B) É possível ao Município C retirar-se do consórcio público? Nesse caso, os bens que transferiu ao consórcio retornam ao seu patrimônio? (Valor: 0,85)

*O examinando deve fundamentar suas respostas. A mera citação do dispositivo legal não será pontuada.*

### GABARITO COMENTADO

Em relação ao item A, a resposta é dada pelo Art. 4º, inciso I, da Lei nº 11.107/2005: são cláusulas essenciais do protocolo de intenções, dentre outras, as que estabeleçam o prazo de duração do consórcio. Dessa forma, a resposta à indagação formulada é no sentido de que é necessária a fixação de prazo.

Em relação ao item B, é possível a qualquer dos entes consorciados se retirar do consórcio, na forma do Art. 11 da Lei nº 11.107/2005. Nesse caso, os bens transferidos ao consórcio somente retornam ao patrimônio do Município caso haja expressa previsão no contrato de consórcio público ou no instrumento de transferência ou de alienação, conforme consta do Art. 11, § 1º, da Lei nº 11.107/2005. Do contrário, os bens permanecem com o consórcio.

## Distribuição dos pontos

| ITEM | PONTUAÇÃO |
|---|---|
| A. Sim, é necessária a fixação de prazo de duração (0,30), tal como exigido pelo Art. 4º, inciso I, da Lei nº 11.107/2005 (0,10). *Obs.: a simples menção ou transcrição do artigo não será pontuada.* | 0,00/0,30/0,40 |
| B1. Sim, o Município pode se retirar do consórcio (0,30), na forma do Art. 11 da Lei nº 11.107/2005 (0,10). *Obs.: a simples menção ou transcrição do artigo não será pontuada.* | 0,00/0,30/0,40 |

| ITEM | PONTUAÇÃO |
|---|---|
| B2. Os bens transferidos ao consórcio somente retornam ao patrimônio do Município caso haja expressa previsão no contrato de consórcio público ou no instrumento de transferência ou de alienação (0,35), conforme consta do Art. 11, § 1º, da Lei nº 11.107/2005 (0,10). Obs.: a simples menção ou transcrição do artigo não será pontuada. | 0,00/0,35/0,45 |

(OAB/Exame Unificado – 2012.1 – 2ª fase) O Governador do Estado X, após a aprovação da Assembleia Legislativa, nomeou o renomado cardiologista João das Neves, ex-presidente do Conselho Federal de Medicina e seu amigo de longa data, para uma das diretorias da Agência Reguladora de Transportes Públicos Concedidos de seu Estado. Ocorre que, alguns meses depois da nomeação, João das Neves e o Governador tiveram um grave desentendimento acerca da conveniência e oportunidade da edição de determinada norma expedida pela agência. Alegando a total perda de confiança no dirigente João das Neves e, após o aval da Assembleia Legislativa, o governador exonerou-o do referido cargo.

Considerando a narrativa fática acima, responda aos itens a seguir, empregando os argumentos jurídicos apropriados e apresentando a fundamentação legal pertinente ao caso.

A) À luz do Poder Discricionário e do regime jurídico aplicável às Agências Reguladoras, foi juridicamente correta a nomeação de João das Neves para ocupar o referido cargo? (Valor: 0,65)

B) Foi correta a decisão do governador em exonerar João das Neves, com aval da Assembleia Legislativa, em razão da quebra de confiança? (Valor: 0,60)

### RESOLUÇÃO DA QUESTÃO

A) Como sabido, discricionariedade é a margem de liberdade que a lei confere ao administrador para integrar a vontade da lei nos casos concretos conforme parâmetros/critérios de conveniência e oportunidade.

Assim, desde que observados alguns parâmetros, a escolha do dirigente é ato discricionário do chefe do Poder Executivo. Isto porque, como sabido, discricionariedade não se confunde com arbitrariedade.

Desse modo, ainda que discricionária a escolha deve atentar para o caráter técnico do cargo a ser ocupado, vez que as Agências reguladoras se caracterizam por um alto grau de **especialização técnica** no setor regulado, que, obviamente, para o seu correto exercício, exige uma formação especial dos ocupantes de seus cargos.

Por essas razões, afigura-se bastante claro que, no caso proposto, a escolha do governador vai de encontro aos critérios previstos para a escolha dos dirigentes, visto que a nomeação de um cardiologista, ainda que renomado, para exercer o cargo de diretor de uma agência reguladora de transportes públicos concedidos, não obedece à exigência de que o nomeado tenha alto grau de **especialização técnica** no setor regulado, *inerente ao regime jurídico especial das agências.*

Inclusive, nesse sentido, dispõe o art. 5º da Lei n. 9986/2000:

O Presidente ou o Diretor Geral ou Diretor-Presidente (CD I) e os demais membros do Conselho Diretor ou da Diretoria (CD II) serão brasileiros, de **reputação ilibada**, **formação** universitária e elevado conceito no campo de especialidade dos cargos para os quais serão nomeados, devendo ser escolhidos pelo Presidente da República e por ele nomeados, após aprovação pelo Senado Federal, nos termos da alínea f do inciso III do art. 52 da Constituição Federal.

Sendo assim, não foi correta a nomeação de João das Neves.

B) Como sabido, é uma característica das agências reguladoras, a estabilidade reforçada dos dirigentes. Trata-se de estabilidade diferenciada, caracterizada pelo exercício de mandato a termo, na qual se afigura impossível a exoneração *ad nutum* que, em regra, costuma ser inerente aos cargos em comissão. Desse modo, os diretores, na forma da legislação em vigor, só perderão os seus cargos por meio de renúncia, sentença transitada em julgado por meio de processo administrativo, observados a ampla defesa e o contraditório.

No mesmo sentido, dispõe expressamente o art. 9º, da Lei n. 9986/2000:

Art. 9º Os Conselheiros e os Diretores somente perderão o mandato em caso de renúncia, de condenação judicial transitada em julgado ou de processo administrativo disciplinar.

Por essas razões, João das Neves não poderia ter sido exonerado pelo governador.

**Observação dos autores**

Houve uma superveniente alteração na redação dos artigos acima referidos (cf. redação dada pela Lei 13.848/2019).

Assim, o art. 5º da Lei 9.986/2000 passou a exigir, além do notório conhecimento no campo de especialidade, outros requisitos, como um determinado tempo de experiência profissional e a formação acadêmica compatível com o cargo. Já o art. 9º passou a prever outras hipóteses de perda do mandato, relacionadas ao descumprimento das vedações previstas no art. 8º-B da mesma lei.

**Distribuição dos pontos**

(não será aceita mera menção ao artigo)

| QUESITO AVALIADO | FAIXA DE VALORES |
|---|---|
| A. Não. Isto porque, ainda que discricionária a escolha do chefe do Poder Executivo (0,25), tal escolha deve atentar para o caráter técnico do cargo a ser ocupado, vez que as agências reguladoras se caracterizam pela especialização no setor regulado, conforme explicitado no art. 5º da Lei n. 9986/2000 (0,40).<br>Obs.: **Não será aceita mera menção ao artigo** | 0,00/0,25/0,40/0,65 |
| B. Não. Como sabido, é uma característica das agências reguladoras, a estabilidade reforçada dos dirigentes. Trata-se de estabilidade diferenciada, caracterizada pelo exercício de mandato a termo, na qual se afigura impossível a exoneração *ad nutum* *(0,40)*, conforme inclusive explicitado no art. 9º da Lei n. 9.986/2000 (0,20).<br>Obs.: **Não será aceita mera menção ao artigo** | 0,00/0,40/0,60 |

**(OAB/Exame Unificado – 2012.1 – 2ª fase)** Recentemente, 3 (três) entidades privadas sem fins lucrativos do Município ABCD, que atuam na defesa, preservação e conservação do meio-ambiente, foram qualificadas pelo Ministério da Justiça como Organização da Sociedade Civil de Interesse Público. Buscando obter ajuda financeira do Poder Público para financiar parte de seus projetos, as 3 (três) entidades apresentaram requerimento à autoridade competente, expressando seu desejo de firmar um termo de parceria.

Considerando a narrativa fática acima, responda aos itens a seguir, empregando os argumentos jurídicos apropriados e apresentando a fundamentação legal pertinente ao caso.

A) O poder público deverá realizar procedimento licitatório (Lei n. 8.666/93) para definir com qual entidade privada irá formalizar termo de parceria? (Valor: 0,90)

B) Após a celebração do termo de parceria, caso a entidade privada necessite contratar pessoal para a execução de seus projetos, faz-se necessária a realização de concurso público? (Valor: 0,35)

## RESOLUÇÃO DA QUESTÃO

A) Organização da Sociedade Civil de Interesse Público (OSCIP) é a qualificação jurídica conferida pelo Poder Público, por ato administrativo, às pessoas privadas sem fins lucrativos e que desempenham determinadas atividades de caráter social, atividades estas que, por serem de relevante interesse social, são fomentadas pelo Estado. A partir de tal qualificação, tais entidades ficam aptas a formalizar "termos de parceria" com o Poder Público, que permitirá o repasse de recursos orçamentários para auxiliá-las na consecução de suas atividades sociais.

As OSCIPs integram o que a doutrina chama de "Terceiro Setor", isto é, uma nova forma de organização da Administração Pública por meio da formalização de parcerias com a iniciativa privada para o exercício de atividades de relevância social. Sendo assim, como as ideias de "mútua colaboração" e a ausência de "contraposição de interesses" são inerentes a tais ajustes, o "termo de parceria" tem sido considerado pela doutrina e pela jurisprudência como espécies de convênios e não como contratos, tendo em vista a comunhão de interesses do Poder Público e das entidades privadas na consecução de tais atividades.

Contudo, apesar de desnecessária a licitação formal nos termos da Lei n. 8.666/93, não se pode olvidar que deverá a administração observar os princípios do art. 37 da CRFB/88 na escolha da entidade além de, atualmente, vir prevalecendo o entendimento da doutrina, da jurisprudência e dos Tribunais de Contas no sentido de que, ainda que não se deva realizar licitação nos moldes da Lei n. 8.666/93, deverá ser realizado procedimento licitatório simplificado a fim de garantir a observância dos princípios da Administração Pública, como forma de restringir a subjetividade na escolha da OSCIP a formalizar o "termo de parceria".

B) Não. Por não integrarem a Administração Pública, as OSCIP's não se submetem as regras de concurso público, nos termos do art. 37, II, da CRFB.

É importante ressaltar que, por se tratar de prova discursiva, será exigido do examinando o desenvolvimento do tema apresentado. Desse modo, além de resposta conclusiva acerca do arguido, a mera menção a artigo não é pontuada, nem a mera resposta negativa desacompanhada do fundamento correto.

## Distribuição dos pontos
(não será aceita mera menção ao artigo)

| QUESITO AVALIADO | FAIXA DE VALORES |
|---|---|
| A. Não é necessária a realização de procedimento formal licitatório, tendo em vista que o termo de parceria não possui a natureza jurídica de contrato, por não haver oposição entre as vontades das partes / inexistirem obrigações recíprocas, mas, sim, a conjunção de esforços para realização de objetivos comuns (art. 2º, § único, da Lei n. 8.666) (0,60). Contudo, deverá ser realizado procedimento seletivo simplificado a fim de garantir a observância dos princípios da Administração Pública, como forma de restringir a subjetividade na escolha da OSCIP a formalizar o "termo de parceria" (0.30). | 0.00/0.30/0.60/0,90 |
| B. Não. Por não integrarem a Administração Pública, as OSCIP's não se submetem às regras de concurso público, nos termos do art. 37, II, da CRFB (0,35). | 0,00/0,35 |

(OAB/Exame Unificado – 2010.3 – 2ª fase) O prefeito de um determinado município está interessado em descentralizar o serviço de limpeza urbana e pretende, para tanto, criar uma empresa pública. Diante disso, formula consulta jurídica a respeito do regime a ser observado pela estatal em relação aos aspectos abaixo transcritos.

Com base no relatado acima, responda aos itens a seguir, empregando os argumentos jurídicos apropriados e a fundamentação legal pertinente ao caso.

A) Qual é o instrumento jurídico necessário para a instituição de uma empresa pública? (Valor: 0,25)

B) Qual é o regime de pessoal a ser observado e a respectiva forma de recrutamento e seleção? (Valor: 0,5)

C) A empresa pública em questão deve observar limite máximo de remuneração previsto no artigo 37, inciso XI, da Constituição da República? (Valor: 0,25)

### RESOLUÇÃO DA QUESTÃO

O examinando deve, em primeiro lugar, mencionar a necessidade de lei específica para a instituição de empresa pública, conforme norma do artigo 37, inciso XIX, da CRFB. Quanto ao regime de pessoal, às empresas públicas submetem-se ao regime jurídico da iniciativa privada no que tange às obrigações trabalhistas, donde se depreende a submissão ao regime de emprego público (celetista), conforme artigo 173, § 1º, inciso II, da CRFB. No entanto, embora o regime de pessoal seja o celetista, o examinando deve registrar que o acesso ao emprego público depende de aprovação em concurso público, aplicando-se o princípio da meritocracia (artigo 37, inciso II, CRFB). Por fim, quanto ao limite máximo de remuneração, a empresa pública deverá observá-lo caso receba recurso do Município de pagamento de despesas de pessoal ou de custeio em geral, conforme norma do artigo 37, § 9º, da CRFB.

Distribuição de pontos

| ITEM | DESCRIÇÃO | PONTUAÇÃO |
|---|---|---|
| A | Necessidade de lei específica (artigo 37, inciso XIX, CRFB) | 0 / 0,25 |

| ITEM | DESCRIÇÃO | PONTUAÇÃO |
|---|---|---|
| B | Regime celetista (artigo 173, § 1º, inciso II, CRFB) | 0 / 0,25 |
| B | Acesso por meio de concurso público – meritocracia (artigo 37, inciso II, CRFB) | 0 / 0,25 |
| C | Sim, caso receba recurso do Município para pagamento de despesas de pessoal ou de custeio em geral (artigo 37, § 9º, da CRFB). | 0 / 0,25 |

## 3. AGENTES PÚBLICOS

**(OAB/Exame Unificado – 2020.2- 2ª fase)** Roberto é servidor do Poder Executivo Federal há dezessete anos. Infelizmente envolveu-se em um acidente automobilístico que o deixou com severas limitações cognitivas e motoras. Em razão disso, foi aposentado por invalidez. Dois anos depois, após um intenso trabalho de reabilitação, Roberto recuperou seus movimentos e também a consciência.

Na qualidade de advogado(a) consultado(a), responda aos itens a seguir.

A) Supondo que Roberto tivesse direito ao auxílio-alimentação enquanto estava na ativa, ao ingressar na inatividade, ele mantém esse direito? (Valor: 0,65)

B) Ao recuperar os movimentos e a capacidade cognitiva, é cabível, segundo a legislação federal, o retorno de Roberto à atividade antes desempenhada? (Valor: 0,60)

*Obs.: o(a) examinando(a) deve fundamentar suas respostas. A mera citação do dispositivo legal não confere pontuação.*

### GABARITO COMENTADO

A) Não. O direito ao auxílio alimentação é exclusivo dos servidores ativos, de forma que, ao passar para a inatividade, ele perde tal direito, em conformidade com a Súmula Vinculante 55 do STF.

B) Sim. Trata-se do instituto da reversão. Se uma junta médica oficial declarar insubsistentes os motivos da aposentadoria, Roberto retornará à atividade no mesmo cargo, segundo o Art. 25, inciso I, da Lei nº 8.112/90.

**(OAB/Exame Unificado – 2020.1- 2ª fase)** Por meio de carta apócrifa, a autoridade competente tomou conhecimento de que Lucíola, servidora pública federal estável, praticou conduta gravíssima no exercício da função pública.

Ato contínuo, procedeu-se à sindicância que efetivamente apurou indícios da prática de tais atos e conduziu à instauração motivada do respectivo processo administrativo disciplinar, cujo curso respeitou a ampla defesa e o contraditório, culminando na demissão de Lucíola.

Ocorre que o julgamento do processo administrativo disciplinar se deu fora do prazo legal, pois alcançou o total de duzentos dias, considerando que o inquérito administrativo foi concluído em cento e setenta dias e a decisão pela autoridade competente levou trinta dias, sem prejuízo para a defesa.

Na qualidade de advogado(a) de Lucíola, responda, fundamentadamente, aos itens a seguir.

A) A instauração do processo administrativo disciplinar contra Lucíola poderia decorrer de carta apócrifa? **(Valor: 0,65)**

B) É cabível a anulação da penalidade aplicada a Lucíola em decorrência do excesso de prazo? **(Valor: 0,60)**

*Obs.: o(a) examinando(a) deve fundamentar suas respostas. A mera citação do dispositivo legal não confere pontuação.*

### GABARITO COMENTADO

A) Sim. É possível a instauração de processo administrativo disciplinar com base em denúncia anônima, devidamente motivada e com amparo em investigação ou sindicância, diante do poder-dever de autotutela imposto à Administração, consoante Súmula 611 do STJ.

B) Não. O descumprimento dos prazos legais para julgamento no processo administrativo disciplinar não importa nulidade do processo, se não houver prejuízo para a defesa, consoante disposto no Art. 169, § 1º, da Lei nº 8.112/90 **OU** na Súmula 592 do STJ.

**Distribuição dos pontos**

| ITEM | PONTUAÇÃO |
|---|---|
| A. Sim. É possível a instauração de processo administrativo disciplinar com base em denúncia anônima, devidamente motivada e com amparo em investigação ou sindicância, diante do poder-dever de autotutela imposto à Administração (0,55), consoante Súmula 611 do STJ (0,10). | 0,00/0,55/0,65 |
| B. Não. O descumprimento dos prazos legais para o julgamento não importa nulidade do processo, se não houver prejuízo para a defesa (0,50), consoante o disposto no Art. 169, § 1º, da Lei nº 8.112/90 **OU** na Súmula 592 do STJ (0,10). | 0,00/0,50/0,60 |

**(OAB/Exame Unificado – 2019.1- 2ª fase)** Márcio, estudante de engenharia civil, em razão dos elevados índices de desemprego e da dificuldade de conseguir um estágio, resolveu iniciar os estudos para ingressar no serviço público. Faltando exatamente seis meses para concluir a faculdade, o Tribunal Regional Federal da 1ª Região publica edital de concurso para provimento do cargo efetivo de engenheiro civil. O estudante inscreve-se no certame e é aprovado. Dois meses depois da colação de grau, Márcio é surpreendido com sua nomeação.

Na qualidade de advogado(a) consultado(a), responda aos itens a seguir.

A) O fato de Márcio ter feito a inscrição no concurso quando ainda não preenchia os requisitos do cargo torna sem efeito sua posterior nomeação? **(Valor: 0,65)**

B) Márcio, seis meses depois da posse, recebe uma proposta para trabalhar em uma grande construtora brasileira. Para não se desvincular do serviço público, ele pode obter licença para tratar de interesses particulares pelo prazo de dois anos? **(Valor: 0,60)**

*Obs.: o(a) examinando(a) deve fundamentar as respostas. A mera citação do dispositivo legal não confere pontuação.*

## GABARITO COMENTADO

A) A resposta é negativa. O diploma necessário para o exercício do cargo deve ser exigido na posse e não na inscrição para o concurso público, conforme dispõe a Súmula 266 do STJ. Logo, o fato de Márcio ter feito a inscrição no concurso quando ainda não preenchia os requisitos do cargo não torna sem efeito sua posterior nomeação. Observe-se, ainda, que não é dito que o Edital previa o preenchimento dos requisitos em momento à nomeação.

B) A resposta é negativa. Não é juridicamente possível a obtenção da referida licença, pois tal licença só pode ser concedida ao servidor que não esteja em estágio probatório, conforme disposto no Art. 91 da Lei nº 8.112/90.

**Distribuição dos pontos**

| ITEM | PONTUAÇÃO |
| --- | --- |
| A. Não. As condições para o exercício do cargo devem ser exigidas na posse e não na inscrição para o concurso público (0,55), conforme dispõe a Súmula 266 do STJ (0,10). | 0,00/0,55/0,65 |
| B. Não, pois tal licença só pode ser concedida ao servidor que não esteja em estágio probatório (0,50), conforme disposto no Art. 91 da Lei nº 8.112/90 (0,10). | 0,00/0,50/0,60 |

**(OAB/Exame Unificado – 2017.3- 2ª fase)** Maria da Silva, médica, inscreveu-se no concurso de perito do Instituto Nacional do Seguro Social (INSS) e foi aprovada. Após ser nomeada, tomou posse e, logo em seguida, entrou em exercício. Quatro anos depois, Maria foi diagnosticada com glaucoma e, em decorrência disso, infelizmente, perdeu a visão de um dos olhos.

Passados alguns anos, o Tribunal Regional do Trabalho (TRT) abriu concurso para o cargo de médico. Maria solicitou inscrição para as vagas reservadas a candidatos com deficiência. Para comprovar sua condição, enviou à comissão do concurso laudo médico. A solicitação foi indeferida, sob a justificativa de que o portador de visão monocular não tem direito de concorrer às vagas reservadas aos deficientes.

Na qualidade de advogado(a) consultado(a), responda aos itens a seguir.

A) Maria pode acumular o cargo de perito do INSS com o de médico do TRT? **(Valor: 0,65)**

B) A decisão que indeferiu o pedido de Maria para concorrer às vagas reservadas a candidatos com deficiência é lícita? **(Valor: 0,60)**

*Obs.: o(a) examinando(a) deve fundamentar as respostas. A mera citação do dispositivo legal não confere pontuação.*

## GABARITO COMENTADO

A) Sim. Por se tratar de profissionais da área da saúde, a acumulação de cargos é lícita, desde que haja compatibilidade de horários, conforme previsão constante do Art. 37, inciso XVI, alínea *c*, da CRFB/88.

B) Não. O portador de visão monocular tem direito de concorrer, em concurso público, às vagas reservadas aos deficientes, conforme Súmula 377 do Superior Tribunal de Justiça.

## Distribuição dos pontos

| ITEM | PONTUAÇÃO |
|---|---|
| A. Sim. Por se tratar de profissionais da área da saúde, a acumulação de cargos é lícita, desde que haja compatibilidade de horários (0,55), conforme previsão constante do Art. 37, inciso XVI, alínea *c*, da CRFB/88 (0,10) | 0,00/0,55/0,65 |
| B. Não. O portador de visão monocular tem direito de concorrer, em concurso público, às vagas reservadas aos deficientes (0,50), conforme Súmula 377/STJ (0,10). | 0,00/0,50/0,60 |

(**OAB/Exame Unificado – 2017.3- 2ª fase**) João, servidor público federal estável, teve instaurado contra si processo administrativo disciplinar, acusado de cobrar valores para deixar de praticar ato de sua competência, em violação de dever passível de demissão.

A respectiva Comissão Processante elaborou relatório, no qual entendeu que a prova dos autos não era muito robusta, mas que o testemunho de Ana, por si só, revelava-se suficiente para a aplicação da pena de demissão, o que foi acatado pela autoridade julgadora competente, a qual se utilizou do próprio relatório como motivação para o ato demissional.

Diante da gravidade da conduta imputada a João, foi igualmente instaurado processo criminal, que resultou na sua absolvição por ausência de provas, sendo certo que o Magistrado, diante dos desencontros do testemunho de Ana na ação penal, determinou a extração de cópias e remessa para o Ministério Público, a fim de que tomasse as providências que entendesse cabíveis.

O *Parquet*, por sua vez, denunciou Ana pelo crime de falso testemunho pelos exatos fatos que levaram à demissão de João no mencionado processo administrativo disciplinar, e, após o devido processo legal, ela foi condenada pelo delito, por meio de decisão transitada em julgado.

Na qualidade de advogado(a) consultado(a), responda aos itens a seguir.

A) Em sede de processo administrativo federal, poderia a autoridade competente para o julgamento ter se utilizado do relatório da comissão processante para motivar o ato demissório de João? **(Valor: 0,60)**

B) A condenação penal de Ana poderia ensejar a revisão do processo administrativo disciplinar que levou à demissão de João? **(Valor: 0,65)**

*Obs.: o(a) examinando(a) deve fundamentar as respostas. A mera citação do dispositivo legal não confere pontuação.*

### GABARITO COMENTADO

A) A resposta é positiva. Em sede de processo administrativo federal, o relatório pode ser utilizado como motivação, na forma do Art. 50, § 1º, da Lei nº 9784/99 **OU** do Art. 168 da Lei nº 8.112/90.

B) A resposta é positiva. O testemunho de Ana foi determinante, por si só, para a demissão de João e a posterior condenação dela pelo crime de falso testemunho, em razão das mesmas circunstâncias, se apresenta como fato novo suscetível de justificar a inocência do servidor e promover a revisão do processo administrativo disciplinar, com fulcro no Art. 174, da Lei nº 8112/90.

**Distribuição dos pontos**

| ITEM | PONTUAÇÃO |
|---|---|
| A. Sim. Em sede de processo administrativo federal, o relatório pode ser utilizado como motivação (0,50), na forma do Art. 50, § 1°, da Lei n° 9.784/99 **OU** do Art. 168 da Lei n° 8.112/90 (0,10). | 0,00/0,50/0,60 |
| B. Sim. A condenação criminal de Ana é fato novo ou circunstância suscetível de justificar a inocência do servidor e promover a revisão do processo administrativo disciplinar (0,55), com fulcro no Art. 174, da Lei n° 8.112/90 **OU** no Art. 65 da Lei n° 9.784/99 (0,10). | 0,00/0,55/0,65 |

(**OAB/ Exame Unificado 2016.3 – 2ª fase**) José Maria, aprovado em concurso público para o cargo de Auditor Fiscal do Ministério da Fazenda, foi convocado a apresentar toda a sua documentação e os exames médicos necessários até o dia 13 de julho. Após a entrega dos documentos, José Maria foi colocado em treinamento, e, passadas duas semanas, iniciou o exercício de suas atividades funcionais, que consistiam no processamento de pedidos de parcelamento de débitos tributários. Ocorre que, meses depois, a Administração percebeu que José Maria não havia, formalmente, sido nomeado e nem assinado o termo de posse.

Responda, fundamentadamente, aos itens a seguir.

A) Os atos praticados por José Maria podem gerar efeitos em relação a terceiros? (**Valor: 0,75**)

B) A Administração pode exigir de José Maria a devolução dos valores por ele percebidos ao longo do tempo em que não esteve regularmente investido? (**Valor: 0,50**)

*Obs.: o examinando deve fundamentar suas respostas. A mera citação do dispositivo legal não confere pontuação.*

**GABARITO COMENTADO**

A) A resposta é positiva. A situação descrita configura exemplo de atuação de um agente de fato, isto é, aquele que desempenha atividade pública com base na presunção de legitimidade de sua situação funcional. Os atos praticados por agentes de fato podem ser convalidados, a fim de se evitarem prejuízos para a Administração ou a terceiros de boa-fé.

B) A resposta é negativa. Ainda que ilegítima a investidura, o agente de fato tem direito à percepção de sua remuneração porque agiu de boa-fé e as verbas recebidas tinham caráter alimentar, sob pena de enriquecimento sem causa da Administração Pública.

(**OAB/Exame Unificado 2016.1- 2ª fase**) Tício é servidor público federal há 6 (seis) anos, e, durante todo esse tempo, sempre teve comportamento exemplar. Um dia, ao ser comunicado, pelo seu chefe imediato, que não poderia gozar férias no mês de dezembro, uma vez que dois colegas já estariam de férias no mesmo período, Tício exigiu que fosse aberta uma exceção, por ele ser o servidor mais antigo. Como a resposta foi negativa, Tício tornou-se agressivo, e, gritando palavrões, passou a ofender seu chefe até, finalmente, agredir com um soco um dos colegas servidores que presenciava a cena. Com base no caso narrado, responda, fundamentadamente, aos itens a seguir.

A. Considerando que Tício não apresentou anteriormente qualquer problema, é possível a aplicação da penalidade de demissão pelo caso relatado? **(Valor: 0,65)**

B. Considerando que o ato foi presenciado por diversas testemunhas e pelo próprio chefe imediato de Tício, é possível dispensar a instauração de processo administrativo disciplinar, instaurando-se apenas a sindicância? **(Valor: 0,60)**

*Obs.: o examinando deve fundamentar suas respostas. A mera citação do dispositivo legal não confere pontuação.*

### GABARITO COMENTADO

A) A resposta é positiva. Nos termos do Art. 132, incisos VI e VII, da Lei nº 8.112/1990, será aplicada a penalidade de demissão ao servidor, nos casos de insubordinação grave e de ofensa física em serviço. Não há necessidade de aplicação de outras penalidades antes da aplicação da demissão. Os artigos 129 e 130 da Lei nº 8.112/1990, determinam, respectivamente, os casos de aplicação das penalidades de advertência e de suspensão, excluindo, expressamente, os casos que tipifiquem infração sujeita à penalidade de demissão.

B) A resposta é negativa. Nos termos do Art. 146 da Lei nº 8.112/1990, *"sempre que o ilícito praticado pelo servidor ensejar a imposição de penalidade de suspensão por mais de 30 (trinta) dias, de demissão, de cassação de aposentadoria ou disponibilidade, ou destituição de cargo em comissão, será obrigatória a instauração de processo disciplinar"*.

**Distribuição dos pontos**

| ITEM | PONTUAÇÃO |
|---|---|
| A. Sim. É possível aplicar ao servidor a penalidade de demissão, nos casos de insubordinação grave e de ofensa física em serviço, (0,55) nos termos do Art. 132, incisos VI ou VII, da Lei nº 8.112/1990 **OU** art. 5, parágrafo único, incisos II ou III da Lei 8.027/90 (0,10) <br> *OBS.: A simples menção ou transcrição do dispositivo legal não pontua.* | 0,00 / 0,55 / 0,65 |
| B. Não, porque nos casos de aplicação da penalidade de demissão, será obrigatória a instauração de processo disciplinar (0,50), nos termos do Art. 146 da Lei nº 8.112/1990 (0,10). <br> *OBS.: A simples menção ou transcrição do dispositivo legal não pontua.* | 0,00 / 0,50 / 0,60 |

**(OAB/Exame Unificado 2015.3 – 2ª fase)** A Assembleia Legislativa do Estado X aprovou projeto de lei que estabeleceu um aumento de 9,23% (nove vírgula vinte e três por cento) para os servidores de nível superior do Poder Judiciário. Após alguns dias de paralisação e ameaça de greve por parte dos servidores públicos estaduais, o Governador do Estado X editou o Decreto nº 1.234, por meio do qual concedeu, aos servidores de nível superior do Poder Executivo, o mesmo aumento e garantiu que, para os próximos anos, eles receberiam o mesmo percentual de reajuste anual concedido aos servidores do Poder Judiciário.

Com base na hipótese sugerida, responda, fundamentadamente, aos itens a seguir.

A) É possível a extensão, aos servidores do Poder Executivo, do mesmo aumento e dos mesmos percentuais de reajuste concedidos aos servidores do Poder Judiciário, por meio de Decreto Estadual? **(Valor: 0,75)**

B) É possível a extensão, mediante decisão judicial, do mesmo percentual de aumento aos servidores de nível médio do Poder Judiciário excluídos do alcance da lei recentemente aprovada? **(Valor: 0,50)**

*Obs.: o examinando deve fundamentar suas respostas. A mera citação do dispositivo legal não confere pontuação.*

### GABARITO COMENTADO

Em relação ao item A, a resposta é negativa. Dois fundamentos inquinam a validade do Decreto do Chefe do Poder Executivo estadual. Em primeiro lugar, a Constituição da República, em seu Art. 37, inciso X, estabeleceu que a remuneração dos servidores públicos deve ser fixada ou alterada por lei específica. Fica vedada, portanto, a edição de Decreto para a concessão de aumentos ou reajustes aos servidores públicos. Além disso, a Constituição da República, no inciso XIII do mesmo dispositivo, veda a vinculação ou equiparação de quaisquer espécies remuneratórias para o efeito de remuneração de pessoal do serviço público. Não pode o Decreto, portanto, vincular a remuneração e os reajustes dos servidores do Poder Executivo estadual àqueles do Poder Judiciário.

Em relação ao item B, a resposta também é negativa. A Constituição da República exige a edição de lei, em sentido formal, para a concessão de aumento ou reajuste de servidores (Art. 37, X), tornando impossível o aumento de vencimentos de servidores públicos pelo Poder Judiciário. Esse é o fundamento, aliás, da Súmula nº 339 do Supremo Tribunal Federal: *"Não cabe ao Poder Judiciário, que não tem função legislativa, aumentar vencimentos de servidores públicos sob o fundamento de isonomia"* e da recente Súmula vinculante nº 37, com idêntica redação.

**Distribuição dos pontos**

| ITEM | PONTUAÇÃO |
| --- | --- |
| A) Não. A remuneração dos servidores públicos é fixada ou alterada por lei específica (0,40), conforme o Art. 37, inciso X, da CRFB (0,10) é vedada a vinculação ou equiparação de quaisquer espécies remuneratórias para o efeito de remuneração de pessoal do serviço público (0,15) no inciso XIII, do mesmo artigo. (0,10) *Obs.: a mera citação do dispositivo legal não confere pontuação.* | 0,00 / 0,15 / 0,25 / 0,40 / 0,50 / 0,55 / 0,65 / 0,75 |
| B) Não cabe ao Poder Judiciário, que não tem função legislativa, aumentar vencimentos de servidores públicos sob o fundamento de isonomia, sob pena de violação à separação de poderes (0,40) (Súmula nº 339 ou Súmula Vinculante nº 37 do STF). (0,10). *Obs.: a mera citação do dispositivo legal não confere pontuação.* | 0,00/0,40/0,50 |

(OAB/Exame Unificado- 2015.1.-2ªfase) João, servidor público federal, ocupante do cargo de agente administrativo, foi aprovado em concurso público para emprego de técnico de informática, em sociedade de economia mista do Estado X. Além disso, João recebeu um convite de emprego para prestar serviços de manutenção de computadores na empresa de Alfredo.

Com base no exposto, responda, fundamentadamente, aos itens a seguir.

A) É possível a cumulação do cargo técnico na Administração Federal com o emprego em sociedade de economia mista estadual? E com o emprego na iniciativa privada? **(Valor: 0,75)**

B) Caso João se aposente do cargo que ocupa na Administração Pública federal, poderá cumular a remuneração do emprego na empresa de Alfredo com os proventos de aposentadoria decorrentes do cargo de agente administrativo? **(Valor: 0,50)**

*O examinando deve fundamentar suas respostas. A mera citação do dispositivo legal não confere pontuação.*

### GABARITO COMENTADO

A) O examinando deve identificar que não é possível a cumulação do cargo público com o emprego na sociedade de economia mista estadual, na forma do Art. 37, XVII, da Constituição da República, bem como do Art. 118, § 1º, da Lei nº 8.112/1990. De outro lado, não há qualquer vedação, constitucional ou legal, ao exercício de atividade remunerada (não comercial) junto à iniciativa privada (no caso, como prestador de serviços de manutenção de computadores), desde que não haja incompatibilidade de horários prejudicial ao serviço público.

B) O examinando deve identificar que é possível a cumulação, pois, conforme o Art. 37, § 10, da Constituição, só é vedada a percepção simultânea de proventos de aposentadoria decorrentes do **art. 40 ou dos artigos 42 e 142 com a remuneração de cargo, emprego ou função pública.**

**Distribuição dos pontos**

| ITEM | PONTUAÇÃO |
|---|---|
| **A1.** Não é possível a cumulação de cargo e emprego público (0,30), conforme vedação do Art. 37, XVII da CRFB ou do Art. 118, § 1º, da Lei nº 8.112/1990. (0,10) | 0,0/0,30/0,40 |
| **A2.** É possível a cumulação do cargo com um emprego na iniciativa privada, pois não há impedimento constitucional ou legal (0,15), desde que haja compatibilidade de horários. (0,20) | 0,0/0,15/0,20/0,35 |
| **B.** Sim, pois só é vedada a percepção simultânea de proventos de aposentadoria decorrentes do Art. 40 da CRFB/88 com a remuneração de cargo, emprego ou função pública, (0,40), nos termos do Art. 37, § 10, da CRFB /88. (0,10) | 0,00/ 0,4 0/0, 50 |

**(OAB/Exame Unificado – 2013.2 – 2ª fase)** O Governador do Estado "N", verificando que muitos dos Secretários de seu Estado pediram exoneração por conta da baixa remuneração, expede decreto, criando gratificação por tempo de serviço para os Secretários, de modo que, a cada ano no cargo, o Secretário receberia mais 2%.

Dois anos depois, o Ministério Público, por meio de ação própria, aponta a nulidade do Decreto e postula a redução da remuneração aos patamares anteriores.

Diante deste caso, responda aos itens a seguir.

A) É juridicamente válida a criação da gratificação? (Valor: 0,85)

B) À luz do princípio da irredutibilidade dos vencimentos, é juridicamente possível a redução do total pago aos Secretários de Estado, como requerido pelo Ministério Público? (Valor: 0,40)

### GABARITO COMENTADO – EXAMINADORA

O candidato deverá, na essência, observar quanto às perguntas, o seguinte:

A) Não, uma vez que a Constituição Federal estabelece, no Art. 37, X, que a remuneração dos servidores públicos e o subsídio de que trata o § 4º do Art. 39 somente poderão ser fixados ou alterados por lei específica. Além disso, o § 4º do Art. 39 prevê que os Secretários Estaduais serão remunerados exclusivamente por subsídio fixado em parcela única, vedado o acréscimo de qualquer gratificação, adicional, abono, prêmio, verba de representação ou outra espécie remuneratória.

B) Sim, uma vez que a irredutibilidade não garante a percepção de remuneração concedida em desacordo com as normas constitucionais. Não há direito adquirido contra regra constitucional ou legal.

**(OAB/Exame Unificado – 2012.3 – 2ª fase)** João inscreveu-se em concurso público para o provimento de cargo cujo exercício pressupõe a titulação de nível superior completo. Após aprovação na prova de conhecimentos gerais (1ª fase), João foi impedido de realizar as provas de conhecimentos específicos e a prova oral por não ter apresentado o diploma de nível superior logo após a aprovação na 1ª fase do certame, tal como exigido no instrumento convocatório e, em razão disso, eliminado do concurso.

Sabendo-se que o edital do concurso foi publicado em 13 de janeiro de 2011 e que a eliminação de João foi divulgada em 17 de maio do mesmo ano, responda, empregando os argumentos jurídicos apropriados e a fundamentação legal pertinente ao caso, aos seguintes quesitos.

A) A impetração de Mandado de Segurança seria via processual adequada para impugnar a eliminação de João do certame? (Valor: 0,55)

B) Qual fundamento poderia ser invocado por João para obter judicialmente o direito de prosseguir no concurso e participar das fases subsequentes? (Valor: 0,70)

### GABARITO COMENTADO – EXAMINADORA

A) O examinando deve responder afirmativamente, registrando que o prazo para impetração do mandado de segurança é de 120 dias na forma do Art. 23 da Lei n. 12.016/09.

B) O examinando deve demonstrar conhecimento da jurisprudência consolidada do STJ no sentido de apenas ser legítima a exigência de comprovação de diploma ou habilitação legal para exercício de cargo público no momento da posse (Enunciado n. 266 do STJ).

**Distribuição dos Pontos**

| QUESITO AVALIADO | VALORES |
|---|---|
| A. O examinando deve demonstrar que o prazo para impetração do mandado de segurança é de 120 dias na forma do Art. 23 da Lei n. 12.016/09. (0,55). | 0,00/0,55 |
| B. A jurisprudência é pacífica no sentido de que o diploma ou a habilitação legal para exercício de cargo público somente podem ser exigidos na época da posse (0,40). Referência ao Enunciado n. 266 do STJ (0,30). | 0,00/0,30/0,40/0,70 |

(OAB/Exame Unificado – 2012.3 – 2ª fase) O Presidente da República, inconformado com o número de servidores públicos na área da saúde que responde a processo administrativo disciplinar, resolve colocar tais servidores em disponibilidade e, para tanto, edita decreto extinguindo os respectivos cargos.

Considerando a hipótese apresentada, empregando os argumentos jurídicos apropriados e a fundamentação legal pertinente ao caso, responda aos itens a seguir.

A) A extinção de cargos públicos, por meio de decreto, está juridicamente correta? Justifique. (Valor: 0,60)

B) É juridicamente correta a decisão do Presidente da República de colocar os servidores em disponibilidade? (Valor: 0,35)

C) Durante a disponibilidade, os servidores públicos percebem remuneração? (Valor: 0,30)

### GABARITO COMENTADO – EXAMINADORA

A) A resposta é negativa. Trata-se de matéria a ser disciplinada por lei, na forma do Art. 48, inciso X, da CRFB. Espera-se que o examinando desenvolva o tema registrando que seria possível a extinção de cargos públicos por decreto apenas se estivessem vagos. (Art. 84, inciso VI, "b", CRFB).

B) A opção é inconstitucional, pois o Chefe do Executivo utiliza o instituto da disponibilidade com desvio de finalidade. O examinando deve deixar claro que a disponibilidade não tem por finalidade sancionar disciplinarmente servidores públicos.

C) A remuneração será proporcional ao tempo de serviço (Art. 41, § 3º, da CRFB).

**Distribuição dos pontos**

| QUESITO AVALIADO | VALORES |
|---|---|
| A1. Não. A extinção de cargos públicos depende de lei (0,20), na forma do Art. 48, inciso X, da CRFB (0,30). | 0,00/0,20/0,30/0,50 |
| A2. A extinção de cargos públicos por decreto somente seria possível caso os cargos estivessem vagos (Art. 84, inciso VI, "b", CRFB), o que não ocorre na hipótese apresentada (0,10). | 0,00/0,10 |
| B. Não, porque a extinção dos cargos se deu com desvio de finalidade, haja vista que a disponibilidade não é ato de natureza sancionatória. (0,35) | 0,00/0,35 |
| C. Sim, remuneração proporcional ao tempo de serviço. Art. 41, § 3º, da CRFB (0,30). | 0,00/0,30 |

**(OAB/Exame Unificado – 2010.2 – 2ª fase)** A Administração de certo estado da federação abre concurso para preenchimento de 100 (cem) cargos de professores, conforme constante do Edital. Após as provas e as impugnações, vindo todos os incidentes a ser resolvidos, dá-se a classificação final, com sua homologação.

Trinta dias após a referida homologação, a Administração nomeia os 10 (dez) primeiros aprovados e contrata, temporariamente, 90 (noventa) candidatos aprovados.

Teriam os noventa candidatos aprovados, em observância à ordem classificatória, direito subjetivo à nomeação?

## RESOLUÇÃO DA QUESTÃO

A Administração Pública somente pode abrir um concurso público quando preenchidos os seguintes requisitos: a) necessidade de preenchimento de vagas; b) disponibilidade financeira para remuneração dos cargos a serem providos.

Nesse sentido, quando a Administração abre um concurso público, presume-se que tais requisitos foram preenchidos, o que faz com que a Administração fique vinculada a tais pressupostos.

No caso em tela, isso significa que a Administração Pública é obrigada a contratar as cem pessoas aprovadas no concurso, que, portanto, têm direito subjetivo à nomeação.

A Administração Pública só não será obrigada a nomear os cem aprovados caso surjam fatos novos pertinentes que tornem inconveniente ao interesse público a efetivação da nomeação, fatos esses que devem ser expostos em ato administrativo devidamente motivado.

Esse é o entendimento atual do Supremo Tribunal Federal, que, em suma, entende que o aprovado em concurso público tem direito à nomeação no limite das vagas estabelecidas no edital, ressalvado o direito da Administração de não promover a nomeação caso, diante de fato novo que determine a inconveniência das nomeações, expeça ato administrativo devidamente motivado explicitando as razões de interesse público que justificam a não nomeação de candidato aprovado.

**Comentários adicionais**

Sobre a temática, confira o seguinte acórdão do STF:

> EMENTA: DIREITOS CONSTITUCIONAL E ADMINISTRATIVO. NOMEAÇÃO DE APROVADOS EM CONCURSO PÚBLICO. EXISTÊNCIA DE VAGAS PARA CARGO PÚBLICO COM LISTA DE APROVADOS EM CONCURSO VIGENTE: DIREITO ADQUIRIDO E EXPECTATIVA DE DIREITO. DIREITO SUBJETIVO À NOMEAÇÃO. RECUSA DA ADMINISTRAÇÃO EM PROVER CARGOS VAGOS: NECESSIDADE DE MOTIVAÇÃO. ARTIGOS 37, INCISOS II E IV, DA CONSTITUIÇÃO DA REPÚBLICA. RECURSO EXTRAORDINÁRIO AO QUAL SE NEGA PROVIMENTO. 1. Os candidatos aprovados em concurso público têm direito subjetivo à nomeação para a posse que vier a ser dada nos cargos vagos existentes ou nos que vierem a vagar no prazo de validade do concurso. 2. A recusa da Administração Pública em prover cargos vagos quando existentes candidatos aprovados em concurso público deve ser motivada, e esta motivação é suscetível de apreciação pelo Poder Judiciário. 3. Recurso extraordinário ao qual se nega provimento. (RE 227480, Relator(a): Min. MENEZES DIREITO, Relator(a) p/ Acórdão: Min. CÁRMEN LÚCIA, Primeira Turma, julgado em 16/09/2008, DJe-157 DIVULG 20-08-2009 PUBLIC 21-08-2009 EMENT VOL-02370-06 PP-01116 RTJ VOL-00212- PP-00537)

Para que o examinando entenda melhor o tema, segue um texto que produzimos dando mais detalhes sobre a evolução histórica do direito à nomeação e sobre os contornos desse direito:

## A jurisprudência e o direito à nomeação do aprovado em concurso público

No passado, o aprovado em concurso público tinha apenas o direito de não ser *preterido* na ordem de classificação (art. 37, IV, da CF). Dessa forma, a aprovação no concurso gerava ao candidato mera *expectativa de direito*, cabendo à administração a análise *discricionária* da conveniência ou não em nomear os candidatos aprovados.

Diante de alguns abusos, os tribunais começaram a reconhecer o direito à nomeação em situações em que a administração pública, no prazo de validade do concurso, *externava* de alguma maneira que tinha interesse em nomear novos servidores. Um exemplo eram as situações em que se abria *novo concurso* no prazo de validade do concurso anterior ou em que se nomeava outro servidor para exercer as *mesmas funções* do cargo para o qual o candidato fora aprovado.

Recentemente, o STF e o STJ passaram entender também que o candidato aprovado em concurso tem *direito* de ser nomeado *no limite das vagas previstas no respectivo edital*, vez que a Administração, ao estabelecer o número de vagas no edital, *vincula-se* a essa escolha e cria expectativa junto aos candidatos, impondo-se as nomeações respectivas, em respeito aos princípios da *boa-fé*, *razoabilidade*, *isonomia* e *segurança jurídica*.

É bom consignar que o STF até admite que a administração deixe de nomear os aprovados no limite das vagas do edital se houver ato *motivado* demonstrando a existência de fato novo que torne inviável a nomeação. Tal ato, todavia, poderá ser controlado pelo Judiciário (RExtr. 227.480, DJ 21/08/09). De qualquer forma, na prática, será muito difícil que a administração consiga justificar a existência de motivo que inviabiliza as nomeações, pois somente razões *pertinentes*, *novas*, *imprevisíveis* e *justificadas antes da impugnação de candidatos* à ausência de sua nomeação atendem ao princípio da *adequada motivação*.

Feita essa ressalva, vale anotar outras características desse direito.

A primeira delas diz respeito ao efeito das *desistências* de outros candidatos nomeados no concurso. Por exemplo, alguém aprovado na 919ª posição, num concurso com 770 vagas previstas no edital, 633 nomeados e 150 desistências têm direito de ser nomeado? Segundo o STJ, a resposta é positiva. Isso porque as desistências devem ser *somadas* ao total de vagas previsto no edital. No caso (aliás, esse é um caso real – STJ, RMS 21.323, DJ 21/06/2010), somando-se as 770 vagas do edital com as 150 desistências dos nomeados, a administração pública fica obrigada a nomear até o classificado na 920ª posição.

A segunda característica diz respeito ao efeito da *criação de novas vagas* durante do prazo de validade do concurso. Nesse ponto, o STJ *não* vem reconhecendo o direito à nomeação daqueles que, com as novas vagas, estariam classificados no limite da somatória destas com as vagas do edital (AgRg no RMS 26.947, DJ 02/02/2009).

A terceira observação diz respeito a *efeito econômico* da não nomeação de um aprovado no limite das vagas do edital. Nessa seara, o STJ também não vem reconhecendo o direito à indenização pelo período pretérito à efetiva nomeação, pois entende não ser correto receber-se retribuição sem o efetivo exercício do cargo (AgRg no REsp 615.459/SC, DJe 07/12/2009). Todavia, quando há preterição na ordem de classificação, ou seja, quando alguém deixa de ser nomeado em favor de outro que está em pior classificação, o STJ entende devida a indenização, com pagamento de vencimentos retroativos à data da impetração judicial (MS 10.764/DF, DJ 01/10/2009).

A quarta observação diz respeito ao *momento adequado* para o ingresso com ação judicial visando à nomeação no limite das vagas do edital. Nesse ponto, ainda não há posição específica de nossos tribunais superiores. Mas há algumas pistas. O STJ entende que há interesse processual em se promover a ação ainda durante o prazo de validade do concurso (RMS 21.323, DJ 21/06/2010), o que permitiria, em nossa opinião, o ingresso da ação logo após a homologação do concurso. E o mesmo STJ entende que também há interesse processual em promover a ação após o prazo de validade do concurso. Tratando-se de mandado de segurança, o STJ entende que o prazo decadencial de 120 se inicia da data que expirar a validade do concurso (AgRg no RMS 21.165/MG, DJ 08/09/2008).

---

### GABARITO COMENTADO – EXAMINADORA

Espera-se que o examinando identifique o direito subjetivo à nomeação, que decorre da vinculação da Administração à necessidade de preenchimento das vagas que fundamentou a abertura do concurso, exceto se houver fato posterior que elimine essa necessidade.

**Distribuição dos pontos**

| DESCRIÇÃO | PONTUAÇÃO |
|---|---|
| - Os pressupostos da abertura do concurso (necessidade de preenchimento das vagas e disponibilidade financeira para remuneração desses cargos) | 0 / 0,1 / 0,2 / 0,3 |
| - Vinculação da Administração a tais pressupostos | 0 / 0,2 / 0,4 |
| - Necessidade de ato motivado para explicar os fatos que eliminaram o interesse público para a nomeação | 0 / 0,3 |

(**OAB/Exame Unificado – 2010.1 – 2ª fase**) José, nomeado, pela primeira vez, para cargo de provimento efetivo no serviço público, foi exonerado de ofício, durante o período de estágio probatório, em razão da extinção de seu cargo. Inconformado, José requereu a revisão de sua exoneração alegando que a extinção do cargo, durante o estágio probatório, deveria garantir-lhe, pelo menos, a prerrogativa constitucional da disponibilidade.

Com base na situação hipotética acima apresentada, responda, de forma fundamentada, às seguintes indagações.

- ✓ José poderia ter sido exonerado de ofício, mesmo durante o período de estágio probatório, ou o estágio deveria protegê-lo contra a extinção do cargo?
- ✓ José teria direito à prerrogativa da disponibilidade? Em caso de resposta afirmativa, especifique os termos em que tal prerrogativa ocorreria.

## RESOLUÇÃO DA QUESTÃO

Considerando que o padrão de resposta apresentado pela examinadora simulou uma resposta que o candidato poderia dar, usaremos o próprio padrão de resposta como resolução da questão. Confira:

"Tendo sido extinto o cargo durante o período do estágio probatório, o servidor poderá ser exonerado de ofício porque ainda não tem a estabilidade.

O fato de estar em estágio probatório não protege o servidor contra a extinção do cargo, conforme estabelecido na Súmula 22 do STF: "O estágio probatório não protege o funcionário contra a extinção do cargo."

Diga-se, ainda, que, como se trata de provimento originário (o servidor fora "nomeado, pela primeira vez, para cargo efetivo"), não há que se falar em recondução ao cargo anteriormente ocupado, nos termos do que dispõe o § 2.º do art. 20 da Lei n.º 8.112/1990, só lhe restando a exoneração.

O servidor não dispõe da prerrogativa constitucional da disponibilidade, que, nos termos do art. 41, § 3.º, da CF, só é cabível, em caso de extinção do cargo, para servidor estável."

**Observação para a correção:** atribuir pontuação integral às respostas em que esteja expresso o conteúdo do dispositivo legal, ainda que não seja citado, expressamente, o número do artigo.

## 4. IMPROBIDADE ADMINISTRATIVA

(OAB/Exame Unificado – 2020.1- 2ª fase) A Associação *Verdinha* dedica-se à proteção do meio ambiente e, recentemente, foi qualificada como Organização da Sociedade Civil de Interesse Público, mas não recebeu qualquer dinheiro do erário, pois não chegou a formalizar termo de parceria ou qualquer outro convênio para o desenvolvimento de suas atividades.

Certas condutas de José dos Santos, como dirigente da mencionada associação, beneficiaram os negócios de seus parentes e foram objeto de fiscalização pelo Ministério Público. A fiscalização do MP culminou no ajuizamento de ação civil pública por improbidade administrativa em desfavor de José, sob o fundamento de violação dos princípios da Administração Pública.

Diante dessa situação hipotética, responda, como advogado(a), fundamentadamente, aos questionamentos a seguir.

A) José dos Santos pode ser sujeito ativo da conduta ímproba a ele imputada? (Valor: 0,65)

B) O ato de improbidade apontado pelo Ministério Público – violação dos princípios da Administração Pública – admite a modalidade culposa? (Valor: 0,60)

*Obs.: o(a) examinando(a) deve fundamentar suas respostas. A mera citação do dispositivo legal não confere pontuação.*

### GABARITO COMENTADO

A) Não. A Associação *Verdinha*, apesar de qualificada como Organização da Sociedade Civil de Interesse Público, não recebeu qualquer verba do erário, de modo que José dos Santos não poderia ser sujeito ativo da conduta ímproba a ele imputada, tal como se depreende do Art. 1º da Lei nº 8.429/92 **ou** os agentes particulares não podem estar no polo passivo de ação civil pública de improbidade sem a presença de agente público induzido, concorrente ou beneficiado pelo ato de improbidade, nos termos do Art. 3º da Lei nº 8.429/92.

B) Não. O ato de improbidade imputado a José dos Santos foi o de violar os princípios da Administração Pública, que conhece apenas a modalidade dolosa **ou** não admite a modalidade culposa, na forma do Art. 11 da Lei nº 8.429/92.

**Distribuição dos pontos**

| ITEM | PONTUAÇÃO |
|---|---|
| A. Não. A Associação Verdinha, apesar de qualificada como Organização da Sociedade Civil de Interesse Público, não recebeu qualquer verba do erário, de modo que José dos Santos não poderia ser sujeito ativo da conduta ímproba a ele imputada (0,55), tal como se depreende do Art. 1º da Lei nº 8.429/92 (0,10).<br><br>OU<br><br>Os agentes particulares não podem estar no polo passivo de ação civil pública de improbidade sem a presença de agente público induzido, concorrente ou beneficiado pelo ato de improbidade (0,55), nos termos do Art. 3º da Lei nº 8.429/92(0,10). | 0,00/0,55/0,65 |

| ITEM | PONTUAÇÃO |
|---|---|
| B. Não. O ato de improbidade imputado a José dos Santos foi o de violar os princípios da Administração Pública, que conhece apenas a modalidade dolosa **ou** não admite a modalidade culposa (0,50), na forma do Art. 11 da Lei nº 8.429/92 (0,10). | 0,00/0,50/0,60 |

(OAB/Exame Unificado – 2019.2- 2ª fase) Determinado município brasileiro publicou, em agosto de 2011, edital de concurso público destinado ao preenchimento de sete vagas do cargo efetivo de analista de controle interno. Márcia, filha do prefeito Emanuel, foi aprovada, ficando classificada em sétimo lugar. Ela tomou posse no dia 02 de agosto de 2012. Após o encerramento do mandato de Emanuel, que ocorreu em dezembro de 2012, a Polícia Civil descobriu, em maio de 2013, que, dias antes da aplicação das provas, o ex-prefeito teve acesso ao conteúdo das questões e o repassou à sua filha.

O Ministério Público teve conhecimento dos fatos em setembro de 2017. Ato contínuo, ajuizou ação de improbidade administrativa em desfavor de Emanuel, em novembro de 2017, por ofensa aos princípios da Administração Pública, requerendo, na oportunidade, dentre outras coisas, a suspensão dos seus direitos políticos pelo prazo de oito anos. Na resposta preliminar, Emanuel alega, basicamente, a prescrição da ação de improbidade.

Sobre a hipótese apresentada, responda aos itens a seguir.

A) É possível o acolhimento do pleito de suspensão dos direitos políticos pelo prazo de oito anos?
 (Valor: 0,65)

B) A ação de improbidade administrativa está prescrita? (Valor: 0,60)

*Obs.: o(a) examinando(a) deve fundamentar suas respostas. A mera citação do dispositivo legal não confere pontuação.*

### GABARITO COMENTADO

A) Não. Por se tratar de ato de improbidade que atenta contra os princípios da Administração Pública, sobretudo (frustração da licitude do concurso público e desrespeito ao princípio da moralidade), não é possível o acolhimento do pleito de suspensão dos direitos políticos pelo prazo de oito anos, pois a Lei de Improbidade limita o prazo em até cinco anos, nos termos do Art. 12, inciso III, da Lei nº 8.429/92.

B) Não. Emanuel era detentor de cargo eletivo. Assim, nos termos do Art. 23, inciso I, da Lei nº 8.429/92, o prazo prescricional de cinco anos tem como termo inicial o término do mandato de prefeito, que ocorreu em dezembro de 2012. Como a ação de improbidade foi proposta em novembro de 2017, não houve a prescrição.

**Distribuição dos Pontos**

| ITEM | PONTUAÇÃO |
|---|---|
| A. Não. Por se tratar de ato de improbidade que atenta contra os princípios da Administração Pública, a suspensão dos direitos políticos não pode exceder o prazo de cinco anos (0,55), nos termos do Art. 12, inciso III, da Lei nº 8.429/92 (0,10). | 0,00/0,55/0,65 |

| ITEM | PONTUAÇÃO |
|---|---|
| B. Não. Por se tratar de mandato eletivo, o prazo prescricional de cinco anos tem como termo inicial o término do mandato de prefeito (0,50), conforme o Art. 23, inciso I, da Lei nº 8.429/92 (0,10). | 0,00/0,50/0,60 |

(OAB- Exame Unificado - 2017.2 - 2ª fase) Odorico foi prefeito do Municipio Beta entre 01/01/2009 e 31/12/2012, tendo sido apurada pelo Ministário Público a prática de atos de improbidade que causaram lesão ao erario pelo então chefe do Poder Executivo, no período entre janeiro e julho de 2010. Em razão disso, em 10/11/2016, foi ajuizada a respectiva ação civil pública, com fulcro no Art. 10 da Lei 8.429/92, sendo certo que Odorico veio a falecer em 10/01/2017.

Diante dessa situação hipotetica, responda, fundamentadamente, aos questionamentos a seguir.

A) Operou-se a prescrição de pretensão punitiva para a ação de improbidade? (Valor: 0,65)

B) O Juízo deve extinguir o feito em decorrência do falecimento de Odorico? (Valor: 0,60)

Obs.: o(a) examinando(a) deve fundamentar as respostas. A mera citação do dispositivo legal não confere pontuação.

### GABARITO COMENTADO

A) A resposta é negativa. Na mencionada ação de improbidade, o marco inicial para a contagem do prazo de prescrição da pretensão punitiva e o término do mandato do prefeito, segundo o Art. 23, inciso I, da Lei 8.429/92.

B) A resposta é negativa. Os sucessores de Odorico respondem pela prática de atos que tenham causado prejuízos ao erario, até o limite do valor da herança, na forma do Art. 8º da Lei 8.429/92.

Distribuição dos pontos

| DESCRIÇÃO | PONTUAÇÃO |
|---|---|
| A. Não. A prescrição da pretensão punitiva na mencionada ação de improbidade e regida pelo Art. 23, inciso I, da Lei 8.429/92 (0,10), que determina que o marco inicial da contagem do prazo e o término do mandato do prefeito (0,55). | 0,00/0,55/0,65 |
| B. Não. Os sucessores de Odorico respondem pela prática de atos que tenham causado prejuízos ao erário, até o limite do valor da herança (0,50), na forma do Art. 8º da Lei 8.429/92 (0,10). | 0,00/0,50/0,60 |

(OAB/ Exame Unificado- 2017.2 – 2ª fase) Mário, servidor público não estável, foi designado, sem auferir remuneração específica, para integrar comissão de licitação destinada a escolher a melhor proposta dentre as que as empresas especializadas viessem a apresentar para a execução de serviço de engenharia, consistente em assentar uma ciclovia. Encerrada a licitação, um terceiro representou à autoridade administrativa competente, denunciando que a comissão praticara ato de improbidade administrativa porque seus membros teriam induzido a contratação por preço superior ao de mercado, o que causa lesão ao erário.

Como assessor(a) jurídico(a) da autoridade, responda aos itens a seguir.

A) Mário pode ser considerado sujeito ativo de ato de improbidade administrativa? **(Valor: 0,45)**
B) Pela prática de ato de improbidade administrativa que causa prejuízo ao erário, ao juiz da ação de improbidade é dado, segundo a lei de regência, cumular as sanções de multa e de perda da função pública, afastando as demais aplicáveis à espécie? **(Valor: 0,80)**

*Obs.: o(a) examinando(a) deve fundamentar as respostas. A mera citação do dispositivo legal não confere pontuação.*

### GABARITO COMENTADO

A) A resposta é afirmativa. Mário é servidor público que pode ser considerado sujeito ativo por ato de improbidade, independentemente de ainda não gozar de estabilidade ou de não auferir remuneração específica para a realização da atribuição em comento, considerando que a lei de improbidade adotou conceito amplo de agente público, tal como se depreende do Art. 2º da Lei nº 8.429/92.

B) O magistrado não está obrigado a aplicar cumulativamente todas as sanções previstas no Art. 12, inciso II, da Lei nº 8.429/92, podendo, mediante adequada fundamentação, fixá-las e dosá-las segundo a natureza, a gravidade e as consequências da infração. Mas, uma vez comprovado o prejuízo ao erário, o ressarcimento, em correspondência aos danos efetivamente causados ao poder público, constitui consequência necessária do ato de improbidade, por aplicação do disposto no Art. 5º da Lei nº 8.429/92.

**Distribuição dos pontos**

| ITEM | PONTUAÇÃO |
| --- | --- |
| A. Sim. Mário é servidor público que pode ser considerado sujeito ativo por ato de improbidade, independente de ainda não gozar de estabilidade ou de não auferir remuneração específica para a realização da atribuição em comento, considerando que a lei de improbidade adotou conceito amplo de agente público (0,35), tal como se depreende do Art. 2º da Lei nº 8.429/92 (0,10). | 0,00/0,35/0,45 |
| B1. O magistrado não está obrigado a aplicar cumulativamente todas as sanções, podendo, mediante adequada fundamentação, fixá-las e dosá-las segundo a natureza, a gravidade e as consequências da infração (0,35), nos termos do Art. 12, inciso II, da Lei nº 8.429/92 (0,10). | 0,00/0,35/0,45 |
| B2. Mas, tratando-se de improbidade que causa prejuízo ao erário, não é possível ao Magistrado afastar o integral ressarcimento do dano (0,25), por aplicação do disposto no Art. 5º da Lei nº 8.429/92 (0,10). | 0,00/0,25/0,35 |

**(OAB/ Exame Unificado – 2016.1- 2ª fase)** José da Silva, presidente de autarquia federal, admitiu servidores públicos sem o devido concurso público. O Ministério Público Federal ajuizou ação de improbidade em face de José da Silva, sob o fundamento de prática de ato de improbidade administrativa que atenta contra princípios da Administração Pública. Devidamente citado, José da Silva, por meio de seu advogado, apresentou contestação em que sustentou, em primeiro lugar, que houve mera irregularidade administrativa, sem configuração de ato de improbidade administrativa, ante a inexistência de dano ao erário ou de enriquecimento ilícito. Alegou, ainda, que os atos de improbidade estariam taxativamente discriminados na lei e não há nenhum dispositivo que expressamente afirme que a não realização de concurso público é ato de improbidade administrativa. Levando em consideração a hipótese apresentada, responda, de forma justificada, aos itens a seguir.

A) É procedente a alegação de que houve mera irregularidade administrativa e não ato de improbidade administrativa? **(Valor: 0,65)**

B) É procedente a alegação de que a Lei de Improbidade Administrativa elenca taxativamente os atos de improbidade administrativa? **(Valor: 0,60)**

*Obs.: o examinando deve fundamentar suas respostas. A mera citação do dispositivo legal não confere pontuação.*

## GABARITO COMENTADO

O objetivo da questão é avaliar o conhecimento do examinando quanto aos atos de improbidade administrativa.

A) A resposta deve ser negativa. O enquadramento dos atos de improbidade como violadores dos princípios da Administração Pública prescinde da ocorrência de lesão ao erário e/ou enriquecimento ilícito do agente, nos termos das hipóteses previstas pelo Art. 11 da Lei nº 8.429/1992.

B) A resposta deve ser negativa. O examinando deve identificar que as condutas específicas elencadas nos incisos dos artigos 9º a 11 da Lei nº 8.429/1992, são situações meramente exemplificativas, podendo existir outras condutas que, inserindo-se no *caput* dos mencionados dispositivos, importem ato de improbidade administrativa por causarem lesão ao erário, enriquecimento ilícito ou violação a princípio da Administração Pública. Tanto é assim que os artigos 9º, 10 e 11 utilizam-se da palavra "*notadamente*", a indicar que há outras hipóteses que configuram atos de improbidade além daquelas elencadas nos seus incisos.

**Distribuição dos pontos**

| ITEM | PONTUAÇÃO |
| --- | --- |
| A. Não. O enquadramento dos atos de improbidade como violadores dos princípios da Administração Pública prescinde da ocorrência de lesão ao erário e/ou enriquecimento ilícito do agente (0,55), nos termos das hipóteses previstas pelo Art. 11 da Lei nº 8.429/1992. (0,10) <br> OBS.: A simples menção ou transcrição do dispositivo legal não pontua. | 0,00 / 0,55 / 0,65 |
| B. Não. As condutas específicas elencadas nos incisos dos artigos 9º a 11 da Lei nº 8.429/1992 são situações meramente exemplificativas, podendo existir outras condutas que, inserindo-se no *caput* dos mencionados dispositivos, importem ato de improbidade administrativa por causarem lesão ao erário, enriquecimento ilícito ou violação a princípio da Administração Pública (0,60). | 0,00 / 0,60 |

**(OAB/Exame Unificado – 2012.3 – 2ª fase)** Luiz foi secretário de assistência social do Estado "X" durante cinco anos e acaba de ser cientificado de que o Ministério Público Estadual ajuizou, contra ele, uma ação de improbidade administrativa por ter celebrado contrato, indevidamente rotulado de convênio, sem a observância do devido procedimento licitatório.

Luiz argumenta que não houve, de sua parte, má-fé ou intenção de fraudar o procedimento licitatório. Além disso, comprova que adotou todas as medidas de cautela que poderiam ser razoavelmente exigidas de um administrador público antes de celebrar o ajuste. Por fim, informa que o Tribunal de Contas do Estado (TCE) competente teria aprovado as contas que prestou na qualidade de ordenador de despesas, não identificando qualquer dano ao erário.

Considerando a hipótese apresentada, responda, empregando os argumentos jurídicos apropriados e a fundamentação legal pertinente ao caso, aos itens a seguir.

A) O argumento de Luiz, ao pretender afastar a improbidade administrativa sob o fundamento de que não teria agido com a intenção de fraudar o procedimento licitatório, deve prevalecer? (Valor: 0,65)

B) O argumento de Luiz, ao pretender descaracterizar o ato de improbidade administrativa invocando a aprovação de suas contas pelo TCE, deve prevalecer? (Valor: 0,60)

### RESOLUÇÃO DA QUESTÃO

A) A resposta deve ser afirmativa. De acordo com a jurisprudência consolidada dos Tribunais Superiores, a improbidade é a ilegalidade tipificada e qualificada pelo elemento subjetivo da conduta. Assim, para caracterizá-la, é indispensável que a conduta do agente seja dolosa, para a tipificação das hipóteses previstas no Art. 9º e no Art. 11, ou ao menos culposa, para a tipificação das condutas previstas no Art. 10, todos da Lei n. 8.429/92 (RESPs: 734.984/SP; 842.428/ES; 658.415/MA, entre outros). No caso, afasta-se também a culpa de Luiz, pois ele demonstrou que tomou todas as cautelas exigíveis antes da celebração do ajuste.

B) O argumento de Luiz não deve prevalecer, tendo em vista a independência das instâncias. Nesse sentido, confirma-se a norma do Art. 21, inciso II, da Lei n. 8.429/92.

**Distribuição dos pontos**

| QUESITO AVALIADO | VALORES |
| --- | --- |
| A. Sim. Inexistindo enriquecimento sem causa e dano ao erário, a conduta do agente enquadra-se na hipótese do Art. 11 da Lei 8429/92. Tal dispositivo exige presença do elemento subjetivo dolo para a caracterização da improbidade. (0,65) | 0,00/0,65 |
| B. Não deve prevalecer o argumento, tendo em vista a independência das instâncias. (0,35) Referência à norma do Art. 21, inciso II, da Lei n. 8.429/92.(0,25) | 0,00/0,25/0,35/0,60 |

## 5. BENS PÚBLICOS

**(OAB/Exame Unificado – 2018.1- 2ª fase)** Luiz encontrou um ônibus pertencente a uma autarquia federal abandonado em um terreno baldio e passou a utilizá-lo para promover festas itinerantes patrocinadas por sua empresa. O uso e a posse desse ônibus, com *animus domini*, vêm perdurando por longo período, de modo que já estariam presentes os requisitos para a usucapião do mencionado bem móvel.

Em razão disso, Luiz procura você para, na qualidade de advogado(a), orientá-lo na regularização e integração do ônibus ao patrimônio da empresa promotora de festas, formulando as indagações a seguir.

A) O ônibus em questão é um bem público? **(Valor: 0,65)**

B) É possível a usucapião de tal ônibus? **(Valor: 0,60)**

*Obs.: o(a) examinando(a) deve fundamentar as respostas. A mera citação do dispositivo legal não confere pontuação.*

### GABARITO COMENTADO

A) A resposta é afirmativa. O bem em questão pertence a uma pessoa jurídica de direito público, e a situação fática de abandono não desnatura sua natureza jurídica. O citado veículo é um bem público, consoante define o Art. 98 do CC.

B) A resposta é negativa. Os bens públicos gozam da característica da imprescritibilidade, ou seja, não poderão ser usucapidos, segundo estabelece o Art. 102 do CC.

**Distribuição dos pontos**

| ITEM | PONTUAÇÃO |
|---|---|
| A. Sim. O ônibus em questão pertence a uma pessoa jurídica de direito público, de modo que é um bem público (0,55), nos termos do Art. 98 do CC (0,10). | 0,00/0,55/0,65 |
| B. Não. Os bens públicos são imprescritíveis, ou seja, não poderão ser usucapidos (0,50), segundo o disposto no Art. 102 do CC (0,10). | 0,00/0,50/0,60 |

**(OAB/Exame Unificado- 2015.1- 2ªfase)** Todas as Secretarias do Município XYZ têm sede no prédio do Centro de Administração Pública Municipal, na zona norte da cidade. Entretanto, tal edifício, além de muito antigo e em precário estado de conservação, já não comporta toda a estrutura da Administração Direta do Município. Por essa razão, diversas Secretarias já alocaram parte operacional de suas estruturas em outros endereços.

Com base no exposto, responda, empregando os argumentos jurídicos apropriados e a fundamentação legal pertinente, aos itens a seguir.

A) Pode o Prefeito do Município XYZ, após licitação e sem nenhuma outra providência, alienar o prédio do Centro de Administração Pública Municipal? **(Valor: 0,65)**

B) Supondo que o prédio do Centro de Administração Pública Municipal seja guarnecido com obras de arte não relacionadas à atividade administrativa, podem esses bens públicos ser objeto de penhora? **(Valor: 0,60)**

*O examinando deve fundamentar suas respostas. A mera citação do dispositivo legal não confere pontuação.*

### GABARITO COMENTADO

A. A resposta é negativa. O prédio do Centro de Administração Pública é um bem público de uso especial, e tais bens, no direito brasileiro, caracterizam-se pela inalienabilidade, conforme previsão constante do Art. 100 do Código Civil. Assim, para a alienação dos bens públicos de uso especial, faz-se necessário, primeiramente, a sua desafetação, uma vez que os bens dominicais podem ser alienados, conforme previsão constante do Art. 101 do Código Civil.

B. A resposta também é negativa. Os bens titularizados pelo Município são classificados como bens públicos, independentemente de sua utilização. E os bens públicos (de uso comum, de uso especial ou dominicais) são impenhoráveis, mesmo que não afetados a uma utilidade de interesse público.

**Distribuição dos pontos**

| ITEM | PONTUAÇÃO |
|---|---|
| A. Não. O prédio do Centro de Administração Pública é um bem público de uso especial, e tais bens, no direito brasileiro, caracterizam-se pela inalienabilidade. Os bens públicos de uso especial podem ser desafetados, caracterizando-se, então, como bens dominicais, e, nesse caso, podem ser alienados (0,55), conforme arts. 100, 101 do Código Civil OU art. 17, I da Lei 8.666/93. (0,10) | 0,0 – 0,55 –0,65 |
| B. Não. Os bens titularizados pelo Município são classificados como bens públicos, independentemente de sua utilização. Os bens públicos (de uso comum, de uso especial ou dominicais) são impenhoráveis, mesmo que não afetados a uma utilidade de interesse público. (0,50), conforme art. 100 da CRFB OU art. 100 do Código Civil (0,10) | 0,0 – 0,50 – 0,60 |

**(OAB/Exame Unificado – 2012.1 – 2ª fase)** O Estado X ajuizou ação de reintegração de posse em face de Caio, servidor público que, na qualidade de vigia de uma escola pública estadual, reside em uma pequena casa nos fundos do referido imóvel público e, embora devidamente notificado para desocupar o bem, recusou-se a fazê-lo.

Em sua defesa, Caio alega (i) que reside no imóvel com a anuência verbal do Poder Público e(ii) que a sua boa-fé, associada ao decurso de mais de quinze anos de ocupação do bem sem qualquer oposição, lhe asseguram a usucapião do imóvel.

Considerando a situação hipotética apresentada, analise os dois fundamentos deduzidos por Caio em sua defesa, empregando os argumentos jurídicos apropriados e a fundamentação legal pertinente ao caso. (Valor: 1,25)

## RESOLUÇÃO DA QUESTÃO

A anuência verbal do Poder Público em relação à ocupação do imóvel não repercute sobre a esfera jurídica do Poder Público, uma vez que os contratos verbais com a Administração Pública são nulos e sem nenhum efeito, nos termos do artigo 60, parágrafo único, da Lei n. 8.666/93.

Em relação ao segundo argumento, um dos atributos dos bens públicos, qual seja, a sua imprescritibilidade, de modo que os bens públicos não se sujeitam à prescrição aquisitiva de direitos. Assim, a pretensão de usucapião de um bem público deve ser rejeitada, conforme previsto nos artigos 183, § 3º (propriedade urbana) e 191, parágrafo único (propriedade rural), ambos da CRFB.

É importante ressaltar que, por se tratar de prova discursiva, será exigido do examinando o desenvolvimento do tema apresentado. Desse modo, além de resposta conclusiva acerca do arguido, a mera menção a artigo não é pontuada, nem a mera resposta negativa desacompanhada do fundamento correto.

**Distribuição dos pontos**

(não será aceita mera menção ao artigo)

| QUESITO AVALIADO | FAIXA DE VALORES |
|---|---|
| Fundamento 1 | Pontuação |
| Improcedência do primeiro argumento, uma vez que é nulo e sem nenhum efeito o contrato verbal com a Administração Pública (0,35), nos termos do artigo 60, parágrafo único, da Lei n. 8.666/93 (0,30). **Obs.: Não será aceita mera menção ao artigo** | 0,00/0,35 / 0,65 |
| Fundamento 2 | |
| Improcedência do segundo argumento, uma vez que uma das características dos bens públicos é a imprescritibilidade (0,3), o que impede sua aquisição por usucapião, nos termos dos artigos 183, § 3º (propriedade urbana) e/ou 191, parágrafo único (propriedade rural), da CRFB (0,3). **Obs.: Não será aceita mera menção ao artigo** | 0,00 / 0,30/0,60 |

**(OAB/Exame Unificado – 2011.3 – 2ª fase)** Ao assumir a presidência de uma importante autarquia estadual, Tício determinou a realização de uma auditoria em todo o patrimônio da entidade. Ao final dos trabalhos da comissão de auditoria, chamou a atenção de Tício a enorme quantidade de bens móveis catalogados, no relatório final de auditoria, como inservíveis para a administração.

Considerando a situação hipotética narrada, responda aos seguintes questionamentos, empregando os argumentos apropriados e a fundamentação legal pertinente ao caso.

A) Qual a natureza jurídica dos bens pertencentes à autarquia? (Valor: 0,6)

B) Como deverá proceder Tício caso resolva alienar os bens móveis catalogados como inservíveis para a administração? (Valor: 0,65)

### RESOLUÇÃO DA QUESTÃO

Sendo a autarquia uma pessoa jurídica de direito público, seus bens são considerados bens públicos e submetem-se ao regime jurídico juspublicista. Tal conclusão extrai-se da norma do artigo 98 do Código Civil, que classifica os bens públicos de acordo com a sua titularidade. A alienação de bens móveis pertencentes à autarquia deve observar a disciplina prevista no artigo 17, inciso II, da Lei n. 8.666/93, que exige: interesse público devidamente justificado, avaliação prévia e licitação. É importante que o examinando registre que a licitação, *in casu*, deve seguir a modalidade leilão, nos termos do artigo 22, § 5º, da Lei n. 8.666/93.

**Observação dos autores**

A nova lei de licitações e contratos (Lei 14.133/2021) disciplina a alienação de bens da Administração (art. 76). As condições são as mesmas daquelas previstas pela Lei 8.666/93: interesse público devidamente justificado, avaliação prévia e, como regra, licitação. Além disso, a modalidade licitatória aplicada é o leilão (art. 76, inc. II).

**Distribuição dos pontos**

| ITEM A | PONTUAÇÃO |
|---|---|
| Por se tratar de pessoa jurídica de direito público, os bens pertencentes às autarquias são considerados bens públicos (0,4), nos termos do art. 98 do Código Civil (0,2). Obs.: A mera menção ao artigo não é pontuada. | 0 / 0,4 / 0,6 |
| **ITEM B** | |
| A alienação de bens móveis pertencentes à autarquia deve observar a disciplina prevista no artigo 17, II, da Lei 8.666/93, que exige interesse público devidamente justificado, avaliação prévia e licitação. Obs.: *A mera menção ao artigo não é pontuada.* | 0 / 0,35 |
| A modalidade de licitação a ser observada será o leilão, conforme artigo 22, § 5º, da Lei 8.666/93. Obs.: *A mera menção ao artigo não é pontuada.* | 0 / 0,3 |

(**OAB/Exame Unificado – 2010.2 – 2ª fase**) Abílio, vendedor ambulante e camelô, comercializava os seus produtos em uma calçada no centro da cidade do Rio de Janeiro, mediante autorização expedida pela Prefeitura do Município do Rio de Janeiro. Em razão de obras no local, todos os ambulantes foram retirados e impedidos de comercializar seus produtos na calçada onde Abílio e seus companheiros vendiam seus produtos.

Abílio, não conformado com a decisão da Administração Pública municipal, resolve ingressar com uma ação na Justiça, por meio da qual pretende uma indenização por danos morais e materiais, em virtude do período em que ficou sem seu trabalho, além do restabelecimento da autorização para que volte a vender seus produtos no mesmo local.

Na qualidade de advogado de Abílio, identifique a natureza jurídica da autorização municipal e exponha, de forma fundamentada, se Abílio possui ou não direito às indenizações pelos danos morais e materiais, além do restabelecimento da autorização.

## RESOLUÇÃO DA QUESTÃO

Segundo o Código Civil, os bens públicos podem ser de uso comum do povo, de uso especial e dominicais. Os primeiros se destinam ao uso indistinto de todos, os segundos a servir de estabelecimento público ou a serviço público e os terceiros são bens que constituem mero patrimônio estatal, não havendo afetação, ou seja, não há destinação alguma.

A calçada, assim como as ruas, praças, rios e praias, são bens de uso comum do povo e, como tal, a princípio, não ensejam uso exclusivo por parte de qualquer pessoa, ainda que em parte do bem. No entanto, a Administração Pública pode facultar ao interessado o uso exclusivo de um bem público, por meio dos institutos da autorização, da permissão e da concessão.

A autorização de uso de bem público consiste no ato unilateral, discricionário e precário, pelo qual a Administração, no interesse do particular, faculta a este o uso de um bem público. Tal ato, para ser outorgado, não depende de licitação.

Uma das principais características da autorização é o fato de que esta é precária, podendo ser revogada a qualquer tempo pela Administração, independente de indenização em favor do particular.

Ademais, a outorga ou não da autorização é discricionária, de maneira que o particular não tem direito subjetivo a receber uma autorização da Administração.

Nesse sentido, Abílio não possui direito à indenização pelos danos morais ou materiais decorrentes do impedimento de continuar gozando da autorização que havia recebido, nem direito do restabelecimento desta.

## GABARITO COMENTADO – EXAMINADORA

Espera-se que o examinando conheça os bens públicos e a possibilidade de uso mediante autorização, a natureza precária do ato e a consequente ausência de direitos dele decorrentes.

O Código Civil estabelece, no seu art. 65, que são públicos os bens do domínio nacional pertencentes à União, aos Estados ou aos Municípios, restando, para o domínio privado, todos os demais.

Pelo disposto no art. 65 do mesmo Código, os bens públicos estão classificados em: a) os de uso comum do povo, tais como mares, rios, estradas, ruas e praças; b) os de uso especial, tais como os edifícios ocupados por serviços públicos específicos, como escolas, quartéis, hospitais; e c) os dominicais, também chamados de bens do patrimônio disponível, que são aqueles que o Poder Público utiliza como deles utilizariam os particulares e que podem, por exemplo, ser alugados ou cedidos, neste caso, obedecendo-se às regras de licitação e contratação administrativa.

Através do processo de desafetação, os bens públicos podem ser alterados na sua respectiva classificação.

Pelo sistema constitucional em vigor, os bens públicos podem ser da União (art. 20), dos Estados (art. 26) e dos Municípios (os restantes, inclusive as ruas e praças).

Cabe ao Município, no seu poder de organização da comunidade local instituído pelo art. 30 da Constituição, legislar sobre os assuntos de interesse local e promover, no que couber, adequado ordenamento territorial, mediante planejamento e controle do uso, do parcelamento e da ocupação do solo urbano, o que abrange, através do respectivo ordenamento jurídico (leis, decretos e regulamentos), dispor, no Código de Postura e no Código Tributário (e respectivas leis extravagantes) sobre os ambulantes ou camelôs.

Plácido e Silva, no seu clássico Vocabulário Jurídico, diz:

"AMBULANTE. Termo usado na linguagem comercial e de Direito Fiscal, para designar o comerciante que, não possuindo estabelecimento fixo, vende as suas mercadorias, transportadas por si mesmo ou por veículos, de porta em porta, ou seja, de um a outro lugar. Vendedor ambulante. Mascate, bufarinheiro. Não tendo um ponto certo ou comercial para sede de seus negócios, o ambulante terá o seu domicílio comercial, ou sede de seu negócio, no lugar em que for encontrado. Segundo as regras das leis fiscais, o ambulante está sujeito a registro, devendo estar munido de sua patente, para que possa efetuar suas vendas. O ambulante, ou vendedor ambulante, pode negociar ou vender por conta própria ou por conta de outrem. Seu comércio, que se diz comércio ambulante, é compreendido como comércio a varejo."

Ambulante, assim, é o comerciante que não possui estabelecimento fixo, transportando suas mercadorias consigo. É o sucessor do antigo mascate, que tantos serviços prestou à formação da nacionalidade, pois levava suas mercadorias nas casas das cidades, aldeias e fazendas.

Alguns ordenamentos jurídicos municipais admitem a ocupação de trechos específicos das vias públicas por camelôs, que, assim, deixam de ser "ambulantes", no sentido de que devem deambular, sem ter ponto fixo. Assim, para estes Municípios, compreende-se como ambulante aquele que não tem ponto fixo e, como camelô, o que ocupa espaço predeterminado.

Também as leis municipais exigem, por necessidade de organizar a atividade comercial por razões sanitárias e de defesa do consumidor, que ambulantes e camelôs dependam de autorização para o exercício de suas atividades.

Tais autorizações possuem o caráter de PRECARIEDADE e, desta forma, podem ser, a qualquer tempo, cassadas pela autoridade pública, sem que possam os respectivos titulares arguir eventual direito adquirido, nos termos dos atos normativos regedores da espécie, que geralmente estipulam: A autorização do ambulante ou camelô é pessoal e intransferível e concedida a título precário. Sobre a autorização leciona Hely Lopes Meirelles:

"Autorização de uso é o ato unilateral, discricionário e precário pelo qual a Administração consente na prática de determinada atividade individual incidente sobre um bem público. Não tem forma nem requisitos especiais para a sua efetivação, pois visa apenas a atividades transitórias e irrelevantes para o Poder Público, bastando que se consubstancie em ato escrito, revogável sumariamente a qualquer tempo e sem ônus para a Administração. Essas autorizações são comuns para ocupação de terrenos baldios para a retirada de água em fontes não abertas ao uso comum do povo e para outras utilizações de interesse de certos particulares, desde que não prejudiquem a comunidade nem embaracem o serviço público. Tais autorizações não geram privilégios contra a Administração ainda que remuneradas e fruídas por muito tempo, e, por isso mesmo, dispensam lei autorizativa e licitação para o seu deferimento (ob. cit., p. 429)."

A precariedade rege a autorização que o Município concede ao ambulante e ao camelô.

A Administração Municipal desnecessita de lei formal para conceder a autorização, porque dela não decorrem direitos, salvo o de exercitar, enquanto válida, a atividade autorizada. Aliás, por razões de Política da Administração, sequer interessa ao Poder Municipal a existência de tal norma que, se existente, poderá restringir a discricionariedade administrativa.

A autorização somente está submetida aos próprios termos da norma que a prevê ou do despacho que a concedeu. Se houver norma, a ela ficará vinculado o despacho.

Pode a autorização ser suspensa ou revogada a qualquer tempo, sem que se exija, para sua eficácia, qualquer procedimento administrativo, da mesma forma que pode ser concedida a autorização sem que necessite passar sob o procedimento licitatório. Sobre o disposto no art. 21, XII, da Constituição Federal, que se refere a "autorização, concessão ou permissão", ensina Jessé Torres em matéria por tudo aplicável ao presente tema: As autorizações aventadas no art. 21, XII, da Constituição Federal estariam sujeitas à licitação? Parece que não, dada sua índole (unilateralidade e discricionariedade do Poder Público na outorga, e interesse privado na exploração do objeto da autorização (Comentários à lei das licitações e das contratações da Administração Pública, Rio, Ed. Renovar, 1994, p. 20).

Pode a lei municipal estabelecer a cobrança de tributo (por exemplo, de imposto sobre serviços), sobre a atividade do ambulante, atividade que pode ser exercitada por empresas legalmente constituídas.

Também poderão ser cobradas taxas (inclusive de expediente) para a expedição da autorização, que, nem por isto, perderá o seu caráter precário.

**Distribuição dos pontos**

| DESCRIÇÃO | PONTUAÇÃO |
|---|---|
| - Definição e classificação do bem público objeto da autorização | 0 / 0,1 / 0,3 |
| - Possibilidade de uso mediante autorização | 0 / 0,2 |
| - Características do ato de autorização (especialmente a sua natureza precária) | 0 / 0,1 / 0,2 / 0,3 |
| - Ausência de direitos decorrentes do ato | 0 / 0,2 |

## 6. RESPONSABILIDADE DO ESTADO

(**OAB/Exame Unificado – 2017.3- 2ª fase**) João e Roberto foram condenados a dezesseis anos de prisão, em regime fechado, pela morte de Flávio. Em razão disso, foram recolhidos a uma penitenciária conhecida por suas instalações precárias. As celas estão superlotadas: atualmente, o estabelecimento possui quatro vezes mais detentos que a capacidade recomendada. As condições de vida são insalubres. A alimentação, além de ter baixo valor nutricional, é servida em vasilhas sujas. Recentemente, houve uma rebelião que, em razão da demora na intervenção por parte do poder público, resultou na morte de João.

Na qualidade de advogado(a) consultado(a), responda aos itens a seguir:

A) O Estado pode ser responsabilizado objetivamente pela morte de João? (**Valor: 0,65**)

B) Roberto faz jus a uma indenização por danos morais em razão das péssimas condições em que é mantido? (**Valor: 0,60**)

*Obs.: o(a) examinando(a) deve fundamentar as respostas. A mera citação do dispositivo legal não confere pontuação.*

## GABARITO COMENTADO

A) Sim. Cabe a responsabilização objetiva porque caracterizada a inobservância do dever de proteção ou custódia pelo Estado e o nexo de causalidade com a morte de João, em conformidade com o disposto no Art. 37, § 6º, da CRFB/88 OU com a tese de repercussão geral reconhecida pelo STF.

B) Sim. A situação descrita (falta de condições mínimas de habitação nos estabelecimentos penais) revela grave violação à integridade física e moral de Roberto, do que resulta o dever de indenização por danos, inclusive morais, conforme o Art. 5º, XLIX, da CRFB/88 OU tese de repercussão geral reconhecida pelo STF OU Art. 186 do Código Civil.

**Distribuição dos pontos**

| ITEM | PONTUAÇÃO |
| --- | --- |
| A. Sim. Cabe a responsabilização objetiva porque caracterizada a inobservância do dever de proteção ou custódia pelo Estado (0,25) e o nexo de causalidade com a morte de João (0,30), em conformidade com o disposto no Art. 37, § 6º, da CRFB/88 **OU** com a tese de repercussão geral reconhecida pelo STF (0,10). | 0,00/0,25/0,30/0,35/ 0,40/0,55/0,65 |
| B. Sim. A situação descrita (falta de condições mínimas de habitação nos estabelecimentos penais) revela grave violação à integridade física e moral de Roberto, do que resulta o dever de indenização por danos, inclusive morais (0,50), conforme o Art. 5º, XLIX, da CRFB/88 **OU** tese de repercussão geral reconhecida pelo STF **OU** Art. 186 do Código Civil (0,10). | 0,00/0,50/0,60 |

**(OAB/ Exame Unificado- 2016.2 – 2ª fase)** Na estrutura administrativa do Estado do Maranhão, a autarquia Ômega é responsável pelo desempenho das funções estatais na proteção e defesa dos consumidores. Em operação de fiscalização realizada pela autarquia, constatou-se que uma fornecedora de bebidas realizou "*maquiagem*" em seus produtos, ou seja, alterou o tamanho e a forma das garrafas das bebidas que comercializava, para que os consumidores não percebessem que passaria a haver 5% menos bebida em cada garrafa. Após processo administrativo em que foi conferida ampla defesa à empresa, a autarquia lhe aplicou multa, por violação ao dever de informar os consumidores acerca da alteração de quantidade dos produtos.

Na semana seguinte, a infração praticada pela empresa foi noticiada pelos meios de comunicação tradicionais, o que acarretou considerável diminuição nas suas vendas, levando-a a ajuizar ação indenizatória em face da autarquia. A empresa alega que a repercussão social dos fatos acabou gerando danos excessivos à sua imagem.

Diante das circunstâncias narradas, responda aos itens a seguir.

A) A autarquia Ômega, no exercício de suas atividades de proteção e defesa dos consumidores, possui o poder de aplicar multa à empresa de bebidas? **(Valor: 0,60)**

B) A autarquia deve reparar os danos sofridos pela redução de vendas dos produtos da empresa fiscalizada? **(Valor: 0,65)**

*Obs.: o examinando deve fundamentar suas respostas. A mera citação do dispositivo legal não confere pontuação.*

## GABARITO COMENTADO

A) A resposta deve ser positiva. A autarquia possui natureza jurídica de direito público, de modo que, no exercício de seu poder de polícia, pode exercer fiscalização e, caso encontre irregularidades, pode aplicar sanções (Art. 78 do CTN e artigos 55 e 56, inciso I, do CDC).

B) A resposta deve ser negativa. A responsabilidade civil pressupõe uma conduta do agente, um resultado danoso, e um nexo de causalidade entre a conduta e o resultado. Ainda que, em casos excepcionais, seja possível a responsabilização do Estado por condutas lícitas, a autarquia agiu, no caso narrado, em estrito cumprimento de seu dever legal, rompendo o nexo de causalidade que é pressuposto da responsabilidade civil. Além disso, a notícia acerca da infração ganhou notoriedade em virtude de haver sido publicada pelos meios de comunicação tradicionais, sem nenhum fato que pudesse indicar uma atuação específica, deliberada e desproporcional da autarquia em prejudicar a imagem da empresa. Por fim, deve-se ressaltar que seria um contrassenso não divulgar a notícia acerca da infração, a qual consistia exatamente no não cumprimento do dever de informar a alteração irregular dos produtos aos consumidores.

**Distribuição dos pontos**

| ITEM | PONTUAÇÃO |
|---|---|
| A) Sim. A autarquia, pessoa jurídica de direito público (0,20), pode exercer fiscalização e aplicar sanções no desempenho de seu poder de polícia (0,30), com base no Art. 78 do CTN OU nos artigos 55 e 56, I, do Código de Defesa do Consumidor (0,10). | 0,00/0,20/0,30/0,40/0,50/0,60 |
| B) Não. Embora o Estado possa vir a ser responsabilizado pela pratica de atos lícitos (0,20), não há que se falar em reparação de danos no presente caso uma vez que a autarquia agiu em estrito cumprimento de seu dever legal (0,45). | 0,00/0,20/0,45/0,65 |

**(OAB/Exame Unificado 2016.1 – 2ª fase)** O Estado X está realizando obras de duplicação de uma estrada. Para tanto, foi necessária a interdição de uma das faixas da pista, deixando apenas uma faixa livre para o trânsito de veículos. Apesar das placas sinalizando a interdição e dos letreiros luminosos instalados, Fulano de Tal, dirigindo em velocidade superior à permitida, distraiu-se em uma curva e colidiu com algumas máquinas instaladas na faixa interditada, causando danos ao seu veículo. A partir do caso proposto, responda, fundamentadamente, aos itens a seguir.

A) Em nosso ordenamento, é admissível a responsabilidade civil do Estado por ato lícito? **(Valor: 0,60)**

B) Considerando o caso acima descrito, está configurada a responsabilidade objetiva do Estado X? **(Valor: 0,65)**

*Obs.: o examinando deve fundamentar suas respostas. A mera citação do dispositivo legal não confere pontuação.*

## GABARITO COMENTADO

A) A resposta é positiva. A responsabilidade do Estado pela prática de ato lícito assenta no princípio da isonomia, ou seja, na igualdade entre os cidadãos na repartição de encargos impostos em razão do interesse público. Assim, quando for necessário o sacrifício de um direito em prol do interesse da coletividade, tal sacrifício não pode ser suportado por um único sujeito, devendo ser repartido entre toda a coletividade.

B) A resposta é negativa. A configuração da responsabilidade objetiva requer a presença de um ato (lícito ou ilícito), do dano e do nexo de causalidade entre o ato e o dano. A culpa exclusiva da vítima é causa de exclusão da responsabilidade objetiva, uma vez que rompe o nexo de causalidade: o dano é ocasionado por conduta da própria vítima. No caso proposto, Fulano de Tal conduzia seu veículo em velocidade superior à permitida, distraiu-se em uma curva e deixou de observar as placas e o letreiro luminoso que indicavam a interdição da pista.

**Distribuição dos pontos**

| ITEM | PONTUAÇÃO |
| --- | --- |
| A. Sim. A responsabilidade do Estado pela prática de ato lícito assenta no princípio da isonomia, ou seja, na igualdade entre os cidadãos na repartição de encargos impostos em razão do interesse público e da solidariedade social (0,50), nos termos do Art. 37, § 6º, da CRFB/88. (0,10) <br> OBS.: A simples menção ou transcrição do dispositivo legal não pontua. | 0,00 / 0,50/ 0,60 |
| B. Não, pois conduzir seu veículo em velocidade superior à permitida, sem observar a sinalização existente, configura culpa exclusiva da vítima (0,35), que é causa de exclusão da responsabilidade objetiva, uma vez que rompe o nexo de causalidade (0,30). | 0,00 / 0,30 / 0,35/ 0,65 |

(OAB/Exame Unificado – 2011.3 – 2ª fase) Tício, motorista de uma empresa concessionária de serviço público de transporte de passageiros, comete uma infração de trânsito e causa danos a passageiros que estavam no coletivo e também a um pedestre que atravessava a rua. Considerando a situação hipotética narrada, responda aos itens a seguir, empregando os argumentos jurídicos apropriados e a fundamentação legal pertinente ao caso.

A) Qual(is) a(s) teoria(s) que rege(m) a responsabilidade civil da empresa frente aos passageiros usuários do serviço e frente ao pedestre, à luz da atual jurisprudência do Supremo Tribunal Federal? (Valor: 0,6)

B) Poderiam as vítimas responsabilizar direta e exclusivamente o Estado (Poder Concedente) pelos danos sofridos? (Valor: 0,65)

## RESOLUÇÃO DA QUESTÃO

O examinando deve afirmar que a responsabilidade civil das empresas concessionárias de serviços públicos é regulada pela norma do artigo 37, § 6º, da CRFB, que adota a teoria do risco administrativo. Não pode o examinando fundamentar o dever de indenizar da concessionária exclusivamente no Código de Defesa do Consumidor.

Posteriormente, deve o examinando mencionar que a orientação recente do STF, ao interpretar o artigo 37, § 6º, CRFB não faz distinção entre usuários e não usuários do serviço público para fins de aplicação da teoria da responsabilidade civil objetiva (teoria do risco administrativo) nessa hipótese (RE 591.874).

Quanto ao item b, não pode o Estado (Poder Concedente) ser direta e primariamente responsabilizado por ato de concessionários de serviços públicos, tendo em vista: (i) a interpretação da norma do artigo 37, § 6º, da CRFB, que nitidamente separa e individualiza a responsabilidade civil das pessoas jurídicas de direito público e das pessoas jurídicas de direito privado prestadoras de serviços públicos; e (ii) a norma do artigo 25 da Lei 8.987/95, que expressamente atribui a responsabilidade à concessionária.

**Distribuição dos pontos**

| ITEM A | PONTUAÇÃO |
|---|---|
| Incidência da norma do artigo 37, § 6º, da CRFB – teoria do risco administrativo / responsabilidade civil objetiva. | 0 / 0,3 |
| Ausência de distinção entre usuários e não usuários do serviço para fins de aplicação do artigo 37, § 6º, da CRFB. | 0 / 0,3 |
| **ITEM B** | |
| Não pode o Estado (Poder Concedente) ser direta e primariamente responsabilizado por ato de concessionários de serviços públicos – interpretação do artigo 37, § 6º, CRFB –, (0,45) nos termos do art. 25 da Lei 8.987/95, que expressamente atribui a responsabilidade à concessionária (0,2).Obs.: *A mera menção ao artigo não é pontuada.* | 0 / 0,45 / 0,65 |

**(OAB/Exame Unificado – 2011.2 – 2ª fase)** Liviana, moradora do Município de Trás dos Montes, andava com sua bicicleta em uma via que não possui acostamento, próxima ao centro da cidade, quando, de forma repentina, foi atingida por um ônibus de uma empresa concessionária de serviços públicos de transportes municipais. Após o acidente, Liviana teve as duas pernas quebradas e ficou em casa, sem trabalhar, em gozo de auxílio-doença, por cerca de dois meses. Então, resolveu procurar um advogado para ajuizar ação de responsabilidade civil em face da empresa concessionária de serviços públicos.

Qual é o fundamento jurídico e o embasamento legal da responsabilidade civil da empresa concessionária, considerando o fato de que Liviana se enquadrava na qualidade de terceiro em relação ao contrato de transporte municipal, no momento do acidente? (Valor: 1,25)

**GABARITO COMENTADO – EXAMINADORA**

A questão trata acerca da responsabilidade civil objetiva de terceiro não usuário dos serviços públicos de transportes municipais.

Na hipótese, tem-se que a responsabilidade civil será objetiva, comprovado o nexo de causalidade entre o ato administrativo e o dano causado ao terceiro não usuário do serviço público, sendo tal condição suficiente para estabelecer a responsabilidade objetiva da pessoa jurídica de direito privado, nos termos do art. 37, § 6º, da CRFB. De acordo com a jurisprudência atual e consolidada do STF, não se pode interpretar restritivamente o alcance do art. 37, § 6º, da CRFB, sobretudo porque a Constituição, interpretada à luz do princípio da isonomia, não permite que se faça qualquer distinção entre os chamados "terceiros", ou seja, entre usuários e não usuários do serviço público, haja vista que todos eles, de igual modo, podem sofrer dano em razão da ação administrativa do Estado, seja ela realizada diretamente, seja por meio de pessoa jurídica de direito privado. Observa-se, ainda, que o entendimento de que apenas os terceiros usuários do serviço gozariam de proteção constitucional decorrente da responsabilidade objetiva do Estado, por terem o direito subjetivo de receber um serviço adequado, contrapor-se-ia à própria natureza do serviço público, que, por definição, tem caráter geral, estendendo-se, indistintamente, a todos os cidadãos, beneficiários diretos ou indiretos da ação estatal.

**Distribuição dos pontos**

| DESCRIÇÃO | PONTUAÇÃO |
|---|---|
| – Identificação da responsabilidade da empresa concessionária como objetiva (0,35) na forma do artigo 37, § 6º, da CRFB/88 (0,3) | 0 / 0,3 / 0,35 / 0,65 |
| – Identificação de que a vítima não era usuária direta dos serviços de transportes públicos (0,3). Indicação da evolução jurisprudencial (0,3) | 0 / 0,3 / 0,6 |

**(OAB/Exame Unificado – 2011.1 – 2ª fase)** José, enquanto caminhava pela rua, sofre graves sequelas físicas ao ser atingido por um choque elétrico oriundo de uma rede de transmissão de uma empresa privada que presta serviço de distribuição de energia elétrica. Na ação judicial movida por José, não ficou constatada nenhuma falha no sistema que teria causado o choque, tampouco se verificou a culpa por parte do funcionário responsável pela manutenção dessa rede elétrica local. No entanto, restou comprovado que o choque, realmente, foi produzido pela rede elétrica da empresa de distribuição de energia, conforme relatado no processo.

Diante do caso em questão, discorra sobre a possível responsabilização da empresa privada que presta serviço de distribuição de energia elétrica, bem como um possível direito de regresso contra o funcionário responsável pela manutenção da rede elétrica. (Valor: 1,25)

### GABARITO COMENTADO – EXAMINADORA

O examinando deve identificar o enquadramento da empresa de distribuição de energia elétrica como uma empresa privada prestadora de serviço público, sujeita, portanto, a responsabilização objetiva (independente de dolo ou culpa) pelos danos advindos de suas atividades, conforme artigo 37, § 6º, da Constituição da República. Em razão de tal fato, deve a empresa responder pelos danos causados pelo choque oriundo de sua rede de distribuição, uma vez que restou constatado o nexo causal.

Em relação ao possível direito de regresso, deve o examinando negar essa possibilidade, já que tal recurso somente se torna viável em casos de dolo ou culpa do agente causador do dano.

## Distribuição de pontos

| DESCRIÇÃO | PONTUAÇÃO |
|---|---|
| – Incide responsabilidade civil objetiva da pessoa jurídica de direito privado prestadora de serviço público (0,4) nos termos do art. 37, 6º, da CRFB (0,3). | 0 / 0,3 / 0,4 / 0,7 |
| – Não há possibilidade de regresso em relação ao agente por não comprovação de dolo ou culpa (0,55). | 0 / 0,55 |

(OAB/Exame Unificado – 2010.2 – 2ª fase) Um determinado fiscal de vigilância sanitária do Estado, ao executar uma operação de fiscalização em alguns restaurantes situados no centro da cidade do Rio de Janeiro, acabou por destruir todo o estoque de gêneros alimentícios perecíveis que se encontravam na câmara frigorífica de um dos estabelecimentos fiscalizados. A destruição do estoque, alegou o fiscal posteriormente, deveu-se à impossibilidade de separar os produtos que já estavam com o prazo de validade vencido, daqueles que, ainda, se encontravam dentro da validade.

O dono do estabelecimento fiscalizado, um restaurante, procura um advogado com o objetivo de se consultar acerca de possíveis medidas judiciais em face do Estado, em virtude dos prejuízos de ordem material sofrido.

Na qualidade de advogado do dono do estabelecimento comercial, indique qual seria a medida judicial adequada e se ele possui o direito a receber uma indenização em face do Estado, em razão da destruição dos produtos que se encontravam dentro do prazo de validade.

### RESOLUÇÃO DA QUESTÃO

O instituto jurídico que envolve inicialmente a questão é o poder de polícia. Esse poder consiste em o Estado condicionar e restringir a liberdade e a propriedade das pessoas, ajustando-as aos interesses da coletividade.

No exercício do poder de polícia a Administração pode se valer dos seguintes atributos do ato administrativo: presunção de legitimidade, imperatividade, exigibilidade e autoexecutoriedade.

Vale salientar que, boa parte das vezes, o exercício do poder de polícia se exerce mediante competência discricionária, como se dá no caso em análise, em que a lei, normalmente, não estabelece os detalhes de como a atuação administrativa de avaliação de gêneros alimentícios perecíveis deve se dar no caso concreto.

No entanto, a discricionariedade não é sinônimo de arbitrariedade, ou seja, o poder de polícia discricionário não pode ser exercido sem obediência aos princípios administrativos, principalmente os princípios da proporcionalidade e da razoabilidade, violados no caso, vez que não é necessário danificar produtos em validade para verificar os produtos fora do prazo de validade.

Assim, o exercício abusivo do poder de polícia enseja responsabilidade estatal, que, por envolver conduta comissiva do Estado, exercida por agente público atuando nesta qualidade, é do tipo objetiva (art. 37, § 6º, da CF), ou seja, independe da demonstração de conduta culposa ou dolosa.

O advogado do estabelecimento comercial deve ingressar com ação indenizatória, a fim de condenar o Estado no pagamento dos prejuízos materiais sofridos, consistentes no valor de todos os produtos destruídos e que se encontravam dentro do prazo de validade.

## GABARITO COMENTADO – EXAMINADORA

A questão trabalha com o conceito de poder de polícia atribuído à Administração Pública. O candidato deve explicitar, inicialmente, o conceito de poder de polícia a fim de enquadrar juridicamente a hipótese de fato trazida na questão.

Deve o candidato expor que se trata de um poder discricionário, porém não arbitrário. E deve indicar todas as características do poder de polícia, tais como: autoexecutoriedade, legitimidade e presunção de legalidade.

Logo, como não se trata de um poder arbitrário, deve o candidato expor que a conduta do fiscal em destruir os produtos que, ainda, estavam dentro do prazo de validade, extrapolou os limites da razoabilidade e da proporcionalidade que devem informar a Administração Pública e seus agentes ao praticar atos que constituam poder de polícia.

E, desta forma, deve indicar que o dono do estabelecimento comercial deverá ajuizar uma ação judicial com o objetivo de postular o pagamento pelos prejuízos materiais, consistente no valor de todos os produtos destruídos e que se encontravam dentro do prazo de validade.

**Distribuição dos pontos**

| DESCRIÇÃO | PONTUAÇÃO |
| --- | --- |
| – Poder atribuído à Administração Pública – características do poder de polícia | 0 / 0,2 / 0,4 |
| – Avaliação da conduta do fiscal | 0 / 0,3 |
| – Procedimento a ser seguido pelo dono do estabelecimento | 0 / 0,3 |

**(OAB/Exame Unificado – 2010.2 – 2ª fase)** É realizado, junto a determinado Ofício de Notas, procuração falsa para a venda de certo imóvel. Participa do ato fraudulento o "escrevente" do referido Ofício de Notas, que era e é amigo de um dos fraudadores. Realizada a venda com a utilização da procuração falsa, e após dois anos, desta, o verdadeiro titular do imóvel regressa ao país, e descobre a venda fraudulenta.

Assim, tenso com a situação, toma várias medidas, sendo uma delas o ajuizamento de ação indenizatória.

Diante do enunciado, responda: contra quem será proposta essa ação e qual a natureza da responsabilidade?

## RESOLUÇÃO DA QUESTÃO PELOS AUTORES DA EDITORA FOCO

O Ofício de Notas não é uma pessoa jurídica, mas sim uma estrutura organizada para a prestação de serviços notariais. Tal estrutura é organizada técnica e administrativamente pelo notário, que é uma pessoa física a quem é delegado o exercício da atividade notarial, mediante concurso público. O notário exerce, então, função pública, sendo tratado pela doutrina como um particular em colaboração com o Poder Público. Trata-se, na verdade, de um agente público delegado, ou seja, de um agente público que recebe a delegação de um serviço público, que será prestado em nome próprio e por conta e risco do notário.

Essa configuração da atividade notarial (e também a de registro) faz surgir dúvidas sobre a responsabilidade civil do titular da serventia extrajudicial. Trata-se de responsabilidade objetiva ou subjetiva? Quem responde primariamente, o Estado e/ou o titular da serventia?

Esse tema já foi objeto de discussões doutrinárias, encontrando na jurisprudência diversos entendimentos. No entanto, consolidou-se a posição decorrente do quanto previsto no art. 22 da Lei 8.935/94 (Lei dos Cartórios), que assim dispõe: "Os notários e oficiais de registro são civilmente responsáveis por todos os prejuízos que causarem a terceiros, por culpa ou dolo, pessoalmente, pelos substitutos que designarem ou escreventes que autorizarem, assegurado o direito de regresso" (redação dada pela Lei 13.286/2016).

O Supremo Tribunal Federal, em decisão proferida em 2019, expediu a seguinte tese: ""O Estado responde, objetivamente, pelos atos dos tabeliães e registradores oficiais que, no exercício de suas funções, causem dano a terceiros, assentado o dever de regresso contra o responsável, nos casos de dolo ou culpa, sob pena de improbidade administrativa" (RE 842.846/RJ, Pleno, Rel. Min. Luiz Fux, DJe 13/08/2019 – tema 777 de repercussão geral). Assim, o Estado detém responsabilidade civil, objetiva e direta, pelos danos que as serventias extrajudiciais causarem a terceiros. Por outro lado, o Estado assume o dever de regresso contra o responsável (notário ou oficial de registro), nos casos de dolo ou culpa.

### GABARITO COMENTADO – BANCA EXAMINADORA

O examinando deverá identificar a responsabilidade do titular da serventia extrajudicial, sua caracterização como agente público e sentido amplo e a responsabilidade objetiva do Estado pelos seus atos.

**Distribuição dos pontos**

| DESCRIÇÃO | PONTUAÇÃO |
| --- | --- |
| – Natureza da delegação e ausência de responsabilidade do Ofício de Notas | 0 / 0,3 |
| – Identificação da responsabilidade do notário em face dos atos próprios da serventia (art. 22 da Lei 8935/94) | 0 / 0,3 |
| – Caracterização dessa responsabilidade como objetiva (CF, art. 37 § 6º) | 0 / 0,2 / 0,4 |

**(OAB/Exame Unificado – 2010.1 – 2ª fase)** Em 30/8/2009, Jairo trafegava de bicicleta por uma rua de Goiânia – GO, no sentido da via, na pista da direita, quando foi atropelado por um ônibus de uma concessionária do serviço público de transporte urbano de passageiros, em razão de uma manobra brusca feita pelo motorista do coletivo. Jairo morreu na hora. A mãe do ciclista procurou escritório de advocacia, pretendendo responsabilizar o Estado pelo acidente que resultou na morte de seu filho.

Em face dessa situação hipotética, discorra sobre a pretensão da mãe de Jairo, estabelecendo, com a devida fundamentação, as diferenças e(ou) semelhanças entre a responsabilidade civil do Estado nos casos de dano causado a usuários e a não usuários do serviço público.

## RESOLUÇÃO DA QUESTÃO

A responsabilidade das concessionárias de serviço público é objetiva, segundo o art. 37, § 6º, da CF. Assim, as concessionárias de serviço público nas áreas de transporte coletivo, como é o caso, e também nas áreas de abastecimento de água e esgotamento sanitário, energia elétrica, telefonia, dentre outras, respondem pelos danos que seus agentes causarem a terceiros, independentemente de culpa.

No entanto, o STF vinha entendendo que a responsabilidade dos concessionários prevista no art. 37, § 6º, da CF só era objetiva em relação aos usuários do serviço, e não em relação a terceiros não usuários do serviço. Nesse sentido, o terceiro deveria buscar a responsabilização da concessionária com fundamento em outras regras jurídicas.

No caso em tela, isso significaria que o ciclista atropelado pelo ônibus não poderia se valer do disposto no art. 37, § 6º, da CF.

Todavia, o STF, no ano de 2009, modificou seu entendimento a respeito do assunto. O Pretório Excelso passou a entender que a expressão "terceiros", contida no dispositivo constitucional citado, inclui os terceiros não usuários do serviço público. Primeiro porque não há restrição redacional nesse sentido, não se podendo fazer interpretação restritiva do dispositivo constitucional. Segundo porque a Constituição, interpretada à luz do princípio da isonomia, não permite que se faça qualquer distinção entre os chamados "terceiros", usuários e não usuários do serviço público, vez que todos podem sofrer dano em razão da ação administrativa estatal. Terceiro porque os serviços públicos devem ser prestados de forma adequada e em caráter geral, estendendo-se, indistintamente, a todos os cidadãos, beneficiários diretos ou indiretos da ação estatal.

Dessa forma, e considerando que ficaram demonstrados conduta comissiva de agente da concessionária, dano e nexo de causalidade, a mãe de Jairo, com fundamento na responsabilidade objetiva prevista no art. 37, § 6º, da CF poderá ingressar com ação indenizatória por danos materiais e morais decorrentes do falecimento de seu filho, em face da empresa concessionária de serviço público.

**Comentários adicionais**

Confira o entendimento anterior do STF:

> "CONSTITUCIONAL. ADMINISTRATIVO. CIVIL. RESPONSABILIDADE CIVIL DO ESTADO: RESPONSABILIDADE OBJETIVA. PESSOAS JURÍDICAS DE DIREITO PRIVADO PRESTADORAS DE SERVIÇO PÚBLICO. CONCESSIONÁRIO OU PERMISSIONÁRIO DO SERVIÇO DE TRANSPORTE COLETIVO. C.F., art. 37, § 6º. I. – A responsabilidade civil das pessoas jurídicas de direito privado prestadoras de serviço público é objetiva relativamente aos usuários do serviço, não se estendendo a pessoas outras que não ostentem a condição de usuário. Exegese do art. 37, § 6º, da C.F. II. – R.E. conhecido e provido." (STF, 2ª T., RE 262651/SP, Relator Min. CARLOS VELLOSO, DJ 06-05-2005)

Confira, agora, o novo entendimento do STF:

> EMENTA: CONSTITUCIONAL. RESPONSABILIDADE DO ESTADO. ART. 37, § 6º, DA CONSTITUIÇÃO. PESSOAS JURÍDICAS DE DIREITO PRIVADO PRESTADORAS DE SERVIÇO PÚBLICO. CONCESSIONÁRIO OU PERMISSIONÁRIO DO SERVIÇO DE TRANSPORTE COLETIVO. RESPONSABILIDADE OBJETIVA EM RELAÇÃO A TERCEIROS NÃO USUÁRIOS DO SERVIÇO. RECURSO DESPROVIDO.
> I – A responsabilidade civil das pessoas jurídicas de direito privado prestadoras de serviço público é objetiva relativamente a terceiros usuários e não usuários do serviço, segundo decorre do art. 37, § 6º,

da Constituição Federal. II – A inequívoca presença do nexo de causalidade entre o ato administrativo e o dano causado ao terceiro não usuário do serviço público, é condição suficiente para estabelecer a responsabilidade objetiva da pessoa jurídica de direito privado. III – Recurso extraordinário desprovido. (STF, RE 591874, Relator(a): Min. RICARDO LEWANDOWSKI, Tribunal Pleno, julgado em 26/08/2009, DJe-237 DIVULG 17-12-2009 PUBLIC 18-12-2009 EMENT VOL-02387-10 PP-01820)

### GABARITO COMENTADO – EXAMINADORA

A responsabilidade civil do Estado por danos causados a usuários do serviço público é objetiva, nos termos do art. 37, § 6.º, da CF. Quanto à responsabilidade com relação ao terceiro não usuário do serviço, como é o caso do ciclista, não se pode interpretar restritivamente o alcance do art. 37, § 6.º, sobretudo porque a Constituição, interpretada à luz do princípio da isonomia, não permite que se faça qualquer distinção entre os chamados "terceiros", ou seja, entre usuários e não usuários do serviço público, haja vista que todos eles, de igual modo, podem sofrer dano em razão da ação administrativa do Estado, seja ela realizada diretamente, seja por meio de pessoa jurídica de direito privado. Os serviços públicos devem ser prestados de forma adequada e em caráter geral, estendendo-se, indistintamente, a todos os cidadãos, beneficiários diretos ou indiretos da ação estatal. Nesse sentido: "EMENTA: CONSTITUCIONAL. RESPONSABILIDADE DO ESTADO. ART. 37, § 6.º, DA CONSTITUIÇÃO. PESSOAS JURÍDICAS DE DIREITO PRIVADO PRESTADORAS DE SERVIÇO PÚBLICO. CONCESSIONÁRIO OU PERMISSIONÁRIO DO SERVIÇO DE TRANSPORTE COLETIVO. RESPONSABILIDADE OBJETIVA EM RELAÇÃO A TERCEIROS NÃO USUÁRIOS DO SERVIÇO. RECURSO DESPROVIDO. I – A responsabilidade civil das pessoas jurídicas de direito privado prestadoras de serviço público é objetiva relativamente a terceiros usuários e não usuários do serviço, segundo decorre do art. 37, § 6.º, da Constituição Federal. II – A inequívoca presença do nexo de causalidade entre o ato administrativo e o dano causado ao terceiro não usuário do serviço público é condição suficiente para estabelecer a responsabilidade objetiva da pessoa jurídica de direito privado. III – Recurso extraordinário desprovido. (RE 591874, Relator(a): Min. Ricardo Lewandowski, Tribunal Pleno, julgado em 26/08/2009, DJe-237 DIVULG 17-12-2009 PUBLIC 18-12-2009 EMENT VOL-02387-10 PP-01820) – Processo com repercussão geral reconhecida.

Observação para a correção: atribuir pontuação integral às respostas em que esteja expresso o conteúdo do dispositivo legal, ainda que não seja citado, expressamente, o número do artigo; na correção do item 2.2: se, na resposta, o examinando mencionar que a responsabilidade é objetiva com relação ao não usuário e não fundamentar, atribuir zero. Se disser que a responsabilidade é objetiva e apontar um dos três argumentos, atribuir 1, se apontar, pelo menos, dois dos argumentos, atribuir a totalidade dos pontos.

## 7. INTERVENÇÃO NA PROPRIEDADE

(OAB/Exame Unificado – 2020.2- 2ª fase) A sociedade empresária Alfa, concessionária estadual de serviço público de administração e conservação da rodovia estadual XXX, com escopo de melhorar a qualidade do serviço prestado aos usuários, pretende realizar abertura, conservação e melhoramento em determinado trecho da via pública. Para viabilizar seu intento, estudos técnicos preliminares concluíram ser imprescindível a desapropriação de um imóvel.

Nesse contexto, responda aos questionamentos a seguir.

A) Quais são os pressupostos legais para a desapropriação pretendida pela concessionária? Justifique. (Valor: 0,70)

B) Quais são as fases do procedimento expropriatório para a hipótese narrada? A sociedade empresária Alfa tem competência para atuar nessas fases? Justifique. (Valor: 0,55)

*Obs.: o(a) examinando(a) deve fundamentar suas respostas. A mera citação do dispositivo legal não confere pontuação.*

### GABARITO COMENTADO

A) Os pressupostos que a autorizariam são: interesse público (na modalidade utilidade pública, conforme previsto no Art. 5º, alínea *i*, do Decreto-lei nº 3.365/41) e pagamento de indenização prévia, justa e em dinheiro (Art. 5º, inciso XXIV, da CRFB/88).

B) As fases do procedimento expropriatório na desapropriação comum são: (i) fase declaratória: os entes federativos (Art. 6º do Decreto-lei nº 3.365/41) declaram o interesse público na desapropriação. A concessionária não tem competência para declarar a utilidade pública da desapropriação; (ii) fase executória: declarado o interesse na desapropriação (conforme fase anterior), na fase executória o Estado deverá adotar as providências necessárias à sua efetivação, com a transferência do bem após pagamento do valor justo (indenização mais imissão da posse). A concessionária não tem competência para declarar o interesse público (fase declaratória), mas o ordenamento jurídico lhe confere competência para promover a fase executória, mediante autorização expressa, constante de lei ou contrato, conforme se vê do Art. 3º do Decreto-lei nº 3.365/41).

**(OAB/Exame Unificado – 2019.3- 2ª fase)** Maurício Silva, prefeito do Município Alfa, que conta com cerca de cem mil habitantes, determinou a elaboração de projeto destinado a promover a urbanização da localidade, cuja operacionalização se deu por equipe qualificada, mediante a realização de audiências públicas.

Após aprofundada e debatida análise, um grupo multidisciplinar de pesquisa sugeriu que o prefeito promovesse a desapropriação urbanística sancionatória, com pagamento em títulos da dívida pública, dos solos urbanos não edificados ou subutilizados, na forma da lei específica para área incluída no plano diretor, devidamente discriminados nos estudos, dentre os quais, uma área de propriedade de João dos Santos, sob o fundamento de estar violando a função social da propriedade urbana.

João, que há anos não consegue colocar em prática seu projeto de utilização do imóvel em questão, procura você para, na qualidade de advogado(a), responder aos seguintes questionamentos.

A) Existem sanções a serem aplicadas pelo Poder Público do Município Alfa antes de promover a desapropriação sugerida? (Valor: 0,70)

B) Caso levada a efeito a desapropriação sugerida, o valor da indenização a ser paga a João dos Santos deveria incluir expectativas de lucros cessantes? (Valor: 0,55)

*Obs.: o(a) examinando(a) deve fundamentar suas respostas. A mera citação do dispositivo legal não confere pontuação.*

## GABARITO COMENTADO

A) Sim. A desapropriação com pagamento em títulos da dívida pública é a terceira das sanções aplicáveis pelo descumprimento da função social da propriedade urbana, mediante a não edificação ou subutilização do solo urbano, na forma da lei específica para área incluída no plano diretor. Ela deve ser necessariamente precedida do parcelamento e de edificação compulsórios e pela instituição do Imposto sobre s Propriedade Predial e Territorial Urbana (IPTU) progressivo no tempo, na forma do Art. 182, § 4º, da CRFB/88.

B) Não. O valor real da indenização na desapropriação com pagamento em títulos da dívida pública não pode incluir expectativas de lucros cessantes, na forma do Art. 8º, § 2º, inciso II, da Lei nº 10.257/01.

**Distribuição dos pontos**

| ITEM | PONTUAÇÃO |
|---|---|
| A. Sim. A desapropriação deve ser necessariamente precedida do parcelamento e de edificação compulsórios (0,30) e pela instituição do Imposto sobre a Propriedade Predial e Territorial Urbana (IPTU) progressivo no tempo (0,30), na forma do Art. 182, § 4º, da CRFB/88 **ou** Arts. 5º ou 7º, da Lei n. 10.257/2001 (0,10). | 0,00/0,30/0,40/0,60/0,70 |
| B. Não. O valor da indenização na desapropriação com pagamento em títulos da dívida pública não pode incluir lucros cessantes (0,45), na forma do Art. 8º, § 2º, inciso II, da Lei nº 10.257/01 (0,10). | 0,0/0,45/0,55 |

**(OAB/Exame Unificado – 2018.3- 2ª fase)** Para diminuir o índice de acidentes em uma rodovia movimentada, o poder público decidiu alterar o traçado de alguns trechos críticos. Para tanto, será necessário desapropriar certas áreas, dentre as quais parte da fazenda que pertence a Roberval, que explora economicamente o bem por meio da plantação de milho.

Em razão das constantes mortes que ocorrem na rodovia, o decreto expropriatório, que reconheceu a utilidade pública do bem, declarou a urgência da desapropriação. Em acréscimo, o poder público depositou a quantia arbitrada e, assim, requereu a imissão provisória na posse. Ao fim do processo de desapropriação, o valor do bem fixado na sentença corresponde ao dobro daquele ofertado em juízo para fins de imissão provisória na posse.

Na qualidade de advogado(a) consultado(a), responda aos itens a seguir.

A) No processo de desapropriação, Roberval pode alegar toda e qualquer matéria de defesa na contestação? **(Valor: 0,65)**

B) Os juros compensatórios são devidos a partir de que momento? **(Valor: 0,60)**

*Obs.: o(a) examinando(a) deve fundamentar as respostas. A mera citação do dispositivo legal não confere pontuação.*

### GABARITO COMENTADO

A) A resposta é negativa. A defesa de Roberval só poderá versar sobre vício do processo judicial ou sobre impugnação do preço; qualquer outra questão deverá ser decidida por ação direta, em conformidade com o Art. 20 do Decreto Lei nº 3.365/41.

B) Os juros compensatórios são devidos desde a imissão na posse, pois é neste momento que o proprietário é privado da exploração econômica de seu bem, em conformidade com a Súmula 69 do STJ **OU** com a Súmula 164 do STF **OU** com o Art. 15-A do Decreto Lei nº 3.365/41.

**Distribuição dos pontos**

| ITEM | PONTUAÇÃO |
| --- | --- |
| A. Não. A defesa de Roberval só poderá versar sobre vício do processo judicial ou sobre impugnação do preço (0,55), em conformidade com o Art. 20 do Decreto Lei nº 3.365/41 (0,10). | 0,00/0,55/0,65 |
| B. Os juros compensatórios são devidos desde a imissão na posse (0,50), em conformidade com a Súmula 69 do STJ **OU** com a Súmula 164 do STF **OU** com o Art. 15-A do Decreto Lei nº 3.365/41 (0,10). | 0,00/0,50/0,60 |

**(OAB/Exame Unificado – 2018.2- 2ª fase)** José possuía uma grande propriedade rural, utilizada para o cultivo de milho e soja. Após seu falecimento, ocorrido em 2001, suas duas filhas, as únicas herdeiras, decidiram interromper o plantio dos grãos, tornando a propriedade improdutiva.

Em 2017, a União declarou a área como de interesse social para fins de reforma agrária. Após um processo judicial de rito sumário, o juiz fixou o valor da indenização devido às filhas de José. Na ocasião, identificou-se a ausência de benfeitorias no terreno desapropriado. Após o pagamento pela União do valor fixado na sentença, Ronaldo foi beneficiado pela desapropriação, passando a ser proprietário de uma pequena fração do terreno.

Sobre a hipótese apresentada, responda aos itens a seguir.

A) O valor da indenização devido às filhas de José foi pago em dinheiro? **(Valor: 0,65)**

B) Ronaldo, dois anos após ser beneficiado pela desapropriação, pode vender o terreno recebido a terceiros? **(Valor: 0,60)**

*Obs.: o(a) examinando(a) deve fundamentar as respostas. A mera citação do dispositivo legal não confere pontuação.*

### GABARITO COMENTADO

A) Não, o valor da indenização devido às filhas de José não foi pago em dinheiro, mas em títulos da dívida agrária, nos termos do Art. 184 da CRFB/88.

B) Não, Ronaldo não pode vender o terreno dois anos depois de ser beneficiado pela desapropriação. Os imóveis recebidos na reforma agrária são inegociáveis por dez anos, nos termos do Art. 189 da CRFB/88.

## Distribuição dos pontos

| ITEM | PONTUAÇÃO |
|---|---|
| A. Não, o valor da indenização devido às filhas de José não foi pago em dinheiro, mas em títulos da dívida agrária (0,55), nos termos do Art. 184 da CRFB/88 (0,10). | 0,00/0,55/0,65 |
| B. Não, Ronaldo não pode vender o terreno dois anos depois de ser beneficiado pela desapropriação. Os imóveis recebidos na reforma agrária são inegociáveis por dez anos (0,50), nos termos do Art. 189 da CRFB/88 (0,10). | 0,00/0,50/0,60 |

(OAB/ Exame Unificado – 2017.1) Após a edição do pertinente decreto declaratório da utilidade pública pela União, sociedade de economia mista federal, enquanto prestadora de serviço público, foi incumbida de promover a desapropriação de imóvel de Antônio. Para tanto, pretende promover tratativas com vistas a lograr a chamada desapropriação amigável ou tomar as medidas judiciais cabíveis para levar a efeito a intervenção do Estado na propriedade em foco.

Diante dessa situação hipotética, responda aos itens a seguir.

A) A sociedade de economia mista em questão pode ajuizar a ação de desapropriação? **(Valor: 0,65)**

B) Considerando que o mencionado decreto expropriatório foi publicado em 05/05/2016, analise se existe prazo para o eventual ajuizamento da ação de desapropriação. **(Valor: 0,60)**

*Obs.: o(a) examinando(a) deve fundamentar as respostas. A mera citação do dispositivo legal não confere pontuação.*

### GABARITO COMENTADO

A) A resposta é afirmativa. É possível que a entidade administrativa promova a desapropriação e, consequentemente, ajuíze a respectiva ação, na forma do Art. 3º do Decreto-lei nº 3.365/41, desde que haja autorização expressa em lei ou no contrato.

B) A resposta é afirmativa. Os legitimados para promover a desapropriação por utilidade pública possuem o prazo de 5 (cinco) anos, a contar da expedição do decreto, para o ajuizamento da respectiva ação, sob pena de caducidade, consoante o Art. 10 do Decreto-lei nº 3.365/41.

## Distribuição dos pontos

| ITEM | PONTUAÇÃO |
|---|---|
| A. Sim. É possível que sociedade de economia mista ajuíze a ação de desapropriação, desde que haja autorização expressa em lei ou no contrato (0,55), na forma do Art. 3º do Decreto--lei nº 3.365/41 (0,10), | 0,00/0,55/0,65 |
| B. Sim. Os legitimados para promover a desapropriação por utilidade pública possuem o prazo de 5 (cinco) anos, a contar da expedição do decreto, para o ajuizamento da respectiva ação, sob pena de caducidade (0,50), consoante o Art. 10 do Decreto-lei nº 3.365/41 (0,10). | 0,00/0,50/0,60 |

(OAB/Exame Unificado – 2013.3 – 2ª fase) O Prefeito do Município XYZ desapropriou um sítio particular para instalação de um novo centro de atendimento médico de emergência. Entretanto, antes do início das obras, o Estado ABC anunciou que o Município XYZ receberá um novo Hospital Estadual de Atendimento Médico Emergencial.

Responda, fundamentadamente, aos itens a seguir.

A) O Município pode desistir da construção do centro de atendimento médico e destinar a área desapropriada à construção de uma escola? (Valor: 0,65)

B) Com o anúncio feito pelo Estado, o antigo proprietário do sítio desapropriado pode requerer o retorno da área à sua propriedade, mediante devolução do valor da indenização? (Valor: 0,60)

A simples menção ou transcrição do dispositivo legal não pontua.

### GABARITO COMENTADO

A) A resposta é positiva. Após a efetivação de uma desapropriação, o ente expropriante deve empregar o bem à finalidade pública que desencadeou o processo de desapropriação. Em não o fazendo, estar-se-á diante da tredestinação, que nada mais é do que a destinação do bem em desconformidade com o plano inicialmente previsto. A tredestinação, entretanto, distingue-se em lícita (na qual o bem é empregado em finalidade diversa da inicialmente pretendida, mas ainda afetada ao interesse público) e ilícita (na qual não se emprega o bem em uma utilização de interesse público). A tredestinação lícita, isto é, a alteração na destinação do bem, por conveniência da administração pública, resguardando, de modo integral, o interesse público, não é vedada pelo ordenamento.

B) A resposta é negativa. A tredestinação lícita, por manter o bem afetado a uma finalidade de interesse público não configura direito de retrocessão, isto é, o direito do particular expropriado de reaver o bem, em virtude da sua não utilização. E a própria legislação de regência, o Decreto-lei n. 3.365/1941, dispõe, em seu Art. 35, que os bens expropriados, uma vez incorporados à Fazenda Pública, não podem ser objeto de reivindicação.

Distribuição dos pontos

| ITEM | PONTUAÇÃO |
|---|---|
| A. Sim. Trata-se da tredestinação lícita, (0,25) na qual o bem é empregado em finalidade diversa da inicialmente pretendida, mas ainda afetada ao interesse público. (0,40) | 0,00/0,25/0,40/0,65 |
| B. Não. Os bens expropriados incorporados à Fazenda Pública e afetados a uma finalidade pública não podem ser objeto de reivindicação (0,50), na forma do Art. 35, do Decreto Lei n. 3.365/1941. (0,10). Obs.: a simples citação do dispositivo legal não pontua. | 0,00/0,50/0,60 |

**(OAB/Exame Unificado – 2013.1 – 2ª fase)** O município "X", tendo desapropriado um imóvel para a instalação da sede da prefeitura e, necessitando realizar obras de reparo no prédio, instala em terreno contíguo, de propriedade de Mário, o canteiro de obra necessário a realização dos reparos. Considerando apenas os fatos descritos acima, responda aos itens a seguir.

A) Qual é a figura de intervenção utilizada pelo Município e quais são suas características? (Valor: 0,65)

B) Nesse caso, é devida alguma indenização? Indique o fundamento legal. (Valor: 0,60)

A simples menção ou transcrição do dispositivo legal não pontua.

### GABARITO COMENTADO – EXAMINADORA:

A) Trata-se de ocupação temporária, que se caracteriza pelo uso transitório por parte do Poder Público de imóvel privado, como meio de apoio à execução de obras públicas.

B) Nessa modalidade de ocupação temporária, por expressa disposição de lei (Art. 36 do Decreto-Lei n. 3.365/41), é devida indenização.

**Distribuição dos pontos**

| QUESITO AVALIADO | VALORES |
|---|---|
| A. Trata-se de ocupação temporária (0,30). Caracteriza-se pelo uso transitório por parte do Poder Público de imóvel privado, como meio de apoio à execução de obra pública (0,35). | 0.00 / 0,30 / 0,35 / 0,65 |
| B. Nessa modalidade de ocupação temporária, por expressa disposição de lei (Art. 36 do Decreto Lei n. 3365 / 41), é devida indenização. | 0,00 / 0,60 |

**(OAB/Exame Unificado – 2012.3 – 2ª fase)** O proprietário de um terreno passou dois anos sem ir até sua propriedade. Após esse período, ao visitar o local, constata que, em seu terreno, foi construída uma escola municipal que, àquela altura, já se encontra em pleno funcionamento.

Com base no relatado acima, com o emprego dos argumentos jurídicos apropriados e a fundamentação legal pertinente ao caso, responda aos itens a seguir.

A) Indique e conceitue o fato administrativo tratado no caso apresentado. (Valor: 0,60)

B) Diante do ocorrido, que medida o proprietário do terreno pode tomar? (Valor: 0,65)

### RESOLUÇÃO DA QUESTÃO

A) O examinando deve identificar a desapropriação indireta como o fato administrativo ocorrido no caso em questão, descrevendo-o como ato da administração pública apropriar-se de um bem privado sem o devido processo legal.

B) Deve também reconhecer a impossibilidade de o proprietário reaver o bem, uma vez que o mesmo já se encontra afetado para a prestação de um serviço público, restando ao proprietário tão somente o ajuizamento de ação pleiteando indenização pelas perdas sofridas, conforme art. 35, do Decreto-lei n. 3.365/41.

Distribuição dos pontos

| QUESITO AVALIADO | VALORES |
|---|---|
| A. Trata-se de desapropriação indireta (0,25). Apossamento administrativo de bem particular sem o devido processo legal. (0,35). | 0,00/0,25/0,35/0,60 |
| B. Propositura de ação indenizatória, tendo em vista a impossibilidade de reivindicação do bem (0,45), conforme Art. 35, do Decreto Lei n. 3.365/41 (0,20). | 0,00/0,45/0,65 |

(OAB/Exame Unificado – 2011.2 – 2ª fase) O Município de Cachoeira Azul pretende implementar, com base em seu plano diretor, um importante projeto de criação de espaços públicos de lazer e áreas verdes ao longo dos próximos quatro anos e, para tanto, necessitará de áreas urbanas que atualmente constituem propriedade privada. O prefeito, então, encaminhou projeto de lei à Câmara de Vereadores estabelecendo direito de preferência em favor do Município caso os imóveis localizados na área venham a ser objeto de alienação onerosa entre particulares durante aquele prazo.

Considerando a situação hipotética narrada, responda aos seguintes quesitos, empregando os argumentos jurídicos apropriados e a fundamentação legal pertinente ao caso.

A) É juridicamente possível o estabelecimento do direito de preferência por lei municipal e pelo prazo mencionado? (Valor: 0,60)

B) Supondo afirmativa a resposta ao quesito anterior, ultrapassado o prazo de quatro anos estabelecido na lei, poderia o prefeito encaminhar novo projeto de lei para renová-lo por igual período? (Valor: 0,65)

### GABARITO COMENTADO – EXAMINADORA

Em relação ao item 1, espera-se que o examinando responda afirmativamente, demonstrando conhecimento a respeito do denominado direito de preempção, instituto previsto no artigo 25 da Lei 10.257/2001.

Em relação ao item 2, a resposta deve levar em consideração o prazo estabelecido no Estatuto da Cidade para a renovação do prazo de vigência do direito de preempção, que apenas pode ocorrer a partir de um ano após o decurso do prazo inicial de vigência, conforme norma do artigo 25, § 1º, parte final.

Distribuição de pontos

| ITEM | DESCRIÇÃO | PONTUAÇÃO |
|---|---|---|
| A | – Sim, trata-se do direito de preferência (preempção), a ser estabelecido por lei municipal e por prazo não superior a cinco anos (0,3). Artigo 25 da Lei 10.257/2001 – Estatuto da Cidade (0,3). | 0 / 0,3 / 0,6 |
| B | – Necessidade de se aguardar um ano para a renovação do direito de preempção após o decurso do prazo inicial de vigência. (0,35) Artigo 25, § 1º, da Lei 10.257/2001 – Estatuto da Cidade. (0,3) | 0 / 0,3 / 0,35 / 0,65 |

(OAB/Exame Unificado – 2012.2 – 2ª fase) Uma determinada microempresa de gêneros alimentícios explora seu estabelecimento comercial, por meio de contrato de locação não residencial, fixado pelo prazo de 10 (dez) anos, com término em abril de 2011. Entretanto, em maio do ano de 2009, a referida empresa recebe uma notificação do Poder Público municipal com a ordem de que deveria desocupar o imóvel no prazo de 3 (três) meses a partir do recebimento da citada notificação, sob pena de imissão na posse a ser realizada pelo Poder Público do município. Após o término do prazo concedido, agentes públicos municipais compareceram ao imóvel e avisaram que a imissão na posse pelo Poder Público iria ocorrer em uma semana. Desesperado com a situação, o presidente da sociedade empresária resolve entrar em contato imediato com o proprietário do imóvel, um fazendeiro da região, que lhe informa que já recebeu o valor da indenização por parte do Município, por meio de acordo administrativo celebrado um mês após o decreto expropriatório editado pelo Senhor Prefeito. Indignado, o presidente da sociedade resolve ajuizar uma ação judicial em face do Município, com o objetivo de manter a vigência do contrato até o prazo de seu término, estipulado no respectivo contrato de locação comercial, ou seja, abril de 2011; e, de forma subsidiária, uma indenização pelos danos que lhe foram causados.

A partir da narrativa fática descrita acima, responda aos itens a seguir, utilizando os argumentos jurídicos apropriados e a fundamentação legal pertinente ao caso.

A) É juridicamente correta a pretensão do locatário (microempresa) de impor ao Poder Público a manutenção da vigência do contrato de locação até o seu termo final? (Valor: 0,60)

B) Levando-se em consideração o acordo administrativo realizado com o proprietário do imóvel, é juridicamente correta a pretensão do locatário (microempresa) em requerer ao Poder Público municipal indenização pelos danos causados? (Valor: 0,65)

## RESOLUÇÃO DA QUESTÃO

*In casu*, é incontroversa a desapropriação do imóvel, cingindo-se a questão à possibilidade do pagamento de indenização ao locatário e à possibilidade de manutenção do contrato até o seu prazo final.

Para que fosse atribuída a pontuação referente à letra "A", era necessário que o examinando detivesse o conhecimento de que a desapropriação consiste em modo originário de aquisição de propriedade. Assim, não se afigura possível a manutenção da vigência do contrato de locação até o seu termo final, haja vista que o Poder Público adquire o bem livre de qualquer ônus real ou pessoal que incidia sobre a propriedade anteriormente.

A responsabilização civil do ente público no caso concreto decorre do dano causado pelo fato administrativo, independentemente de culpa e pela prática de uma conduta/ato lícito.

B) Assim como os proprietários, os locatários também possuem, na forma estabelecida pela Constituição Federal, o direito à justa indenização por todos os prejuízos que as desapropriações lhes causarem, visto que a sociedade locatária experimenta prejuízos distintos dos suportados pelo locador (proprietário). O proprietário é indenizado pela perda da propriedade (art. 5, XXIV, CF/88) enquanto que a sociedade locatária pela interrupção do negócio e, além da perda do estabelecimento empresarial (fundo de comércio).

Assim, o STJ, com base em precedentes, firmou jurisprudência no sentido de que o inquilino comercial tem amplo direito de ser ressarcido, independentemente das relações jurídicas entre ele e o proprietário, inclusive por perdas e danos causados pelo Poder Público.

Nesse sentido, a jurisprudência do E. Superior Tribunal de Justiça:

PROCESSUAL CIVIL E ADMINISTRATIVO. RECURSO ESPECIAL. AUSÊNCIA DE PREQUESTIONAMENTO. SÚMULA 211/STJ. **DESAPROPRIAÇÃO. IMÓVEL COMERCIAL. FUNDO DE COMÉRCIO. INDENIZABILIDADE. MATÉRIA PACIFICADA.**

(...)

2. O entendimento firmado pelo Tribunal estadual encontra amparo na jurisprudência consolidada no âmbito da Primeira Seção desta Corte Superior no sentido de que é devida indenização ao expropriado correspondente aos danos ocasionados aos elementos que compõem o fundo de comércio pela desapropriação do imóvel. Precedentes: REsp 1076124 / RJ, rel. Ministra Eliana Calmon, DJe 03/09/2009; AgRg no REsp 647660 / P, rel. Ministra Denise Arruda, DJ 05/10/2006; REsp 696929 / SP, rel. Ministro Castro Meira, DJ 03/10/2005.

3. Cumpre destacar que, na hipótese em análise, o detentor do fundo do comércio é o próprio proprietário do imóvel expropriado. Assim, a identidade de titularidade torna possível a indenização simultânea a desapropriação. Ademais, o processo ainda se encontra na fase inicial, o que permite seja apurado o valor de bens intangíveis, representados pelo fundo de comércio, na própria perícia a ser realizada para fixação do valor do imóvel, dispensando posterior liquidação de sentença.

4. Agravo regimental não provido (AgRg no REsp 1199990, Ministro MAURO CAMPBELL MARQUES, DJe 25/04/2012)

**Distribuição dos pontos**

| QUESITO AVALIADO | VALORES |
|---|---|
| NÃO, porque a desapropriação extingue o contrato de locação, liberando o bem de qualquer ônus real ou pessoal que incidia sobre a propriedade anteriormente, haja vista que a desapropriação consiste em modo originário de aquisição de propriedade (0,60). | 0,00/0,60 |
| SIM. Assim como os proprietários, os locatários também podem sofrer danos com a desapropriação pelo poder público, visto que a sociedade locatária experimenta prejuízos distintos dos suportados pelo proprietário (0,40). O proprietário é indenizado pela perda da propriedade (art. 5, XXIV, CF/1988) enquanto que a sociedade locatária pela interrupção do negócio e pela perda do estabelecimento empresarial (fundo de comércio) (0,25). | 0,00/0,25/0,40/0,65 |

**(OAB/Exame Unificado – 2011.1 – 2ª fase)** No curso de uma inundação e do aumento elevado das águas dos rios em determinada cidade no interior do Brasil, em razão do expressivo aumento do índice pluviométrico em apenas dois dias de chuvas torrenciais, o Poder Público municipal ocupou durante o período de 10 (dez) dias a propriedade de uma fazenda particular com o objetivo de instalar, de forma provisória, a sede da Prefeitura, do Fórum e da Delegacia de Polícia, que foram completamente inundadas pelas chuvas.

Diante da hipótese acima narrada, identifique e explicite o instituto de direito administrativo de que se utilizou o Poder Público municipal, indicando a respectiva base legal. (Valor: 1,25)

### GABARITO COMENTADO – EXAMINADORA

O examinando deve indicar que se trata do instituto da ocupação temporária de bens privados ou da requisição, tal como prevê o artigo 5º, XXV, da CRFB.

A ocupação temporária de bens privados consiste no apossamento, mediante ato administrativo unilateral, de bem privado para uso temporário, em caso de iminente perigo público, com o dever de restituição no mais breve espaço de tempo e eventual pagamento de indenização pelos danos produzidos.

Deve o examinando explicitar que se trata de instrumento de exceção e que exige a configuração de uma situação emergencial. E, mais, que a ocupação independe da concordância do particular e que se configura instituto temporário, a ser exercido por meio de ato administrativo.

**Distribuição de pontos**

| DESCRIÇÃO | PONTUAÇÃO |
|---|---|
| – Identificação do instituto de direito público – ocupação temporária OU requisição | 0 / 0,6 |
| – Explicitação do instituto (0,35) e do fundamento constitucional – art. 5º, XXV, da CRFB OU art. 1.228, § 3º, do CC (0,3) | 0 / 0,3 / 0,35 / 0,65 |

**(OAB/Exame Unificado – 2010.3 – 2ª fase)** O Poder Executivo municipal da cidade X resolve, após longos debates públicos com representantes de associações de moradores, editar um decreto de desapropriação de uma determinada área urbana, a fim de atender às exigências antigas da comunidade local dos Pontinhos, que ansiava pela construção de um hospital público na região. Entretanto, outra comunidade de moradores do mesmo município X, localizada a 10 km da primeira comunidade acima citada e denominada Matinhos, resolve ajuizar mandado de segurança coletivo contra o ato (decreto expropriatório) praticado pelo Prefeito. A comunidade de Matinhos é devidamente representada pela respectiva associação de moradores, constituída há pelo menos cinco anos e em funcionamento. A ação judicial coletiva objetiva, em sede liminar e de forma definitiva, sob pena de multa, a decretação de nulidade do decreto de desapropriação e a determinação de que o hospital seja imediatamente construído na localidade de Matinhos. Argumenta a associação, ora autora da ação coletiva, que em sua campanha política o Prefeito prometeu a construção de um hospital na localidade de Matinhos e que, por razões de conveniência e oportunidade, o Poder Executivo municipal não deveria construir o hospital na localidade de Pontinhos, pois lá já existe um hospital público federal em funcionamento, enquanto na localidade de Matinhos não há qualquer hospital.

Diante da situação acima narrada e ao considerar que o decreto de desapropriação foi editado de forma válida e legal, sem qualquer vício de legalidade, explicite a possibilidade ou não de:

A) anulação do ato administrativo de desapropriação pelo Poder Judiciário; (Valor: 0,6)

B) determinação judicial de que o Prefeito deva construir o hospital na região de Matinhos. (Valor: 0,4)

## GABARITO COMENTADO – EXAMINADORA

O princípio da autotutela administrativa que se encontra consagrado por força de reiterada jurisprudência, pela Súmula nº 473 do Supremo Tribunal Federal, impõe à Administração Pública o poder/dever de anular os atos ilegais ou revogá-los, por motivo de oportunidade e conveniência, em ambos os casos, respeitados os direitos adquiridos.

Esse enunciado, entretanto, não afasta a apreciação do Poder Judiciário, ou seja, o controle judicial dos atos praticados pela Administração Pública que, hoje, ante ao avanço das decisões judiciais e da doutrina do direito público permite que seja realizado à luz não só da adequação do ato aos ditames legais e jurídicos (princípios) – controle de legalidade ou de juridicidade –, como também permite ao Juiz apreciar o denominado "mérito" administrativo, ou seja, permite a análise e o controle dos atos discricionários.

Os atos discricionários, segundo a melhor e atual doutrina do direito administrativo, devem pautar a sua edição em determinados critérios eleitos que serão analisados pelo Poder Judiciário, quais sejam: 1) se o ato praticado atendeu ao princípio da razoabilidade (se foi necessário e se os meios foram proporcionais aos fins pretendidos e executados); 2) se o ato atendeu aos motivos que determinaram a sua edição ou se apenas atendeu a interesses privados e secundários (teoria dos motivos determinantes); 3) e se o ato atendeu às finalidades da lei, em última análise, se o ato atendeu aos interesses públicos reais, sem qualquer desvio de poder.

Por fim, importa ressaltar que o Poder Judiciário não pode substituir o administrador. Dessa forma, quando da anulação do ato discricionário, não cabe ao Juiz determinar a prática do ato, mas sim devolver ao administrador público essa decisão que deverá ser fundamentada e exposta, segundo novos critérios de oportunidade e conveniência, respeitados os motivos determinantes, a razoabilidade e a finalidade (interesse público).

**Distribuição de pontos**

| DESCRIÇÃO | PONTUAÇÃO |
| --- | --- |
| 1) Identificação do ato administrativo (decreto de desapropriação) como ato discricionário. | 0 / 0,3 |
| 2) Possibilidade do controle judicial dos atos por meio de uma ponderação de razoabilidade – dimensão da legalidade – de atingimento dos motivos determinantes, bem como a sua finalidade pública real. | 0 / 0,3 |
| 3) Impossibilidade de o Poder Judiciário determinar a prática do ato (construção do hospital). | 0 / 0,4 |

**(OAB/Exame Unificado – 2010.3 – 2ª fase)** Suponha que chegue ao conhecimento de um Ministro de Estado que Mévio, proprietário de uma fazenda na região central do país, vem utilizando sua propriedade para o cultivo ilegal de plantas psicotrópicas. Diante dessa notícia, a União Federal decide desapropriar as terras de Mévio.

Com base no relatado acima, responda aos itens a seguir, empregando os argumentos jurídicos apropriados e a fundamentação legal pertinente ao caso.

A) É juridicamente possível que a União Federal promova a desapropriação sem pagar a Mévio qualquer indenização? (Valor: 0,3)

B) Qual seria a destinação do bem desapropriado? (Valor: 0,4)

C) Poderia o Estado da Federação em que estivessem situadas as glebas desapropriá-las para fins de reforma agrária? (Valor: 0,3)

---

**GABARITO COMENTADO – EXAMINADORA**

A questão deve ser analisada à luz das normas dos artigos 243 e 184 da CRFB. Em relação ao item a, é possível a desapropriação sem pagamento de indenização, eis que essa é a hipótese de expropriação constitucional estabelecida no artigo 243 da CRFB, em que não haverá o pagamento de indenização. Entretanto, o próprio dispositivo constitucional estabelece que as glebas desapropriadas devem ser destinadas ao assentamento de colonos, para o cultivo de produtos alimentícios e medicamentosos.

Por sua vez, quanto ao item b, a competência para a desapropriação para fins de reforma agrária, com pagamento de indenização em títulos da dívida agrária, é da União Federal (artigo 184 CRFB) e, portanto, não poderia ser exercida pelo Estado-membro. Não há impedimento, porém, para o Estado declarar de interesse social e desapropriar o bem, desde que mediante prévia e justa indenização em dinheiro (observância da regra geral prevista no artigo 5º, inciso XXIV, CRFB).

---

**observação dos autores**

Houve uma superveniente alteração na redação do art. 243 da Constituição Federal, que assim dispõe: "As propriedades rurais e urbanas de qualquer região do País onde forem localizadas culturas ilegais de plantas psicotrópicas ou a exploração de trabalho escravo na forma da lei serão expropriadas e destinadas à reforma agrária e a programas de habitação popular, sem qualquer indenização ao proprietário e sem prejuízo de outras sanções previstas em lei, observado, no que couber, o disposto no art. 5º." (redação dada pela Emenda Constitucional n. 81/2014)

---

**Distribuição de pontos**

| ITEM | DESCRIÇÃO | PONTUAÇÃO |
|---|---|---|
| A | Desapropriação-sanção prevista no artigo 243 CRFB – sem indenização | 0 / 0,3 |
| B | Necessidade de observância da destinação constitucional (assentamento de colonos, para o cultivo de produtos alimentícios e medicamentosos) | 0 / 0,4 |
| C | Não poderia desapropriar mediante indenização em títulos da dívida agrária – competência da União Federal (artigo 184, CRFB) | 0 / 0,15 |
| C | Poderia desapropriar para fins de interesse social, observando a regra geral da prévia e justa indenização em dinheiro (artigo 5º, inciso XXIV, CRFB) | 0 / 0,15 |

**(OAB/Exame Unificado – 2010.1 – 2ª fase)** Jorge, que é proprietário de um único imóvel – uma pequena propriedade rural –, pretende anular decreto presidencial que declarou ser a referida propriedade de interesse social para fins de reforma agrária.

Nessa situação hipotética, que medida pode ser ajuizada por Jorge para pleitear a anulação do citado decreto? Justifique sua resposta e indique o órgão do Poder Judiciário competente para o julgamento da medida, bem como exponha o argumento principal para a pretensão de Jorge.

## RESOLUÇÃO DA QUESTÃO

O decreto presidencial que declarou ser de interesse social, para fins de reforma agrária, uma pequena propriedade rural, cujo proprietário tem apenas um único imóvel, fere o disposto no art. 185 da Constituição Federal, de modo que é possível pleitear sua anulação.

O decreto em questão, por não introduzir no mundo jurídico um regulamento (um ato normativo), mas sim um ato de efeito concreto, pode ser impugnado por meio de ação individual, não sendo necessário que seja atacado por meio de ação de inconstitucionalidade.

Não bastasse isso, os elementos necessários à comprovação da inconstitucionalidade do decreto são de ordem estritamente documental, de modo que há prova pré-constituída a autorizar o ingresso com mandado de segurança.

Essa ação deve ser aforada junto ao Supremo Tribunal Federal, pois a autoridade coatora, no caso, é o Presidente da República (art. 102, I, "d", da CF). E o pedido a ser formulado no *mandamus* é o de anulação do decreto em questão.

## GABARITO COMENTADO – EXAMINADORA

Trata-se de ato administrativo de efeitos concretos, e não um ato regulamentar. Por esse motivo, poderá o proprietário do imóvel impetrar mandado de segurança junto ao STF, contra o presidente da República, visando à anulação do decreto (CF, art. 102, I, *d*).

O argumento fundamental é o de que a propriedade rural não poderia ser objeto de desapropriação para fins de reforma agrária já que é considerada pequena propriedade rural e seu proprietário não possui outro imóvel rural, de acordo com o art. 185 da CF.

Observação para a correção: atribuir pontuação integral às respostas em que esteja expresso o conteúdo do dispositivo legal, ainda que não seja citado, expressamente, o número do artigo.

## 8. LICITAÇÃO E CONTRATO

### ATENÇÃO!
### A NOVA LEI DE LICITAÇÕES E CONTRATOS ADMINISTRATIVOS*

Em 1º de abril de 2021 foi editada a Lei 14.133, que representa a nova lei de licitações e contratos administrativos.

Importante esclarecer que a Lei 8.666/93 não foi imediatamente revogada pelo novo regime. Nos termos do art. 193, inc. II, da Lei 14.133, a antiga norma vigorará por 2 anos, com revogação prevista para abril de 2023. Os únicos dispositivos da Lei 8.666/93 que foram imediatamente revogados foram os arts. 89 a 108, que disciplinavam os crimes relacionados às licitações e aos contratos públicos.

Nesse sentido, atualmente convivem os regimes tanto da Lei 14.133/21 quanto da Lei 8.666/93. Até a revogação desta última, a Administração poderá optar por licitar ou contratar diretamente de acordo uma delas. A opção escolhida deverá ser indicada expressamente, vedada a aplicação combinada dos diplomas normativos (art. 191 da Lei 14.133/21).

O mesmo raciocínio se aplica para as Leis 10.520/02 (Pregão) e 12.462/11 (Regime Diferenciado de Contratações Públicas).

Desse modo, permanecem atuais os comentários abaixo envolvendo a Lei 8.666/93, a Lei 10.520/02 e a Lei 12.462/11.

* Breves comentários sobre a Lei 14.133/2021 (*vide* página 203).

(OAB/Exame Unificado – 2020.1- 2ª fase) O Município Sigma pretende construir um túnel, obra de grande vulto, alta complexidade técnica e operacional, com vistas a melhorar a caótica mobilidade urbana que aflige sua população. Para tanto, fez publicar um edital de licitação, na modalidade concorrência, que continha a exigência de demonstração, pelos licitantes, da qualificação técnica para a execução do objeto, mediante a apresentação de documentos que demonstrassem experiência anterior em obra de similar magnitude.

Designada a sessão de julgamento, a sociedade empresária *Belezura* foi inabilitada por não ter apresentado os documentos que comprovassem a experiência exigida, razão pela qual interpôs o respectivo recurso administrativo, sob o fundamento de que conta com a estrutura e o aparelhamento necessários à execução do objeto.

Após o julgamento do recurso, na sequência do certame, a sociedade empresária *Lindeza*, devidamente habilitada, teve sua proposta desclassificada porque considerada inexequível, na medida em que, com o intuito de ganhar a licitação, especificou valor zero para diversos insumos indispensáveis à consecução do objeto, de maneira incoerente com os custosos valores de mercado, de forma que os valores por ela apresentados foram muito inferiores aos das demais licitantes.

Diante dessa situação hipotética, responda, na condição de advogado(a), aos questionamentos a seguir.

A) É válida a cláusula do edital que levou à inabilitação da sociedade Belezura? (Valor: 0,60)
B) Em razão da inexequibilidade da proposta, é cabível a desclassificação da sociedade *Lindeza*? (Valor: 0,65)

*Obs.: o(a) examinando(a) deve fundamentar suas respostas. A mera citação do dispositivo legal não confere pontuação.*

### GABARITO COMENTADO

A) Sim. É válida a cláusula de edital relativa à qualificação técnica para obra de alta complexidade técnica e operacional, que exija a demonstração de experiência anterior em projeto de similar magnitude, na forma do Art. 30, § 3º, da Lei nº 8.666/93.

B) Sim. Devem ser desclassificadas as propostas com preços manifestamente inexequíveis, assim considerados aqueles que não tenham demonstrado sua viabilidade por meio de documentação que comprove que os custos dos insumos são coerentes com os de mercado, consoante Art. 44, § 3º, ou Art. 48, inciso II, da Lei nº 8.666/93.

**Observação dos autores**

A Lei 14.133/2021 manteve o regime do art. 30, § 3º, da Lei 8.666/93, conforme a previsão de seu art. 67, inc. II. Assim, a qualificação técnica poderá ser demonstrada por certidões ou atestados, regularmente emitidos pelo conselho profissional competente, quando for o caso, que demonstrar em capacidade operacional na execução de serviços similares de complexidade tecnológica e operacional equivalente ou superior.

Além disso, a nova lei de licitações preservou a desclassificação das propostas contendo preços inexequíveis (art. 59, inc. III). Observe-se que um dos objetivos expressos da licitação pública é evitar contratações com sobrepreço ou com preços manifestamente inexequíveis e superfaturamento na execução dos contratos (art. 11, inc. III, da Lei 14.133/2021).

**Distribuição dos pontos**

| ITEM | PONTUAÇÃO |
|---|---|
| A. Sim. É válida a cláusula de edital relativa à qualificação técnica para obra de alta complexidade técnica e operacional, que exija a demonstração de experiência anterior em projeto de similar magnitude (0,50), na forma do Art. 30, § 3º, da Lei nº 8.666/93 (0,10). | 0,00/0,50/0,60 |
| B. Sim. Devem ser desclassificadas as propostas com preços manifestamente inexequíveis, assim considerados aqueles que não tenham demonstrado sua viabilidade por meio de documentação que comprove que os custos dos insumos são coerentes com os de mercado (0,55), consoante o Art. 44, § 3º, **ou** Art. 48, inciso II, da Lei nº 8.666/93 (0,10). | 0,00/0,55/0,65 |

(**OAB/Exame Unificado – 2019.3- 2ª fase**) O Município Beta, após o devido procedimento licitatório, contratou a sociedade empresária *Sobe e Desce* Ltda. para a manutenção de elevadores, pelo montante de R$ 80.000,00 (oitenta mil reais) mensais.

Após as prorrogações necessárias, sucessivas e por igual período, a avença já perdura por quase sessenta meses, de forma satisfatória e com a manutenção dos valores compatíveis segundo as práticas do mercado, após os reajustes cabíveis.

O mencionado ente federativo, à vista de aproximar-se o limite máximo de duração do contrato, fez publicar edital de novo certame competitivo, com vistas a obter proposta mais vantajosa para a prestação do aludido serviço, edital esse que veio a ser objeto de impugnações, daí a administração haver prorrogado o contrato firmado com a sociedade empresária *Sobe e Desce* Ltda. por mais doze meses, mediante autorização da autoridade competente.

Diante dessa situação hipotética, na qualidade de advogado(a) consultado(a), responda aos itens a seguir.

A) O Município Beta poderia ter realizado a contratação verbal do serviço em questão? (Valor: 0,65)

B) É válida a prorrogação do contrato por mais doze meses? (Valor: 0,60)

*Obs.: o(a) examinando(a) deve fundamentar suas respostas. A mera citação do dispositivo legal não confere pontuação.*

**GABARITO COMENTADO**

A) Não. A contratação verbal somente é admitida nas situações em que o valor do ajuste não ultrapasse 5% do limite estabelecido para modalidade convite, segundo o Art. 23, inciso II, alínea *a*, da Lei nº 8.666/93, cujo objeto seja pequena compra de pronto pagamento ou serviço que não se enquadre como de engenharia, tal como se depreende do Art. 60, parágrafo único, da Lei nº 8.666/93.

B) Sim. Em caráter excepcional, devidamente justificado e mediante autorização da autoridade superior, é possível prorrogar, por doze meses, o prazo dos contratos de serviços de prestação contínua, para além das prorrogações por períodos iguais e sucessivos, limitada a sessenta meses, na forma do Art. 57, § 4º, da Lei nº 8.666/93.

## Observação dos autores

A Lei 14.133/2021 preservou o regramento do art. 60, parágrafo único, da Lei 8.666/93, conforme a previsão de seu art. 95, § 2°, que apenas alterou o valor envolvido. Assim, é nulo e de nenhum efeito o contrato verbal com a Administração, salvo o de pequenas compras ou o de prestação de serviços de pronto pagamento, assim entendidos aqueles de valor não superior a R$ 10.000,00 (dez mil reais).

Além disso, a nova lei disciplinou de modo diverso a duração dos contratos de serviços contínuos. De acordo com o art. 107, poderão ser prorrogados sucessivamente, respeitada a vigência máxima de 10 (dez) anos, desde que haja previsão em edital e que a autoridade competente ateste que as condições e os preços permanecem vantajosos para a Administração.

## Distribuição dos pontos

| ITEM | PONTUAÇÃO |
| --- | --- |
| A. Não. A contratação verbal somente é admitida nos casos de pequenas compras de pronto pagamento, assim entendidas aquelas de valor não superior a 5% do limite estabelecido para modalidade convite (0,55), segundo o Art. 60, parágrafo único, da Lei n° 8.666/93 (0,10). | 0,00/0,55/0,65 |
| B. Sim. Em caráter excepcional, devidamente justificado e mediante autorização da autoridade superior, é possível prorrogar, por doze meses, o prazo dos contratos de serviços de prestação contínua, para além das prorrogações por períodos iguais e sucessivos, limitada a sessenta meses (0,50), na forma do Art. 57, § 4°, da Lei n° 8.666/93 (0,10). | 0,00/0,50/0,60 |

(OAB/Exame Unificado – 2019.2- 2ª fase) Determinada repartição pública federal divulgou edital de licitação para aquisição de material para escritório (caneta, papel, lápis, borracha, dentre outros), na modalidade pregão, para registro de preços. Uma única licitante apresentou a menor proposta para todos os itens: a Papelaria Ltda., classificada legalmente como microempresa.

Ocorre que, em razão da crise econômica, a referida sociedade empresária deixou de pagar os tributos federais, apresentando, na fase de habilitação, certidões fiscais positivas que demonstravam sua inadimplência.

Sobre a hipótese apresentada, responda aos itens a seguir.

A) A sociedade empresária Papelaria Ltda. deve ser prontamente inabilitada, em razão de não ter demonstrado sua regularidade fiscal? **(Valor: 0,65)**

B) Ainda na validade da ata de registro de preços, pode a Administração lançar nova licitação para a compra dos mesmos insumos? **(Valor: 0,60)**

*Obs.: o(a) examinando(a) deve fundamentar suas respostas. A mera citação do dispositivo legal não confere pontuação.*

### GABARITO COMENTADO

A) A resposta é negativa. Por se tratar de microempresa, a comprovação da regularidade fiscal somente será exigida para efeito de assinatura do contrato, devendo ser aberto prazo para regularização da situação fiscal da empresa. Ou seja, mesmo que a entidade apresente certidões fiscais positivas na habilitação, isso não a inabilitará automaticamente. O examinando deve apontar, como fundamento, o Art. 42, *caput,* **OU** o Art. 43, § 1º, da Lei Complementar nº 123/06.

B) A resposta é positiva. A existência de preços registrados não impede que a Administração promova novo certame licitatório. Entretanto, em igualdade de condições/preços, deve-se dar preferência àquele que figura na ata de registro de preços. O examinando deve mencionar, em sua resposta, o Art. 15, § 4º, da Lei nº 8.666/93.

**Observação dos autores**

A Lei 14.133/2021, embora não tenha alterado o regime da Lei Complementar 123/06, restringiu o seu âmbito de aplicação, de modo que os benefícios legais não se aplicam em determinados contextos envolvendo microempresas-ME e empresas de pequeno porte-EPP. Assim, os arts. 42 a 49 da LC 123/06 não incidem: I – no caso de licitação para aquisição de bens ou contratação de serviços em geral, ao item cujo valor estimado for superior à receita bruta máxima admitida para fins de enquadramento como EPP (equivalente a R$ 4,8 milhões por ano);II – no caso de contratação de obras e serviços de engenharia, às licitações cujo valor estimado for superior à receita bruta máxima admitida para fins de enquadramento como EPP Além disso, a obtenção desses benefícios fica limitada às ME e EPP que, no ano-calendário de realização da licitação, ainda não tenham celebrado contratos com a Administração Pública cujos valores somados extrapolem a receita bruta máxima admitida para fins de enquadramento como empresa de pequeno porte.

No que se refere ao sistema de registro de preços, a nova lei de licitações preservou o regramento da Lei 8.666/93, de modo que a existência de preços registrados implica o compromisso de fornecimento nas condições estabelecidas, mas não obrigará a Administração a contratar, facultada a realização de licitação específica para a aquisição pretendida, desde que devidamente motivada (art. 83 da Lei 14.133/2021).

**Distribuição dos pontos**

| ITEM | PONTUAÇÃO |
|---|---|
| A. Não. Por se tratar de microempresa, a comprovação da regularidade fiscal somente será exigida para efeito de assinatura do contrato **OU** deverá ser aberto prazo para regularização da situação fiscal a partir do momento em que for declarada vencedora (0,55), com fundamento no Art. 42, *caput*, **OU** Art. 43, § 1º, da LC 123/06 (0,10). | 0,00/0,55/0,65 |
| B. Sim. A existência de preços registrados não impede que a Administração promova novo certame licitatório, desde que, em igualdade de condições, seja assegurada a preferência àquele que figura na ata de registro de preços (0,50), com fundamento no Art. 15, § 4º, da Lei 8.666/93 (0,10). | 0,00/0,50/0,60 |

**(OAB/Exame Unificado – 2019.1- 2ª fase)** O Município Beta realizou um estudo para efetuar a compra de materiais necessários para aparelhar as salas de aula das escolas municipais, com o fim de substituir ou repor aqueles existentes, que se encontram em estado precário. Concluiu pela necessidade de aquisição de dez mil novas carteiras, o que fez constar do respectivo edital de licitação, na modalidade pregão, no qual se sagrou vencedora a sociedade empresária Feliz Ltda., com quem contratou o respectivo fornecimento. A auditoria, efetuada depois de formalizado tal contrato, verificou que o estudo que instruiu a especificação do objeto contratado não levou em conta a existência, em perfeito estado, de cerca de mil carteiras recém-adquiridas, equivocadamente enviadas ao depósito municipal.

A autoridade competente, alegando a existência de carteiras novas em depósito, promoveu a alteração unilateral do contrato para suprimir o quantitativo de mil carteiras; em consequência, reduziu o valor global do contrato em dez por cento, em correspondência à supressão de mil carteiras do total de dez mil. É certo que a contratada já havia adquirido do fabricante todos os bens necessários para o cumprimento da avença originária.

Diante dessa supressão, os representantes da sociedade empresária Feliz Ltda. procuram você para, na qualidade de advogado(a), responder, fundamentadamente, aos questionamentos a seguir.

A) A sociedade empresária Feliz Ltda. é obrigada a suportar a alteração promovida unilateralmente pelo Município Beta? **(Valor: 0,60)**

B) Caso a sociedade empresária Feliz Ltda. não entregue as mil carteiras suprimidas pelo Município Beta, ela estará obrigada a arcar com o prejuízo decorrente de já haver adquirido do fabricante as dez mil carteiras inicialmente contratadas? **(Valor: 0,65)**

*Obs.: o(a) examinando(a) deve fundamentar as respostas. A mera citação do dispositivo legal não confere pontuação.*

## GABARITO COMENTADO

A) Sim. A contratada (sociedade empresária Feliz Ltda.) é obrigada a suportar a supressão quantitativa introduzida unilateralmente pelo Município contratante, porque a supressão se conteve no limite de 25% do valor inicial do contrato, na forma do Art. 65, § 1º, da Lei nº 8.666/93.

B) Não. Em se tratando de caso de supressão quantitativa do objeto, a contratada (sociedade empresária Feliz Ltda.) poderá ser ressarcida pelos danos regularmente comprovados, consoante o disposto no Art. 65, § 4º, da Lei nº 8.666/93.

**OU**

B) Sim. Em se tratando de caso de supressão quantitativa do objeto e não tendo ocorrido a entrega das mil carteiras, a contratada (sociedade empresária Feliz Ltda.), caso não comprove a ocorrência de outros danos decorrentes da supressão, não terá direito ao ressarcimento do custo da aquisição, consoante o disposto no Art. 65, § 4º, da Lei nº 8.666/93.

**Observação dos autores**

A Lei 14.133/2021 manteve a prerrogativa da alteração unilateral do contrato (art. 125), de modo que o contratado é obrigado a aceitar, nas mesmas condições contratuais, acréscimos ou supressões de até 25% (vinte e cinco por cento) do valor inicial atualizado do contrato que se fizerem nas obras, nos serviços ou nas compras, e, no caso de reforma de edifício ou de equipamento, o limite para os acréscimos será de 50% (cinquenta por cento).
No mesmo sentido o regramento do art. 65, §4º, da Lei 8.666/93, preservado na nova lei (art. 129).

**Distribuição dos Pontos**

| ITEM | PONTUAÇÃO |
|---|---|
| A. Sim. A contratada é obrigada a suportar a supressão quantitativa introduzida unilateralmente pelo Município contratante, porque a supressão se manteve no limite de 25% do valor inicial do contrato (0,50), na forma do Art. 65, § 1º, da Lei nº 8.666/93 (0,10). | 0,00/0,50/0,60 |

| ITEM | PONTUAÇÃO |
|---|---|
| B. Não. Em se tratando de caso de supressão quantitativa do objeto, a contratada (sociedade empresária Feliz Ltda.) poderá ser ressarcida pelos danos regularmente comprovados (0,55), consoante o disposto no Art. 65, § 4º, da Lei nº 8.666/93 (0,10).<br>**OU**<br>B. Sim. Em se tratando de caso de supressão quantitativa do objeto e não tendo ocorrido a entrega das mil carteiras, a contratada (sociedade empresária Feliz Ltda.), caso não comprove a ocorrência de outros danos decorrentes da supressão, não terá direito ao ressarcimento do custo da aquisição (0,55), consoante o disposto no Art. 65, § 4º, da Lei nº 8.666/93 (0,10). | 0,00/0,55/0,65 |

**(OAB/Exame Unificado – 2019.1- 2ª fase)** O Município Beta, situado no litoral, após a realização de projeto básico e do projeto executivo pelo próprio ente federativo, promoveu licitação, na modalidade concorrência, para a construção de uma ciclovia na área costeira. Da licitação, sagrou-se vencedora a sociedade empresária *Pedalada S.A.* Em seguida, a mesma sociedade empresária foi contratada, seguindo os trâmites legais, e executou o respectivo objeto, sem qualquer falha.

Pouco depois da inauguração, parte da obra desmoronou, na medida em que os estudos realizados para o projeto básico e para o projeto executivo não levaram em consideração o impacto das marés na ciclovia. O incidente levou a óbito José, que trafegava na localidade, no exato momento do ocorrido.

Em razão disso, os filhos de José, procuram você para, na qualidade de advogado(a), responder, fundamentadamente, aos questionamentos a seguir.

A) Em lugar de realizar o projeto básico, o Município Beta poderia ter incluído sua elaboração, juntamente com a execução das obras, no objeto da licitação em questão? **(Valor: 0,55)**

B) É necessária a demonstração de dolo ou culpa para responsabilizar a sociedade empresária *Pedalada S.A.* pelo óbito de José? **(Valor: 0,70)**

*Obs.: o(a) examinando(a) deve fundamentar as respostas. A mera citação do dispositivo legal não confere pontuação.*

### GABARITO COMENTADO

A) Não. Considerando que a modalidade de licitação é a concorrência, é vedada a execução de obras antes da conclusão e da aprovação do projeto básico pela autoridade competente, consoante se depreende do Art. 7º, § 1º, da Lei nº 8.666/93.

B) Sim. Trata-se de hipótese de responsabilidade subjetiva, de modo que a ela não pode ser atribuída a responsabilidade pelo evento, sem a demonstração de dolo ou culpa, consoante o Art. 70 da Lei nº 8.666/93.

**Observação dos autores**

A Lei 14.133/2021 manteve a regra pela qual a execução de cada etapa será obrigatoriamente precedida da conclusão e da aprovação, pela autoridade competente, dos trabalhos relativos às etapas anteriores (art. 46, § 6º).

Já no que se refere à responsabilidade do contratado, a nova lei excluiu a referência ao elemento subjetivo dolo ou culpa (contida expressamente no art. 70 da Lei 8.666/93). A redação atual é a seguinte: "O contratado será responsável pelos danos causados diretamente à Administração ou a terceiros em razão da execução do contrato, e não excluirá nem reduzirá essa responsabilidade a fiscalização ou o acompanhamento pelo contratante."

**Distribuição dos pontos**

| ITEM | PONTUAÇÃO |
|---|---|
| A. Não. Considerando que a modalidade de licitação é a concorrência, é vedada a execução da obra antes da conclusão e da aprovação do projeto básico pela autoridade competente (0,45), consoante o Art. 7º, § 1º, da Lei nº 8.666/93 (0,10). | 0,00/0,45/0,55 |
| B. Sim. Trata-se de hipótese de responsabilidade subjetiva, sendo imprescindível a demonstração de dolo ou culpa (0,60), consoante o Art. 70 da Lei nº 8.666/93 (0,10). | 0,00/0,60/0,70 |

**(OAB/Exame Unificado – 2018.3- 2ª fase)** Em razão de fortes chuvas que caíram no município Alfa, muitas famílias que habitavam regiões de risco foram retiradas de suas residências e levadas para abrigos públicos. Para prover condições mínimas de subsistência aos desamparados, Manuel Bandeira, prefeito, expediu decreto reconhecendo a situação de calamidade pública e contratou, por dispensa de licitação, a sociedade empresária Culinária Social para preparar e fornecer alimentação às vítimas. Passados noventa dias da contratação, as condições climáticas melhoraram e as famílias retornaram às suas respectivas moradias, não havendo mais necessidade da ajuda estatal. A despeito disso, o Município manteve o contrato com a sociedade empresária.

Na qualidade de advogado(a) consultado(a), responda aos itens a seguir.

A) Superada a situação de calamidade, é lícita a decisão de manter o contrato com a sociedade empresária Culinária Social? **(Valor: 0,65)**

B) Qualquer pessoa física pode representar ao Tribunal de Contas para que a Corte examine eventual ilegalidade da manutenção do contrato? **(Valor: 0,60)**

*Obs.: o(a) examinando(a) deve fundamentar as respostas. A mera citação do dispositivo legal não confere pontuação.*

### GABARITO COMENTADO

A) A resposta é negativa. Superada a situação de calamidade, a decisão de manter o contrato com a sociedade empresária Culinária Social é ilícita, pois a contratação emergencial deve se limitar aos serviços necessários ao atendimento da população afetada pela chuva. Com o retorno das famílias às suas residências, cessa, por consequência, a situação emergencial. O examinando deve fundamentar sua resposta no Art. 24, inciso IV, da Lei nº 8.666/93.

B) A resposta é positiva. Como parte do controle social, o legislador previu a possibilidade de qualquer pessoa física representar ao Tribunal de Contas. O examinando deve indicar o Art. 113, § 1º, da Lei nº 8.666/93.

**Observação dos autores**

A Lei 14.133/2021 manteve a calamidade pública como hipótese de licitação dispensável (art. 75, inc. VIII). Ademais, foi preservado o regime de controle social, nos termos do art. 170, § 4º da nova lei: "Qualquer licitante, contratado ou pessoa física ou jurídica poderá representar aos órgãos de controle interno ou ao tribunal de contas competente contra irregularidades (...)."

**Distribuição dos pontos**

| ITEM | PONTUAÇÃO |
|---|---|
| A. Não. Superada a situação de calamidade, cessa a situação emergencial que justificava a contratação direta (0,55), nos termos do Art. 24, inciso IV, da Lei nº 8.666/93 (0,10). | 0,00/0,55/0,65 |
| B. Sim. O Tribunal de Contas pode ser provocado por qualquer cidadão a respeito de possível ilegalidade inerente às despesas públicas (0,50), nos termos do Art. 113, § 1º, da Lei nº 8.666/93 **OU** do Art. 74, parágrafo 2º, da CRFB/88 (0,10). | 0,00/0,50/0,60 |

**(OAB/Exame Unificado – 2018.1- 2ª fase)** O Município Campo Feliz publicou licitação, na modalidade concorrência, para a realização das obras de construção de uma creche municipal. Participaram do certame quatro sociedades empresárias, tendo sido três delas habilitadas. A sociedade empresária inabilitada interpôs recurso administrativo, que teve provimento negado. Abertas as propostas comerciais, sagrou-se vencedora, com o menor preço, a sociedade empresária Gama Ltda.

Após homologação e adjudicação do objeto à construtora, o prefeito decidiu revogar o certame por razões de interesse público, oriundas de fato superveniente. Tal decisão surpreendeu todos os interessados, incluindo a sociedade empresária Gama, que não teve oportunidade de se manifestar previamente.

Na qualidade de advogado(a) consultado(a), responda aos itens a seguir.

A) O recurso administrativo contra a decisão que inabilitou uma licitante tem efeito suspensivo? **(Valor: 0,65)**

B) A revogação do certame foi válida? **(Valor: 0,60)**

*Obs.: o(a) examinando(a) deve fundamentar as respostas. A mera citação do dispositivo legal não confere pontuação.*

### GABARITO COMENTADO

A) Sim. Contra decisão da comissão de licitação que inabilita licitante, é cabível recurso administrativo com efeito suspensivo, nos termos do Art. 109, § 2º, da Lei nº 8.666/93.

B) Não. A revogação da licitação deveria ter sido precedida da prévia disponibilização à empresa Gama Ltda. do contraditório e da ampla defesa, nos termos do Art. 5º, inciso LV, da CRFB/88 **ou** do Art. 49, § 3º, da Lei nº 8.666/93.

**Observação dos autores**

A Lei 14.133/2021 manteve o efeito suspensivo dos recursos administrativos (art. 168), bem como a necessidade de prévia manifestação dos interessados em caso de revogação (art. 71, § 3º).

**Distribuição dos pontos**

| ITEM | PONTUAÇÃO |
|---|---|
| A. Sim. Contra decisão da comissão de licitação que inabilita licitante, é cabível recurso administrativo com efeito suspensivo (0,55), nos termos do Art. 109, § 2º, da Lei nº 8.666/93 (0,10). | 0,00/0,55/0,65 |

| ITEM | PONTUAÇÃO |
|---|---|
| B. Não. A revogação da licitação deveria ter sido precedida da prévia disponibilização à sociedade empresária Gama Ltda. do contraditório e da ampla defesa (0,50), nos termos do Art. 5º, inciso LV, da CRFB/88 **ou** do Art. 49, § 3º, da Lei nº 8.666/93 (0,10). | 0,00/0,50/0,60 |

**(OAB/Exame Unificado – 2018.1- 2ª fase)** O Estado Alfa realizou licitação para a aquisição de equipamentos de escritório, a fim de guarnecer a nova sede da Assembleia Legislativa, mediante a utilização da modalidade pregão.

A melhor proposta foi apresentada pela sociedade empresária Escritorando Ltda., mas verificou-se que ainda estavam vigentes as penalidades, que a ela foram aplicadas, de declaração de inidoneidade e de proibição de contratar com a Administração Pública pelo prazo de cinco anos, em decorrência da prática de atos de corrupção para a formalização de contratos com o ente federativo em questão, na forma da Lei 8.666/93.

Apurou-se, ainda, que a mencionada conduta de corrupção também deu ensejo à instauração de procedimento administrativo de responsabilização por ato lesivo à Administração Pública nacional, que culminou na aplicação da pena de multa de 5% sobre o faturamento bruto da empresa no ano anterior ao processo administrativo, que correspondia à vantagem indevida por ela auferida.

Na qualidade de advogado(a) consultado(a), responda aos questionamentos a seguir.

A) Caso Escritorando Ltda. venha a ser utilizada com o objetivo de dissimular a lei, seus administradores e sócios poderão ser pessoalmente responsabilizados pela multa aplicada em sede de responsabilização administrativa? **(Valor: 0,55)**

B) Na hipótese de inabilitação de Escritorando Ltda. na licitação em apreço, como deve proceder a Administração para prosseguir com o certame? **(Valor: 0,70)**

*Obs.: o(a) examinando(a) deve fundamentar as respostas. A mera citação do dispositivo legal não confere pontuação.*

### GABARITO COMENTADO

A) A resposta é positiva. É possível a desconsideração da personalidade jurídica para as hipóteses de sanções atinentes aos atos lesivos contra a Administração, na forma do Art. 14 da Lei nº 12.846/13.

B) O pregoeiro deverá examinar a oferta subsequente e a qualificação do licitante, na ordem de classificação e, assim sucessivamente, na forma do Art. 4º, inciso XVI, da Lei nº 10.520/02. Deverá negociar com o proponente para que seja obtido preço menor, na forma do Art. 4º, inciso XVII, da Lei nº 10.520/02.

**Observação dos autores**

A Lei 14.133/2021 manteve as fases procedimentais do pregão, que representam, como o novo regramento, o rito procedimental comum (art. 29).

**Distribuição dos pontos**

| ITEM | PONTUAÇÃO |
|---|---|
| A. A resposta é positiva. É possível a desconsideração da personalidade jurídica para as hipóteses de sanções atinentes aos atos lesivos contra a Administração (0,45), na forma do Art. 14 da Lei nº 12.846/13 **OU** art. 50 do CC/02 (0,10). | 0,0/0,45/0,55 |
| B. O pregoeiro deverá examinar a oferta subsequente e a qualificação do licitante, na ordem de classificação e, assim sucessivamente (0,60), na forma do Art. 4º, inciso XVI, da Lei nº 10.520/02 (0,10). | 0,0/0,60/0,70 |

**(OAB/Exame Unificado – 2017.3- 2ª fase)** A União, com vistas a amenizar a caótica situação no sistema carcerário no território nacional, pretende construir duas novas penitenciárias de segurança máxima, com o objetivo de abrigar os presos de alta periculosidade que possam comprometer a ordem e a segurança nos seus estados de origem.

Para tanto, fez publicar edital, no qual determinou a aplicação das regras do Regime Diferenciado de Contratações e definiu, de forma clara e precisa, a obra pública a ser contratada.

Diante da possibilidade de utilização de diferentes metodologias e inovações tecnológicas, o Poder Público, mediante a justificativa técnica e econômica adequada, estabeleceu que o projeto básico e o projeto executivo deveriam ser desenvolvidos pela futura contratada, nos termos contidos no anteprojeto constante do instrumento convocatório.

Na qualidade de advogado(a) consultado(a), responda, fundamentadamente, aos itens a seguir.

A) A União poderia ter optado por utilizar o Regime Diferenciado de Contratações? **(Valor: 0,50)**

B) É cabível a elaboração dos projetos básico e executivo pela futura contratada? **(Valor: 0,75)**

*Obs.: o(a) examinando(a) deve fundamentar as respostas. A mera citação do dispositivo legal não confere pontuação.*

**GABARITO COMENTADO**

A) A resposta é afirmativa. O Regime Diferenciado de Contratações é aplicável às licitações e contratações de obras e aos serviços de engenharia para construção de estabelecimentos penais, na forma do Art. 1º, inciso VI, da Lei nº 12.462/11.

B) A resposta é afirmativa. Para a obra pública em questão, a Administração pode optar pelo regime da contratação integrada, certo que este regime determina o desenvolvimento dos projetos básico e executivo pelo futuro contratado, consoante o disposto no Art. 9º da Lei nº 12.462/11.

**Distribuição dos pontos**

| ITEM | PONTUAÇÃO |
|---|---|
| A. Sim. O Regime Diferenciado de Contratações é aplicável para licitações e contratos de obras e serviços de engenharia pertinentes à construção de estabelecimentos penais (0,40), na forma do Art. 1º, inciso VI, da Lei nº 12.462/11 (0,10). | 0,00/0,40/0,50 |

| ITEM | PONTUAÇÃO |
|---|---|
| B. Sim. Para os serviços de engenharia em questão, a Administração pode optar pelo regime da contratação integrada (0,50), que determina o desenvolvimento dos projetos básico e executivo pelo futuro contratado (0,15), segundo o Art. 9º da Lei nº 12.462/11 (0,10). | 0,00/0,15/0,25/0,50/ 0,60/0,65/0,75 |

**(OAB/Exame Unificado 2017.2- 2ª fase)** Determinado municipio precisou adquirir produtos de informatica no valor de R$ 60.000,00 (sessenta mil reais), razão pela qual fez publicar edital de licitação, na modalidade pregão, destinado exclusivamente à participação de microempresas e empresas de pequeno porte.

Observou-se, no entanto, que, na região em que esta sediado tal ente federativo, existiam apenas duas sociedades capazes de preencher os requisitos constantes do instrumento convocatorio e que apresentaram preços competitivos, a saber, Gama ME e Delta ME.

Por ter apresentado a melhor proposta, a sociedade Gama ME foi declarada vencedora do certame e apresentou todos os documentos necessarios para a habilitação.

Considerando a situação narrada, responda aos itens a seguir.

A) O tratamento diferenciado conferido pelo Municipio às microempresas e empresas de pequeno porte e constitucional? (Valor: 0,55)

B) O pregão deveria ser homologado? (Valor: 0,70)

*Obs.: o(a) examinando(a) deve fundamentar as respostas. A mera citação do dispositivo legal não confere pontuação.*

## GABARITO COMENTADO

A) Sim. O tratamento favorecido dado às microempresas e empresas de pequeno porte tem respaldo constitucional, na forma do Art. 170, inciso IX, da CRFB/88 OU no Art. 179 da CRFB/88.

B) Não. A licitação destinada exclusivamente às microempresas e às empresas de pequeno porte não pode ser aplicada quando não houver um minimo de 3 (três) fornecedores competitivos sediados no local ou regionalmente, e que sejam capazes de cumprir as exigências estabelecidas no instrumento convocatorio, consoante o disposto no Art. 49, inciso II, da Lei Complementar no 123/06.

**Distribuição dos pontos**

| ITEM | PONTUAÇÃO |
|---|---|
| A. Sim. O tratamento favorecido às microempresas e empresas de pequeno porte tem respaldo constitucional OU no principio da isonomia (0,45), na forma prevista no Art. 170, inciso IX, da CRFB/88 OU no Art. 179 da CRFB/88 (0,10). | 0,00/0,45/0,55 |
| B. Não. A licitação destinada exclusivamente a microempresas e empresas de pequeno porte não pode ser aplicada quando não houver um minimo de 3 (três) fornecedores competitivos sediados no local ou regionalmente (0,60), consoante o Art. 49, inciso II, da Lei Complementar no 123/06 (0,10). | 0,00/0,60/0,70 |

**(OAB/ Exame Unificado – 2017.1- 2ª fase)** O Município Sigma contratou o arquiteto João da Silva, por inexigibilidade de licitação, para elaborar projeto básico de serviço de restauração em prédios tombados naquela localidade, cuja execução seria objeto de futura licitação. O mencionado projeto básico foi realizado por João da Silva e, ao final do certame para a seleção da proposta mais vantajosa para sua execução, sagrou-se vencedora a sociedade Bela Construção Ltda., da qual João da Silva é sócio.

A partir da hipótese apresentada, responda aos itens a seguir.

A) João poderia ter sido contratado sem a realização de procedimento licitatório para a elaboração de projeto básico? **(Valor: 0,60)**

B) A sociedade Bela Construção Ltda. poderia ter participado da licitação destinada à execução do projeto? **(Valor: 0,65)**

*Obs.: o(a) examinando(a) deve fundamentar as respostas. A mera citação do dispositivo legal não confere pontuação.*

### GABARITO COMENTADO

A) A resposta é afirmativa. É possível a contratação direta de arquiteto com base em inexigibilidade de licitação, desde que o serviço técnico (elaboração do projeto básico) seja de natureza singular e o profissional seja de notória especialização, conforme o Art. 25, inciso II, c/c o Art. 13, inciso I, ambos da Lei nº 8.666/93.

B) A resposta é negativa. A ligação entre o autor do projeto básico e a sociedade licitante é suficiente para direcionar a licitação ou conceder vantagens indevidas. O fundamento normativo é a violação aos princípios da isonomia e da impessoalidade, essenciais aos procedimentos licitatórios, nos termos do Art. 3º da Lei nº 8.666/93 **OU** a vedação explícita contida no Art. 9º, inciso I, da Lei nº 8.666/93.

**Observação dos autores**

A Lei 14.133/2021 manteve a inexigibilidade na hipótese de contratação de serviços técnicos especializados de natureza predominantemente intelectual com profissionais ou empresas de notória especialização (art. 74, inc. III). Observe-se que a nova lei não mais prevê de modo expresso a natureza singular do serviço, como consta no art. 25, inc. II, da Lei 8.666/93.

Além disso, a vedação contida no art. 9º, inc. I, da Lei 8.666/93 foi preservada no art. 14, inc. I, da nova lei de licitações.

**Distribuição dos pontos**

| ITEM | PONTUAÇÃO |
| --- | --- |
| A. Sim. É possível a contratação direta de arquiteto com base em inexigibilidade de licitação, desde que o serviço técnico (elaboração do projeto básico) seja de natureza singular e o profissional seja de notória especialização (0,40), conforme o Art. 25, inciso II, da Lei nº 8.666/93 (0,10) c/c o Art. 13, inciso I, da mesma Lei (0,10). | 0,00/0,40/0,50/0,60 |

| ITEM | PONTUAÇÃO |
|---|---|
| B. Não. A ligação entre o autor do projeto básico e a sociedade licitante é suficiente para direcionar a licitação ou conceder vantagens indevidas, ferindo os princípios da isonomia e da impessoalidade, essenciais aos procedimentos licitatórios (0,55), nos termos do Art. 3º da Lei nº 8.666/93 (0,10)<br>**OU**<br>Não. Conforme vedação legal explícita, o autor do projeto básico não poderá participar da licitação (0,55), nos termos do Art. 9º, inciso I, da Lei nº 8.666/93 (0,10). | 0,00/0,55/0,65 |

**(OAB/ Exame Unificado – 2016.3- 2º fase)** O Município de Bugalhadas foi escolhido para sediar a Feira Mundial do Agronegócio, a ser realizada em 2016. São esperados mais de 10.000 (dez mil) turistas e visitantes nos 5 (cinco) dias de evento. O Município, entretanto, não está preparado, e, por isso, anunciou um grande pacote de obras de urbanização, com recursos repassados pela União e pelo Estado. Estão previstas obras de ampliação de ruas, asfaltamento, ampliação da rede coletora de esgotos, construção de praças e ciclovias, além da reforma do centro de convenções, que somadas, alcançam o montante de R$ 90.000.000,00 (noventa milhões de reais).

Sobre a hipótese apresentada, responda aos itens a seguir.

A) É possível ao Município licitar a realização de todas as obras em conjunto? **(Valor: 0,65)**

B) Considerando a necessidade de conclusão das obras até a realização do evento, pode o Município estabelecer, como tipo de licitação, o menor prazo de execução da obra (considerando o orçamento estimado como limite de valor das propostas)? **(Valor: 0,60)**

*Obs.: o examinando deve fundamentar suas respostas. A mera citação do dispositivo legal não confere pontuação.*

### GABARITO COMENTADO

A) Não. O examinando deve indicar que, conforme previsão expressa do Art. 23, § 1º, da Lei nº 8.666/1993, *"As obras, serviços e compras efetuadas pela Administração serão divididas em tantas parcelas quantas se comprovarem técnica e economicamente viáveis, procedendo-se à licitação com vistas ao melhor aproveitamento dos recursos disponíveis no mercado e à ampliação da competitividade sem perda da economia de escala"*. Assim, obras que não apresentem qualquer relação de interdependência devem ser licitadas separadamente, com vistas à ampliação da competitividade.

B) A resposta também é negativa. O Art. 45, § 1º, da Lei nº 8.666/1993 dispõe que constituem tipos de licitação a de menor preço, a de melhor técnica e a de técnica e preço. O § 5º do mesmo dispositivo veda a utilização de outros tipos de licitação, como no exemplo, o de menor prazo de execução das obras.

**Observação dos autores**

O regime contido no art. 23, § 1º, da Lei 8.666/93 foi preservado no art. 40, § 2º, da Lei 14.133/2021.

Ademais, a nova lei ampliou os critérios de julgamento (denominados pela Lei 8.666/93 como "tipos de licitação"), que são (art. 33): menor preço; maior desconto; melhor técnica ou conteúdo artístico; técnica e preço; maior lance, no caso de leilão; maior retorno econômico. Inexiste, portanto, o critério do menor prazo para execução das obras.

**(OAB/Exame Unificado – 2016.2- 2ª fase)** A Secretaria de Saúde do Município de Muriaé-MG realizou procedimento licitatório na modalidade de concorrência, do tipo menor preço, para aquisição de insumos. Ao final do julgamento das propostas, observou- se que a microempresa Alfa havia apresentado preço 8% (oito por cento) superior em relação à proposta mais bem classificada, apresentada pela empresa Gama.

Diante desse cenário, a Pasta da Saúde concedeu à microempresa Alfa a oportunidade de oferecer proposta de preço inferior àquela trazida pela empresa Gama. Valendo-se disso, assim o fez a microempresa Alfa, sendo em favor desta adjudicado o objeto do certame.

Inconformada, a empresa Gama interpôs recurso, alegando, em síntese, a violação do princípio da isonomia, previsto no Art. 37, XXI, da Constituição da República e no Art. 3º, da Lei nº 8.666/1993.

Na qualidade de Assessor Jurídico da Secretaria de Saúde do Município de Muriaé-MG, utilizando-se de fundamentação e argumentos jurídicos, responda aos itens a seguir.

A) É juridicamente correto oferecer tal benefício para a microempresa Alfa? **(Valor: 0,50)**
B) Houve violação ao princípio da isonomia? **(Valor: 0,75)**

*Obs.: o examinando deve fundamentar suas respostas. A mera citação do dispositivo legal não confere pontuação.*

## GABARITO COMENTADO

A) A resposta deve ser positiva. O Art. 44, § 1º, da Lei Complementar nº 123/2006 presume como empate as hipóteses em que as propostas apresentadas pelas microempresas e empresas de pequeno porte forem iguais ou 10% (dez por cento) superiores a melhor proposta. É o denominado *"empate ficto ou presumido"*.

B) A resposta deve ser negativa. O examinando deve abordar o princípio da isonomia, previsto de forma genérica no Art. 5º da Constituição da República, sob seu aspecto material, no qual se pressupõe tratamento desigual entre aqueles que não se enquadram na mesma situação fático-jurídica. No caso em questão, a própria Constituição estabelece a necessidade de tratamento diferenciado às microempresas e às empresas de pequeno porte (Art. 146, III, "d", Art. 170, IX, e Art. 179, todos da CRFB/88).

**Distribuição dos pontos**

| ITEM | PONTUAÇÃO |
|---|---|
| A) Sim. É o denominado *"empate ficto ou presumido"* (0,15), por meio do qual se presume empatadas as propostas apresentadas pelas microempresas e empresas de pequeno porte que forem iguais ou até 10% (dez por cento) superiores a melhor proposta (0,25), nos termos do Art. 44, §1º, da Lei Complementar nº 123/2006 (0,10). | 0,00 / 0,15/ 0,25 / 0,35 /0,40 / 0,50 |
| B 1) Não. O princípio da isonomia, sob seu aspecto material, pressupõe tratamento desigual entre aqueles que não se enquadram na mesma situação fático-jurídica. (0,35) | 0,00 / 0,35 |
| B 2) No caso em questão, a própria Constituição estabelece a necessidade de tratamento diferenciado às microempresas e às empresas de pequeno porte (0,30), nos termos do Art. 3º, § 14 OU 5º-A, da Lei n. 8.666/93 OU Art. 146, III, "d", OU Art. 170, IX, OU Art. 179, todos da CF/88. (0,10). | 0,00 / 0,30 /0,40 |

**(OAB/Exame Unificado- 2015.3 -2ªfase)** O Estado W resolve criar um hospital de referência no tratamento de doenças de pele. Sem dispor dos recursos necessários para a construção e a manutenção do "Hospital da Pele", pretende adotar o modelo de parceria público-privada.

O edital de licitação prevê que haverá a seleção dos particulares mediante licitação na modalidade de pregão presencial, em que será vencedor aquele que oferecer o menor valor da contraprestação a ser paga pela Administração estadual.

Está previsto também, no instrumento convocatório, que a Administração deverá, obrigatoriamente, deter 51% das ações ordinárias da sociedade de propósito específico a ser criada para implantar e gerir o objeto da parceria. Esta cláusula do edital foi impugnada pela sociedade empresária XYZ, que pretende participar do certame. Diante disso, responda, justificadamente, aos itens a seguir.

A) A modalidade e o tipo de licitação escolhidos pelo Estado W são juridicamente adequados? **(Valor: 0,75)**

B) A impugnação ao edital feita pela sociedade empresária XYZ procede? **(Valor: 0,50)**

*Obs.: o examinando deve fundamentar suas respostas. A mera citação do dispositivo legal não confere pontuação.*

### GABARITO COMENTADO

A) A modalidade de licitação não é adequada, uma vez que a Lei nº 11.079/2004 prevê, obrigatoriamente, que a licitação ocorra na modalidade de concorrência (Art. 10). Já o tipo (critério de julgamento) está correto, uma vez que a Lei faculta a adoção desse critério de julgamento (Art. 12, II, a, da Lei nº 11.079/2004).

B) Sim, considerando que a Lei nº 11.079/2004 veda expressamente à Administração Pública ser titular da maioria do capital votante das sociedades de propósito específico criadas para implantar e gerir o objeto da parceria (Art. 9º, § 4º).

**Observação dos autores**

A Lei 14.133/2021 criou uma nova modalidade licitatória – o diálogo competitivo –, que pode ser utilizada nas contratações de parceria público-privada (cf. a redação atual do art. 10 da Lei 11.079/2004).

**Distribuição dos pontos**

| ITEM | PONTUAÇÃO |
|---|---|
| A1. Não. A modalidade de licitação adequada é a concorrência (0,25), nos termos do Art. 10 da Lei nº 11.079/2004 (0,10). *Obs.: a mera citação do dispositivo legal não confere pontuação.* | 0,00 / 0,25 / 0,35 |
| B. Sim, pois a Administração não pode ser titular da maioria do capital votante das sociedades de propósito específico criadas para implantar e gerir o objeto da parceria (0,40), nos termos do Art. 9º, § 4º, da Lei nº 11.079/2004. (0,10) *Obs.: a mera citação do dispositivo legal não confere pontuação.* | 0,00 / 0,40 / 0,50 |

**(OAB/Exame Unificado-2015.2-2ªfase)** O Município M, em sérias dificuldades financeiras, pretende alienar alguns dos bens integrantes do seu patrimônio. Em recente avaliação, foi identificado que o Centro Administrativo do Município, que concentra todas as secretarias da Administração Municipal em uma área valorizada da cidade, seria o imóvel com maior potencial financeiro para venda.

Com base no caso apresentado, responda aos itens a seguir.

A) É necessária licitação para a alienação do Centro Administrativo, caso se pretenda fazê-lo para o Estado X, que tem interesse no imóvel? (Valor: 0,65)

B) Caso o Município pretenda alugar um novo edifício, em uma área menos valorizada, é necessária prévia licitação? (Valor: 0,60)

Responda justificadamente, empregando os argumentos jurídicos apropriados e a fundamentação legal pertinente ao caso.

### GABARITO COMENTADO

A) O examinando deve indicar que, conforme previsão constante do Art. 17, I, "e", da Lei nº 8.666/1993, é dispensada a licitação para a venda de um bem imóvel a outro órgão ou entidade da administração pública, de qualquer esfera de governo. Portanto, não é necessária a licitação.

B) O examinando deve indicar que é necessária a licitação ou que é possível a locação com dispensa de licitação de imóvel destinado ao atendimento das finalidades precípuas da administração, cujas necessidades de instalação e localização condicionem a sua escolha, desde que o preço seja compatível com o valor de mercado, segundo avaliação prévia, conforme previsão expressa do Art. 24, X, da Lei nº 8.666/1993.

**Observação dos autores**

O regime contido no art. 17 da Lei 8.666/93 foi, como regra, preservado no art. 76 da Lei 14.133/2021.

Ademais, a hipótese de dispensa prevista no art. 24, inc. X, da Lei 8.666/93 é tratada pela nova lei como inexigibilidade de licitação (art. 74, inc. V).

**Distribuição dos pontos**

| ITEM | PONTUAÇÃO |
|---|---|
| A. Não, pois é dispensada a licitação para a venda de um bem imóvel a outro órgão ou entidade da administração pública, de qualquer esfera de governo (0,55), conforme previsão constante do Art. 17, I, "e", da Lei nº 8.666/1993 (0,10). <br> Obs.: a simples menção ou transcrição do artigo não será pontuada. | 0,00/0,55/0,65 |
| B. Sim, pois a Lei n. 8.666/1993 é aplicável aos casos de locação de bem imóvel (0,50), conforme o Art. 37, XXI, da Constituição Federal e/ou Art. 1º da Lei n. 8.666/1993 (0,10). <br> OU <br> É possível a locação com dispensa de licitação, de imóvel destinado ao atendimento das finalidades precípuas da administração, cujas necessidades de instalação e localização condicionem a sua escolha, desde que o preço seja compatível com o valor de mercado, segundo avaliação prévia (0,50), conforme previsão expressa do Art. 24, X, da Lei nº 8.666/1993 (0,10). <br> Obs.: a simples menção ou transcrição do artigo não será pontuada. | 0,00/0,50/0,60 |

**(OAB/Exame Unificado- 2015.2- 2ªfase)** O Estado ABCD contratou a sociedade empresária X para os serviços de limpeza e manutenção predial do Centro Administrativo Integrado, sede do Governo e de todas as Secretarias do Estado. Pelo contrato, a empresa fornece não apenas a mão de obra, mas também todo o material necessário, como, por exemplo, os produtos químicos de limpeza. O Estado deixou, nos últimos 4 (quatro) meses, de efetuar o pagamento, o que, inclusive, levou a empresa a inadimplir parte de suas obrigações comerciais.

Com base no caso apresentado, responda aos itens a seguir.

A) A empresa é obrigada a manter a prestação dos serviços enquanto a Administração restar inadimplente? (Valor: 0,65)

B) Caso, em razão da situação acima descrita, a empresa tenha deixado de efetuar o pagamento aos seus fornecedores pelos produtos químicos adquiridos para a limpeza do Centro Administrativo, poderão esses fornecedores responsabilizar o Estado ABCD, subsidiariamente, pelas dívidas da empresa contratada? (Valor: 0,60)

*O examinando deve fundamentar suas respostas. A mera citação do dispositivo legal não será pontuada.*

## GABARITO COMENTADO

A) A resposta é negativa. Nos termos do Art. 78, XV, da Lei nº 8.666/1993, "o atraso superior a 90 (noventa) dias dos pagamentos devidos pela Administração decorrentes de obras, serviços ou fornecimento, ou parcelas destes, já recebidos ou executados, salvo em caso de calamidade pública, grave perturbação da ordem interna ou guerra, assegurado ao contratado o direito de optar pela suspensão do cumprimento de suas obrigações até que seja normalizada a situação". Desse modo, pode a empresa suspender o cumprimento de suas obrigações até que a Administração regularize os pagamentos.

B) A resposta é negativa. Nos termos do Art. 71, § 1º, da Lei nº 8.666/1993, "A inadimplência do contratado, com referência aos encargos trabalhistas, fiscais e comerciais não transfere à Administração Pública a responsabilidade por seu pagamento". Portanto, os fornecedores da sociedade empresária X não poderão responsabilizar o Estado pelo descumprimento das obrigações comerciais.

**observação dos autores**

A Lei 14.133/2021 disciplina uma série de hipóteses em que o contratado terá direito à extinção do contrato, entre as quais o atraso superior a 2 (dois) meses, contado da emissão da nota fiscal, dos pagamentos ou de parcelas de pagamentos devidos pela Administração por despesas de obras, serviços ou fornecimentos (art. 137, § 2º, inc. IV). Verifica-se, portanto, uma diferença com o regime da Lei 8.666/93, que estipula um prazo de 90 (noventa) dias. Ademais, o regime do art. 71, § 1º, da Lei 8.666/93 foi preservado na nova lei (art. 121, § 1º).

**Distribuição dos pontos**

| ITEM | PONTUAÇÃO |
|---|---|
| A) Não, pois o atraso superior a 90 (noventa) dias por parte da Administração confere ao particular o direito de suspender o cumprimento de suas obrigações (0,55), na forma do Art. 78, XV, da Lei nº 8.666/1993 (0,10)<br>*Obs.: a simples menção ou transcrição do artigo não será pontuada.* | 0,00 / 0,55 / 0,65 |

| ITEM | PONTUAÇÃO |
|---|---|
| B) Não, pois a Administração não responde solidária e nem subsidiariamente pelas obrigações comerciais da empresa contratada (0,50), na forma do Art. 71, § 1º, da Lei nº 8.666/1993 (0,10) Obs.: a simples menção ou transcrição do artigo não será pontuada. | 0,00 / 0,50 / 0,60 |

(OAB- EXAME UNIFICADO 2015.1- 2ª Fase) A empresa ABC Engenharia de Pontes foi contratada pelo Município X, após licitação, para a construção de uma ponte de transposição de um rio, ligando dois diferentes bairros da cidade. O contrato tinha a duração de doze meses. A empresa, entretanto, atrasou o cronograma de execução da obra em virtude de uma longa greve dos caminhoneiros, que impediu o abastecimento dos insumos necessários à construção.

A partir do caso apresentado, responda aos itens a seguir.

A) É possível a prorrogação do prazo de entrega da obra, nesse caso? Justifique. **(Valor: 0,65)**

B) Considerando que tenha havido, por conta de um fato superveniente e extraordinário, um aumento excepcional no preço dos insumos mais relevantes, será possível a revisão contratual? Justifique. **(Valor: 0,60)**

*O examinando deve fundamentar suas respostas. A mera citação do dispositivo legal não confere pontuação.*

### GABARITO COMENTADO

A) A resposta é positiva. O Art. 57, § 1º, II, da Lei nº 8.666/1993 autoriza a prorrogação dos prazos de início das etapas de execução, de conclusão e de entrega, mantidas as demais cláusulas do contrato e assegurada a manutenção de seu equilíbrio econômico-financeiro, diante da ocorrência de fato excepcional ou imprevisível, estranho à vontade das partes, que altere fundamentalmente as condições de execução do contrato. É o caso descrito no enunciado (greve que impede o fornecimento dos insumos necessários à realização da obra).

B) A resposta também é positiva. A questão diz respeito ao tema do equilíbrio econômico-financeiro do contrato administrativo. O tema traduz a relação entre os encargos do contratado e o preço pago pela Administração Pública como contraprestação à execução do contrato.

A manutenção do equilíbrio econômico-financeiro do contrato é a garantia de que a relação entre encargos e remuneração deve ser necessariamente mantida ao longo de toda a relação contratual. Assim, diante de fatos que ensejem desequilíbrio no ajuste, devem as partes buscar o seu restabelecimento nos moldes originalmente pactuados. Na questão proposta, um fato extraordinário e superveniente desequilibra excessivamente a relação de equivalência entre os encargos do contratado e a remuneração, impondo o restabelecimento da equação econômica inicial, conforme o Art. 65, II, "d", da Lei nº 8.666/93.

PRÁTICA ADMINISTRATIVA – 7ª EDIÇÃO — EXERCÍCIOS PRÁTICOS

**Distribuição dos pontos**

| ITEM | PONTUAÇÃO |
|---|---|
| A. Sim. A greve que impede o fornecimento dos insumos necessários à realização da obra configura fato excepcional ou imprevisível, estranho à vontade das partes, altera fundamentalmente as condições de execução do contrato, autorizando a prorrogação dos prazos de entrega da obra (0,55) nos termos do Art. 57, § 1º, II, da Lei n. 8.666/1993. (0,10) | 0,00 – 0,55 – 0,65 |
| B. Sim. O aumento excepcional no preço dos insumos, pela ocorrência de fato superveniente e extraordinário, acarreta o desequilíbrio econômico financeiro do contrato, garantia do contratado de que a relação entre encargos e remuneração será mantida ao longo de toda a relação contratual autorizando, assim, a revisão do contrato, (0,50) conforme o Art. 37, XXI, da CRFB ou o Art. 65, II, "d", da Lei nº 8.666/93. (0,10) | 0,00 – 0,50 – 0,60 |

**(OAB/Exame Unificado – 2013.2 – 2ª fase)** O prefeito do município "A", buscando aumentar o turismo na festa de Ano Novo de sua cidade, decidiu contratar músicos renomados e uma agência de publicidade para realizar a propaganda do evento, procedendo de referidas contratações diretamente, sem proceder à realização de licitação.

Com base no caso acima, responda fundamentadamente, aos itens a seguir.

A) Pode o prefeito realizar as referidas contratações sem licitação? Sob qual fundamento legal? (Valor: 0,65)

B) Pode o administrador realizar contratação direta em casos que não estejam taxativamente arrolados na lei de licitações? (Valor: 0,60)

### GABARITO COMENTADO – EXAMINADORA

A. O examinando deverá responder que o prefeito poderia realizar a contratação direta de músicos, uma vez que se trata de uma das hipóteses de inexigibilidade de licitação, à luz do Art. 25, inciso III, da Lei n. 8.666/93. Todavia, em relação à contratação de agência de publicidade, deveria o examinando indicar não ser possível a contratação, diante da vedação legal constante do Art. 25, inciso II, da referida Lei n. 8.666/93.

B. O examinando deverá analisar cada meio de contratação. No caso da licitação dispensada e da licitação dispensável, as hipóteses legais são taxativas, ou seja, não pode o administrador extrapolar o legalmente previsto.

Por sua vez no caso de licitação inexigível, é possível ao administrador aventar outras hipóteses, uma vez que o rol é meramente exemplificativo.

**Observação dos autores**

A Lei 14.133/2021 manteve a mesma hipótese de inexigibilidade disposta no art. 25, inc. III, da Lei 8.666: "contratação de profissional do setor artístico, diretamente ou por meio de empresário exclusivo, desde que consagrado pela crítica especializada ou pela opinião pública" (art. 74, inc. II). Além disso, restou preservada a proibição a inexigibilidade para serviços de publicidade (art. 74, inc. III).

**(OAB/Exame Unificado – 2012.1 – 2ª fase)** A Secretaria estadual de Esportes do Estado ABC realiza certame licitatório para a seleção de prestadora de serviço de limpeza predial na sua sede. A vencedora do processo licitatório foi a empresa XYZ. Decorridos 10 (dez) meses, diante do que a Secretaria reputou como infrações por parte da empresa, foi instaurada comissão de instrução e julgamento composta por três servidores de carreira e, após processo administrativo, em que foram garantidos o contraditório e a ampla defesa, a empresa XYZ foi punida pela Comissão com a declaração de inidoneidade para contratar com a Administração Pública.

A empresa, então, ajuizou ação ordinária por meio da qual pretende anular o ato administrativo que aplicou aquela sanção, arguindo a ausência de tipificação da conduta como ato infracional, a não observância da aplicação de uma penalidade mais leve antes de uma mais grave e a não observância de todas as formalidades legais para a incidência da punição.

Considerando o fato apresentado acima, responda, de forma justificada, aos itens a seguir.

A) É possível a anulação do ato administrativo que aplicou a penalidade, tendo em vista a não observância da aplicação de uma penalidade mais leve antes de uma mais grave? (Valor: 0,60)

B) É possível ao Judiciário anular o ato administrativo por algum dos fundamentos apontados pela empresa? Em caso afirmativo, indique-o. (Valor: 0,65)

## RESOLUÇÃO DA QUESTÃO

A) Não, tendo em vista que, como não há uma gradação/ordem legal de penalidades, elas podem ser aplicadas discricionariamente pela Administração Pública, sem a necessidade de aplicação de uma penalidade mais leve antes da mais grave, porém a sanção administrativa deve ser sempre correlacionada/adequada à gravidade da infração cometida no caso concreto.

B) Sim, em razão da não observância no caso concreto de todas as formalidades legais para a incidência da punição, uma vez que a penalidade aplicada (declaração de inidoneidade) é de competência exclusiva do secretário estadual de esportes (art. 87, § 3º, da Lei n. 8.666/93).

É importante ressaltar que, por se tratar de prova discursiva, será exigido do examinando o desenvolvimento do tema apresentado. Desse modo, além de resposta conclusiva acerca do arguido, a mera menção a artigo não é pontuada, nem a mera resposta negativa desacompanhada do fundamento correto.

**Distribuição dos pontos**

(não será aceita mera menção ao artigo)

| QUESITO AVALIADO | FAIXA DE VALORES |
|---|---|
| A. Não, tendo em vista que, como a lei não estabelece uma gradação/ordem legal na aplicação das penalidades, estas podem ser aplicadas discricionariamente pela Administração Pública, sem a necessidade de aplicação de uma penalidade mais leve antes da mais grave (0,30). Contudo, a aplicação da sanção administrativa deve ser sempre correlacionada/adequada à gravidade da infração cometida no caso concreto (0,30). | 0,00/0.30/0,60 |

| | |
|---|---|
| B. Sim, em razão da não observância de todas as formalidades legais para a incidência da punição (0,30), uma vez que a penalidade aplicada (declaração de inidoneidade) é de competência exclusiva do Ministro de Estado, do Secretário estadual ou municipal (art. 87, § 3º, da Lei n. 8.666/93) (0,35). | 0,00/0,30/0,35/0.65 |

(OAB/Exame Unificado – 2011.3 – 2ª fase) O Estado XPTO realizou procedimento licitatório, na modalidade concorrência, visando à aquisição de 500 (quinhentas) motocicletas para equipar a estrutura da Polícia Militar. Logo após a abertura das propostas de preço, o Secretário de Segurança Pública do referido Estado, responsável pela licitação, resolve revogá-la, por ter tomado conhecimento de que uma grande empresa do ramo não teria tido tempo de reunir a documentação hábil para participar da concorrência e que, em futura licitação, assumiria o compromisso de participar e propor preços inferiores aos já apresentados no certame em andamento. Considerando a narrativa fática acima, responda aos itens a seguir, empregando os argumentos jurídicos apropriados e a fundamentação legal pertinente ao caso.

A) À luz dos princípios que regem a atividade administrativa, é juridicamente correta a decisão do Secretário de Segurança de revogar a licitação? (Valor: 0,3)

B) Quais são os requisitos para revogação de uma licitação? (Valor: 0,6)

C) Em se materializando a revogação, caberia indenização aos licitantes que participaram do procedimento revogado? (Valor: 0,35)

### RESOLUÇÃO DA QUESTÃO

Em relação ao *item a*, o examinando deve expor que a decisão de revogação é juridicamente incorreta por violação aos princípios da impessoalidade e moralidade administrativa, previsto no *caput* do artigo 37 da CRFB. Quanto ao *item b*, o examinando deve indicar, de início, que a revogação do procedimento licitatório encontra-se disciplinada no artigo 49 da Lei n. 8.666/1993 e que se trata de revogação condicionada. Os requisitos são: razões de interesse público decorrentes de fato superveniente devidamente comprovado, pertinente e suficiente para justificar a conduta. Por fim, quanto ao item c, o examinando deve expor que, por se tratar de revogação ilícita de procedimento licitatório, os licitantes devem ser indenizados pelos prejuízos efetivamente comprovados, na forma do artigo 37, § 6º, da CRFB.

Distribuição dos pontos

| ITEM | DESCRIÇÃO | PONTUAÇÃO |
|---|---|---|
| A | Incorreta a decisão de revogação por violação aos princípios da impessoalidade e/ou moralidade administrativa (0,2), nos termos do art. 37, *caput*, da CRFB e/ou art. 3º da Lei 8.666/93 (0,1). Obs.: A mera menção ao artigo não é pontuada. | 0 / 0,2 / 0,3 |
| B | Razões de interesse público decorrente de fato superveniente devidamente comprovado, pertinente e suficiente para justificar a conduta (0,4), nos termos do art. 49 da Lei 8.666/93 (0,2). Obs.: A mera menção ao artigo não é pontuada. | 0 / 0,4 / 0,6 |
| C | Por se tratar de revogação ilícita de procedimento licitatório, desde que comprovados os prejuízos, os licitantes devem ser indenizados (0,25), na forma do artigo 37, § 6º, da CRFB (0,1). Obs.: A mera menção ao artigo não é pontuada. | 0 / 0,25 / 0,35 |

**(OAB/Exame Unificado – 2010.3 – 2ª fase)** O presidente de uma sociedade de economia mista estadual prestadora de serviço público, preocupado com o significativo aumento de demandas judiciais trabalhistas ajuizadas em face da entidade (duas mil), todas envolvendo idêntica tese jurídica e com argumentação de defesa já elaborada, decide contratar, por inexigibilidade de licitação, renomado escritório de advocacia para realizar o patrocínio judicial das causas.

Nesse cenário, responda aos itens a seguir, empregando os argumentos jurídicos apropriados e a fundamentação legal pertinente ao caso.

A) Na qualidade de assessor jurídico da presidência da estatal, analise a viabilidade jurídica da contratação direta. (Valor: 0,5)

B) Nas hipóteses de contratação direta, em sendo comprovado superfaturamento durante a execução contratual, é juridicamente possível responsabilizar solidariamente o agente público e o prestador do serviço pelo dano causado ao erário? (Valor: 0,5)

### GABARITO COMENTADO – EXAMINADORA

A inexigibilidade de licitação, em tal hipótese, encontraria fundamento na norma do artigo 25, inciso II, que prevê a inviabilidade de competição para a contratação de serviços técnicos enumerados no artigo 13, dentre os quais o patrocínio de causas judiciais (artigo 13, inciso V) da Lei n. 8.666/93. Entretanto, para configurar tal hipótese de inexigibilidade de licitação, exige-se a natureza singular dos serviços, o que não ocorre na situação proposta, em que se pretende a contratação direta de escritório de advocacia para o patrocínio de causas de massa (contencioso trabalhista de massa).

Quanto ao item b, a responsabilidade solidária do agente público e do prestador do serviço nos casos de superfaturamento em contratos decorrentes de inexigibilidade ou dispensa de licitação encontra previsão expressa na norma do artigo 25, § 2º, da Lei n. 8.666/93.

**Observação dos autores**

A Lei 14.133/2021 manteve a inexigibilidade na hipótese de contratação de serviços técnicos especializados de natureza predominantemente intelectual com profissionais ou empresas de notória especialização (art. 74, inc. III). Observe-se que a lei de 2021 não mais prevê a natureza singular do serviço (como consta no art. 25, inc. II, da Lei 8.666/93), o que vem gerando polêmica sobre a sua incidência no novo regime.

**Distribuição de pontos**

| ITEM | DESCRIÇÃO | PONTUAÇÃO |
| --- | --- | --- |
| A | - Menção à norma do artigo 25, inciso II, da Lei n. 8.666/93 (contratação de serviços técnicos) | 0 / 0,1 |
| | - Identificação do patrocínio de causas judiciais como um dos serviços técnicos, em tese, passíveis de contratação por inexigibilidade (artigo 13, inciso V, Lei n. 8.666/93). | 0 / 0,2 |
| | - Inviabilidade da contratação direta por ausência de singularidade do serviço (contencioso de massa) | 0 / 0,2 |
| B | - Sim; responsabilidade solidária fundamentada na norma do artigo 25, § 2º, da Lei 8.666/93. | 0 / 0,5 |

**(OAB/Exame Unificado – 2010.2 – 2ª fase)** A empresa W.Z.Z. Construções Ltda. vem a se sagrar vencedora de licitação, na modalidade tomada de preço. Passado um mês, a referida empresa vem a celebrar o contrato de obra, a que visava à licitação. Iniciada a execução, que se faria em quatro etapas, e quando já se estava na terceira etapa da obra, a Administração constata erro na escolha da modalidade licitatória, pois, diante do valor, esta deveria seguir o tipo concorrência.

Assim, com base no art. 49, da Lei nº 8.666/93, e no art. 53, da Lei nº 9.784/98, declara a nulidade da licitação e do contrato, notificando a empresa contratada para restituir os valores recebidos, ciente de que a decisão invalidatória produz efeitos *ex tunc*. Agiu corretamente a Administração? Teria a empresa algum direito?

### RESOLUÇÃO DA QUESTÃO

A Administração Pública tem a autotutela de seus atos. Nesse sentido, quando estiver diante de um ato ilegal, é seu dever proceder à anulação desses atos, independentemente de apreciação judicial.

O princípio da autotutela, previsto, de modo geral, no art. 53 da Lei 9.784/99 e na Súmula 473 do STF, tem por escopo preservar os princípios da indisponibilidade do interesse público e da legalidade, e atua com supedâneo no princípio da supremacia do interesse público sobre o interesse privado.

No plano específico das licitações e contratos administrativos, a autotutela está prevista no art. 49 da Lei 8.666/93, impondo, em caso de ilegalidade, a anulação de ofício do certame, mediante parecer escrito e devidamente fundamentado.

No entanto, o próprio artigo 49 da Lei 8.669/93, ao dispor, em seu § 1º, que anulação por motivo de ilegalidade não gera o dever de indenizar, ressalva o disposto no art. 59, parágrafo único, da mesma lei. Esse dispositivo estabelece que "a nulidade não exonera a Administração do dever de indenizar o contratado pelo que este houver executado até a data em que ela for declarada e por outros prejuízos comprovados, contanto que não lhe seja imputado (...)".

Em outras palavras, apesar da anulação, em regra, ter efeito retroativo (*ex tunc*), para efeito de indenização ao contratado pelas obrigações por este praticadas, a anulação terá efeito *ex nunc*.

A doutrina aponta que tal regra decorre dos princípios da boa-fé, da segurança jurídica e do não enriquecimento sem causa.

Assim, desde que não se demonstre a má-fé do contratado, já que a boa-fé é presumida, a Administração deverá indenizar o contratado pelo que este houver executado do contrato, bem como pelos demais prejuízos comprovados.

### GABARITO COMENTADO – EXAMINADORA

O examinando deve identificar o poder de anular os contratos administrativos e o dever da Administração de pagar pelo que a empresa executou até a anulação, bem como o dever de indenizar também outros eventuais prejuízos regularmente comprovados (art. 59, parágrafo único, da Lei 8.666/93).

A questão envolve a aplicação do parágrafo único do artigo 59, da Lei 8.666/93, pois é inegável a boa-fé da empresa e ter ela prestado sua obrigação. Não caberia a restituição dos valores pagos, que seriam integrados, como indenização, ao patrimônio da contratada, que, inclusive, poderia postular perdas e danos.

## Distribuição dos pontos

| DESCRIÇÃO | PONTUAÇÃO |
|---|---|
| - Poder (dever de anular os contratos administrativos – Lei 8.666/93, art. 59, *caput*) | 0 / 0,3 / 0,5 |
| - Dever de indenizar pelo o que houver sido executado do contrato bem como pelos demais prejuízos comprovados (Lei 8.666/93, art. 59, parágrafo único) | 0 / 0,3 / 0,5 |

(OAB/Exame Unificado – 2010.1 – 2ª fase) A empresa Alfa, após o devido procedimento licitatório, celebrou contrato com o poder público municipal para a prestação de serviço público de transporte de estudantes. Devido a posterior aumento da carga tributária, provocado pela elevação, em 10%, dos percentuais a serem recolhidos a título de contribuição previdenciária, a empresa, para tentar suprir a despesa decorrente do aludido recolhimento, postulou à prefeitura a revisão dos valores do contrato. A autoridade administrativa encaminhou o pedido a sua assessoria jurídica para parecer acerca da viabilidade da pretensão.

Em face da situação hipotética apresentada, responda, de forma fundamentada, se a pretensão da empresa encontra amparo no ordenamento jurídico nacional.

### RESOLUÇÃO DA QUESTÃO

Considerando que o padrão de resposta apresentado pela examinadora simulou uma resposta que o candidato poderia dar, usaremos o próprio padrão de resposta como resolução da questão. Confira:

"Tratando-se de contrato administrativo, o contratado tem o direito de ver mantido o denominado equilíbrio econômico-financeiro do ajuste, assim considerada a relação que se estabelece, no momento da celebração, entre o encargo assumido pelo contratado e a prestação pecuniária assumida pela administração.

Desse modo, quando da apresentação de sua proposta no procedimento licitatório, a empresa pautou-se pelo contexto fático então presente. A alteração do cenário, decorrente de medida geral (aumento da contribuição) não relacionada diretamente ao contrato, mas que nele repercute, provoca o desequilíbrio econômico-financeiro em prejuízo do contratado, o que merece a proteção da lei. É o que a doutrina denomina de fato do príncipe.

Nesse sentido, o art. 65, II, *d*, da Lei n.º 8.666/1993 admite que os contratos sejam alterados, com as devidas justificativas, no caso de acordo das partes, para o restabelecimento da relação pactuada inicialmente entre os encargos do contratado e a retribuição da administração para a justa remuneração do serviço, "objetivando a manutenção do equilíbrio econômico-financeiro inicial do contrato, na hipótese de superveniência de fatos imprevisíveis ou previsíveis, porém, de consequências incalculáveis, retardadores ou impeditivos da execução do ajustado, ou ainda, em caso de força maior, caso fortuito ou fato do príncipe, que configura álea econômica extraordinária e extracontratual.

Ademais, o § 5.º do art. 65 da Lei nº 8.666/1993 é expresso ao consignar que quaisquer tributos ou encargos legais criados, alterados ou extintos, bem como a superveniência de disposições legais, quando ocorridas após a data da apresentação da proposta, de comprovada repercussão nos preços contratados, implicarão a revisão destes para mais ou para menos, conforme o caso.

O município pode, portanto, com fundamento no referido preceito legal, reajustar o contrato para recompor o equilíbrio econômico-financeiro, de modo a garantir a execução do contrato originário"

Observação para a correção: atribuir pontuação integral às respostas em que esteja expresso o conteúdo do dispositivo legal, ainda que não seja citado, expressamente, o número do artigo.

**(OAB/Exame Unificado – 2010.1 – 2ª fase)** Em uma licitação pública, na modalidade pregão, para a aquisição de bens de acordo com o edital de determinado órgão público federal, a empresa de pequeno porte Cristal apresentou proposta que superou em 5% o valor da proposta vencedora, apresentada por Ônix Ltda., que não é uma empresa de pequeno porte. No primeiro minuto após o encerramento dos lances, observando que sua proposta estaria em segundo lugar, o representante legal da empresa Cristal requereu a convocação de sua empresa, oferecendo nova proposta, de valor inferior à apresentada por Ônix Ltda., para, assim, tornar-se vencedora do certame, procedimento que não foi acatado pelo pregoeiro.

A empresa Ônix Ltda. foi considerada vencedora do certame pela administração pública, tendo sido a empresa Cristal classificada em segundo lugar, apesar de seu representante legal ter manifestado, em tempo hábil, sua intenção de recurso.

Em face dessa situação hipotética e na qualidade de advogado(a) constituído(a) pelo representante legal da empresa Cristal, responda, com fundamento na legislação pertinente, se há embasamento legal que ampare recurso administrativo a ser interposto por essa empresa para invocar o procedimento demonstrado por seu representante legal.

### RESOLUÇÃO DA QUESTÃO

Considerando que o padrão de resposta apresentado pela examinadora simulou uma resposta que o candidato poderia dar, usaremos o próprio padrão de resposta como resolução da questão. Confira:

"Há embasamento legal que ampara o recurso administrativo da empresa de pequeno porte, haja vista que a administração pública não observou o que dispõe a Lei Complementar n.º 123/2006, que, instituindo o Estatuto Nacional da Microempresa e da Empresa de Pequeno Porte, prescreve regras que preveem tratamento privilegiado nas licitações para as EPPs, de acordo com o *caput* do art. 44 da citada lei, segundo o qual 'nas licitações será assegurada, como critério de desempate, preferência de contratação para as microempresas e empresas de pequeno porte'. O parágrafo 2.º do referido art. 44 indica a regra aplicável especificamente ao pregão: 'na modalidade pregão, o intervalo percentual estabelecido no parágrafo 1.º será de até 5% (cinco por cento) superior ao melhor preço". A regra especificada no parágrafo 1.º do citado artigo dita o seguinte: "entende-se por empate aquelas situações em que as propostas apresentadas pelas microempresas e as empresas de pequeno porte sejam iguais ou até 10% (dez por cento) superiores à proposta mais bem classificada'. Assim, no caso em tela, haveria empate, comumente chamado pela doutrina de 'empate ficto ou ficção de empate', uma vez que se afiguram não apenas propostas com valores idênticos, mas também o empate em situações em que a diferença entre as propostas se enquadre em determinado limite percentual, sendo este, no pregão, de 5%, e, nas demais modalidades licitatórias, de 10%.

Definido e caracterizado pela administração pública o empate, deveria ela aplicar a regra estabelecida no art. 45, inciso I, da LC n.º 123/2006:

Para efeito do disposto no art. 44 desta Lei Complementar, ocorrendo empate, proceder-se-á da seguinte forma:

I – a microempresa ou empresa de pequeno porte mais bem classificada poderá apresentar propostas de preço inferior àquela considerada vencedora do certame, situação em que será adjudicado em seu favor o objeto licitado;

(...)"

Deve-se mencionar, finalmente, o parágrafo 3.º do art. 45 da citada lei complementar:

No caso de pregão, a microempresa ou empresa de pequeno porte mais bem classificada será convocada para apresentar nova proposta no prazo máximo de 5 (cinco) minutos após o encerramento dos lances, sob pena de preclusão"

Observação para a correção: atribuir pontuação integral às respostas em que esteja expresso o conteúdo do dispositivo legal, ainda que não seja citado, expressamente, o número do artigo.

## 9. SERVIÇOS PÚBLICOS E CONCESSÕES

(OAB/Exame Unificado – 2020.2- 2ª fase) A sociedade empresária *Viagem Certa* S/A, concessionária de serviços de transporte ferroviário, vem descumprindo, reiteradamente, uma série de obrigações constantes no contrato, relativas à manutenção dos trilhos. Em razão disso, ocorreu um trágico acidente, no qual um de seus trens descarrilhou e atingiu o automóvel dirigido por Dulcineia, que trafegava na rodovia próxima, ocasionando o óbito da referida motorista.

Diante dessa situação hipotética, na qualidade de advogado(a), responda, fundamentadamente, aos questionamentos a seguir.

A) A sociedade Viagem Certa S/A, no âmbito civil, responde objetivamente pelos danos causados à Dulcineia? (Valor: 0,65)

B) Qual seria a modalidade de extinção do contrato de concessão cabível, em razão do descumprimento das obrigações pela sociedade Viagem Certa S/A? (Valor: 0,60)

*Obs.: o(a) examinando(a) deve fundamentar suas respostas. A mera citação do dispositivo legal não confere pontuação.*

### GABARITO COMENTADO

A) Sim. Apesar de Dulcineia não ser usuária do serviço em questão, a concessionária é pessoa jurídica de direito privado que presta serviços públicos, de modo que responde objetivamente pelos danos que seus agentes causarem a terceiros, na forma do Art. 37, § 6º, da CRFB/88.

B) O descumprimento das obrigações de manter os trilhos corresponde à inexecução do contrato, de modo que a modalidade de extinção do contrato de concessão cabível na hipótese é a caducidade, consoante o Art. 38 da Lei nº 8.987/95.

(OAB/Exame Unificado – 2018.1- 2ª fase) A sociedade empresária Alfa, percebendo a necessidade de duplicação das faixas de rolamento em uma determinada rodovia federal, apresentou, autorizada pelo poder público, um estudo detalhado para mostrar que a demanda atual era maior do que a capacidade da pista. No entender da empresa, haveria uma demanda reprimida pela utilização da via, prejudicando e encarecendo o escoamento de grãos para os principais portos brasileiros.

O Governo Federal, ciente das suas limitações orçamentárias, decidiu fazer uma concessão de serviço público precedida da execução de obra pública. Os estudos feitos pela sociedade empresária Alfa foram utilizados na estimativa do fluxo de caixa feita pela Administração e estavam disponíveis para consulta pelos interessados.

Após o procedimento licitatório, sagrou-se vencedor o consórcio Sigma, formado pelas empresas Beta e Gama. Na qualidade de advogado(a) consultado(a), responda aos itens a seguir.

A) O consórcio vencedor do certame pode ser obrigado a pagar pelos estudos desenvolvidos pela sociedade empresária Alfa? **(Valor: 0,70)**

B) O consórcio Sigma está obrigado, por lei, a se constituir em sociedade empresária antes da celebração do contrato com o poder concedente? **(Valor: 0,55)**

*Obs.: o(a) examinando(a) deve fundamentar as respostas. A mera citação do dispositivo legal não confere pontuação.*

## GABARITO COMENTADO

A) Sim, o consórcio pode ser obrigado a pagar os estudos, pois tais estudos são de utilidade para a licitação, foram realizados com a autorização do poder concedente e estavam à disposição dos interessados no certame, conforme disposto no Art. 21 da Lei nº 8.987/95.

B) Não. O consórcio não está obrigado por lei a se constituir em sociedade empresária. No entanto, o edital pode exigir do consórcio a constituição de sociedade empresária, mas desde que tal exigência esteja alinhada com o interesse do serviço a ser concedido, conforme disposto no Art. 20 da Lei nº 8.987/95.

**Distribuição dos pontos**

| ITEM | PONTUAÇÃO |
| --- | --- |
| A. Sim, o consórcio pode ser obrigado a pagar os estudos, porque foram realizados com a autorização do poder concedente (0,40), e estavam à disposição dos interessados no certame (0,20), conforme disposto no Art. 21 da Lei nº 8.987/95 (0,10). | 0,00/0,20/0,30/0,40/ 0,50/0,60/0,70 |
| B. Não. O consórcio não está obrigado por lei a se constituir em sociedade empresária (0,30). O edital, não a lei, pode exigir, desde que tal exigência esteja alinhada com o interesse do serviço a ser concedido (0,15), conforme disposto no Art. 20 da Lei nº 8.987/95(0,10). | 0,00/0,15/0,25/0,30/0.40/ 0,45/0,55 |

(OAB/ Exame Unificado – 2016.3- 2ª fase) A sociedade empresária "Mais Veloz", concessionária do serviço público de transporte ferroviário de passageiros no Estado X, está encontrando uma série de dificuldades na operação de um dos ramais do sistema ferroviário. Os consultores da sociedade empresária recomendaram aos seus administradores a manutenção da concessão, que é lucrativa, e a subconcessão do ramal que está gerando problemas. Os consultores, inclusive, indicaram o interesse de duas empresas em assumir a operação do ramal – e ambas atendem a todos os requisitos de qualificação que haviam sido inicialmente exigidos no edital de concessão do serviço.

Com base no caso apresentado, responda fundamentadamente.

A) Caso seja silente o contrato de concessão celebrado, pode haver a subconcessão do ramal que está gerando problemas operacionais? **(Valor: 0,65)**

B) Caso autorizada a subconcessão, a sociedade empresária "Mais Veloz" pode escolher livremente uma das duas empresas para celebrar o contrato de subconcessão? **(Valor: 0,60)**

*Obs.: o examinando deve fundamentar suas respostas. A mera citação do dispositivo legal não confere pontuação.*

### GABARITO COMENTADO

A) A resposta é negativa. A subconcessão é admitida em nosso ordenamento, mas, nos termos do Art. 26 da Lei nº 8.987/1995 deve haver expressa previsão no contrato de concessão.

B) A resposta é negativa. A outorga de subconcessão, nos termos do Art. 26, § 1º, da Lei nº 8.987/1995, será sempre precedida de concorrência, não podendo, portanto, haver uma escolha por parte da sociedade empresária "Mais Veloz".

(OAB/ Exame Unificado – 2016.2 – 2ª fase) A sociedade empresária Sigma sagrou-se vencedora da licitação para a concessão de serviço público, precedida da execução de obra pública, a saber, a construção de linha férrea unindo quatro municípios da Região Metropolitana do Estado do Pará e posterior exploração comercial da linha. No segundo ano da entrada em operação do serviço ferroviário, a empresa não pôde efetuar o reajuste da tarifa, com base no índice previsto no contrato, sob o argumento de que se tratava de um ano eleitoral.

Com base no caso apresentado, responda, fundamentadamente, aos itens a seguir.

A) A sociedade empresária Sigma pode, mediante notificação prévia, declarar a rescisão unilateral do contrato? Alternativamente, pode a empresa determinar a interrupção na prestação do serviço até a aprovação do reajuste pelo Estado? **(Valor: 0,75)**

B) Poderia ter sido previsto no referido contrato de concessão que eventuais conflitos decorrentes de sua execução seriam resolvidos por meio de arbitragem? **(Valor: 0,50)**

*Obs.: o examinando deve fundamentar suas respostas. A mera citação do dispositivo legal não confere pontuação.*

## GABARITO COMENTADO

A) A resposta é dada pelo Artigo 39, da Lei n° 8.987/1995: *"o contrato de concessão poderá ser rescindido por iniciativa da concessionária. No caso de descumprimento das normas contratuais pelo poder concedente, mediante ação judicial especialmente intentada para esse fim"*. A sociedade empresária não pode, portanto, declarar a rescisão unilateral do contrato, devendo ajuizar demanda para esse fim. De igual modo, não pode determinar a interrupção na prestação do serviço, mesmo diante do descumprimento de cláusula contratual pelo poder concedente, na forma do Art. 39, parágrafo único, que determina a impossibilidade de interrupção ou paralisação do serviço até decisão judicial transitada em julgado.

B) A resposta é positiva. O Art. 23-A, da Lei n° 8.987/1995, dispõe que *"o contrato de concessão poderá prever o emprego de mecanismos privados, para resolução de disputas decorrentes ou relacionadas ao contrato, inclusive a arbitragem, a ser realizada no Brasil e em língua portuguesa"*. Nesse sentido, a Lei n° 13.129/2015 passou a disciplinar a utilização da arbitragem para dirimir conflitos relativos a direitos patrimoniais disponíveis envolvendo a Administração Pública.

**Distribuição dos pontos**

| ITEM |
|---|
| A 1. A sociedade empresária não pode declarar a rescisão unilateral do contrato, devendo ajuizar demanda para esse fim, (0,30) na forma do Art. 39, da Lei n° 8.987/1995 (0,10). <br> *Obs.: a mera citação do dispositivo legal não pontua.* |
| A 2. Não pode determinar a interrupção na prestação do serviço até decisão judicial transitada em julgado (0,25), na forma do Art. 39, parágrafo único (0,10). <br> *Obs.: a mera citação do dispositivo legal não pontua.* |
| B. Sim, o contrato de concessão poderá prever o emprego de mecanismos privados para a resolução de disputas decorrentes ou relacionadas ao contrato, inclusive a arbitragem (0,40), nos termos do Art. 23-A, da Lei n° 8.987/1995 *OU* conforme expressa previsão da Lei n° 13.129/2015 (0,10) <br> *Obs.: A simples menção do dispositivo legal não pontua.* |

**(OAB/Exame Unificado- 2016.1 – 2ª fase)** A União celebrou contrato de concessão de serviços públicos de transporte interestadual de passageiros, por ônibus do tipo leito, entre os Estados X e Y, na Região Nordeste do país, com a empresa Linha Verde. Ocorre que já existe concessão de serviço de transporte interestadual entre os Estados X e Y, por ônibus do tipo executivo (com ar condicionado e assentos individuais estofados, mas não do tipo leito), executada pela empresa Viagem Rápida.

Em virtude do novo contrato celebrado pela União, a empresa Viagem Rápida, concessionária do serviço por ônibus, do tipo executivo, entre os Estados X e Y, ingressou com demanda em Juízo, alegando que a celebração do novo contrato (com o estabelecimento de concorrência anteriormente inexistente) rompe seu equilíbrio econômico-financeiro, razão pela qual se impõe a exclusividade na exploração comercial daquela linha.

Com base no caso apresentado, responda, fundamentadamente, aos itens a seguir.

A) Procede a alegação da empresa Viagem Rápida de que se impõe a exclusividade na exploração comercial daquela linha? **(Valor: 0,60)**

B) Pode a União determinar alteração na linha que liga os Estados X e Y, impondo ao concessionário (empresa Viagem Rápida) um novo trajeto, mais longo e mais dispendioso? **(Valor: 0,65)**

*Obs.: o examinando deve fundamentar suas respostas. A mera citação do dispositivo legal não confere pontuação.*

### GABARITO COMENTADO

A) A resposta é negativa. De acordo com o Art. 16 da Lei nº 8.987/1995, *"a outorga de concessão ou permissão não terá caráter de exclusividade, salvo no caso de inviabilidade técnica ou econômica justificada no ato a que se refere o Art. 5º desta Lei"*. Portanto, a empresa Viagem Rápida não pode exigir a exclusividade na exploração comercial da linha de ônibus, seja em relação ao mesmo tipo de ônibus, seja em relação a outro.

B) A resposta é positiva. Trata-se da chamada alteração unilateral do contrato, prerrogativa da Administração, em favor do interesse da coletividade. Entretanto, qualquer alteração que imponha gravame ou ônus ao concessionário deve ser acompanhada de medidas capazes de recompor o inicial equilíbrio econômico e financeiro do contrato, garantia assegurada pelo Art. 37, XXI, da CRFB/88 e pelo Art. 9º, § 4º, da Lei nº 8.987/1995. É lícita portanto, a modificação pelo poder concedente do funcionamento do serviço, desde que assegurado o equilíbrio contratual, e observando-se o limite estabelecido no Art. 65, § 1º, da Lei nº 8.666/1993.

**Distribuição dos pontos**

| ITEM | PONTUAÇÃO |
| --- | --- |
| A. Não, pois inexiste, em princípio, exclusividade na exploração de serviços públicos (0,50), conforme disposto no Art. 16 da Lei nº 8.987/1995 (0,10). *OBS.: A simples menção ou transcrição do dispositivo legal não pontua.* | 0,00 / 0,50 / 0,60 |
| B1. Sim. Trata-se da chamada alteração unilateral do contrato, cláusula exorbitante que é prerrogativa da Administração, em favor do interesse da coletividade (0,20). Entretanto, deve ser respeitado o limite para alteração unilateral do contrato, previsto no Art. 65, § 1º, da Lei nº 8.666/1993 (0,10). *OBS.: A simples menção ou transcrição do dispositivo legal não pontua.* | 0,00 / 0,20 / 0,30 |
| B2. Além disso, qualquer alteração que imponha gravame ou ônus ao concessionário deve ser acompanhada de medidas capazes de recompor o inicial equilíbrio econômico financeiro do contrato (0,25), garantia assegurada pelo Art. 37, XXI, da CRFB/88 **OU** pelo Art. 9º, § 4º, da Lei nº 8.987/1995 (0,10). *OBS.: A simples menção ou transcrição do dispositivo legal não pontua.* | 0,00 / 0,25 / 0,35 |

(OAB/Exame Unificado – 2013.3 – 2ª fase) Determinado estado da Federação celebra contrato de concessão de serviço metroviário pelo prazo de 20 anos com a empresa Vá de Trem S.A. Nos termos do referido contrato, a empresa tem a obrigação de adquirir 2 (dois) novos vagões, além de modernizar os já existentes, e que tais bens serão, imediatamente, transferidos para o Poder Público ao fim do termo contratual.

Sobre o caso acima narrado, responda, fundamentadamente, aos itens a seguir.

A) Qual o princípio setorial que fundamenta a reversão de tais bens? Justifique. (Valor: 0,65)

B) O concessionário pode exigir do Poder Concedente indenização pela transferência de tais bens ao Poder Público ao final do contrato? Justifique. (Valor: 0,60)

A simples menção ou transcrição do dispositivo legal não pontua.

## GABARITO COMENTADO

A reversão é a transferência ao poder concedente dos bens do concessionário, afetados ao serviço público e necessários à sua continuidade, quando do término do contrato de concessão e que se encontra prevista nos artigos 35 e 36, da Lei n. 8.987/95.

A) O examinando deve destacar que o fundamento da reversão é o princípio da continuidade dos serviços públicos, já que os bens, necessários à prestação do serviço, deverão ser utilizados pelo Poder Concedente, após o fim do término do prazo de concessão, sob pena de interrupção da prestação do serviço.

B) É necessário ressaltar que, caso a fixação da tarifa não tenha sido suficiente para ressarcir o concessionário pelos recursos que empregou na aquisição e modernização de tais bens, é devida indenização, nos termos do Art. 36, da Lei n. 8987/95.

**Distribuição dos pontos**

| ITEM | PONTUAÇÃO |
|---|---|
| A. Princípio da continuidade dos serviços públicos (0,20), previsto no parágrafo 1º, do Art. 6º da Lei n. 8.987/95 (0,10), já que os bens, necessários à prestação do serviço, deverão ser utilizados pelo Poder Concedente, após o fim do término do prazo de concessão, sob pena de interrupção da prestação do serviço (0,35). Obs.: a simples citação do dispositivo legal não pontua. | 0,00/0,20/0,30/0,55/0,65 |
| B. Sim, a reversão no advento do termo contratual far-se-á com a indenização das parcelas dos bens reversíveis ainda não amortizados (0,50), nos termos do Art. 36, da Lei n. 8.987/95 (0,10). Obs.: a simples citação do dispositivo legal não pontua. | 0,00/0,50/0,60 |

**(OAB/Exame Unificado – 2013.1– 2ª fase)** Maria, jovem integrante da alta sociedade paulistana, apesar de não trabalhar, reside há dois anos em um dos bairros nobres da capital paulista, visto que recebe do Estado de São Paulo pensionamento mensal decorrente da morte de seu pai, ex-servidor público. Ocorre que, após voltar de viagem ao exterior, foi surpreendida com a suspensão do pagamento da referida pensão, em razão de determinação judicial. Diante disso, deixou de pagar a conta de luz de sua casa por dois meses consecutivos o que acarretou, após a prévia notificação pela concessionária prestadora do serviço público, o corte do fornecimento de luz em sua residência.

Considerando a narrativa fática acima, responda aos itens a seguir, empregando os argumentos jurídicos apropriados e a fundamentação legal pertinente ao caso.

A) À luz dos princípios da continuidade e do equilíbrio econômico-financeiro do contrato de concessão de serviço público, é lícito o corte de luz realizado pela concessionária? (Valor: 0,75)

B) O Código de Defesa do Consumidor pode ser aplicado irrestritamente à relação entre usuários e prestadores de serviços públicos? (Valor: 0,50)

A simples menção ou transcrição do dispositivo legal não pontua.

### GABARITO COMENTADO – EXAMINADORA

A) O princípio da continuidade do serviço público (Art. 6º, § 1º, da Lei n. 8.987/95) consiste na exigência de que o serviço seja prestado de forma permanente, sem qualquer interrupção, visando assegurar estabilidade para os usuários por meio de sua manutenção de forma ininterrupta.

O Art. 22 do CDC também exige que o serviço seja prestado de forma contínua.

Contudo, não se pode esquecer que a remuneração do serviço público, prestado pela concessionária, advém como regra geral, da tarifa paga pelo usuário, tarifa esta que é parte essencial da manutenção do equilíbrio econômico-financeiro, garantido constitucionalmente pelo Art. 37, XXI, da CRFB/88.

Nesse sentido, o Art. 6º, § 3º, II, da Lei n. 8.987/95 expressamente previu que a interrupção do serviço, após prévio aviso, quando houver inadimplemento do usuário, não caracteriza descontinuidade do serviço. Isto porque, a continuidade da prestação do serviço facultativo pressupõe o cumprimento de deveres por parte do usuário, notadamente o pagamento da tarifa.

Ora, a falta de remuneração adequada, ante a aceitação do inadimplemento pelo usuário, poderia levar ao próprio colapso do serviço, o que afetaria a própria sociedade como um todo. Do mesmo modo, o equilíbrio econômico-financeiro do contrato restaria abalado caso a concessionária fosse obrigada a prestar o serviço ao consumidor inadimplente.

B) Neste caso, estamos diante de um conflito aparente entre o CDC e a Lei n. 8.987/95. Contudo, tal conflito já se encontra pacificado na doutrina e jurisprudência, pela aplicação do critério da especialidade, haja vista que a Lei 8987/95 busca disciplinar relação especial de consumo (usuário de serviço público). Sendo assim, o CDC não se aplica irrestritamente aos serviços públicos, mas apenas de forma subsidiária.

**Distribuição dos pontos**

| QUESITO AVALIADO | VALORES |
|---|---|
| A. Sim, o corte é possível visto que, nos termos do art. 6º, § 3º, II, da Lei n. 8.987 / 95 não se caracteriza como descontinuidade do serviço a sua interrupção, após prévio aviso, quando houver inadimplemento do usuário (0,50). Isto porque não se pode olvidar que a remuneração do serviço público, prestado pela concessionária, advém como regra geral, da tarifa paga pelo usuário, tarifa esta que é parte essencial da manutenção do equilíbrio econômico-financeiro, garantido constitucionalmente pelo Art. 37, XXI, da CF / 88 (0,25). | 0,00 / 0,25 / 0,50 / 0,75 |
| B. Não. A Lei n. 8.987 / 95 (Art. 6º) deve ser considerada norma especial em relação ao CDC, visto que disciplina relação especial de consumo (usuário de serviço público), razão pela qual o CDC (Art. 22) deverá ser aplicado apenas subsidiariamente. | 0,00 / 0,50 |

(OAB/Exame Unificado – 2011.3 – 2ª fase) O Estado X lançou edital de concorrência para concessão, pelo prazo de 10 (dez) anos, do serviço de manutenção de importante rodovia estadual. O edital estabelece que o critério de julgamento das propostas será o menor valor da tarifa e prevê, como forma de favorecer a modicidade tarifária, a possibilidade de o concessionário explorar os painéis publicitários localizados ao longo da rodovia. Além disso, o edital também estabelece que os envelopes contendo os documentos de habilitação dos licitantes apenas serão abertos após a fase de julgamento das propostas e com a observância da ordem de classificação, de forma que, habilitado o licitante mais bem classificado, será ele declarado vencedor. Considerando as previsões editalícias acima referidas, responda aos questionamentos a seguir formulados, empregando os argumentos jurídicos apropriados e a fundamentação legal pertinente ao caso.

A) É juridicamente possível que o edital de concorrência estabeleça, em favor do concessionário, a exploração dos painéis publicitários localizados ao longo da rodovia? (Valor: 0,65).

B) É juridicamente possível que a fase de habilitação somente ocorra em momento posterior à fase de classificação das propostas? (Valor: 0,6).

**RESOLUÇÃO DA QUESTÃO**

Em relação ao item 1, a resposta deve ser afirmativa. Trata-se da previsão de fontes provenientes de receitas alternativas, complementares, acessórias ou de projetos associados, que podem ser estabelecidas no edital em favor da concessionária precisamente com o objetivo de favorecer a modicidade tarifária. Essa possibilidade encontra-se prevista no artigo 11 da Lei n. 8.987/95. A resposta ao item 2 deve ser igualmente afirmativa. A possibilidade da inversão da ordem das fases de habilitação e julgamento nas concorrências para concessão de serviços públicos encontra-se prevista no artigo 18-A da Lei n. 8.987/95.

**Distribuição dos pontos**

| ITEM A | PONTUAÇÃO |
|---|---|
| Sim, trata-se da possibilidade de previsão de fontes provenientes de receitas alternativas, complementares, acessórias ou de projetos associados (0,45), nos termos do art. 11 OU 18, VI, da Lei 8.987/95 (0,2).Obs.: *A mera resposta "sim" ou a mera indicação do artigo não são pontuadas.* | 0 / 0,45 / 0,65 |

| ITEM B | |
|---|---|
| Sim, a inversão das fases é possível nas concorrências para concessão de serviços públicos (0,4), nos termos do art. 18-A da Lei 8.987/95 (0,2).Obs.: *A mera resposta "sim" ou a mera indicação do artigo não são pontuadas.* | 0 / 0,4 / 0,6 |

(OAB/Exame Unificado – 2011.1 – 2ª fase) Transvia, empresa de grande porte concessionária da exploração de uma das mais importantes rodovias federais, foi surpreendida com a edição de decreto do Presidente da República excluindo as motocicletas da relação de veículos sujeitos ao pagamento de pedágio nas rodovias federais, medida que reduz substancialmente as vantagens legitimamente esperadas pela concessionária.

Considerando a situação hipotética narrada, responda aos itens a seguir, empregando os argumentos jurídicos apropriados e a fundamentação legal pertinente ao caso.

A) É juridicamente possível que o Poder Concedente estabeleça unilateralmente benefícios tarifários não contemplados originariamente no contrato de concessão? (Valor: 0,7).

B) A empresa concessionária tem direito a alguma forma de compensação em decorrência do impacto que o decreto produz na remuneração contratual? (Valor: 0,55)

### GABARITO COMENTADO – EXAMINADORA

Em relação ao item 1, a possibilidade de o Poder Concedente estabelecer benefícios tarifários não contemplados no contrato de concessão decorre da própria titularidade do serviço público. Com o contrato de concessão, é tão somente a execução do serviço público que se transfere para o concessionário, cabendo ao Poder Concedente regulamentar o serviço concedido (artigo 2º, inciso II, e artigo 29, inciso I, ambos da Lei 8.987/95). Para fundamentar tal resposta, o examinando poderia mencionar o artigo 175 da CRFB, os artigos 2º, inciso II, e 29, inciso I, da Lei n. 8.987/95 e o artigo 58, inciso I, da Lei 8.666/93. Além disso, também foram consideradas as referências feitas pelos examinandos aos fenômenos do fato do príncipe ou do fato da administração pública. Por fim, foram igualmente consideradas apropriadas as respostas que invocaram a norma do artigo 35 da Lei 9.074/95.

Sempre que o estabelecimento de benefícios tarifários não contemplados originariamente no contrato de concessão causarem impacto na equação econômico-financeira do contrato, haverá a necessidade de serem revistas as cláusulas econômicas, de modo a que o equilíbrio seja recomposto. Nesse sentido, ao estabelecer benefícios tarifários que afetem o equilíbrio econômico-financeiro do contrato, o Poder Concedente deverá, concomitantemente, recompor a equação financeira.

Como resultado, em atenção ao item 2, a resposta é positiva, fazendo jus a concessionária a uma compensação para que o equilíbrio econômico-financeiro do contrato de concessão seja mantido, nos termos do artigo 9º, § 4º, da Lei n. 8.987/95 ou do artigo 35 da Lei n. 9.074/95.

## Distribuição de pontos

| ITEM | DESCRIÇÃO | PONTUAÇÃO |
|---|---|---|
| A | – Possibilidade de estabelecimento de benefícios tarifários, pois compete ao Poder Concedente regulamentar a prestação do serviço público (0,4) / Referência ao artigo 175 da CRFB OU artigo 2º, II, da Lei n. 8.987/95 OU artigo 29, I, da Lei n. 8.987/95 OU fato do príncipe OU artigo 58, I, da Lei 8.666/93 OU artigo 35 da Lei 9.074/95. (0,3). | 0 / 0,3 / 0,4 / 0,7 |
| B | – A concessionária fará jus à compensação para recompor o equilíbrio econômico-financeiro do contrato (0,35) / Referência à norma do artigo 9º, § 4º, da Lei 8.987/95 OU artigo 35 da Lei 9.074/95 (0,2). | 0 / 0,2 / 0,35 / 0,55 |

## 10. PARCERIA PÚBLICO-PRIVADA

**(OAB/Exame Unificado – 2013.2 – 2ª fase)** Para a concessão da prestação de um determinado serviço público através de parceria público-privada na modalidade patrocinada, o Estado X, após realizar tomada de preços, celebrou contrato com um particular no valor de R$25.000.000,00 (vinte e cinco milhões de reais), com prazo de vigência de 40 (quarenta) anos, a fim de permitir que o particular amortizasse os investimentos realizados.

Diante das circunstâncias apresentadas, é válida a contratação realizada? (Valor: 1,25)

Responda justificadamente, empregando os argumentos jurídicos apropriados e a fundamentação legal pertinente ao caso.

### GABARITO COMENTADO – EXAMINADORA

A resposta deve ser negativa.

Em primeiro lugar, nos termos do Art. 10 da Lei n. 11.079/2004, a contratação de parceria público-privada deve ser precedida de licitação na modalidade de concorrência, cuja realização é sujeita a diversos condicionamentos previstos no citado dispositivo. A tomada de preços, portanto, não é a modalidade de licitação adequada à contratação de parceria público-privada.

Em segundo lugar, conforme o inciso I do Art. 5º da Lei n. 11.079/2004, o prazo de vigência do contrato de parceria público-privada não pode ser inferior a 5 (cinco), nem superior a 35 (trinta e cinco) anos, incluindo eventual prorrogação.

**Observação dos autores**

Convém apontar algumas modificações sofridas pela Lei 11.079/2004 após o 2013, ano em que foi aplicado o exame da OAB sob análise.

Assim, a Lei 13.529/2017 alterou o valor mínimo do contrato de parceria público-privada, correspondente a R$ 10 milhões de reais (art. 2º, § 4º, inc. I). O valor anterior era de R$ 20 milhões de reais.

Além disso, a Lei 14.133/2021 (nova lei de licitações e contratos) criou uma nova modalidade licitatória – o diálogo competitivo –, que pode ser utilizada nas contratações de parceria público-privada (cf. a redação atual do art. 10 da Lei 11.079/2004).

(OAB/Exame Unificado – 2013.1 – 2ª fase) Determinado Estado da Federação celebra contrato de parceria público-privada (PPP) patrocinada para a reforma e administração de área portuária. Estipulou-se no contrato que o parceiro privado será responsável pela construção de galpões de armazenamento de bens, com conclusão prevista para cinco anos após a celebração do contrato, e posterior prestação do serviço público. Também se estabeleceu que a sua remuneração dar-se-á de forma imediata pelo Poder Público e após o término das obras pelos usuários do serviço público, previsão admitida pela lei estadual sobre as PPPs.

Sobre a hipótese, responda aos itens a seguir.

A) Tendo em vista que a Lei n. 11.079/2004 é aplicável a todos os entes da Federação (Art. 1º, parágrafo único), é válida a lei estadual que trate de parcerias público-privadas? (Valor: 0,65)

B) É possível a remuneração do parceiro privado nos moldes acima descritos? (Valor: 0,60)

A simples menção ou transcrição do dispositivo legal não pontua.

### GABARITO COMENTADO – EXAMINADORA

Em relação ao *item A*, o candidato deve destacar que, conforme determina o Art. 22, XXVII, da Constituição Federal, compete privativamente à União legislar sobre normas gerais de licitação e contratação, em todas as modalidades, para as administrações públicas diretas, autárquicas e fundacionais da União, Estados, Distrito Federal e Municípios. Sendo assim, a lei estadual pode disciplinar sobre PPPs de forma supletiva, no que não colidir com as normas gerais editadas pela União.

Já em relação ao item B, era necessário ressaltar que, na forma do art. 7º, da Lei n. 11.079/2004, a remuneração pela Administração Pública, nos contratos de parceria público-privada, deve ser precedida da disponibilização do serviço objeto, disposição esta que tem caráter de norma geral. Portanto, a previsão de contraprestação imediata, sem a disponibilização do serviço, não será possível, pois fere a norma citada.

Distribuição dos pontos

| QUESITO AVALIADO | VALORES |
|---|---|
| Item A | |
| Sim, pois é competência privativa da União editar normas gerais sobre licitação e contratos (Art. 22, XXVII, da Constituição OU Art. 1º da Lei 11.079/2004) (0,40), de modo que os Estados podem legislar de forma suplementar (0,25) | 0,00 / 0,25 / 0,40 / 0,65 |
| Item B | |
| Não é possível. A forma de remuneração do particular está incorreta, já que a contraprestação dar-se-á após a disponibilização do serviço, na forma do Art. 7º, Lei n. 11.079 / 2004 (0,40), norma geral que deve ser respeitada pelos Estados (0,20) | 0,00 / 0,40 / 0,60 |

(OAB/Exame Unificado – 2011.2 – 2ª fase) O governador de determinado Estado da Federação, comprometido com a recuperação do sistema penitenciário estadual, decide lançar edital de licitação para a contratação de uma parceria público-privada tendo por objeto a construção e a gestão de complexo penal, abrangendo a execução de serviços assistenciais (recreação, educação e assistência social e religiosa), de hospedaria e de fornecimento de bens aos presos (alimentação e produtos de higiene). O edital de licitação estima o valor do contrato em R$ 28.000.000,00 (vinte e oito milhões de reais) e estabelece o prazo de quinze anos para a concessão.

Com base nesse cenário, responda aos itens a seguir, empregando os argumentos jurídicos apropriados e a fundamentação legal pertinente ao caso.

A) Analise a juridicidade do projeto à luz do valor estimado do contrato e do prazo de concessão. (Valor: 0,60)

B) É juridicamente possível que o contrato de parceria público-privada contemple, além dos serviços descritos no enunciado, a delegação das funções de direção e coerção na esfera prisional? (Valor: 0,65)

### GABARITO COMENTADO – EXAMINADORA

À luz do valor estimado do contrato e do prazo de concessão, o projeto é juridicamente correto, atendendo aos requisitos estabelecidos no artigo 2º, § 4º, incisos I e II, ou art. 5º, I, da Lei 11.079/2004.

Quanto ao item b, não seria possível a delegação das funções de direção e coerção na esfera prisional ao parceiro privado, uma vez que essas são atividades típicas de Estado e, nesse sentido, indelegáveis. A esse respeito, a própria legislação de regência das PPPs prevê expressamente a indelegabilidade do exercício do poder de polícia e de outras atividades exclusivas de Estado (conforme artigo 4º, inciso III, da Lei 11.079/04).

**Observação dos autores**

A Lei 13.529/2017 alterou o valor mínimo do contrato de parceria público-privada, correspondente a R$ 10 milhões de reais (art. 2º, § 4º, inc. I). O valor anterior era de R$ 20 milhões de reais.

**Distribuição dos pontos**

| ITEM | DESCRIÇÃO | PONTUAÇÃO |
|---|---|---|
| A | – Projeto juridicamente correto quanto ao valor – artigo 2º, § 4º, inciso I, da Lei 11.079/2004 (0,3). Projeto juridicamente correto quanto ao prazo – artigo 2º, § 4º, inciso II, OU art. 5º, I, da Lei 11.079/2004 (0,3). | 0 / 0,3 / 0,6 |
| B | – As funções de direção e coerção na esfera prisional são atividades exclusivas de Estado, porque inerentes ao poder de polícia. (0,35) Indelegabilidade de tais atividades, conforme artigo 4º, inciso III, da Lei 11.079/04 (0,3). | 0 / 0,3 / 0,35 / 0,65 |

## 11. PODER DE POLÍCIA

**(OAB/ Exame Unificado – 2017.1- 2ª fase)** Maria construiu, de forma clandestina, um imóvel residencial em local de risco e, em razão disso, a vida de sua família e outros imóveis situados na região estão ameaçados. A autoridade municipal competente, por meio do devido processo administrativo, tomou as providências cabíveis para determinar e promover a demolição de tal construção, nos exatos termos da legislação local.

Diante dessa situação hipotética, responda aos itens a seguir.

A) Pode o Município determinar unilateralmente a obrigação demolitória? **(Valor: 0,60)**
B) Caso Maria não cumpra a obrigação imposta, o Município está obrigado a postular a demolição em Juízo? (Valor: 0,65)

Obs.: o(a) examinando(a) deve fundamentar as respostas. A mera citação do dispositivo legal não confere pontuação.

| GABARITO COMENTADO |
|---|
| A) Sim. O ato administrativo em questão decorre do exercício do poder de polícia que goza do atributo da imperatividade ou coercibilidade, por meio do qual a Administração pode impor unilateralmente obrigações válidas.<br>B) A resposta é negativa. O ato administrativo em questão goza do atributo da autoexecutoriedade, que autoriza a Administração a executar diretamente seus atos e a fazer cumprir suas determinações, sem recorrer ao Judiciário. |

**Distribuição dos pontos**

| ITEM | PONTUAÇÃO |
|---|---|
| A. Sim. O ato administrativo decorre do exercício do poder de polícia que goza do atributo da imperatividade ou coercibilidade, por meio do qual a Administração pode impor unilateralmente obrigações válidas (0,60). | 0,00/0,60 |
| B. A resposta é negativa. O ato administrativo em questão goza do atributo da autoexecutoriedade, que autoriza a Administração a executar diretamente seus atos e a fazer cumprir suas determinações sem recorrer ao Judiciário (0,65). | 0,00/0,65 |

**(OAB/Exame Unificado – 2012.2 – 2ª fase)** A União pretende delegar à iniciativa privada, mediante licitação, poderes de polícia administrativa na fiscalização de portos e aeroportos nacionais, compreendendo a edição de normas básicas, a fiscalização de passageiros e de mercadorias e a aplicação de sanções.

Para tanto, formatou um modelo a partir do qual o vencedor do certame será definido pelo menor valor cobrado da Administração Pública para a prestação do serviço de fiscalização. A respeito da situação apresentada, responda, fundamentadamente, aos itens a seguir.

A) É possível a delegação, nesse caso? (Valor: 0,75)
B) É possível a delegação a uma autarquia criada para essa finalidade? (Valor: 0,50)

| RESOLUÇÃO DA QUESTÃO |
|---|
| A) O examinando deve indicar que não é possível a delegação, no caso proposto, pois é entendimento corrente que o poder de polícia só pode ser delegado a pessoas jurídicas de direito público, e não a pessoas jurídicas de direito privado. Nesse sentido já decidiu o STF (ADIn 1.717-6). |

Admite-se a delegação de atos meramente preparatórios ao exercício do poder de polícia, mas não as funções de legislação e aplicação de sanção.

B) O examinando deve identificar que, por se tratar de pessoa jurídica de direito público, dotada do *ius imperii* estatal, é possível a outorga do poder de polícia a autarquia.

**Distribuição dos pontos**

(não será aceita mera menção ao artigo)

| QUESITO AVALIADO | VALORES |
|---|---|
| A) Não. Por se tratar de atividade típica de Estado, o poder de polícia não pode ser delegado a pessoas jurídicas de direito privado. (0,75) | 0,00/0,75 |
| B) Por se tratar de pessoa jurídica de direito público, dotada do *ius imperii* estatal, é possível a outorga do poder de polícia a uma autarquia criada para esta finalidade. (0,50) | 0,00/0,50 |

**(OAB/Exame Unificado – 2011.1 – 2ª fase)** O Sr. Joaquim Nabuco, dono de um prédio antigo, decide consultá-lo como advogado. Joaquim relata que o seu prédio está sob ameaça de ruir e que o poder público já iniciou os trabalhos para realizar sua demolição. Joaquim está inconformado com a ação do poder público, justamente por saber que não existe ordem judicial determinando tal demolição.

Diante do caso em tela, discorra fundamentadamente sobre a correção ou ilegalidade da medida. (Valor: 1,25)

### GABARITO COMENTADO – EXAMINADORA

O examinando deve sustentar a correção da medida tomada pelo poder público com base no poder de polícia da administração pública, uma vez que, por meio desse poder, a administração está concretizando um de seus deveres: garantir a segurança da coletividade.

Também deve ser abordada a viabilidade da execução da medida diretamente pela administração pública, sem necessidade de ordem judicial, em função do atributo da autoexecutoriedade do poder de polícia, que é aplicável em casos urgentes, conforme relatado no caso em análise.

**Distribuição de pontos**

| DESCRIÇÃO | PONTUAÇÃO |
|---|---|
| – Abordar duas entre as seguintes (indicar 1 = 0,6; indicar 2 = 1,25): | |
| – Garantia da segurança coletiva por meio do poder de polícia. | 0 / 0,6 / 1,25 |
| – Autoexecutoriedade como atributo do poder de polícia aplicável a casos urgentes. | |
| – Respeito ao contraditório e ao devido processo legal no âmbito administrativo. | |

## 12. CONTROLE DA ADMINISTRAÇÃO

**(OAB/Exame Unificado – 2020.2- 2ª fase)** O Ministério Público tomou conhecimento de que uma sociedade empresária, com atuação no Brasil, auferiu vultosos lucros em decorrência da prática de atos lesivos à administração pública estrangeira, na forma descrita em lei.

Nas diligências realizadas pelo Ministério Público, verificou-se a omissão das autoridades brasileiras competentes para a apuração da respectiva responsabilização administrativa, considerando que, ao longo dos anos, o único ato voltado para tal fim foi o que delegou competência a determinado órgão, no intuito de instaurar e julgar o respectivo processo administrativo.

Em razão disso, o *parquet* ajuizou ação com vistas a obter, na via judicial, a responsabilização civil e administrativa da sociedade empresária, cuja defesa afirma não ser possível a aplicação de sanção administrativa na esfera jurisdicional.

Considerando a situação narrada, responda, na condição de advogado(a), aos itens a seguir.

A) Para o processamento e julgamento na esfera administrativa, é possível a delegação de competência? (Valor: 0,60)

B) O Judiciário pode aplicar penalidades relativas à responsabilização administrativa almejada pelo Ministério Público? (Valor: 0,65)

*Obs.: o(a) examinando(a) deve fundamentar suas respostas. A mera citação do dispositivo legal não confere pontuação.*

### GABARITO COMENTADO

A) Sim. A instauração e o desenvolvimento de processos administrativos para a apuração de responsabilidade de pessoa jurídica por atos lesivos à Administração Pública estrangeira podem ser delegados, consoante o disposto no Art. 8º, § 1º, da Lei nº 12.846/13.

B) Sim. Nas ações ajuizadas pelo Ministério Público, poderão ser aplicadas as penalidades previstas no âmbito da responsabilização administrativa, desde que comprovada a omissão das autoridades competentes para promover a responsabilização na respectiva esfera, na forma do Art. 20 da Lei nº 12.846/13.

**(OAB/Exame Unificado – 2019.3- 2ª fase)** Em sede de controle realizado pelo Tribunal de Contas da União sobre contrato de obra de grande vulto, celebrado entre a União e a sociedade empresária *Engenhoca* S/A, foi apurada a existência de fraudes na respectiva licitação, além de graves vícios insanáveis na formalização da avença.

No procedimento administrativo de apuração, apenas a União foi instada a se manifestar e, após a consideração dos argumentos apresentados por esta, a Corte de Contas prolatou decisão no sentido de sustar, diretamente, a execução do contrato e notificou o poder executivo para tomar, de imediato, as providências cabíveis.

Os representantes da sociedade empresária *Engenhoca* S/A procuram você, na qualidade de advogado(a), para responder, fundamentadamente, aos questionamentos a seguir.

A) A sociedade empresária **Engenhoca S/A** deveria ter sido chamada pelo Tribunal de Contas a participar do processo administrativo de apuração? (Valor: 0,65)

B) A Corte de Contas é competente para realizar, diretamente, o ato de sustação do aludido contrato? (Valor: 0,60)

*Obs.: o(a) examinando(a) deve fundamentar suas respostas. A mera citação do dispositivo legal não confere pontuação.*

### GABARITO COMENTADO

A) Sim. A Corte de Contas, considerando o objeto específico do controle externo e que os atos decorrentes dele podem repercutir na esfera jurídica de Engenhoca S/A, deveria ter intimado a contratada para participar do processo administrativo que resultou na sustação do contrato. Essa iniciativa respeitaria o princípio do devido processo legal **ou** da ampla defesa e do contraditório, na forma do Art. 5º, inciso LIV **OU** inciso LV, da CRFB/88, **ou** da Súmula Vinculante 3 do STF.

B) Não. A decisão da Corte de Contas, de sustar, diretamente, o contrato administrativo, é inconstitucional porque tal ato é de competência do Congresso Nacional, nos termos do Art. 71, § 1º, da CRFB/88.

**Distribuição dos pontos**

| ITEM | PONTUAÇÃO |
|---|---|
| A. Sim. A Corte de Contas deveria ter intimado a contratada para participar do processo administrativo que resultou na sustação do contrato, em respeito ao princípio do devido processo legal **ou** da ampla defesa e do contraditório (0,55), na forma do Art. 5º, inciso LIV, **ou** inciso LV, da CRFB/88, **ou** consoante estabelecido pela Súmula Vinculante 3 do Supremo Tribunal Federal **ou** Art. 2º, da Lei 9.784/99 **ou** Art. 43, II, da Lei 8.443/92 (0,10). | 0,00/0,55/0,65 |
| B. Não. A competência para sustação de contrato administrativo é do Congresso Nacional (0,50), nos termos do Art. 71, § 1º, da CRFB/88 **ou** do Art. 45, § 2º, da Lei 8.443/92 (0,10). | 0,00/0,50/0,60 |

**(OAB/Exame Unificado – 2019.1- 2ª fase)** Maria dos Santos, médica de um hospital federal, é plantonista na emergência da unidade de saúde. Determinado dia, ao chegar ao local de trabalho, é notificada pela ouvidoria do referido órgão acerca de uma reclamação feita por uma paciente da médica, na qual é narrado o péssimo atendimento prestado pela profissional de saúde. Na mesma notificação, a ouvidoria pediu esclarecimentos a Maria, que deveriam ser prestados em cinco dias.

Por um lapso, Maria não deu sua versão sobre o ocorrido. A ouvidoria entendeu, assim, que os fatos narrados pela paciente eram verdadeiros, razão pela qual a médica foi advertida – apontamento este incluído nos assentamentos funcionais da servidora.

Insatisfeita, Maria recorreu. Para que o apelo fosse admitido, teve que fazer um depósito de R$ 500,00 (quinhentos reais) para cobrir custos administrativos decorrentes do pleito de reexame do processo.

Sobre a hipótese apresentada, responda aos itens a seguir.

A) O silêncio de Maria implica sua concordância quanto aos fatos narrados pela paciente? **(Valor: 0,65)**

B) É lícita a exigência de caução como requisito de admissibilidade do recurso? **(Valor: 0,60)**

*Obs.: o(a) examinando(a) deve fundamentar as respostas. A mera citação do dispositivo legal não confere pontuação.*

### GABARITO COMENTADO

A) A resposta é negativa. O não atendimento da notificação não implica o reconhecimento da verdade dos fatos narrados pela paciente **OU** A Administração deveria apurar os fatos antes de aplicar qualquer sanção administrativa, nos termos do Art. 27 da Lei nº 9.784/99 **OU** Art. 5º, inciso LV, da CRFB/88.

B) A resposta é negativa. A Administração Pública não pode exigir depósito ou caução como condicionante à análise de recursos administrativos, conforme a Súmula Vinculante 21 do STF **OU** Súmula 373 do STJ.

**Distribuição dos pontos**

| ITEM | PONTUAÇÃO |
|---|---|
| A. Não. O desatendimento da notificação não pode implicar o reconhecimento da verdade dos fatos narrados pela paciente **OU** A Administração deveria apurar os fatos antes de aplicar qualquer sanção administrativa (0,55), nos termos do Art. 27 da Lei nº 9.784/99 **OU** Art. 5º, inciso LV, da CRFB/88 (0,10). | 0,00/0,55/0,65 |
| B. Não. A Administração Pública não pode exigir depósito ou caução como condicionante à análise de recursos administrativos (0,50), nos termos da Súmula Vinculante 21 do STF **OU** da Súmula 373 do STJ (0,10). | 0,00/0,50/0,60 |

**(OAB/Exame Unificado – 2018.3- 2ª fase)** Uma notícia divulgada pela mídia afirmava que cinco sociedades de grupos econômicos diferentes, dentre as quais Alfa S/A e Beta S/A, atuavam em conluio, com o objetivo de fraudar licitações promovidas por determinado ente federativo. Em razão disso, foram instaurados processos administrativos com o fim de apurar responsabilidades administrativas de cada uma das envolvidas, tanto com vistas à aplicação da penalidade definida no Art. 87, inciso IV, da Lei nº 8.666/93 (declaração de inidoneidade para licitar ou contratar com a Administração Pública) quanto a atos lesivos à Administração Pública.

Diante dessas circunstâncias, a sociedade empresária Alfa S/A celebrou acordo de leniência com a autoridade competente, almejando mitigar as penalidades administrativas. O acordo resultou na identificação das outras quatro sociedades envolvidas e na obtenção de informações e documentos que comprovavam o esquema de prévia combinação de propostas, com a predefinição de quem venceria a licitação pública, alternadamente, de modo a beneficiar cada uma das sociedades empresárias participantes do conluio.

Com o avanço das apurações, a sociedade empresária Beta S/A também se interessou em celebrar um acordo de leniência, sob o fundamento de que dispunha de outros documentos que ratificariam os ilícitos cometidos.

Diante dessa situação hipotética, responda, fundamentadamente, aos itens a seguir.

A) O acordo de leniência firmado pela sociedade empresária Alfa S/A poderia alcançar a sanção de declaração de inidoneidade para licitar ou contratar com a Administração Pública? **(Valor: 0,60)**

B) A sociedade empresária Beta S/A poderia celebrar o acordo de leniência pretendido? **(Valor: 0,65)**

*Obs.: o(a) examinando(a) deve fundamentar as respostas. A mera citação do dispositivo legal não confere pontuação.*

### GABARITO COMENTADO

A) Sim. A Administração Pública pode celebrar acordo de leniência com a pessoa jurídica que se admite responsável pela prática de ilícitos previstos na Lei nº 8.666/93, com vistas à isenção ou à atenuação das respectivas sanções administrativas, dentre as quais a prevista no Art. 87, inciso IV, da Lei nº 8.666/93, tal como se depreende do Art. 17 da Lei nº 12.846/2013.

B) Não. A sociedade empresária Beta S/A não foi a primeira a se manifestar sobre o seu interesse em cooperar para a apuração do ilícito, de modo que não preenche os requisitos cumulativos elencados no Art. 16, § 1º, da Lei nº 12.846/2013.

**Distribuição dos pontos**

| ITEM | PONTUAÇÃO |
| --- | --- |
| A. Sim. O acordo de leniência poderá abranger a prática de ilícitos previstos na Lei nº 8.666/93, com vistas à isenção ou atenuação das respectivas sanções administrativas (0,50), segundo o Art. 17 da Lei nº 12.846/2013 (0,10). | 0,00/0,50/0,60 |
| B. Não. A sociedade empresária Beta S/A não foi a primeira a se manifestar sobre seu interesse em cooperar para a apuração do ilícito **OU** A sociedade empresária Beta S/A limitou-se a ratificar os ilícitos cometidos, de modo que não preenche os requisitos cumulativos necessários (0,55), nos termos Art. 16, § 1º, da Lei nº 12.846/2013 (0,10). | 0,00/0,55/0,65 |

**(OAB/Exame Unificado-2015.3 – 2ª fase)** José, cidadão brasileiro que exerce o cargo de deputado estadual, foi condenado, em caráter definitivo, por improbidade administrativa, em julho de 2013. Com a condenação, os direitos políticos de José foram suspensos por cinco anos, embora ele tenha sempre afirmado ser inocente. Em outubro de 2013, ele ajuíza ação popular pleiteando a anulação da venda de uma série de imóveis públicos promovida pelo Governador, seu principal desafeto político, a quem culpa pelas denúncias que levaram à sua condenação.

Segundo o relato da inicial, a venda ocorreu abaixo do preço de mercado. Diante de tal situação, responda fundamentadamente:

A) José é parte legítima para a propositura da ação? **(Valor: 0,75)**

B) Eventuais compradores dos imóveis, na condição de particulares, podem ser afetados pela decisão da ação popular e, por isto, também devem figurar no polo passivo? **(Valor: 0,50)**

*Obs.: o examinando deve fundamentar suas respostas. A mera citação do dispositivo legal não confere pontuação.*

## GABARITO COMENTADO

A) Não. A Constituição prevê a suspensão dos direitos políticos no caso de condenação por improbidade administrativa (Art. 15, V, c/c o Art. 37, § 4º, ambos da CRFB), sendo certo que o gozo dos direitos políticos é requisito de legitimidade ativa.

B) Sim, uma vez que os beneficiários do ato lesivo ao patrimônio público devem ser parte na ação popular (Art. 6º da Lei nº 4.717/1965).

**Distribuição dos pontos**

| ITEM | PONTUAÇÃO |
|---|---|
| A1. Não. O gozo dos direitos políticos é requisito de legitimidade ativa (0,20), nos termos do Art. 1º, § 3º, da Lei 4.717/65. (0,10). *Obs.: a mera citação do dispositivo legal não confere pontuação.* | 0,00 / 0,20 / 0,30 |
| A2. A condenação por improbidade administrativa acarreta a suspensão dos direitos políticos do parlamentar (0,35), nos termos do Art. 15, V, da Lei 4.717/65 ou do Art. 37, § 4º, ambos da CF/88. (0,10). *Obs.: a mera citação do dispositivo legal não confere pontuação.* | 0,00 / 0,35 / 0,45 |
| B. Sim. Uma vez que os beneficiários do ato lesivo ao patrimônio público devem ser parte na ação popular (0,40), nos termos do Art. 6º da Lei n. 4.717/1965. (0,10). *Obs.: a mera citação do dispositivo legal não confere pontuação.* | 0,00 / 0,40 / 0,50 |

**(OAB- Exame Unificado 2015.1 – 2ª fase)** Maria é filha da servidora pública federal Josefina, aposentada por invalidez em janeiro de 2013. Depois de uma briga com sua genitora, formula denúncia ao órgão federal competente, afirmando que sua mãe, na verdade, está apta para o exercício das funções inerentes ao seu cargo, o que se comprova mediante a verificação de que ela exerce semelhantes funções em um escritório privado desde fevereiro de 2013, quando se recuperou plenamente da doença. Depois de aberto o processo administrativo para fins de verificação de eventual erro na perícia médica e apuração da possibilidade de reversão ao serviço público ativo, o feito é encaminhado novamente ao mesmo médico, que retifica o laudo anterior, opinando pela possibilidade de a servidora ser mantida no serviço ativo, e remete o feito à autoridade superior para decisão. Antes da decisão final, Maria, já reconciliada com Josefina, formula pleito de desistência do processo administrativo, informando que, na verdade, contara inverdades sobre sua mãe e que esta é incapaz para o trabalho, tanto no serviço público quanto na iniciativa privada, juntando laudos médicos diversos, inclusive dos hospitais públicos em que sua mãe foi atendida. Diante de decisão fundamentada que determina o prosseguimento do processo, mesmo com a desistência da requerente, Maria interpõe recurso, argumentando que o processo não pode prosseguir diante da contrariedade da requerente e apontando a nulidade do processo pela participação do mesmo médico responsável pela primeira perícia.

Com base no caso apresentado, responda, justificadamente, aos itens a seguir.

A) Foi regular o prosseguimento do processo após a desistência formulada por Maria? **(Valor: 0,65)**

B) Uma vez que a decisão se baseou no laudo do citado profissional, é procedente o argumento da nulidade do processo pela participação do médico em questão? **(Valor: 0,60)**

*O examinando deve fundamentar suas respostas. A mera citação do dispositivo legal não confere pontuação.*

## GABARITO COMENTADO

A) Sim, porque a Lei n° 9.784/1999 estabelece que a desistência ou renúncia do interessado, conforme o caso, não prejudica o prosseguimento do processo, se a Administração considerar que o interesse público assim o exige (Art. 51, § 2°).

B) Sim, porque a Lei n° 9.784/1999 estabelece que a desistência ou renúncia do interessado, conforme o caso, não prejudica o prosseguimento do processo, se a Administração considerar que o interesse público assim o exige (Art. 51, § 2°).

**Distribuição dos pontos**

| ITEM | PONTUAÇÃO |
|---|---|
| **A.** Sim, a desistência ou renúncia do interessado, conforme o caso, não prejudica o prosseguimento do processo, se a Administração considerar que o interesse público assim o exige (0,55) (Art. 51, § 2°, da Lei n° 9.784/99) (0,10). *Obs.: a mera citação do artigo não pontua.* | 0,0 – 0,55 – 0,65 |
| **B.** Sim, pois é impedido de atuar em processo administrativo o servidor ou autoridade que tenha participado ou venha a participar como perito (0,50) (Art. 18, II, da Lei n° 9.784/99) (0,10) *Obs.: a mera citação do artigo não pontua.* | 0,0 – 0,50 – 0,60 |

(**OAB/Exame Unificado – 2013.3 – 2ª fase**) Determinada Sociedade de Economia Mista federal, exploradora de atividade econômica, é objeto de controle pelo Tribunal de Contas da União, o qual verifica, em tomada de contas especial, que há editais de licitação da estatal que contêm critérios de julgamento inadequados.

Sobre o caso, empregando os argumentos jurídicos apropriados e a fundamentação legal pertinente, responda aos itens a seguir.

A) Uma sociedade de economia mista que explora atividade econômica pode ser submetida ao controle do Tribunal de Contas? (Valor: 0,60)

B) O Tribunal de Contas pode determinar a aplicação de critérios que entenda mais adequados, para o julgamento de licitações? (Valor: 0,65)

A simples menção ou transcrição do dispositivo legal não pontua.

## GABARITO COMENTADO – EXAMINADORA

A questão busca verificar o conhecimento do examinando sobre a disciplina jurídica das sociedades de economia mista, bem como sobre as competências constitucionais do Tribunal de Contas.

A) É possível o controle das sociedades de economia mista pelo Tribunal de Contas, nos termos do Art. 71, II, da Constituição, já que se trata de uma sociedade instituída pelo Poder Público. O Supremo Tribunal Federal firmou entendimento no sentido de que as sociedades de economia mista sujeitam-se à fiscalização pelos Tribunais de Contas (STF, MS 25092/DF, RE 356209 AgR /GO, MS 26117/DF, dentre outros).

B) A resposta deve ser pela impossibilidade de o Tribunal de Contas, em controle prévio de editais de licitação, determinar a modificação de critérios, o qual estaria substituindo a vontade do administrador em seu campo discricionário, em violação ao princípio da separação dos Poderes (Art. 2º, da CR). Tal situação é excepcionada, nos termos da jurisprudência do STF (RE 547063), quando há fundado receio de irregularidade na licitação, como ocorre, por exemplo, quando há critério de julgamento manifestamente irrazoável, com suspeita de direcionamento do resultado do certame.

**Distribuição dos pontos**

| ITEM | PONTUAÇÃO |
| --- | --- |
| A. Sim, tendo em vista que as sociedades de economia mista são constituídas, ao menos no momento de sua criação, com recursos do erário, é possível o controle pelo Tribunal de Contas (0,50), nos termos do Art. 70, parágrafo único, ou Art. 71, II, da Constituição. (0,10) <br> Obs.: A simples menção aos artigos não pontua | 0,00/0,50/0,60 |
| B. Não cabe ao Tribunal de Contas, em controle prévio de editais de licitação, determinar a modificação de critérios, substituindo a vontade do administrador em seu campo discricionário, em violação ao princípio da separação dos Poderes (0,35), nos termos do Art. 2º, da CRFB/88 (0,10). Tal controle é permitido excepcionalmente, quando há fundada suspeita de irregularidade, com a adoção de critério de julgamento manifestamente irrazoável. (0,20) | 0,00/0,20/0,35/0,45/0,55/0,65 |

**(OAB/Exame Unificado – 2013.1 – 2ª fase)** Durante o ano de 2010, o Município "T" concedeu subvenção social à Associação "S" para a instalação de projetos de assistência social para crianças com até seis anos de idade, totalizando o valor de R$ 300.000,00 (trezentos mil reais).

Ao final do exercício, foi encaminhada ao competente Tribunal de Contas do Estado (TCE) a prestação de contas dos recursos subvencionados. Em sua análise, o TCE detectou algumas irregularidades e, após o devido processo legal, oportunizando o contraditório e a ampla defesa aos interessados, imputou débito de R$ 150.000,00 (cento e cinquenta mil reais) ao Prefeito responsável pela concessão da subvenção e, solidariamente, à entidade subvencionada.

Considerando a situação hipotética apresentada, responda aos questionamentos a seguir, empregando os argumentos jurídicos apropriados e a fundamentação legal pertinente ao caso.

A) É juridicamente possível ao TCE, na análise da referida prestação de contas, imputar o débito à entidade privada? (Valor: 0,65)

B) Qual a natureza jurídica da decisão do TCE que resultou em imputação de débito por dano causado ao erário? (Valor: 0,60)

A simples menção ou transcrição do dispositivo legal não pontua.

PRÁTICA ADMINISTRATIVA – 7ª EDIÇÃO · EXERCÍCIOS PRÁTICOS

### GABARITO COMENTADO – EXAMINADORA

Em relação ao *item A*, a resposta é afirmativa, devendo o examinando registrar a possibilidade de os Tribunais de Contas imputarem débito a pessoas jurídicas de direito privado que utilizem, gerenciem ou administrem bens, valores ou dinheiros públicos, na forma do Art. 70, parágrafo único, da CRFB.

Em relação ao *item B*, o objetivo é avaliar o conhecimento quanto à natureza jurídica da decisão dos Tribunais de Contas e respectiva eficácia (Art. 71, § 3º, da CRFB).

**Distribuição dos pontos**

| QUESITO AVALIADO | VALORES |
|---|---|
| Item A | |
| Sim, o TCE pode imputar débito a pessoas jurídicas de direito privado que utilizem, gerenciem ou administrem bens, valores ou dinheiros públicos (0,50), nos termos do Art. 70, parágrafo único, da CRFB (0,15) | 0,00 / 0,50 / 0,65 |
| Item B | |
| Natureza administrativa com eficácia de título executivo (0,45), nos termos do Art. 71, § 3º, da CRFB.(0,15) | 0,00 / 0,45 / 0,60 |

**(OAB/Exame Unificado – 2011.2 – 2ª fase)** Um órgão da Administração Pública Federal lançou edital de concorrência para execução de obra pública. Logo após sua publicação, uma empresa interessada em participar do certame formulou representação ao Tribunal de Contas da União (TCU) noticiando a existência de cláusulas editalícias restritivas da competitividade. O TCU, então, solicitou para exame cópia do edital de licitação já publicado e, ao apreciá-lo, determinou a retificação do instrumento convocatório.

Cumprida a determinação e regularizado o edital, realizou-se a licitação, e o contrato foi celebrado com o licitante vencedor.

Entretanto, durante a execução da obra, o TCU recebeu denúncia de superfaturamento e deliberou pela sustação do contrato, comunicando o fato ao Congresso Nacional.

Considerando a situação hipotética narrada, responda aos itens a seguir, empregando os argumentos jurídicos apropriados e a fundamentação legal pertinente ao caso.

A) Foi juridicamente correta a atuação do TCU ao solicitar para exame o edital de licitação publicado? (Valor: 0,60)

B) O TCU tem competência para sustar a execução do contrato superfaturado? (Valor: 0,65)

### GABARITO COMENTADO – EXAMINADORA

Em relação *item a*, foi juridicamente acertada a atuação do TCU ao solicitar o edital já publicado para exame, conforme previsto no artigo 113, § 2º, da Lei 8.666/93. A solicitação foi motivada e casuística, conforme exige o Supremo Tribunal Federal.

Por sua vez, em relação ao *item b*, o TCU não tem competência para sustar contratos administrativos. De acordo com a norma do artigo 71, § 1º, da CRFB, a sustação da execução do contrato deve ser solicitada ao Congresso Nacional, que deverá deliberar em noventa dias. Somente após o prazo, sem manifestação do Congresso Nacional, é que o TCU poderá ao decidir a respeito.

**Distribuição dos pontos**

| ITEM | DESCRIÇÃO | PONTUAÇÃO |
|---|---|---|
| A | - O TCU atuou corretamente (0,3), com base no artigo 113, § 2º, da Lei 8.666/93 (0,3). | 0 / 0,3 / 0,6 |
| B | - O TCU não tem competência para sustar o contrato pela necessidade de oficiar ao Congresso Nacional, conforme art. 71,§ 1º, da CRFB. | 0 / 0,3 |
| | Se o Congresso Nacional não deliberar a respeito no prazo de noventa dias, o TCU decide, conforme art. 71, § 2º, da CRFB. | 0 / 0,35 |

**(OAB/Exame Unificado – 2010.3 – 2ª fase)** Ana Amélia, professora dos quadros da Secretaria de Educação de determinado Estado, ao completar sessenta e dois anos de idade e vinte e cinco anos de tempo de contribuição, formulou requerimento de aposentadoria especial. O pleito foi deferido, tendo sido o ato de aposentadoria publicado no Diário Oficial em abril de 2008. Em agosto de 2010, Ana Amélia recebeu notificação do órgão de recursos humanos da Secretaria de Estado de Educação, dando-lhe ciência de questionamento formulado pelo Tribunal de Contas do Estado em relação à sua aposentadoria especial. Ficou constatado que a ex-servidora exerceu, por quinze anos, o cargo em comissão de Assessora Executiva da Secretaria de Estado de Administração, tendo sido tal período computado para fins de aposentadoria especial.

Considerando a situação hipotética apresentada, responda aos itens a seguir, empregando os argumentos jurídicos apropriados e a fundamentação legal pertinente ao caso.

A) Indique o fundamento para a atuação do Tribunal de Contas do Estado, informando se o ato de aposentadoria já se encontra aperfeiçoado. (Valor: 0,5)

B) Analise se o questionamento formulado pelo órgão de controle se encontra correto. (Valor: 0,5)

**GABARITO COMENTADO – EXAMINADORA**

Nos termos do artigo 71, inciso III, da CRFB, compete ao TCU – e, por simetria, aos Tribunais de Contas dos Estados – apreciar, para fins de registro, a legalidade dos atos de concessão de aposentadoria. De acordo com os precedentes do STF, os atos de aposentadoria são considerados atos complexos, que somente se aperfeiçoam com o registro na Corte de Contas respectiva.

O questionamento formulado pelo órgão de controle encontra-se correto, pois o exercício de função administrativa, estranha ao magistério — como é o caso de cargo em comissão de assessora executiva na Secretaria de Administração –, não pode ser considerado para fins de aposentadoria especial de professores. A norma do artigo 40, § 5º, CRFB, ao disciplinar a matéria, exige efetivo exercício das funções de magistério e o tema veio a ser objeto de súmula do STF (En 726).

Obs.: É importante registrar que o art. 1º da Lei federal 11.301/2006, que acrescentou o § 2º ao art. 67 da Lei 9.394/1996 e que veio a ser declarado constitucional pelo STF, não repercute sobre a questão, pois a situação-problema envolve cômputo, para fins de aposentadoria especial de professor, de função eminentemente administrativa, e não relacionada ao magistério.

**Distribuição de pontos**

| ITEM | DESCRIÇÃO | PONTUAÇÃO |
|---|---|---|
| A | - Os atos de aposentadoria submetem-se ao registro perante os Tribunais de Contas, que apreciam sua legalidade, nos termos do artigo 71, inciso III, da CRFB. | 0 / 0,25 |
| | - O ato de aposentadoria é complexo e somente se aperfeiçoa com o registro no Tribunal de Contas respectivo. | 0 / 0,25 |
| B | - O exercício de função administrativa, estranha ao magistério, não pode ser considerado para fins de aposentadoria especial de professores (artigo 40, § 5º, CRFB, que exige efetivo exercício das funções de magistério). | 0 / 0,3 |
| | - Referência ao Enunciado 726 do STF. | 0 / 0,2 |

# PEÇAS PRÁTICO-PROFISSIONAIS

**(OAB/Exame Unificado – 2010.1 – 2ª fase)** O Ministério Y publicou edital para provimento de 20 vagas para determinado cargo previsto em lei própria, tendo o concurso prazo de validade de noventa dias.

Passados sessenta dias da publicação do edital e publicada a lista dos aprovados, o ministro responsável assinou portaria de homologação do resultado do concurso, convocando os 20 primeiros colocados para, no prazo de dez dias, apresentarem documentos para fins de nomeação. Mauro, candidato regularmente inscrito no certame e aprovado em 15.º lugar, apresentou a documentação requerida. Findo o prazo e passados quinze dias, foi publicada nova portaria, por meio da qual foram nomeados apenas os 10 primeiros colocados, sendo a posse marcada para quatorze dias após a publicação da nomeação.

Inconformado com o ocorrido, Mauro procurou auxílio de profissional da advocacia para a defesa de seus direitos.

Considerando a situação hipotética acima apresentada, na qualidade de advogado(a) constituído(a) por Mauro, redija a peça processual mais adequada ao caso, abordando, além das questões de direito processual e material indispensáveis à defesa dos interesses de seu cliente, os seguintes aspectos:

– foro competente;
– legitimidade passiva;
– mérito da demanda.

(Prova aplicada em 25/07/2010)

### RESOLUÇÃO DA PEÇA PRÁTICO-PROFISSIONAL

1) **Peça:** Mandado de Segurança; a peça encontra fundamento no art. 5º, LXIX, da CF, e nos arts. 1º e 5º, III, da Lei 12.016/09; há ato de autoridade, ilegalidade e existência de prova pré-constituída.

2) **Endereçamento:** Excelentíssimo Senhor Presidente do Colendo Superior Tribunal de Justiça. (Art. 105, I, "b", da CF).

3) **Partes:**

a) **impetrante:** Mauro;

b) **impetrado:** Ministro da...

4) **Tese 1:** direito à nomeação por restar vinculada a competência para nomear os vinte primeiros aprovados depois que estes receberam convocação solicitando a entrega de documentos.

5) **Tese 2:** direito à nomeação dos aprovados no limite das vagas previstas no edital, em obediência aos princípios da proteção da confiança, da boa-fé e da segurança jurídica.

6) **Pedidos:** concessão de segurança para determinar à autoridade coatora a nomeação do impetrante para o cargo em cujo concurso público foi aprovado; deve-se fazer pedido de liminar, trazendo como relevante fundamento (*fumus boni iuris*) as duas teses e como *periculum in mora* o fato de que a nomeação dos dez primeiros candidatos aprovados é iminente.

7) **Observações:**

a) **prazo para o mandado de segurança:** está dentro do prazo de 120 dias, pois a portaria que não nomeou Mauro (ato coator) foi publicada há menos de 14 dias, segundo o que se presume da leitura do enunciado da questão;

b) **outras peças:** a peça indicada é o mandado de segurança; é claro que cabe, também, ação, pelo rito ordinário, com os mesmos pedidos; o problema é que este rito não tem todas as vantagens do mandado de segurança (exemplo: o pedido liminar, numa ação pelo rito ordinário, tem que preencher os requisitos da tutela antecipada; a apelação do Poder Público, no mesmo rito, tem duplo efeito etc.), e os elementos trazidos no problema não requerem dilação probatória, de modo que o mandado de segurança é, de fato, a melhor medida.

## MODELO: MANDADO DE SEGURANÇA

*[O que estiver entre colchetes é apenas nota do autor – não deve constar da peça.]*

*início da peça*

EXCELENTÍSSIMO SENHOR PRESIDENTE DO COLENDO SUPERIOR TRIBUNAL DE JUSTIÇA

*[Deixe espaço de aproximadamente 10 cm para eventual despacho ou decisão do juiz.]*

Mauro ..., estado civil ..., profissão ..., com residência e domicílio ..., portador do RG ... e do CPF ..., por seu advogado que firma a presente (procuração anexada – doc.1), com escritório para recebimento de intimações na ... (art. 106, I, do CPC), vem, à presença de Vossa Excelência, respeitosamente, impetrar contra o Senhor Ministro da ... o presente

**MANDADO DE SEGURANÇA COM PEDIDO DE LIMINAR**

nos termos do artigo 5º, inciso LXIX, da Constituição Federal e da Lei nº 12.016/2009, pelas razões a seguir aduzidas:

## I – DOS FATOS

O Ministério Y publicou edital para provimento de vinte vagas para o cargo de ..., tendo o concurso prazo de validade de noventa dias (doc. 2).

Passados sessenta dias da publicação do edital e publicada a lista dos aprovados, a autoridade coatora assinou portaria de homologação do resultado do concurso, convocando os vinte primeiros colocados para, no prazo de dez dias, apresentarem documentos para fins de nomeação (doc. 3).

O impetrante, candidato regularmente inscrito no certame e aprovado em 15.º lugar, apresentou a documentação requerida (doc. 4).

Findo o prazo e passados quinze dias, foi publicada nova portaria, por meio da qual foram nomeados apenas os dez primeiros colocados, sendo a posse marcada para quatorze dias após a publicação da nomeação (doc. 5).

Inconformado com o ocorrido, o impetrante ingressa com o presente mandado de segurança com pedido de liminar para que seja determinada sua imediata nomeação.

## II – DO DIREITO

### 1. Do cabimento do mandado de segurança

#### 1.1. Existência de ato de autoridade

A conduta ora impugnada – nomeação de apenas dez aprovados, desconsiderando o impetrante, 15º colocado e convocado para a apresentação de documentos com vistas à sua nomeação num concurso cujo edital previa vinte vagas – é ato de autoridade pública, no caso, ato emanado pelo Ministro da ..., indicado como autoridade coatora.

Dessa forma, o mandado de segurança é cabível quanto a esse aspecto (art. 5º, LXIX, da CF e art. 1º da Lei 12.016/09).

#### 1.2. Existência de prova pré-constituída

Os fatos que dão suporte ao direito alegado pelo impetrante estão comprovados de plano, por meio da prova documental ora juntada, consistente nos seguintes documentos: a) cópia integral do edital, no qual consta a existência de vinte vagas a serem providas; b) cópia do ato de homologação do concurso e da convocação dos vinte primeiros colocados para apresentação de documentos com vistas à nomeação, incluindo o impetrante; c) cópia do ato de nomeação, que contemplou apenas os dez primeiros colocados.

Assim, também está cumprido o requisito de prova pré-constituída, essencial para o cabimento do mandado de segurança.

#### 1.3. Respeito ao prazo decadencial de 120 dias

O prazo decadencial para ingressar com o presente *mandamus* também é requisito que está cumprido. Isso porque a conduta impugnada – nomeação de apenas dez aprovados, desconsiderando o impetrante – deu-se há menos de 120 dias, prazo decadencial previsto na lei para a impetração do mandado de segurança.

Assim sendo, o requisito temporal também está ordem.

**1.4. Inexistência de outros impedimentos legais ou jurisprudenciais para a proposição do mandado de segurança**

Por fim, não se configura no presente caso quaisquer outros impedimentos legais (arts. 1º e 5º da Lei 12.016/09) e jurisprudenciais ao manejo do presente remedido constitucional.

Destarte, também não há requisito negativo a impedir a proposição da presente garantia constitucional.

**2. Da legitimidade ativa e passiva**

A legitimidade ativa está em ordem, pois o impetrante defende, em nome próprio, direito próprio decorrente da violação de princípios da Administração Pública.

A autoridade coatora também está corretamente indicada, uma vez que foi o Ministro da ... que praticou o ato ora impugnado, de modo que está atendida a regra no sentido de que é "autoridade coatora aquela que tenha praticado o ato impugnado ou da qual emane a ordem para a sua prática" (art. 6º, § 3º, da Lei 12.016/09).

Aliás, nos termos do art. 105, I, "b", da CF, a competência para conhecer de mandado de segurança contra ato de Ministro de Estado é desse C. Superior Tribunal de Justiça.

**3. Do direito líquido e certo violado**

**3.1. Do direito à nomeação do impetrante em face da competência vinculada da autoridade coatora**

Conforme narrativa feita na exposição dos fatos, o impetrante, aprovado na 15º colocação de um concurso criado para preencher vinte cargos, foi formalmente convocado pela Administração Pública para apresentar documentação com vistas à sua nomeação para o cargo respectivo.

Feita a convocação, a competência administrativa, que poderia ser considerada discricionária, passou a ser competência vinculada, eis que a Administração, ao convocar o impetrante, acabou por demonstrar a existência de necessidade premente de contratação de pessoal, bem como dos demais requisitos para tanto, tais como existência de cargos vagos e disponibilidade financeira.

Nesse sentido, era de rigor que a autoridade coatora nomeasse os vinte candidatos convocados para a apresentação de documentos, o que, naturalmente, incluía o impetrante, 15º colocado no certame, fundamento que, por si só, impõe que seja o presente *mandamus* concedido para o fim de determinar a nomeação do impetrante.

**3.2. Do direito à nomeação do impetrante em face da sua aprovação no limite das vagas previstas no edital**

Não bastasse o fundamento apresentado no item anterior, o fato é que a jurisprudência de nossos tribunais superiores é pacífica, hoje, no sentido de que o candidato aprovado no limite das vagas previstas no edital tem direito à nomeação.

Esse entendimento tem como fundamento os princípios da proteção da confiança, da boa-fé e da segurança jurídica (art. 5º, XXXVI, da CF e art. 2º, *caput*, da Lei 9.784/99).

A Administração Pública só não será obrigada a nomear os aprovados no limite das vagas previstas no edital caso surjam fatos novos pertinentes que tornem inconveniente ao interesse público a efetivação da nomeação, fatos esses que devem ser expostos em ato administrativo devidamente motivado, o que não ocorreu no presente caso.

Assim, considerando que o edital do concurso previu o preenchimento de vinte vagas e o impetrante foi aprovado na 15ª colocação, de rigor a concessão da segurança para que seja determinada sua nomeação.

### III – DA LIMINAR

Excelência, há relevante fundamento no caso em tela. O impetrante demonstrou pela narrativa de fatos acompanhada dos respectivos documentos, e com a subsunção desses fatos a normas de índole constitucional, que houve grave violação de seus direitos, grave violação essa que justifica sua nomeação imediata restando configurado o requisito do *fumus boni juris*.

O impetrante também demonstrou que a posse dos candidatos aprovados está para acontecer nos próximos dias, o que revela a existência de *periculum in mora* no caso.

Sendo assim, o impetrante requer que seja deferida a medida liminar antes mesmo da notificação da autoridade coatora, nos termos do art. 7º, III, da Lei 12.016/2009, para que seja determinado à autoridade coatora sua imediata nomeação para o cargo em cujo concurso foi aprovado.

### IV – DO PEDIDO

Por todo o exposto, o impetrante requer que seja:

a) deferida a medida liminar para que seja determinado à autoridade coatora que proceda à nomeação imediata do impetrante no cargo em cujo concurso foi aprovado;

b) determinada a notificação da autoridade coatora, enviando-lhe todas as cópias dos documentos que instruem a inicial para que preste todas as informações necessárias, no prazo de 10 dias (art. 7º, I, da Lei 12.016/2009);

c) dada ciência ao órgão de representação judicial da União Federal, enviando-lhe cópia da inicial, para que, querendo, ingresse no feito (art. 7º, II, da Lei 12.016/2009);

d) ouvido o representante do Ministério Público para que opine no prazo de 10 dias (art. 12 da Lei 12.016/2009);

e) ao final, confirmada a liminar deferida, concedida definitivamente a segurança pleiteada para que seja determinado à autoridade coatora a consolidação da nomeação definitiva do impetrante no cargo em cujo concurso foi aprovado.

*[Obs.: toda a prova deve ser juntada à inicial, pois o direito é líquido e certo e não se admite dilação probatória. Não há condenação em honorários advocatícios em mandado de segurança: Súmulas 512/STF 105/STJ]*

Dá-se à causa o valor de R$ 1.000,00.

Termos em que pede deferimento.

Local, data ...

*[Não assine, rubrique ou, de outra forma, identifique sua prova!]*

ADVOGADO ...

OAB ...

*fim da peça*

## PADRÃO DE RESPOSTA – PEÇA PROFISSIONAL – EXAMINADORA

O ato a ser impugnado é de ministro de Estado, sendo o foro competente o Superior Tribunal de Justiça. Há prova pré-constituída e direito líquido e certo, visto que o candidato foi chamado para apresentação de documentos para a nomeação, devendo ser impetrado, portanto, mandado de segurança como medida mais adequada.

Ainda que de forma rudimentar (a título de exemplo: "qualificação, residente e domiciliado etc."), deve-se mencionar a legitimidade ativa e qualificar o impetrante corretamente, nos termos do artigo 319, II, do CPC. Por outro lado, deve-se, especificamente, identificar o Ministro como autoridade coatora, e não o Ministério X. Necessidade de pedir ciência da União (Lei n.º 12.016/2009, art. 6.º).

O mérito traz importante questão administrativa: a aprovação dentro do número de vagas. Em um primeiro momento, o candidato não possui direito líquido e certo à nomeação. Todavia, a publicação de ato chamando todos os aprovados para apresentação de documentos impõe à administração a nomeação desses convocados. Portanto, a partir de então, o candidato teria direito líquido e certo à sua nomeação, visto que foi aprovado dentro do número de vagas e convocado para a apresentação de documentos. Nesse mesmo sentido:

"RECURSO EM MANDADO DE SEGURANÇA. CONCURSO PÚBLICO. CONVOCAÇÃO DOS CANDIDATOS PARA APRESENTAR DOCUMENTOS PARA NOMEAÇÃO. COMPROVADA A EXISTÊNCIA DE VAGAS. ATO ADMINISTRATIVO VINCULADO. INVESTIDURA NO CARGO. DIREITO LÍQUIDO E CERTO CARACTERIZADO.

1. A publicação de edital convocando os recorrentes para: '(...) tratarem de assunto relacionado ao processo de nomeação nos respectivos cargos efetivos', determinando, inclusive, a apresentação de diversos documentos a esse propósito, faz crer que há cargos vagos, o que, aliás, restou comprovado nos autos, e que a Administração necessita supri-los. Em outras palavras, a Administração obriga-se a investir os recorrentes no serviço público a partir da publicação desse instrumento convocatório, pois vinculada ao motivo do ato.

2. Seguindo a mesma linha de raciocínio, decidiu a eg. Quinta Turma deste Superior Tribunal de Justiça que: 'A vinculação da Administração Pública aos atos que emite, combinada com a existência de vagas impõe a nomeação, posse e exercício dos recorrentes nos cargos de Inspetor de Polícia Civil de 1.ª Classe do Estado do Ceará' (RMS 30.110/CE, Relator Ministro Napoleão Nunes Maia Filho, DJe 5.4.10).

3. Direito líquido e certo dos impetrantes à investidura nos cargos de Inspetor de Polícia Civil de 1.ª Classe do Estado do Ceará.

4. Recurso ordinário a que se dá provimento."

(RMS 30.881/CE, Rel. Ministro Og Fernandes, Sexta Turma, julgado em 20/04/2010, DJe 10/05/2010)

"RECURSO EM MANDADO DE SEGURANÇA. CONCURSO PÚBLICO. CANDIDATOS CLASSIFICADOS ALÉM DO NÚMERO DE VAGAS INICIALMENTE OFERTADAS NO CERTAME. POSTERIOR SURGIMENTO DE NOVAS VAGAS NO PRAZO DE VALIDADE DO CONCURSO. VEICULAÇÃO DE EDITAL CONVOCATÓRIO NOMINAL PARA APRESENTAÇÃO DE DOCUMENTOS DE NOMEAÇÃO. ATO ADMINISTRATIVO VINCULADO. DIREITO LÍQUIDO E CERTO. INDEMONSTRAÇÃO DE INSUPERÁVEL RAZÃO FINANCEIRA. RECURSO PROVIDO.

1. Para a impetração do Mandado de Segurança se exige tão só e apenas a demonstração, já com a petição inicial, da ameaça ou vulneração a direito individual ou coletivo líquido e certo, por ato de autoridade, bem como a comprovação prévia e documental dos fatos suscitados, de modo que se mostre despicienda qualquer dilação probatória, aliás incomportável no procedimento peculiar deste remédio constitucional.

2. A Constituição Federal prevê duas ordens de direito ao candidato devidamente aprovado em concurso público: (a) o direito de precedência, dentro do prazo de validade do certame, em relação aos candidatos aprovados em concurso superveniente e (b) o direito de convocação por ordem descendente de classificação de todos os aprovados (art. 37, IV, da CF).

3. A Secretaria do Planejamento e Gestão do Estado do Ceará, por meio do Edital 23/2008, convocou nominalmente os recorrentes a comparecerem ao Departamento de Recursos Humanos da Superintendência da Polícia Civil para entrega de documentos com o objetivo de dar início ao processo de nomeação para os respectivos cargos efetivos, revelando, dessa forma, a necessidade do provimento das vagas existentes.

4. A partir da veiculação, por meio de Edital de convocação, do interesse público da Administração em dar início ao processo de investidura dos candidatos aprovados, a nomeação e a posse, que ficariam, em princípio, à discrição administrativa, tornam-se vinculados, gerando, em contrapartida, direito subjetivo em prol dos convocados; somente diante de relevante ou insuperável razão financeira, econômica ou orçamentária, devidamente comprovada, esse direito subjetivo poderá ser postergado.

5. Neste caso, a aprovação/classificação dos recorrentes no Concurso Público para o provimento de cargos de Inspetor de Polícia Civil de 1.ª Classe do Estado do Ceará se deu além do número de vagas ofertadas no Edital de abertura, porém, documento oficial do Departamento de Recursos Humanos da Secretaria da Segurança Pública e Defesa Social, posteriormente expedido, indica a existência de 237 vagas de Inspetor de Polícia Civil do Estado do Ceará, conforme indica a Lei Estadual 14.112/08, dessa mesma Unidade Federativa.

6. A vinculação da Administração Pública aos atos que emite, combinada com a existência de vagas impõe a nomeação, posse e exercício dos recorrentes nos cargos de Inspetor de Polícia Civil de 1ª Classe do Estado do Ceará.

7. Recurso provido para assegurar aos recorrentes a investidura nos cargos de Inspetor de Polícia Civil de 1ª Classe do Estado do Ceará, em que pese o parecer ministerial pelo desprovimento do recurso."

(RMS 30.110/CE, Rel. Ministro Napoleão Nunes Maia Filho, Quinta Turma, julgado em 18/02/2010, DJe 05/04/2010)

Presentes o *fumus boni juris*, já que todos os candidatos aprovados e classificados dentro do número de vagas inicialmente previsto no edital (20) foram chamados para apresentarem documentos para fins de nomeação, e o *periculum in mora*, uma vez que a posse dos primeiros aprovados é iminente.

Observação para a correção: atribuir pontuação integral às respostas em que esteja expresso o conteúdo do dispositivo legal, ainda que não seja citado, expressamente, o número do artigo.

**(OAB/Exame Unificado – 2010.2 – 2ª fase)** JOANA, moradora de um Município da Baixada Fluminense, Rio de Janeiro, ao sair de casa para o trabalho às 7 horas da manhã do dia 10/10/2009, caminhando pela rua em direção ao ponto de ônibus, distraiu-se e acabou por cair em um bueiro que estava aberto, sem qualquer sinalização específica de aviso de cuidado pelo Poder Público. Em razão da queda, sua perna direita ficou presa dentro do bueiro e moradores do local correram para socorrer JOANA. Logo em seguida, bombeiros militares chegaram com uma ambulância e acabaram por prestar os primeiros socorros à vítima e por levá-la ao hospital municipal mais próximo. JOANA fraturou seu joelho direito e sofreu outras lesões externas leves.

Em razão da fratura, JOANA permaneceu em casa pelo período de 2 (dois) meses, com sua perna direita imobilizada e sem trabalhar, em gozo de auxílio-doença. Entretanto, além de seu emprego formal, ela prepara bolos e doces para vender em casa, a fim de complementar sua renda mensal, uma vez que é mãe solteira de um filho de 10 (dez) anos e mora sozinha com ele. Com a venda dos bolos e doces, JOANA aufere uma renda complementar de aproximadamente R$ 100,00 (cem reais) por semana.

Em razão de sua situação, a vítima também não pôde preparar suas encomendas de bolos e doces durante o referido período de 2 (dois) meses em que esteve com sua perna imobilizada.

Diante dos fatos acima descritos, e na qualidade de advogado procurado por JOANA, elabore a peça processual cabível para defesa do direito de sua cliente.

### RESOLUÇÃO DA PEÇA PRÁTICO-PROFISSIONAL

1. **Peça Processual:** Ação Indenizatória pelo Rito Ordinário
2. **Endereçamento:** Excelentíssimo Senhor Doutor Juiz de Direito da ... Vara ... da Comarca de ...., da Justiça Estadual do Rio de Janeiro.
3. **Fundamentação e teses:**
   a) responsabilidade do município pela manutenção dos bueiros;
   b) demonstração da omissão do município decorrente da falta de tampa e de sinalização no bueiro (nexo causal);
   c) responsabilidade objetiva configurada; alternativamente, responsabilidade subjetiva também configurada, pela existência de falta do serviço;
   d) caracterização dos danos materiais (tratamento e lucros cessantes) e morais sofridos por Joana;
4. **Pedido:**
   a) indenização por danos emergentes (tratamento);
   b) indenização por lucros cessantes (ausência de renda complementar por 2 meses);
   c) indenização por danos morais;
   d) demais requerimentos de praxe.

# MODELO: PETIÇÃO INICIAL DE AÇÃO INDENIZATÓRIA POR RESPONSABILIDADE EXTRACONTRATUAL DO ESTADO

*início da peça*

EXCELENTÍSSIMO SENHOR DOUTOR JUIZ DE DIREITO DA ... VARA ... DA COMARCA DE ...., DA JUSTIÇA ESTADUAL DO RIO DE JANEIRO.

*Pular 10 linhas*

JOANA ..., estado civil ..., profissão ..., com residência e domicílio ..., portadora do RG n° ... e inscrita no CPF sob n° ..., vem, respeitosamente, à presença de Vossa Excelência, por meio de seu advogado e bastante procurador que esta subscreve (doc. 01 – mandato), com fundamento nos arts. 37, § 6.°, da Constituição Federal, e 43 e 948 do Código Civil, propor a presente

## AÇÃO INDENIZATÓRIA

em face do MUNICÍPIO DE ...., pessoa jurídica de direito público interno, com sede na ...,em virtude dos fundamentos de fato e de direito a seguir expostos:

**I – DOS FATOS**

No dia 10/10/2009, por volta das 7 horas da manhã, a autora, ao sair de casa para o trabalho, caminhando pela rua em direção ao ponto de ônibus, acabou por cair em um bueiro que estava aberto na rua.

Vale ressaltar que o bueiro em questão estava sem qualquer sinalização específica de aviso de cuidado por parte ré, responsável pela conservação das vias públicas.

Em razão da queda, a perna direita da autora ficou presa dentro do bueiro, que teve que contar com a ajuda de moradores do local no seu socorro.

Logo em seguida, bombeiros militares chegaram com uma ambulância e acabaram por prestar os primeiros socorros à autora e por levá-la ao hospital municipal mais próximo.

No hospital, constatou-se que a autora fraturara seu joelho direito e sofrera outras lesões externas leves (doc. 2).

Em razão da fratura, a autora teve diversos gastos de tratamento (doc. 3) e permaneceu em casa pelo período de 2 (dois) meses, com sua perna direita imobilizada e sem trabalhar, em gozo de auxílio-doença (doc. 4).

Entretanto, além de seu emprego formal, a autora prepara bolos e doces para vender em casa, a fim de complementar sua renda mensal (doc. 5), uma vez que é mãe solteira de um filho de 10 (dez) anos e mora sozinha com ele (doc. 6).

Com a venda dos bolos e doces, a autora aufere uma renda complementar de aproximadamente R$ 100,00 (cem reais) por semana, tendo também ficando por dois meses sem poder preparar suas encomendas, já que estava com sua perna imobilizada (doc. 5).

Diante dessa situação e da responsabilidade da ré pelo ocorrido, conforme se demonstrará, não restou outra alternativa à autora que não ingressar com a presente ação indenizatória decorrente de responsabilidade extracontratual da Municipalidade-ré.

## II – DO DIREITO

### 1. Da responsabilidade objetiva do Estado

A Constituição Federal, em seu art. 37, § 6.º, consagra a responsabilidade objetiva do Estado por danos causados a terceiros. Confira:

> "§ 6.º As pessoas jurídicas de direito público e as de direito privado prestadoras de serviço público responderão pelos danos que seus agentes, nessa qualidade, causarem a terceiros, assegurado o direito de regresso contra o responsável, nos casos de dolo ou culpa."

No mesmo sentido é o disposto no art. 43 do Código Civil, a seguir transcrito

> "Art. 43. As pessoas jurídicas de direito público interno são civilmente responsáveis por atos dos seus agentes que nessa qualidade causem danos a terceiros, ressalvado direito regressivo contra os causadores do dano, se houver, por parte destes, culpa ou dolo."

Os fatos narrados nesta petição inicial enquadram-se perfeitamente na hipótese de incidência prevista nos dispositivos acima citados.

Há conduta estatal, dano e nexo de causalidade entre a primeira e o segundo.

A conduta da pessoa jurídica de direito público está caracterizada pela omissão do Município-réu em cuidar, conservar e fazer a manutenção dos bueiros.

Há de se lembrar que as ruas e calçadas de uma cidade são bens de uso comum do povo pertencentes aos Municípios, de modo que compete a estes proceder à manutenção dos bueiros presentes em tais vias.

O dano também está caracterizado. A documentação juntada com a presente exordial demonstra que a autora efetivamente caiu no bueiro. Demonstra também que as lesões decorrentes geraram despesas com tratamento e impediram que esta continuasse auferindo renda complementar com a elaboração de bolos e doces, tudo sem contar os danos morais decorrentes dos enormes transtornos que passou por ter ficado com a perna imobilizada.

O nexo de causalidade também se encontra presente, eis que o dano somente ocorreu pela existência de bueiro sem tampa e sem sinalização por parte da ré.

Por outro lado, não ocorre no caso presente qualquer das causas excludentes da responsabilidade estatal, tudo a fazer incidir os dispositivos citados, fazendo-se de rigor o reconhecimento da responsabilidade estatal pela reparação dos danos causados à autora.

### 2. Alternativamente: da configuração da responsabilidade subjetiva do Estado

De qualquer forma, e considerando o princípio da eventualidade, vale lembrar que mesmo que se reconheça que o caso envolve responsabilidade subjetiva, dada a conduta omissiva estatal, o fato é que também está demonstrado o pressuposto para a configuração dessa responsabilidade.

Com efeito, resta patente, no caso, a falta do serviço, consistente na ausência do serviço estatal de conservação e manutenção dos bueiros.

Serviços dessa natureza não podem deixar de ser prestados, já que um número extraordinário de veículos e pessoas passam pelas vias públicas o tempo todo.

A ausência desse tipo de serviço caracteriza um serviço estatal defeituoso, ensejando, destarte, responsabilidade estatal, conforme vem reconhecendo a jurisprudência dos nossos tribunais superiores.

Demonstrada a responsabilidade do Estado, seja na modalidade objetiva, seja na modalidade subjetiva, de rigor, agora, tratar das verbas indenizatórias devidas à autora.

### 3. Das verbas indenizatórias devidas

#### 3.1. Dos danos materiais

A autora sofreu dois tipos de danos materiais, quais sejam, danos emergentes e lucros cessantes.

Os danos emergentes consistem nas despesas de tratamento que teve que suportar, no valor de ...., conforme demonstrativos ora juntados.

Os lucros cessantes consistem em dois meses sem auferir a renda complementar de R$ 100 mensais com a elaboração de bolos e doces por encomendas, conforme demonstrativos ora juntados.

Assim, chega-se a um total de R$ ...., devidos a títulos de danos materiais, e que deverá ser corrigido da data do evento danoso.

#### 3.2. Dos danos morais

A Constituição Federal, em seu art. 5.º, V e X, e o Código Civil, em seus arts. 186 (ato ilícito) e 944 ("a indenização mede-se pela extensão do dano") impõem que os danos morais também devem ser indenizados.

Nesse sentido, considerando que a autora ficou dois meses sem poder trabalhar e exercer suas atividades rotineiras como profissional, mãe e ser humano, tendo em vista a imobilização de sua perna, e considerando ainda que o dano moral é consequência natural e imediata desse fato, independendo de comprovação segundo a jurisprudência, a autora faz jus a uma verba de R$ ... a título de danos morais.

Vale ressaltar que, em matéria de dano moral, a correção monetária é devida desde a data da fixação de seu valor, ou seja, desde a data da decisão judicial que fixar a indenização por dano moral. Já os juros moratórios são calculados tendo-se em conta a data do evento danoso (Súmula 54 do STJ: "os juros moratórios fluem a partir do evento danoso, em caso de responsabilidade extracontratual").

### III – DO PEDIDO

Ante o exposto, é o presente para requerer a Vossa Excelência o quanto segue:

a) a citação da ré, no endereço declinado no pórtico desta inicial, para, querendo, contestar a presente ação no prazo legal, sob as penas da lei processual civil.

b) A procedência da ação para condenar a ré no pagamento das seguintes quantias: i) R$ ..., relativa às despesas com tratamento, corrigida desde a data do desembolso por parte da autora; ii) R$ 400,00, relativa aos lucros cessantes; iii) R$ ..., a título de indenização por danos morais; iv) correção monetária, com base em índice que espelhe o fenômeno inflacionária (como o IPCA-E); v) juros legais, na forma do art. 1º-F da Lei 9.494/97; vi) os índices referidos nos itens iv e v devem incidir sobre cada condenação, sendo que os encargos incidirão a partir do evento danoso, salvo a correção monetária quanto aos danos morais, que correrá a partir de sua fixação; vii) honorários advocatícios de 20%, incidentes sobre o somatório de todas as condenações, bem como custas e despesas processuais suportados pela autora.

Protesta pela produção de prova documental e testemunhal, e de todos os meios probatórios em direito admitidos, ainda que não especificados no Código de Processo Civil, desde que moralmente legítimos (CPC, art. 369).

Dá-se à causa o valor de R$ ... .

Termos em que pede deferimento.

Local ..., data...

Advogado ...

OAB ....

*fim da peça*

## GABARITO COMENTADO – EXAMINADORA

O examinando deve elaborar uma petição inicial de Ação Ordinária de Indenização contra o município.

A ação deve ser proposta contra o município e deve conter:

- A responsabilidade do município pela manutenção dos bueiros;
- A demonstração da omissão do município decorrente da falta de tampa e de sinalização no bueiro (nexo causal);
- A caracterização dos danos materiais (tratamento e lucros cessantes) e morais sofridos por JOANA.

O pedido deve ser INDENIZAÇÃO (em valores atualizados) pelos danos sofridos por JOANA (além da condenação nas verbas decorrentes da sucumbência).

Estrutura inicial da petição Parcial Total:

- Endereçamento da petição – 0 / 0,25
- Qualificação das partes – 0 / 0,25
- Exposição dos fatos – 0 / 0,1 / 0,2 / 0,3

Fundamentação Parcial Total:

- Fundamento da responsabilidade (art. 37 § 6º CF c/c art. 43 CC.) – 0 / 0,5 / 1,0
- Caracterização da omissão do município e nexo causal entre a omissão e o dano – 0 / 0,5 / 1,0
- Caracterização dos danos (materiais e morais) – 0 / 0,5 / 1,0

Pedidos e atribuição do valor da causa Parcial Total:

- Procedência da ação c/ a condenação da indenização pretendida – 0 / 0,2 / 0,4

- Condenação nas verbas de sucumbência – 0 / 0,2
- Citação do réu – 0 / 0,2
- Protesto por provas – 0 / 0,2
- Atribuição do valor da causa (art. 292, CPC) – 0 / 0,1 / 0,2

**(OAB/Exame Unificado – 2010.3 – 2ª fase)** Em janeiro de 2006, o Ministério Público abre inquérito civil para checar atos de improbidade administrativa realizados pelo prefeito de Mar Azul, município situado no interior do Estado X. Esses atos de improbidade consistiriam na auferição de vantagens patrimoniais indevidas em razão do exercício do cargo e envolveriam atuações do próprio prefeito e do chefe do gabinete civil. No curso das investigações procedidas, ficou confirmado que o chefe do gabinete civil recebeu vantagem econômica, em dinheiro, de vários empreiteiros que contratavam com o poder público. Ficou apurado, também, que algumas pessoas chegaram a informar ao prefeito essa conduta de seu chefe do gabinete civil. Entretanto, o prefeito não tomou providências, sempre dizendo às pessoas que realizavam as denúncias que confiava na atuação de seu secretário. Ainda na parte da apuração, para efeitos da justa causa voltada ao ajuizamento da ação civil pública de improbidade, ficou comprovado o aumento patrimonial do chefe do gabinete civil, desproporcional aos seus ganhos, mas não o do prefeito. Com isso, já agora em janeiro de 2011, o Ministério Público ajuíza ação de improbidade em face do prefeito e de seu chefe de gabinete, fazendo menção a todos os atos de improbidade – o último teria se dado em dezembro de 2004, ano em que expirava o mandato do Prefeito –, representativos da afronta ao art. 9º, inciso I, da Lei 8.429/92. Em sua peça, bem instruída com o inquérito civil, o Ministério Público menciona conduta comissiva do chefe de gabinete do prefeito e omissiva deste último, caracterizadora de desídia, a se enquadrar na ideia de negligência com o interesse público. Recebendo a peça inicial, o juiz da vara fazendária de Mar Azul determina a citação dos réus no dia 02/02/2011. Os mandados são efetivados no dia 04/02/2011 e juntos no dia 08/02/2011.

Transtornado com a ação proposta e ciente do pedido de suspensão dos direitos políticos por 10 anos e pagamento de multa civil de até 100 vezes de seus subsídios, o prefeito – cujo nome é Caio da Silva Nunes – procura você para apresentar a sua defesa.

Tendo sido aceito o mandado, componha a peça adequada, trazendo todos os fundamentos possíveis para a defesa e datando com o último dia do prazo.

---

**PADRÃO DE RESPOSTA – PEÇA PROFISSIONAL – FGV**

O examinando deverá elaborar uma peça contestatória (artigo 17, § 9º, da Lei 8.429/92), abordando os seguintes temas:

(i) Preliminarmente, deve ser deduzida a nulidade da citação por não ter sido observada a prévia notificação a que aduz o art. 17, § 7º, da Lei 8.429/92.

(ii) Ainda preliminarmente – ou como prejudicial de mérito –, espera-se que o examinando sustente a prescrição da pretensão formulada pelo Ministério Público (prescrição quinquenal), nos termos do art. 23, inciso I, da Lei 8.429/92, destacando-se que não foi formulada pretensão de ressarcimento por dano ao erário, em relação a qual se poderia sustentar a imprescritibilidade, na forma do artigo 37, § 5º, da CRFB.

(iii) No mérito, deve o examinando argumentar no sentido da impossibilidade de ser o réu responsabilizado, haja vista que a sua conduta não foi maliciosa ou de má-fé, inexistindo, portanto, conduta dolosa, elemento subjetivo imprescindível para a incidência do art. 9º da Lei de Improbidade.

(iv) Em reverência ao princípio da eventualidade, o examinando deverá mencionar a desproporcionalidade da multa postulada, a qual se submete aos limites impostos no artigo 12, inciso I, da Lei de Improbidade.

(v) Em conclusão, o examinando deve postular o acolhimento das preliminares suscitadas ou, caso assim não se entenda, no mérito, a improcedência dos pedidos formulados pelo Ministério Público. Em atenção ao princípio da eventualidade, caso se entenda pela procedência do pedido, o examinando deve requerer a observância do disposto no artigo 12, inciso I, da Lei n. 8.429/92.

São esses os temas jurídicos que deverão ser levantados na peça, exigindo-se que o examinando desenvolva a tese fática da ausência do dolo, demonstrando que o Prefeito, em sua omissão, nunca aderiu à ideia de que seu Chefe de Gabinete fosse venal, bem como não ter tido aumento patrimonial que pudesse caracterizar um conluio com este último.

Segue abaixo modelo sintético da peça:

## MODELO: CONTESTAÇÃO

*início da peça*

Excelentíssimo Senhor Juiz de Direito da Vara da Fazenda Pública da Comarca de Mar Azul – Estado X

*[Deixe espaço de aproximadamente 10 cm para eventual despacho ou decisão do juiz.]*

Caio da Silva Nunes, brasileiro, casado, portador da CI nº e do CPF nº, residente na rua nº do município, vem perante Vossa Excelência apresentar CONTESTAÇÃO à ação de improbidade administrativa que lhe é movida pelo Ministério Público, de acordo com os fatos e fundamentos que passa a expor:

**I – DOS FATOS – SÍNTESE DA DEMANDA**

O examinando deverá expor os detalhes trazidos pelo enunciado da questão, principalmente aqueles que evidenciam a prescrição. Deve salientar, outrossim, que o réu não aderiu à ideia de que seu Chefe de Gabinete estaria se valendo do cargo para obter recurso indevido, bem como a ausência de crescimento patrimonial, desproporcional aos seus ganhos, a denotar que não teria atuado de má-fé, descaracterizando, pois, a atuação dolosa.

**II – DO DIREITO**

O examinando deverá fazer alusão aos argumentos descritos nos itens (i) a (iv) supra – ausência de notificação, prescrição da ação e a ausência de dolo, a retirar a ideia de ato de improbidade, e, na eventualidade, a impossibilidade de ser condenado na multa, diante de sua total desproporcionalidade.

### III – DOS PEDIDOS – CONCLUSÃO

Em desfecho da peça contestatória, espera-se que o examinando formule os seguintes pedidos:

(i) reconhecimento da nulidade do feito, face à ausência de notificação;

(ii) acolhimento da preliminar (ou prejudicial – ambas são aceitas) de prescrição da pretensão, com a extinção do processo com resolução do mérito, na forma do artigo 269 do Estatuto Processual Civil;

(iii) caso sejam superadas as preliminares – o que se admite apenas em atenção ao princípio da eventualidade –, deve o examinando postular a improcedência do pedido;

(iv) em assim não se entendendo, deve, ainda em reverência à eventualidade, deve o examinando postular a não imposição da multa administrativa.

(v) por fim, deve o examinando requerer a produção de provas;

N. Termos

P. Deferimento

Data (a indicação da data deve observar a existência de litisconsórcio passivo com procuradores diferentes, a importar no prazo de 30 dias para a contestação, na forma do artigo 229, do CPC, aplicável ao rito da ação de improbidade por força do artigo 17 da Lei n. 8.429/92).

Advogado

OAB n°

*fim da peça*

### Distribuição de pontos

| DESCRIÇÃO | PONTUAÇÃO |
|---|---|
| 1) Endereçamento da petição inicial | 0 / 0,45 |
| 2) Qualificação das partes | 0 / 0,25 |
| 3) Preliminares (0,25 cada um):<br>– Nulidade das citações<br>– Citar norma (Art. 17, § 7°, Lei 8.429/92)<br>– Anular recebimento da ação<br>– Determinar a notificação nos termos do art. 17, § 7°, Lei 8.429/92) | 0 / 0,25 / 0,5 / 0,75 / 1,0 |
| 4) Prescrição (0,25) com fundamentação (Art. 23, I, da Lei 8.429/92) (0,25) | 0 / 0,25 / 0,5 |
| 5) Dolo<br>– ausência de benefício (0,6)<br>– ausência de vinculação entre as condutas do Prefeito e do Secretário (0,5)<br>– redução da multa (0,5) | 0 / 0,5 / 0,6 / 1,0 / 1,1 / 1,6 |

| DESCRIÇÃO | PONTUAÇÃO |
|---|---|
| 6) Pedidos (0,2 cada um)<br>– protestar pela nulidade da citação<br>– reconhecimento da prescrição<br>– improcedência do pedido de ausência de dolo<br>– na eventualidade, reduzir multa<br>– protestar por provas | 0 / 0,2 / 0,4 / 0,6 / 0,8 / 1,0 |
| 7) Data da contestação | 0 / 0,2 |

Também foi aceita, como peça processual adequada para a situação exposta no enunciado, a interposição de agravo de instrumento contra a decisão que recebeu a petição inicial (recurso contra o juízo de admissibilidade positivo da petição inicial, na forma do artigo 17, § 10, da Lei 8.429/92).

Aqueles examinandos que optaram pela interposição de Agravo de Instrumento devem desenvolver os seguintes temas:

(i) Inicialmente, deve o examinando observar os requisitos de índole processual para a interposição do agravo de instrumento, cabendo registrar o endereçamento do agravo de instrumento ao Presidente do Tribunal de Justiça (artigo 1016 do CPC), a qualificação das partes, com a indicação do nome e endereço completo dos advogados constantes do processo (1016, III, do CPC), bem como a indicação de que a petição de agravo de instrumento encontra-se instruída com as peças obrigatórias, na forma no artigo 1017, I, do CPC.

(ii) Ao desenvolver as razões do pedido de reforma da decisão agravada, deve o examinando sustentar, em primeiro lugar, a nulidade da citação, por inobservância do rito estabelecido na norma do artigo 17, § 7º, da Lei 8.429/92 (não foi oportunizada ao agravante a apresentação de defesa prévia). Além disso, também para fundamentar a necessidade de anulação da decisão agravada, deve o examinando desenvolver a ausência de justa causa para a ação de improbidade.

(iii) O examinando deve, outrossim, formular pedido de concessão de efeito suspensivo ao recurso de agravo de instrumento, na forma do artigo 1.019, CPC, a fim de suspender os efeitos da decisão que recebeu a petição inicial e determinou a citação do agravante.

(iv) Em conclusão, no capítulo da petição de agravo destinado à formulação dos pedidos, deve o examinando requerer a concessão de efeito suspensivo ao recurso, na forma do art. 1.019, CPC e, após ultimadas as providências previstas naquela norma, o conhecimento do recurso e seu provimento, para o fim de reformar a decisão agravada e, com isso, anular a decisão que determinou a citação do agravante para responder aos termos da ação de improbidade.

Segue abaixo modelo sintético da peça:

## MODELO: AGRAVO DE INSTRUMENTO

*início da peça*

Excelentíssimo Senhor Desembargador Presidente do Egrégio Tribunal de Justiça

*[Deixe espaço de aproximadamente 10 cm para eventual despacho ou decisão do juiz.]*

Caio da Silva Nunes, brasileiro, casado, portador da CI nº e do CPF nº, residente na rua nº do município, inconformado, "data venia", com a decisão proferida pelo MM. Juízo Fazendário da Comarca de Mar Azul, que recebeu a petição inicial da ação de improbidade que lhe move o Ministério Público e determinou sua citação, vem, tempestivamente, com fundamento na norma do artigo 17, § 10, da Lei n. 8.429/92, interpor o presente

### AGRAVO DE INSTRUMENTO, COM PEDIDO DE CONCESSÃO DE EFEITO SUSPENSIVO

pelos fundamentos de fato e de direito que passa a expor, requerendo, ao final, o conhecimento e o provimento do recurso, a fim de que seja reconhecida a nulidade da r. decisão agravada.

Em cumprimento ao que dispõe a norma do artigo 1.016, IV CPC, o agravante informa o nome e o endereço completo dos advogados constantes do processo e registra que a presente petição encontra-se instruída com as peças obrigatórias referidas no artigo 1017, I, do CPC (atenção para o aumento no número de peças obrigatórias)

Pede deferimento.

Data (a indicação da data deve observar a existência de litisconsórcio passivo com procuradores diferentes, a importar no prazo de 20 dias para o oferecimento do agravo de instrumento, na forma do artigo 229, do CPC, aplicável ao rito da ação de improbidade por força do artigo 17 da Lei n. 8.429/92).

*************************************************************

### EGRÉGIO TRIBUNAL:

**RAZÕES DE RECURSO**

**I – DA DECISÃO AGRAVADA**

O examinando deverá expor os detalhes trazidos pelo enunciado da questão, principalmente aqueles que evidenciam a nulidade da citação e a inconformidade da decisão que recebeu a petição inicial com o rito estabelecido pela Lei de Improbidade no que tange à defesa prévia.

**II – RAZÕES DO PEDIDO RECURSAL: NULIDADE DA CITAÇÃO E AUSÊNCIA DE JUSTA CAUSA**

O examinando deverá fazer alusão aos argumentos descritos no item (ii) supra, – ausência de notificação e de justa causa para o recebimento da petição inicial, impondo-se o reconhecimento da nulidade da citação.

### III – PEDIDO DE CONCESSÃO DE EFEITO SUSPENSIVO

O examinando deve demonstrar a presença dos requisitos previstos no artigo 1019, do CPC (relevância da fundamentação e a lesão grave e de difícil reparação que pode resultar da inobservância do devido processo legal), que justificam a concessão de efeito suspensivo ao recurso.

### IV – CONCLUSÃO

Em desfecho da petição de agravo de instrumento, espera-se que o examinando formule os seguintes pedidos:

(i) a concessão de efeito suspensivo ao recurso, na forma do artigo 1019, I, do CPC;

(ii) o conhecimento do recurso, eis que presentes os pressupostos de admissibilidade;

(iii) o provimento do recurso, com o reconhecimento da nulidade da decisão agravada, que recebeu a petição inicial e determinou a citação do agravante, tendo em vista a inobservância da norma do artigo 17, § 7º, da Lei n. 8.429/92.

N. Termos

P. Deferimento

Data (a indicação da data deve observar a existência de litisconsórcio passivo com procuradores diferentes, a importar no prazo de 20 dias para a interposição do agravo, na forma do artigo 229, do CPC, aplicável ao rito da ação de improbidade por força do artigo 17 da Lei n. 8.429/92).

Advogado

OAB nº

*fim da peça*

**Distribuição de pontos**

| DESCRIÇÃO | PONTUAÇÃO |
| --- | --- |
| 1) Endereçamento do agravo | 0 / 0, 5 |
| 2) Qualificação das partes | 0 / 0,25 |
| 3) Peças obrigatórias | 0 / 0,5 |
| 4) Endereço dos advogados | 0 / 0,25 |
| 5) Nulidade das citações – fundamentação | 0 / 1,0 / 1,5 |
| 6) Justa causa ausente | 0 / 0,75 |
| 7) Pedidos:<br>– efeito suspensivo<br>– nulidade | 0 / 0,5<br>0 / 0,5 |
| 8) Data do agravo | 0,25 |

(OAB/Exame Unificado – 2011.1 – 2ª fase) João Augusto estava participando de uma partida de futebol quando fraturou uma costela, vindo a necessitar de intervenção cirúrgica, realizada em hospital público federal localizado no Estado X. Dois anos e meio após a realização da cirurgia, João Augusto ainda sofria com muitas dores no local, o que o impossibilitava de exercer sua profissão como taxista. Descobre, então, que a equipe médica havia esquecido um pequeno bisturi dentro do seu corpo. Realizada nova cirurgia no mesmo hospital público, o problema foi resolvido. No dia seguinte, ao sair do hospital, João Augusto procura você, na qualidade de advogado(a), para identificar e minutar a medida judicial que pode ser adotada para tutelar seus direitos. Redija a peça judicial cabível, que deve conter argumentação jurídica apropriada e desenvolvimento dos fundamentos legais da matéria versada no problema, abordando, necessariamente: (i) competência do órgão julgador; (ii) a natureza da pretensão deduzida por João Augusto; e (iii) os fundamentos jurídicos aplicáveis ao caso. (Valor: 5,0)

## PADRÃO DE RESPOSTA – PEÇA PROFISSIONAL – FGV

A medida judicial a ser proposta é uma Ação de Responsabilidade Civil / Ação Indenizatória pelo rito ordinário em face da União Federal, tendo em vista o dano sofrido por João Augusto em decorrência de atuação negligente e imperita da equipe médica do hospital público na primeira intervenção cirúrgica a que se submeteu.

O examinando deve, em primeiro lugar, identificar que o juízo competente para processar e julgar a demanda indenizatória será a primeira instância da justiça comum federal, tendo em vista ser a pretensão deduzida em face da União Federal (artigo 109, inciso I, da CRFB).

Além disso, espera-se que o examinando, após qualificar as partes e narrar os fatos, fundamente o direito de seu cliente à luz da norma do artigo 37, § 6º, da CRFB, que estabelece a responsabilidade objetiva do Estado por danos que seus agentes, nessa qualidade, causarem a terceiros. É importante destacar a desnecessidade de se comprovar a atuação culposa ou dolosa da equipe médica, uma vez que a responsabilidade sub examine é objetiva, prescindindo do elemento subjetivo.

**Distribuição de pontos**

| DESCRIÇÃO | PONTUAÇÃO |
|---|---|
| 1) Endereçamento da petição inicial:<br>– Juízo da Vara Federal da Seção Judiciária do Estado X | 0 / 0,5 |
| 2) Qualificação das partes (0,25 para cada item):<br>– João Augusto<br>– União Federal<br>– pessoa jurídica de direito público interno. | 0 / 0,25 / 0,5 / 0,75 |
| 3) Identificação da ação:<br>– ação indenizatória pelo rito ordinário. | 0 / 0,25 |
| 4) Narrativa dos fatos / exposição de forma coerente e lógica | 0 / 0,25 |

| DESCRIÇÃO | PONTUAÇÃO |
|---|---|
| 5) Fundamentação para a pretensão indenizatória (0,5 para cada item):<br>– Responsabilidade civil do Estado fundada na teoria do risco administrativo (artigo 37, § 6°, da CRFB).<br>– Responsabilidade objetiva do Estado, que prescinde de qualquer investigação quanto ao elemento subjetivo.<br>– Danos materiais sofridos: impossibilidade de exercer a atividade laborativa.<br>– Danos morais. | 0 / 0,5 / 1,0 / 1,5 / 2,0 |
| 6) Pedidos / Conclusão (0,2 para cada item):<br>– citação da União Federal;<br>– procedência do pedido para condenar a União Federal ao pagamento de indenização por danos materiais<br>– pedido de indenização por danos morais;<br>– produção genérica de provas;<br>– condenação em honorários sucumbenciais. | 0 / 0,2 / 0,4 / 0,6 / 0,8 / 1,0 |
| 7) Atribuição de valor à causa | 0 / 0,25 |

(OAB/Exame Unificado – 2011.2 – 2ª fase) A empresa Aquatrans é concessionária de transporte público aquaviário no Estado X há sete anos e foi surpreendida com a edição do Decreto 1.234, da Chefia do Poder Executivo Estadual, que, na qualidade de Poder Concedente, declarou a caducidade da concessão e fixou o prazo de trinta dias para assumir o serviço, ocupando as instalações e os bens reversíveis.

A concessionária, inconformada com a medida, especialmente porque jamais fora cientificada de qualquer inadequação na prestação do serviço, procura-o, na qualidade de advogado(a), e o contrata para ajuizar a medida judicial pertinente para discutir a juridicidade do decreto, bem como para assegurar à concessionária o direito de continuar prestando o serviço até que, se for o caso, a extinção do contrato se opere de maneira regular.

Elabore a peça processual adequada, levando em consideração que a matéria não demanda qualquer dilação probatória e que se deve optar pela medida judicial cujo rito, em tese, seja o mais célere.
(Valor: 5,0)

### PADRÃO DE RESPOSTA – PEÇA PROFISSIONAL – FGV

A medida judicial adequada, diante dos parâmetros indicados no enunciado, é o Mandado de Segurança contra ato do Senhor Governador do Estado X, consubstanciado no Decreto 1.234, por meio do qual declarou a caducidade do contrato de concessão de serviço público de transporte aquaviário celebrado com a empresa Aquatrans.

No que diz respeito à fundamentação jurídica, o examinando deve, em primeiro lugar, abordar brevemente em que consiste a caducidade de uma concessão e, logo após, identificar que existe uma série de requisitos prévios à opção pela caducidade que, absolutamente, não foram observados no caso proposto. Isso porque, nos termos do artigo 38,

§§ 2º e 3ª, da Lei 8.987/95, a declaração de caducidade deve precedida da verificação de inadimplência da concessionária em processo administrativo que lhe assegure ampla defesa, sendo certo que o processo administrativo não pode ser instaurado antes de cientificada a concessionária dos descumprimentos contratuais, com a fixação de prazo para que promova as correções necessárias. A inobservância do "devido processo legal" impõe, portanto, a anulação do decreto.

Com a demonstração da plausibilidade do direito alegado, a impetrante deve pleitear, liminarmente, provimento jurisdicional que determine ao impetrado que se abstenha de tomar qualquer medida para assumir o serviço com base no ato impugnado.

**Distribuição dos pontos**

| DESCRIÇÃO | PONTUAÇÃO |
|---|---|
| 1) Endereçamento da petição inicial: Tribunal de Justiça do Estado X | 0 / 0,25 |
| 2) Qualificação das partes (0,25 para cada item):<br>– Aquatrans<br>– contra ato<br>– do Governador do Estado X<br>– Estado X | 0 / 0,25 / 0,5 / 0,75 / 1,0 |
| 3) Identificação da ação: Mandado de Segurança | 0 / 0,5 |
| 4) Narrativa dos fatos / exposição de forma coerente e lógica | 0 / 0,25 |
| 5) Fundamentação (0,5 para cada item) – NÃO BASTA A MERA INDICAÇÃO DO ARTIGO:<br>– Nulidade do Decreto 1.234 – inobservância do devido processo legal (0,25) (artigo 5º, LIV, da CRFB) (0,25)<br>– Ausência de cientificação das irregularidades e fixação de prazo para correção (0,25) (artigo 38, § 3º, da Lei 8.987/95) (0,25)<br>– Não foi instaurado processo de verificação de inadimplência (0,25) (artigo 38, § 2º, da Lei 8.987/95) (0,25)<br>– Fundamento do pedido de liminar – abstenção de medidas para assunção do serviço OU suspensão dos efeitos do decreto. | 0 / 0,25 / 0,5<br>0 / 0,25 / 0,5<br>0 / 0,25 / 0,5 |
| 6) Pedidos / Conclusão (0,2 para cada item):<br>– Deferimento da liminar;<br>– Notificação da autoridade impetrada para prestar informações;<br>– Ciência do feito ao órgão de representação judicial do Estado X;<br>– Confirmação da liminar e anulação / declaração de nulidade do decreto impugnado.<br>– Atribuição de valor à causa | 0 / 0,2 / 0,4 / 0,6 / 0,8<br>0 / 0,2 |

(**OAB/Exame Unificado – 2011.3 – 2ª fase**) Francisco de Tal é proprietário de uma área de 2.000m² situada bem ao lado da sede da Prefeitura do Município de Bugalhadas. Ao se aposentar, no ano de 2003, cansado da agitada vida da cidade de São Paulo, onde reside, Francisco resolveu viajar pelo mundo por ininterruptos três anos. Ao retornar, Francisco descobre que o Município de Bugalhadas iniciou em 2004, sem sua autorização, obra em seu terreno para a construção de um prédio que servirá de apoio às atividades da Prefeitura. A obra já se encontra em fase bem adiantada, com inauguração prevista para o início do próximo mês. Francisco procura-o, na qualidade de advogado(a), para identificar e minutar a medida judicial que pode ser adotada para tutelar seus direitos. A medida judicial deve conter argumentação jurídica apropriada e desenvolvimento dos fundamentos legais do instituto jurídico contido no problema, abordando necessariamente: (i) competência do órgão julgador; (ii) a natureza da pretensão a ser deduzida por Francisco; (iii) a observância do prazo prescricional; e (iv) incidência de juros. (**Valor: 5,0**)

### PADRÃO DE RESPOSTA – PEÇA PROFISSIONAL – FGV

A peça a ser elaborada consiste em uma ação de desapropriação indireta ou em uma ação ordinária de indenização por apossamento administrativo em face do Município de Bugalhadas, em decorrência da afetação fática do bem à utilização pública, sem a observância do devido processo legal. O enunciado deixa claro que o terreno já se encontra incorporado ao patrimônio público, de forma a afastar o manejo de ações possessórias ou de ação reivindicatória, na forma do artigo 35 do Decreto-Lei 3.365/41. Daí porque a pretensão a ser deduzida em juízo é indenizatória. Em relação ao juízo competente para processar e julgar a demanda, em que pese tratar-se de pretensão de direito pessoal (indenizatória), o entendimento consolidado da jurisprudência é no sentido de que se trata de ação real para fins de fixação de competência, donde resulta a necessidade de observância da regra de competência do foro da situação do bem imóvel (logo: juízo fazendário ou cível da Comarca de Bugalhadas). É importante que o examinando deixe claro que não se aplica à ação de desapropriação indireta o prazo prescricional de cinco anos previsto no artigo 10, parágrafo único, do Decreto-Lei n. 3.365/41, afastando a ocorrência de prescrição no caso concreto. Por fim, quanto à incidência de juros moratórios e compensatórios, o examinando deve requerer a aplicação do artigo 15-A, § 3º, do Decreto-Lei n. 3.365/41.

**Observação dos autores**

**Importante!** Observe-se que, de acordo com o entendimento mais recente do STJ (REsp 1.757.352/SC, 1ª Seção, Rel. Min. Herman Benjamin, DJe 07/05/2020 – tema 1.019 de recurso repetitivo), o prazo prescricional aplicável à desapropriação indireta, na hipótese em que o poder público tenha realizado obras no local ou atribuído natureza de utilidade pública ou de interesse social ao imóvel, é de 10 (dez) anos, conforme parágrafo único do artigo 1.238 do Código Civil.

**Distribuição dos pontos**

| QUESITO AVALIADO | VALORES |
|---|---|
| Endereçamento da petição inicial: Juízo Cível ou Fazendário da Comarca de Bugalhadas | 0 / 0,25 |
| Qualificação das partes: (0,25 para cada item) Francisco de Tal / Município de Bugalhadas / pessoa jurídica de direito público interno. | 0 / 0,25 / 0,5 / 0,75 |

| QUESITO AVALIADO | VALORES |
|---|---|
| Fundamento da não ocorrência de prescrição: Súmula 119 do STJ interpretada à luz do art. 1.238 do Código Civil. | 0 / 0,25 |
| Fundamentação para a pretensão indenizatória (0,5 para cada item):<br>1. Apossamento sem a observância do devido processo legal previsto no Decreto-Lei 3.365/41.<br>2. Caracterização da desapropriação indireta, com base em seus conceitos fundamentais.<br>3. Violação ao princípio da prévia e justa indenização em dinheiro, nos termos do art. 5º, inciso XXIV, CRFB.<br>4. Direito à indenização pela perda da propriedade, em razão do disposto no artigo 35 do Decreto-Lei 3.365/41.<br>5. Incidência de juros compensatórios e moratórios, nos termos do artigo 15-A, § 3º, do Decreto-Lei 3.365/41. | 0 / 0,5 / 1,0 / 1,5 / 2,0 / 2,5 |

(OAB/Exame Unificado – 2012.1 – 2ª fase) O Município Y, representado pelo Prefeito João da Silva, celebrou contrato administrativo com a empresa W – *cujo sócio majoritário vem a ser Antonio Precioso, filho da companheira do Prefeito* –, tendo por objeto o fornecimento de material escolar para toda a rede pública municipal de ensino, pelo prazo de sessenta meses. O contrato foi celebrado sem a realização de prévio procedimento licitatório e apresentou valor de cinco milhões de reais anuais.

José Rico, cidadão consciente e eleitor no Município Y, inconformado com a contratação que favorece o filho da companheira do Prefeito, o procura para, na qualidade de advogado(a), identificar e minutar a medida judicial que, em nome dele, pode ser proposta para questionar o contrato administrativo.

A medida judicial deve conter a argumentação jurídica apropriada e o desenvolvimento dos fundamentos legais da matéria versada no problema, abordando, necessariamente:

(i) competência do órgão julgador;

(ii) a natureza da pretensão deduzida por José Rico; e

(iii) os fundamentos jurídicos aplicáveis ao caso.

(Valor: 5,00)

### PADRÃO DE RESPOSTA – PEÇA PROFISSIONAL – FGV

A medida judicial a ser proposta em nome de José Rico é a Ação Popular, com fundamento no artigo 5º, inciso LXXIII, da CRFB e regulamentação infraconstitucional na Lei n. 4.717/65. A pretensão do autor popular será a obtenção de provimento jurisdicional que anule o contrato administrativo em questão, devendo ser deduzidos, pelo menos, quatro fundamentos jurídicos para tanto:

(i) Ausência de processo licitatório para aquisição do material escolar, caracterizando ofensa ao art. 37, XXI da CRFB/88 e ao art. 2 da Lei n. 8666/93;

(ii) violação ao princípio da impessoalidade, visto que a Administração não pode atuar com vistas beneficiar pessoas determinadas, uma vez que é sempre o interesse público que tem que nortear o seu comportamento;

(iii) violação ao princípio da moralidade ou probidade administrativa visto que a contratação direta, fora das hipóteses de dispensa, de empresa do enteado do prefeito implica violação aos padrões éticos que devem pautar a atuação do administrador;

(iv) violação à norma do artigo 57 da Lei n. 8.666/93, que estabelece que a vigência dos contratos administrativos é adstrita à vigência dos respectivos créditos orçamentários.

Além da pretensão anulatória, também deverá o autor popular deduzir pretensão condenatória, visando ao ressarcimento dos danos causados ao erário em razão da contratação direta (artigo 11 da Lei n. 4.717/65).

O autor popular deverá, em sua petição inicial, demonstrar a lesividade da contratação à moralidade administrativa e ao patrimônio público.

É importante ressaltar que, por se tratar de prova discursiva, se exigirá do examinando o desenvolvimento do tema apresentado. Desse modo, além de resposta conclusiva acerca do arguido, a mera menção a artigo não é pontuada, nem a mera resposta negativa desacompanhada do fundamento correto.

**Distribuição dos pontos**

(não será aceita mera menção ao artigo)

| QUESITO AVALIADO | FAIXA DE VALORES |
| --- | --- |
| **Item 1 – Endereçamento da petição inicial:** Juízo Cível ou Fazendário da Comarca de Y. | 0,00 / 0,25 |
| **Item 2 – Qualificação das partes (0,25 para cada item):** [José Rico – eleitor] – [em face do Município] [ da empresa W] [do Prefeito João da Silva] | 0,00 / 0,25 / 0,50 / 0,75 / 1,00 |
| **Item 3 – Cabimento da Ação Popular:** Nos termos do art. 5º, LXXIII, da CF/88 e/ou art. 1 da Lei 4717/65, qualquer cidadão é parte legítima para propor ação popular que vise a anular ato lesivo ao patrimônio público e à moralidade administrativa. | 0,00 / 0,50 |
| **Item 4 -Fundamentação (0,50 para cada item):**<br>1. Identificação fundamentada da ausência de processo licitatório para aquisição do material escolar, caracterizando ofensa ao art. 37, XXI da CRFB/88 e/ou ao art. 2 da Lei n. 8666/93;<br>2. Identificação fundamentada da violação ao princípio da impessoalidade, visto que a Administração não pode atuar com vistas a beneficiar pessoas determinadas, uma vez que é sempre o interesse público que tem que nortear o seu comportamento;<br>3. Identificação fundamentada da violação ao princípio da moralidade ou probidade administrativa visto que a contratação direta de empresa do enteado do prefeito implica violação aos padrões éticos que devem pautar a atuação do administrador;<br>4. Identificação fundamentada da violação à norma do artigo 57 da Lei n. 8.666/93 (prazo do contrato). | 0,00 / 0,50 / 1,00 / 1,50 / 2,00 |

| QUESITO AVALIADO | FAIXA DE VALORES |
|---|---|
| **Item 5 – Pedidos / Conclusão**: 0,20 para cada item<br>1. Citação de todos os réus para apresentação de defesa;<br>2. Procedência do pedido para anular o contrato administrativo;<br>3. Procedência do pedido para condenar os réus a ressarcir os danos causados ao erário;<br>4. Produção genérica de provas;<br>5. Condenação em honorários sucumbenciais. | 0,00 / 0,20 / 0,40 /<br>0,60 / 0,80 / 1,00 |
| **Item 6 – Atribuição de valor à causa** | 0,00 / 0,25 |

(**OAB/Exame Unificado – 2012.2 – 2ª fase**) Norberto, brasileiro, desempregado e passando por sérias dificuldades econômicas, domiciliado no Estado "X", resolve participar de concurso público para o cargo de médico de hospital estadual. Aprovado na fase inicial do concurso, Norberto foi submetido a exames médicos, através dos quais se constatou a existência de tatuagem em suas costas. Norberto, então, foi eliminado do concurso, com a justificativa de que o cargo de médico não era compatível com indivíduos portadores de tatuagem.

Inconformado, Norberto ajuizou ação ordinária em face do Estado, de competência de vara comum, com pedido liminar, na qual requereu (i) a anulação do ato administrativo que o eliminou do concurso; e (ii) que lhe fosse deferida a possibilidade de realizar as demais etapas do certame, com vaga reservada.

O juízo de 1ª instância indeferiu o pedido liminar, em decisão publicada ontem, pelos seguintes motivos:

1) Os pedidos de anulação do ato de eliminação e de reserva de vaga não seriam possíveis, pois significariam atraso na conclusão do concurso;

2) A Administração Pública possui poder discricionário para decidir quais são as restrições aplicáveis àqueles que pretendem se tornar médicos no âmbito do Estado, de forma que o autor deverá provar que a decisão foi equivocada.

Diante do exposto, e supondo que você seja o advogado de Norberto, elabore a medida judicial cabível contra a decisão publicada ontem, para a defesa dos interesses de seu cliente, abordando as teses, os fundamentos legais e os princípios que poderiam ser usados em favor do autor.

### PADRÃO DE RESPOSTA – PEÇA PROFISSIONAL – FGV

A peça a ser elaborada consiste em um recurso de Agravo de Instrumento (arts. 1015 e seguintes, CPC).

O endereçamento da peça deverá ser feito ao Presidente do Tribunal de Justiça do Estado "X", a um dos Vice-Presidentes ou a uma das Câmaras que compõem o citado Tribunal.

No polo passivo, deverá figurar o Estado "X", eis que foi este ente federativo que organizou o concurso no qual o autor foi reprovado.

Em primeiro lugar, é necessário que o examinando identifique, no caso concreto, a violação do princípio da legalidade tendo em vista que as restrições de acesso aos cargos e empregos públicos devem estar previstas em lei. Em segundo lugar, o examinando deve alegar a violação ao princípio do livre acesso aos cargos públicos que determina que só podem ser exigidos requisitos diferenciados de acesso quando a natureza ou complexidade do cargo a ser ocupado o exigirem (Art. 37, I e II, da CF/88).

Também se atribuirá pontuação para o examinando que identifique o fundamento 2 da decisão agravada como equivocado tendo em vista a aplicação, *in casu*, dos princípios da proporcionalidade/razoabilidade, que delimitam o exercício do poder discricionário, tendo em vista que a referida restrição (tatuagem) não tem qualquer relação com o desempenho do cargo de médico, eis que não é medida adequada, necessária nem proporcional em sentido estrito, para que a Administração atinja os fins que pretende com a restrição ilegítima.

Por último, há que se refutar os argumentos de que "Os pedidos de anulação do ato de eliminação e de reserva de vaga não seriam possíveis, pois significariam atraso na conclusão do concurso", haja vista que não foi formulado qualquer pedido de suspensão ou interrupção do mesmo, mas tão somente que fosse garantido ao agravante o direito de prestar as fases seguintes do concurso.

Também é necessário que o examinando elabore pedido de efeito suspensivo ao recurso (art. 1019, CPC) a fim de assegurar maior celeridade na obtenção da tutela jurisdicional buscada pelo autor, além de demonstrar, de forma correta, a presença dos requisitos para sua concessão, em sede recursal.

**Distribuição dos pontos**

(não será aceita mera menção ao artigo)

| QUESITO AVALIADO | VALORES |
|---|---|
| Endereçamento da petição inicial (0,25): Tribunal de Justiça do Estado "X"; | 0,00 / 0,25 |
| Qualificação das partes: (0,25 para cada item) Norberto/ Estado "X" | 0,00/0,25/0,50 |
| Indicação de cumprimento dos artigos 1.015 e 1.016, do CPC (0,25 para cada item) Menção à juntada de todas as cópias obrigatórias ao conhecimento do agravo de instrumento.(0,25) Indicação dos advogados das partes (0,25) | 0,00/0,25/0,50 |
| Fundamentação<br><br>1. Violação ao princípio do livre acesso aos cargos públicos que determina que só podem ser exigidos requisitos diferenciados de acesso quando a natureza ou complexidade do cargo a ser ocupado o exigirem. | 0,00/0,50 |
| Fundamentação<br><br>2. Violação do princípio da legalidade tendo em vista que as restrições de acesso aos cargos e empregos públicos devem estar previstas em lei. | 0,00/0,50 |
| Fundamentação<br><br>3. Violação aos princípios da proporcionalidade/razoabilidade, que delimitam o exercício do poder discricionário, tendo em vista que a referida restrição/exigência não tem qualquer relação com o desempenho do cargo pretendido. | 0,00/0,50 |

| QUESITO AVALIADO | VALORES |
|---|---|
| Fundamentação<br>4. Não há que se falar em prejuízo com o atraso na conclusão do concurso, pois não foi formulado qualquer pedido de suspensão ou interrupção do mesmo, mas tão somente que fosse garantido ao agravante o direito de prestar as fases seguintes do concurso. | 0,00/0,50 |
| Pedido de concessão de Tutela Provisória recursal prevista no art. 932, II, e efeito suspensivo, nos termos do art. 1019 do CPC (0,25). Demonstração concreta da presença dos requisitos para a concessão de tutela antecipada (tutela provisória) em sede recursal. Para os requisitos disposto no art. 995, parágrafo único, CPC, teremos a pontuação de 0,25 para o *"risco de dano grave, de difícil ou impossível reparação* e 0,25 para *ficar demonstrada a probabilidade de provimento do recurso. (art. 995, parágrafo único, CPC).* | 0,00 / 0,25 / 0,50 / 0,75 |
| **Pedido (0,50):** Seja dado provimento ao agravo, reformando-se a decisão agravada, para que o autor possa participar das demais fases do certame, com vaga garantida em caso de aprovação. | 0,00/0,50 |

(**OAB/Exame Unificado – 2012.3 – 2ª fase**) João, analista de sistemas dos quadros do Ministério da Educação, foi demitido de seu cargo público, por meio de Portaria do Ministro da Educação publicada em 19 de maio de 2010, após responder a processo administrativo em que restou apurada infração funcional relativa ao recebimento indevido de vantagem econômica. Exatamente pelo mesmo fato, João também foi processado criminalmente, vindo a ser absolvido por negativa de autoria, em decisão que transitou em julgado em 18 de janeiro de 2011.

Na data de hoje, João o procura e após narrar os fatos acima, informa que se encontra, desde a sua demissão, em profunda depressão, sem qualquer atividade laborativa, sobrevivendo por conta de ajuda financeira que tem recebido de parentes e amigos.

Na qualidade de advogado(a), identifique e minute a medida judicial que pode ser adotada para tutelar os direitos de João. (Valor: 5,0)

### PADRÃO DE RESPOSTA – PEÇA PROFISSIONAL – FGV

Inicialmente, o examinando deve identificar que a medida judicial cabível é uma ação pelo rito ordinário, com pedido de antecipação de tutela, em face da União Federal. Afasta-se, desde logo, a impetração de mandado de segurança, uma vez que ultrapassado o prazo decadencial de cento e vinte dias.

A Ação Ordinária a ser ajuizada por João deverá pleitear a nulidade da portaria demissional, por ter sido adotada por autoridade incompetente, na forma do Art. 141, inciso I, da Lei n. 8.112/90 – usurpação de competência do Presidente da República. Além disso, também deverá ser pleiteada a invalidação da pena de demissão em razão da absolvição penal por negativa de autoria, decisão esta que vincula a esfera administrativa, na forma do Art. 126, da Lei n. 8.112/90. Como resultado, deverá ser João reintegrado no cargo de Analista de Sistemas, com ressarcimento de todas as vantagens (Art. 28, da Lei n. 8.112/90).

Na petição inicial, também deverá ser reservado capítulo para desenvolvimento da tutela de urgência a ser pleiteada, com vistas à imediata reintegração de João no cargo de Analista de Sistema.

Por fim, deve ser formulada também pretensão indenizatória pelos danos morais suportados por João ao longo do período em que ficou ilegalmente afastado de seu cargo.

**Distribuição dos pontos**

*(Não será aceita a mera menção ao artigo)*

| QUESITO AVALIADO | VALORES |
|---|---|
| Endereçamento da petição inicial: Juízo da Vara Federal da Seção Judiciária | 0,00 / 0,30 |
| Qualificação das partes (0,25 para cada item): João / em face da União Federal | 0,00 / 0,25 / 0,50 |
| Fundamentação 1<br>1. Nulidade da portaria demissional – incompetência do Ministro da Educação (Art. 141, I, da Lei n. 8.112/90); | 0,00 / 0,60 |
| Fundamentação 2<br>2. Repercussão, na esfera administrativa, da decisão absolutória por negativa de autoria (Art. 126, da Lei n. 8.112/90); | 0,00 / 0,60 |
| Fundamentação 3<br>3. Em decorrência da invalidação da pena de demissão, o autor faz jus ao ressarcimento de todas as vantagens inerentes ao exercício do cargo (Art. 28, da Lei n. 8.112/90 ou Art. 41, § 2º da CRFB); | 0,00 / 0,60 |
| Fundamentação da tutela de urgência<br>4.a) Verossimilhança da alegação (justificada) (0,30)<br>4.b) Fundado receio de dano irreparável (justificado) (0,30) | 0,00 / 0,30/0,60 |
| Pedido 1. Citação da União Federal; | 0,00 / 0,20 |
| Pedido 2. Deferimento da antecipação de tutela para reintegrar o autor no cargo público; | 0,00 / 0,30 |
| Pedido 3. Procedência do pedido para invalidar a demissão/reintegração ao cargo; | 0,00 / 0,30 |
| Pedido 4. Condenação da ré a ressarcir o autor de todas as vantagens inerentes ao exercício do cargo; | 0,00 / 0,30 |
| Pedido 5. Produção genérica de provas; | 0,00 / 0,20 |
| Pedido 6. Condenação em honorários sucumbenciais. | 0,00 / 0,20 |
| Atribuição de valor à causa | 0,00 / 0,30 |

(**OAB/Exame Unificado – 2013.1 – 2ª fase**) Francisco, servidor público que exerce o cargo de motorista do Ministério Público Federal da 3ª Região, localizada em São Paulo, há tempo vinha alertando o setor competente de que alguns carros oficiais estavam apresentando constantes problemas na pane elétrica e no sistema de frenagens, razão pela qual deveriam ser retirados temporariamente da frota oficial até que tais problemas fossem solucionados.

Contudo, nesse ínterim, durante uma diligência oficial, em razão de tais problemas, Francisco perdeu o controle do veículo que dirigia e acabou destruindo completamente a moto de Mateus, estudante do 3º período de Direito, que estava estacionada da calçada.

Mateus, por essa razão, assim que obteve sua inscrição como advogado nos quadros da Ordem dos Advogados, ingressou, em causa própria, perante o Juízo da Vara Federal da Seção Judiciária de São Paulo, com ação de responsabilidade civil, com fulcro no Art. 37, § 6º, da CF/88 em face de Francisco e da União Federal, com o intuito de ser ressarcido pelos danos causados à sua moto.

Na referida ação, Mateus alega que (i) não há que se falar em prescrição da pretensão ressarcitória, tendo em vista não terem decorridos mais de cinco anos do evento danoso, nos termos do Dec. 20.910/32; (ii) que, nos termos do Art. 37, § 6º, da CF/88, as pessoas jurídicas de direito público responderão pelos danos que seus agentes, nessa qualidade, causarem a terceiros, com fulcro na teoria do risco administrativo.; (ii) que estão presentes todos os elementos necessários para configuração da responsabilidade civil.

Considerando as informações acima mencionadas e que, de fato, decorreram apenas quatro anos do evento danoso, apresente a peça pertinente para a defesa dos interesses de Francisco, sem criar dados ou fatos não informados.

## GABARITO COMENTADO – EXAMINADORA:

Elaboração de uma contestação, espécie de Resposta do Réu, nos termos do art. 335, e seguintes, do CPC, com endereçamento e qualificação das partes, nos mesmos termos da ação proposta por Mateus.

PRELIMINAR DE ILEGITIMIDADE PASSIVA (art. 337, CPC): O art. 37, § 6º, CF/88 só permite o direcionamento da ação em face das pessoas jurídicas nele mencionadas haja vista que o referido dispositivo encerra dupla garantia: uma, em favor do particular, possibilitando-lhe ação indenizatória contra a pessoa jurídica de direito público, ou de direito privado que preste serviço público. Outra garantia, no entanto, em prol do servidor estatal, que somente responde administrativa e civilmente perante a pessoa jurídica a que se vincula.

PRESCRIÇÃO DA PRETENSÃO RESSARCITÓRIA – Na defesa dos interesses do seu cliente, o examinando deve arguir a inaplicabilidade do Dec. 20.910/32 à Francisco e, portanto, a prescrição trienal da pretensão ressarcitória, tendo em vista decorridos mais de 3 anos do evento danoso, nos termos do Art. 206, § 3º, V, do CC.

RESPONSABILIDADE SUBJETIVA DE FRANCISCO: A responsabilidade do Estado (no caso, a União) é objetiva, que se caracteriza pela necessidade de serem comprovados, apenas, a ação do agente, o dano e o nexo causal entre ambos. No entanto, Francisco não responde de forma objetiva pelos danos causados, tendo em vista que a teoria do risco administrativo somente é aplicada às pessoas jurídicas de direito público e as de direito privado prestadoras de serviços públicos. Desse modo, a responsabilidade de Francisco é subjetiva, que é aquela segundo a qual deve ser comprovada, além da ação, dano e nexo causal, a culpa em sentido amplo, devendo ser comprovado que este agiu com negligência, imprudência, imperícia (culpa em sentido estrito) ou com intenção de causar o dano (dolo).

INEXISTÊNCIA DO ELEMENTO SUBJETIVO NO CASO CONCRETO: O acidente foi causado em razão dos problemas mecânicos que, inclusive, já tinha sido informado previamente por Francisco ao setor competente, razão pela qual não há que se falar em culpa ou dolo do mesmo.

PEDIDOS:
1. Extinção do processo sem resolução de mérito, em relação a Francisco, tendo em vista a sua ilegitimidade passiva (Art. 485, VI, CPC);
2. Improcedência dos pedidos autorais, em razão do acolhimento da preliminar de mérito da prescrição da pretensão ressarcitória em face de Francisco (Art. 487, II, CPC);
3. Improcedência dos pedidos autorais, em razão da manifesta ausência do elemento subjetivo, necessário para configuração do dever de indenizar de Francisco.
4. Produção genérica de provas.
5. Condenação em honorários sucumbenciais.

*(Não será aceita a mera menção ao artigo)*

**Distribuição dos pontos**

| QUESITO AVALIADO | VALORES |
|---|---|
| Endereçamento da peça: Juízo da Vara Federal da Seção Judiciária de São Paulo | 0,00 / 0,15 |
| Qualificação das partes<br><br>Francisco, nos autos da ação em epígrafe movida por Mateus. | 0,00 / 0,15 |
| Fundamentos:<br><br>Arguição de ilegitimidade passiva de Francisco tendo em vista que o Art. 37, § 6º, CF / 88 só permite o direcionamento da ação em face das pessoas jurídicas nele mencionadas (0,60). O dispositivo encerra dupla garantia: uma, em favor do particular, possibilitando-lhe ação indenizatória contra a pessoa jurídica de direito público, ou de direito privado que preste serviço público. Outra garantia, no entanto, em prol do servidor estatal, que somente responde administrativa e civilmente perante a pessoa jurídica a que se vincula (0,40). | 0,00 / 0,40 / 0,60 / 1,00 |
| Prescrição: Inaplicabilidade a Francisco do prazo quinquenal previsto no Dec. 20.910 / 32 (0,40) Arguição de prescrição da pretensão ressarcitória, tendo em vista decorridos mais de 3 anos do evento danoso, nos termos do Art. 206, § 3º, V do CC (0,60).<br><br>Obs: Caso o examinando argua apenas a prescrição trienal receberá a pontuação integral. | 0,00 / 0,40 / 1,00 |
| A responsabilidade do Estado (no caso, a União) é objetiva, que se caracteriza pela necessidade de serem comprovados, apenas, a ação do agente, o dano e o nexo causal entre ambos. No entanto, Francisco não responde de forma objetiva pelos danos causados, tendo em vista que a teoria do risco administrativo somente é aplicada às pessoas jurídicas de direito público e as de direito privado prestadoras de serviços públicos (0,40). Desse modo, a responsabilidade de Francisco é subjetiva, que é aquela segundo a qual deve ser comprovada, além da ação, dano e nexo causal, a culpa em sentido amplo, devendo ser comprovado que este agiu com negligência, imprudência, imperícia (culpa em sentido estrito) ou com intenção de causar o dano (dolo). (0,60)<br><br>Obs: Caso o examinando afirme, de forma fundamentada, que a responsabilidade de Francisco é subjetiva, explicitando os seus requisitos, receberá a pontuação integral. | 0,00 / 0,40 / 1,00 |
| Inexistência do elemento subjetivo no caso concreto, tendo em visa que no caso concreto, Francisco causou o acidente em razão dos problemas mecânicos que, inclusive, já tinha sido alertado ao setor competente. | 0,00 / 0,50 |

| QUESITO AVALIADO | VALORES |
|---|---|
| Pedido 1. Requer seja extinto o processo sem resolução de mérito, em relação a Francisco, tendo em vista a sua manifesta ilegitimidade passiva (Art. 485, IV, CPC); | 0,00 / 0,30 |
| Pedido 2. Requer sejam julgados improcedentes os pedidos autorais, em razão do acolhimento da preliminar de mérito da prescrição da pretensão ressarcitória em face de Francisco (Art. 487, II, CPC); | 0,00 / 0,30 |
| Pedido 3. Sejam julgados improcedentes os pedidos autorais, em razão da manifesta ausência do elemento culpa, necessário para configuração do dever de indenizar de Francisco | 0,00 / 0,30 |
| Pedido 4. Produção genérica de provas | 0,00 / 0,15 |
| Pedido 5. Condenação em honorários sucumbenciais | 0,00 / 0,15 |

**(OAB/Exame Unificado – 2013.2 – 2ª fase)** Caio, Tício e Mévio são servidores públicos federais exemplares, concursados do Ministério dos Transportes há quase dez anos. Certo dia, eles pediram a três colegas de repartição que cobrissem suas ausências, uma vez que sairiam mais cedo do expediente para assistir a uma apresentação de balé.

No dia seguinte, eles foram severamente repreendidos pelo superior imediato, o chefe da seção em que trabalhavam. Nada obstante, nenhuma consequência adveio a Caio e Tício, ao passo que Mévio, que não mantinha boa relação com seu chefe, foi demitido do serviço público, por meio de ato administrativo que apresentou, como fundamentos, reiterada ausência injustificada do servidor, incapacidade para o regular exercício de suas funções e o episódio da ida ao balé.

Seis meses após a decisão punitiva, Mévio o procura para, como advogado, ingressar com medida judicial capaz de demonstrar que, em verdade, nunca faltou ao serviço e que o ato de demissão foi injusto. Seu cliente lhe informou, ainda, que testemunhas podem comprovar que o seu chefe o perseguia há tempos, que a obtenção da folha de frequência demonstrará que nunca faltou ao serviço e que sua avaliação funcional sempre foi excelente.

**Como advogado, considerando o uso de todas as provas mencionadas pelo cliente, elabore a peça processual adequada para amparar a pretensão de seu cliente.**

*A simples menção ou transcrição do dispositivo legal não pontua. (Valor: 5,0)*

## PADRÃO DE RESPOSTA – PEÇA PROFISSIONAL – FGV

A peça a ser elaborada consiste em uma petição inicial de ação de rito ordinário. Não se admite a impetração de Mandado de Segurança, uma vez que Mévio pretende produzir provas, inclusive a testemunhal, para demonstrar o seu direito, sendo a dilação probatória vedada no Mandado de Segurança.

O endereçamento da peça deverá ser feito a um Juiz Federal da seção judiciária de algum Estado.

O polo ativo da demanda é ocupado por Mévio, e o polo passivo, pela União.

No mérito, deve ser demonstrada a possibilidade de análise do ato administrativo pelo Judiciário, para controle de legalidade, e que o motivo alegado no ato de demissão é falso, em violação à teoria dos motivos determinantes.

Ainda no mérito, o examinando deve indicar a violação do art. 41, § 1º, da Constituição Federal, uma vez que Mévio foi demitido do Serviço Público sem a abertura de regular processo administrativo. O examinando, por fim, deve indicar que não foi assegurado a Mévio o contraditório e a ampla defesa, violando o devido processo legal. Além disso, o ato representa violação aos princípios da isonomia, uma vez que Mévio foi o único dos três servidores penalizados pela ida ao balé, e da impessoalidade, pois Mévio foi alvo de perseguição por seu chefe. Nesta parte da causa de pedir, deverá ser mencionada a lesão patrimonial, pelo não recebimento dos vencimentos no período em que se coloca arbitrariamente fora dos quadros da Administração por demissão ilegal.

O examinando deve formular pedidos de anulação do ato que aplicou a penalidade, de reintegração aos quadros da Administração, de reparação material com o pagamento retroativo de seus vencimentos, como se não tivesse sido demitido. A postulação à reparação moral não é obrigatória. Deverá haver, por fim, postulação de citação e de produção de provas testemunhal e documental, bem como indicação do valor da causa.

(OAB/Exame Unificado – 2013.3 – 2ª fase) O Governador do Estado Y, premido da necessidade de reduzir a folha de pagamentos do funcionalismo público estadual, determinou que o teto remuneratório dos Defensores Públicos admitidos após a Emenda Constitucional n. 41/2003 fosse limitado ao valor correspondente ao subsídio mensal do Governador, ao entendimento de que aquele órgão integra a estrutura do Poder Executivo estadual. Com a implementação da medida, os Defensores Públicos do Estado, irresignados com a redução do seu teto remuneratório, levam a questão à Associação Nacional dos Defensores Públicos Estaduais, legalmente constituída e em funcionamento há pouco mais de dois anos, e esta contrata os seus serviços advocatícios para impetrar mandado de segurança coletivo em face do ato do Governador.

A decisão proferida pelo Tribunal de Justiça local, observando a competência originária constante do seu código de organização e divisão judiciária, diante da autoridade coatora – governador do Estado – deu por extinto o processo, sem resolução do mérito, sob os argumentos de que a associação não preenche o requisito de três anos de constituição, não demonstrou a autorização dos associados em assembleia geral para a propositura da demanda e não poderia representar os associados em demanda que veicule interesse apenas de uma parte da categoria, uma vez que os Defensores atingidos pela medida, isto é, aqueles admitidos após a Emenda Constitucional n. 41/2003, os mais novos na carreira, ainda não foram promovidos e sequer recebem sua remuneração em valores próximos ao subsídio mensal do Governador.

Ciente de que este acórdão contendo a unanimidade de votos dos desembargadores que participaram do julgamento, já foi objeto de Embargos de Declaração, que foram conhecidos mas não providos, e que a publicação dessa última decisão se deu na data de hoje, **redija a peça processual adequada com seus fundamentos.**

## PADRÃO DE RESPOSTA – PEÇA PROFISSIONAL – FGV

**Recurso Ordinário**

A peça a ser elaborada é o recurso ordinário em mandado de segurança, nos termos do art. 105, II, "b", da CRFB/88.

O recurso deve ser endereçado Desembargador Presidente do Tribunal de Justiça do Estado Y.

Na qualificação das partes, deve ser indicado como recorrente a Associação Nacional dos Defensores Públicos Estaduais e, como recorrido, o Estado Y, pessoa jurídica de direito público interno.

No intuito de demonstrar conhecimento acerca do Tribunal competente para apreciar e julgar o recurso, o examinando deve requerer após abertura de vistas ao recorrido para contrarrazões, que os autos sejam encaminhados ao colendo Superior Tribunal de Justiça.

O examinando deve demonstrar a presença de três requisitos que o Tribunal, equivocadamente, entendeu que não estariam preenchidos (razão pela qual, aliás, julgou extinto o processo sem resolução do mérito), isto é:

1) Demonstrar que o requisito constitucional para a impetração de mandado de segurança coletivo é a constituição e funcionamento há mais de um ano (e não três, como consta no acórdão recorrido);

2) indicar que não se exige, para impetração de mandado de segurança coletivo, a autorização de todos os associados da entidade, conforme entendimento cristalizado na Súmula nº 629 do Supremo Tribunal Federal;

3) afirmar que a entidade de classe tem legitimação para o mandado de segurança ainda quando a pretensão veiculada interesse apenas a uma parte da respectiva categoria, nos termos da Súmula 630 do Supremo Tribunal Federal.

Em seguida, na eventualidade do Superior Tribunal de Justiça conhecer do mérito do recurso, nada obstante a existência de entendimento acerca da inaplicabilidade do art. 515, § 3º, do Código de Processo Civil (teoria da causa madura) aos recursos ordinários em mandado de segurança, na melhor defesa dos interesses do seu cliente, o examinando deve indicar a violação ao art. 37, XI da Constituição, que estabelece como teto remuneratório dos Defensores Públicos, o subsídio dos Desembargadores do Tribunal de Justiça e, ainda, a violação ao princípio da isonomia, uma vez que, sem qualquer critério legítimo, foi operada uma discriminação no tratamento jurídico conferido aos Defensores, aplicando-se, aos mais novos na carreira, um tratamento diferente, no aspecto remuneratório, daquele conferido aos demais Membros, demonstrando, assim, conhecimento acerca da matéria.

Nos pedidos, o examinando deve requerer a reforma do acórdão, para julgar procedente o pedido de aplicação do teto remuneratório correspondente ao subsídio mensal dos Desembargadores e, caso assim não se entenda, pela anulação do acórdão hostilizado, com o retorno dos autos à origem para processamento do writ.

Por fim, afigura-se importante ressaltar que não será admitida a interposição de Recurso Extraordinário. O Recurso Extraordinário é instrumento processual adequado à impugnação de decisões proferidas em única ou última instância, quando tal decisão viole a Constituição da República, declare a inconstitucionalidade de tratado ou lei federal, e, ainda, julgue válida lei local contestada em face da Constituição ou de lei federal. Dessa forma, diante da previsão constante do art. 105, II, alínea "b" da Constituição – que, expressamente, prevê o cabimento do Recurso Ordinário contra decisão denegatória de mandado de segurança de competência originária do Tribunal de Justiça local – não se pode admitir o manejo do Recurso Extraordinário. A utilização do Recurso Extraordinário quando houver outro recurso manejável constitui hipótese de erro grosseiro, conforme jurisprudência do Supremo Tribunal Federal[1].

[1] "1. Incabível a conversão de recurso extraordinário em ordinário, na hipótese de decisão denegatória de mandado de segurança, prolatada pelo Superior Tribunal de Justiça, mediante disposição expressa prevista no art. 102, II, a da Constituição Federal, ocorrendo o cometimento de erro grosseiro na utilização dos instrumentos processuais disponíveis para o acesso à devida prestação jurisdicional. 2. Agravo regimental improvido (Agravo Regimental no Agravo de Instrumento 410.552, Rel. Min. Ellen Gracie, DJU 18/02/2005)".

**Distribuição dos pontos**

| ITEM | PONTUAÇÃO |
| --- | --- |
| Endereçamento do recurso ordinário: Desembargador Presidente/Vice-Presidente do Tribunal de Justiça do Estado y). | 0,00 / 0,20 |
| Recorrente e recorrido: Associação Nacional dos Defensores Públicos Estaduais (0,10) / Estado Y (0,20) | 0,00 /0,10/ 0,20/0,30 |
| Requerimento de remessa dos autos ao colendo Superior Tribunal de Justiça, após abertura de vistas ao recorrido para manifestação. | 0,00/0,20 |

| ITEM | PONTUAÇÃO |
|---|---|
| Fundamentação para a pretensão:<br>• Preenchimento do requisito de constituição da Associação há mais de um ano (0,50), nos termos do art. 5º, LXX, "b", CRFB/88 (0,20);<br>Obs.: A simples menção aos artigos não pontua | 0,00/0,50/0,70 |
| • A entidade de classe tem legitimação para o mandado de segurança ainda quando a pretensão veicula interesse apenas a uma parte da respectiva categoria (0,50), nos termos do Art. 21 da Lei 12.016/2009 ou do verbete nº 630 da Súmula de jurisprudência predominante do Supremo Tribunal Federal (0,20);<br>Obs.: A simples menção aos artigos não pontua | 0,00/0,50/0,70 |
| • A impetração de mandado de segurança coletivo por entidade de classe em favor dos associados independe da autorização destes (0,50), nos termos do Art. 21 da Lei 12.016/2009 ou do verbete nº 629 da Súmula de jurisprudência predominante do Supremo Tribunal Federal (0,20);<br>Obs.: A simples menção aos artigos não pontua | 0,00/0,50/0,70 |
| Na eventualidade do Tribunal conhecer do mérito do recurso, deve ser alegado:<br>• violação à regra do art. 37, XI da CRFB/88 (0,20) que estabelece como teto remuneratório dos Defensores Públicos, o subsídio dos Desembargadores do Tribunal de Justiça. (0,40)<br>Obs.: A simples menção aos artigos não pontua | 0,00/ 0,40/0,60 |
| • violação ao princípio da isonomia, uma vez que, sem qualquer critério legítimo, foi operada uma discriminação no tratamento jurídico conferido aos Defensores. (0,40) nos termos do Art. 5º, *caput*, ou Art. 37, *caput*, da CRFB/88 (0,20)<br>Obs.: A simples menção aos artigos não pontua | 0,00/ 0,40/0,60 |
| Pedidos:<br>• Conhecer e prover o recurso para reformar o acórdão, julgando procedente o pedido de aplicação do teto remuneratório correspondente ao subsídio mensal dos Desembargadores (0,40) | 0,00 / 0,40 |
| • Caso assim não se entenda, pela anulação do acórdão hostilizado, com o retorno dos autos à origem para processamento do writ .(0,40) | 0,00 / 0,40 |
| Fechamento da Peça: (0,10)<br>Data, Local, Advogado, OAB ... nº... | 0,00/0,10 |

**(OAB unificado-2015.1 -2ª fase)** Fulano de Tal, Presidente da República, concedeu a qualificação de Organização Social ao "Centro Universitário NF", pessoa jurídica de direito privado que explora comercialmente atividades de ensino e pesquisa em graduação e pós-graduação em diversas áreas. Diante da referida qualificação, celebrou contrato de gestão para descentralização das atividades de ensino, autorizando, gratuitamente, o uso de um prédio para receber as novas instalações da universidade e destinando-lhe recursos orçamentários. Além disso, celebrou contrato com a instituição, com dispensa de licitação, para a prestação de serviços de pesquisa de opinião. Diversos veículos de comunicação demonstraram que Sicrano e Beltrano, filhos do Presidente, são sócios do Centro Universitário.

Indignado, Mévio, cidadão residente no Município X, procura você para, na qualidade de advogado, ajuizar medida adequada a impedir a consumação da transferência de recursos e o uso não remunerado do imóvel público pela instituição da qual os filhos do Presidente são sócios. (Valor: 5,00)

A peça deve abranger todos os fundamentos de Direito que possam ser utilizados para dar respaldo à pretensão.

## PADRÃO DE RESPOSTA -FGV

A medida adequada, a ser ajuizada pelo examinando, é a Ação Popular, remédio vocacionado, nos termos do Art. 5º, LXXIII, da Constituição, à anulação de ato lesivo ao patrimônio público ou de entidade de que o Estado participe, à moralidade administrativa, ao meio ambiente e ao patrimônio histórico e cultural.

Não é cabível a utilização de Mandado de Segurança, que não pode ser considerado substitutivo da Ação Popular (Súmula 101, do STF), nem a Ação Ordinária.

A competência para julgamento da Ação Popular é do Juízo da Vara Federal do Município de X – devendo-se afastar a competência do Supremo Tribunal Federal, definida em elenco fechado no Art. 102 da Constituição Federal.

O autor popular é Mévio, cidadão, e o réu da ação é Fulano de Tal, Presidente da República, União Federal, e o "Centro Universitário Nova Fronteira", beneficiário direto do ato (art. 6º, da Lei 4717/65).

Deve ser formulado pedido de antecipação dos efeitos da tutela, demonstrando-se os requisitos autorizadores de sua concessão, quais sejam: a verossimilhança das alegações e o fundado receio de dano irreparável ou de difícil reparação.

No mérito, o examinando deve indicar a violação aos princípios da moralidade e da impessoalidade, uma vez que o ato praticado pelo Presidente da República beneficia seus filhos, empresários do ramo da educação, além de configurar benefício injusto. Além disso, o examinando deve indicar que a instituição beneficiada não preenche o requisito básico à qualificação como Organização Social, que é a ausência de finalidade lucrativa (Art. 1º da Lei nº 9.637), bem como a violação ao Art. 24, XXIV, da Lei nº 8.666/1993, uma vez que a dispensa de licitação somente alcança as atividades contempladas no contrato de gestão, o que não é o caso da pesquisa de opinião.

Devem ser formulados pedidos de citação do réu, de concessão da medida liminar para suspender os atos de repasse de recursos e de utilização de bens públicos, e de anulação dos atos lesivos ao patrimônio e à moralidade administrativa.

Deve-se, ainda, requerer a produção de provas e a condenação do réu em honorários advocatícios. Por fim, deve ser feita a prova da cidadania, com a juntada do título de eleitor.

**Distribuição dos pontos**

| ITEM | PONTUAÇÃO |
|---|---|
| Endereçamento: Juízo da Vara Federal da Seção Judiciária de X | 0,00 / 0,10 |
| Qualificação das partes:<br><br>Mévio (cidadão)(0,10); Fulano de Tal (Presidente da República) (0,10); União Federal (0,10), e o "Centro Universitário NF", (beneficiário direto do ato, nos termos do art. 6º, da Lei 4747/65)(0,10) | 0,00 / 0,10 / 0,20/0,30/0,40 |
| Fundamentos para a concessão da medida liminar Verossimilhança das alegações (menção a qualquer um dos itens da fundamentação) (0,25)<br><br>Fundado receio de dano irreparável ou de difícil reparação (consumação da transferência de recursos e o uso não remunerado do imóvel público) (0,35) | 0,00 / 0,25 / 0,35 / 0,60 |
| Fatos / Fundamentação para a pretensão:<br><br>1. demonstração específica da violação ao princípio da moralidade (0,50), nos termos no art. 37, *caput*, da CF/88 (0,10); | 0,00/0,50/0,60 |
| 2. demonstração específica da violação ao princípio da impessoalidade (0,50), nos termos no art. 37, *caput*, da CF/88 (0,10) | 0,00/0,50/0,60 |
| 3. impossibilidade de concessão da qualificação de organização social a uma entidade com fim lucrativo (0,60), nos termos do art. 1º, da Lei nº 9.637/98 (0,10). | 0,00/0,60/0,70 |
| 4. impossibilidade de contratação direta para a prestação de serviços de pesquisa de opinião, haja vista que se trata de atividade não contemplada no contrato de gestão (0,60), nos termos do art. 24, XXIV da Lei nº 8.666/1993 (0,10). | 0,00 / 0,60 / 0,70 |
| Pedidos:<br><br>1. citação dos réus; | 0,00 / 0,10 |
| 2. concessão da medida liminar para suspender os atos de repasse de recursos e de utilização de bens públicos; | 0,00 / 0,20 |
| 3. pedido de anulação dos atos lesivos ao patrimônio e à moralidade administrativa; | 0,00 / 0,20 |
| 4. condenação dos réus em honorários advocatícios; | 0,00 / 0,20 |
| 5. requerimento para a produção de provas. | 0,00 / 0,20 |
| Comprovação da cidadania, com requerimento de juntada do título de eleitor. | 0,00 / 0,20 |
| Valor da Causa | 0,0 / 0,10 |
| Fechamento: Local..., Data..., Advogado..., OAB nº... (0,10) | 0,0 / 0,10 |

(OAB/Unificado - 2015.2 - 2ªfase) Edir, pessoa idosa que vive com a ajuda de parentes e amigos, é portadora de grave doença degenerativa, cujo tratamento consta de protocolo clínico e da diretriz terapêutica estabelecida pelo Sistema Único de Saúde (SUS). Seu tratamento é acompanhado por profissionais do SUS em hospital público federal especializado nessa doença, contando com o fornecimento regular dos medicamentos 1, 2 e 3. Enquanto realizava consulta de acompanhamento, Edir foi informada pelo médico Domênico, profissional do SUS, de que existia um novo medicamento disponível no mercado (o "medicamento A"), que seria muito mais eficaz, conforme relatório de estudos clínicos oficiais, no tratamento de sua doença do que aqueles já prescritos. Contudo, a paciente foi informada de que o "medicamento A" não seria fornecido gratuitamente pelo SUS, haja vista que o referido medicamento não consta ainda do protocolo clínico e da diretriz terapêutica interna do SUS para o tratamento da doença, além de não ter sido incorporado às listas de medicamentos. Inconformada com a negativa de fornecimento do "medicamento A", Edir procura você para que, na qualidade de advogado(a), ajuíze a medida cabível para garantir a continuidade e qualidade de seu tratamento.

Elabore a peça adequada, considerando que:

A) Edir corre sério risco de vida com o agravamento da doença em razão do não fornecimento do "medicamento A";

B) a condição clínica de Edir foi atestada em laudo médico assinado pelo profissional do SUS Domênico, que também recomendou o uso do "medicamento A";

C) eventualmente poderá ser necessária a elaboração de prova pericial para dirimir as controvérsias de natureza técnica da causa. (Valor: 5,00)

*Responda justificadamente, empregando os argumentos jurídicos apropriados e a fundamentação legal pertinente ao caso.*

## GABARITO COMENTADO

A medida adequada, a ser ajuizada pelo examinando, é uma Petição Inicial de Ação de Conhecimento com pedido de Antecipação dos Efeitos da Tutela jurisdicional. Não é cabível a impetração de mandado de segurança, em virtude da necessidade de instrução probatória.

A petição poderá ser endereçada tanto à Justiça Federal da Seção Judiciária local quanto à Justiça Estadual, tendo em vista o entendimento prevalente na jurisprudência no sentido de que os entes públicos são solidariamente responsáveis pela prestação dos serviços de saúde. Ver, por exemplo, o Agravo Regimental no Recurso Extraordinário nº 744.191 / RN, Relator Min. Luiz Fux, julgamento em 18/03/2014 pela 1ª Turma do STF.

Edir deve ser indicada como autora. Quanto ao(s) réu(s), é admissível que a resposta indique dois ou três entes federativos como litisconsortes ou apenas um deles, isoladamente, conforme exposto acima. No entanto, é necessário que sejam obedecidas as regras de competência da Constituição: caso o examinando indique a União Federal como ré na demanda, deverá direcionar a petição ao Juízo Federal da Seção Judiciária respectiva (Art. 109, inciso I, da Constituição da República). Caso apenas indique o Estado X e/ou o Município Y, a demanda deverá ser direcionada ao Juízo de Direito da Comarca respectiva.

Deve ser formulado pedido de antecipação dos efeitos da tutela, indicando-se os dois fundamentos constantes do Art. 300, do: o perigo de dano ou resultado útil ao processo(progressão da doença e agravamento do estado de saúde de Edir) e a probabilidade do direito (primeiro, a existência de informação prestada pelas autoridades administrativas, no sentido de que "o medicamento A" é mais eficaz, conforme relatórios oficiais; segundo, a condição clínica de Edir foi atestada em laudo médico assinado pelo profissional do SUS Domênico, que também recomendou o uso do "medicamento A").

No mérito devem ser indicados como fundamentos à pretensão autoral:

A) a violação aos artigos 5º e/ou 6º e/ou 196 da Constituição da República, tendo em vista que o direito à vida e à saúde de Edir gera, aos entes públicos, o dever de fornecer os medicamentos necessários para preservar sua vida;

B) os direitos assegurados pela Constituição não podem ser limitados por listas, protocolos clínicos ou por razões orçamentárias;

C) o próprio profissional do SUS emitiu laudo médico atestando a condição clínica da paciente Edir e prescreveu o uso do "medicamento A".

Devem ser formulados pedidos de citação do(s) réu(s), de concessão da tutela antecipada para determinar o fornecimento dos medicamentos a Edir, e de sua confirmação, ao final, na tutela principal, garantindo a Edir o direito ao recebimento contínuo e ininterrupto do "medicamento A" pleiteado.

Por fim, deve-se requerer a produção de provas e a condenação do réu em honorários advocatícios e custas processuais.

**Distribuição dos pontos**

| ITEM | PONTUAÇÃO |
| --- | --- |
| Endereçamento da ação: Juízo Federal ou Juiz Estadual de seção judiciária ou comarca do Estado X (0,20). | 0,00/0,20 |
| Qualificação das partes:<br>Edir (0,10) / União Federal e/ou Estado X e/ou Município Y (0,20) | 0,00/0,10/0,20/0,30 |
| Fundamentos para a concessão da tutela antecipada:<br>. probabilidade do direito(0,40)<br>. perigo de dano ou risco ao resultado útil do processo(0,40) | 0,00/0,40/0,80 |
| Fundamentação para a pretensão:<br>1. O disposto nos artigos 5º e/ou 6º e/ou 196 da Constituição da República (0,10), que asseguram a todo cidadão o direito à vida e à saúde gerando para os entes públicos o dever de fornecer os medicamentos necessários para preservar sua vida (0,70); | 0,00/0,70/0,80 |
| 2. A saúde, como um direito social fundamental do cidadão, não comporta limitações, não sendo possível o ente público eximir-se de sua responsabilidade, alegando a inexistência do medicamento em listas ou protocolos clínicos (0,80) ; | 0,00/0,80 |
| 3. o próprio profissional do SUS emitiu laudo médico atestando a condição clínica da paciente Edir e prescreveu o uso do "medicamento A" (0,80); | 0,00/0,80 |
| Pedidos:<br>1. citação do réu (0,20); | 0,00/0,20 |

| ITEM | PONTUAÇÃO |
|---|---|
| 2. concessão da tutela antecipada (tutela e urgência) para determinar o imediato fornecimento do 'medicamento A (0,20); | 0,00/0,20 |
| 3. procedência do pedido, garantindo a Edir o direito ao recebimento do "medicamento A" (0,20); | 0,00/0,20 |
| 4. condenação do réu em custas processuais (0,10) | 0,00/0,10 |
| 5. condenação do réu em honorários advocatícios (0,10); | 0,00/0,10 |
| 6. requerimento para a produção de provas (0,10), especialmente a prova pericial (0,20). | 0,00/0,10/0,30 |
| Valor da Causa (0,10) | 0,00/0,10 |
| Fechamento (0,10) | 0,00/0,10 |

(OAB/Exame Unificado- 2015.3- 2ª fase) Após regular certame licitatório, vencido pelo consórcio "Mundo Melhor", o Estado X celebrou contrato de obra pública, tendo por objeto a construção de uma rodovia estadual com 75 km de extensão. Dois anos depois, com mais de 70% da obra já executada, o relatório da comissão de fiscalização do contrato apontou suposto atraso no cronograma da obra. Diante disso, o Governador do Estado X enviou correspondência aos representantes do consórcio, concedendo prazo de cinco dias úteis para apresentar defesa quanto aos fatos imputados, sob pena de aplicação de penalidade, conforme previsão constante da Lei nº 8.666/1993.

Antes da fluência do prazo, entretanto, o Governador enviou nova correspondência aos representantes do consórcio, informando que há lei estadual que autoriza a aplicação das penalidades de advertência e de multa previamente à notificação do contratado, e que, por essa razão, naquele momento, o Governador aplicava as duas penalidades. Além disso, o Governador determinou a suspensão de todos os pagamentos devidos ao consórcio (pelos serviços já realizados e pelos a realizar) até a regularização do cronograma.

Nos 60 (sessenta) dias seguintes, o consórcio tentou resolver a questão na via administrativa, mas não teve sucesso. Diante disso, os representantes procuram você para, na condição de advogado, ajuizar a medida cabível à proteção dos direitos do consórcio, informando:

A) que nunca houve atraso, o que se demonstra pelo cronograma e pelo diário de obras, que registram a normal evolução do contrato;

B) que o consórcio depende da regularização dos pagamentos, até o término das obras, pelos serviços que vierem a ser executados; e

C) que não podem abrir mão do recebimento das parcelas pretéritas devidas pelo trabalho executado nos últimos 60 (sessenta) dias e nem dos pagamentos pelos serviços a realizar, pois essenciais à manutenção das empresas consorciadas.

Na qualidade de advogado(a), ajuíze a medida cabível à proteção integral dos interesses do consórcio. **(Valor: 5,00)**

*Obs.: o examinando deve fundamentar suas respostas. A mera citação do dispositivo legal não confere pontuação.*

## GABARITO COMENTADO

A medida judicial a ser ajuizada é uma *Ação Ordinária com pedido de Antecipação dos Efeitos da Tutela*. Considera-se a impetração de Mandado de Segurança como resposta inadequada, tendo em vista a necessidade de dilação probatória e que foi expressamente ressaltado que o consórcio não poderia prescindir do recebimento das parcelas pretéritas, vedado pela Súmula 269 do STF. Igualmente, o ajuizamento de uma medida cautelar não se mostra adequado aos interesses da empresa.

A ação deve ser direcionada para o Juízo de Fazenda Pública ou Vara Cível, ou única de alguma das comarcas do Estado X, com a seguinte qualificação das partes: Consórcio "Mundo Melhor" e Estado X. Não será admitida como correta a menção a órgão sem personalidade jurídica, haja vista não terem capacidade processual para figurar no polo passivo da demanda.

No que concerne à fundamentação para a pretensão do consórcio, devem ser expressamente alegadas as seguintes questões de fato e de direito:

a regra prevista na lei estadual de regência é inválida, por violar norma geral prevista na Lei nº 8.666/1993 (Art. 87, *caput* da Lei nº 8.666/1993);

violação ao contraditório e à ampla defesa, essenciais à aplicação de penalidade (Art. 5º, LIV, da CRFB ou Art. 87, § 2º. da Lei nº 8.666/1993);

nunca houve atraso na obra, razão pela qual o fundamento que levou à aplicação da penalidade é falso;

o consórcio faz jus ao pagamento das parcelas em atraso, devidas pelo serviço já executado, sob pena de enriquecimento sem causa da Administração.

Deve ser requerida a antecipação dos efeitos da tutela, tendo em vista estarem presentes seus fundamentos:

verossimilhança da alegação: a regra prevista na lei estadual de regência é inválida, por violar norma geral prevista na Lei nº 8.666/1993 (Art. 87 da Lei nº 8.666/1993), além da clara violação ao contraditório e à ampla defesa, essenciais à aplicação de penalidade (Art. 5º, LIV, da CRFB ou Art. 87, § 2º, da Lei nº 8.666/1993); e

a existência de fundado receio de dano irreparável consubstanciado no fato de que o consórcio não vem recebendo pelos serviços já executados, o que pode levar ao esgotamento da capacidade financeira das empresas consorciadas.

Devem ser expressamente requeridas a

A) citação do réu;

B) concessão da tutela antecipada para garantir a regularidade dos pagamentos ao consórcio;

C) procedência dos pedidos formulados na inicial para anular as sanções administrativas aplicadas e determinar o pagamento dos atrasados;

D) produção de provas;

E) condenação em honorários de sucumbência;

F) a condenação nas custas processuais;

Finalmente, o fechamento da peça e atribuição de valor à causa.

**Distribuição dos pontos – ação ordinária**

| ITEM | PONTUAÇÃO |
|---|---|
| Endereçamento da petição inicial (0,10): Juízo de Fazenda Pública de alguma das comarcas do Estado X | 0,00 / 0,10 |
| Qualificação das partes: <br> Consórcio "Mundo Melhor" (0,10) / Estado X (0,10) | 0,00 / 0,10 / 0,20 |
| **Fundamentação para a pretensão do consórcio:** <br> 1. Violação ao contraditório e à ampla defesa, essenciais à aplicação de penalidade (0,50) (Art. 5º, LIV ou LV, da CRFB ou Art. 87, § 2º, da Lei nº 8.666/1993 (0,10)) | 0,00 / 0,50 / 0,60 |
| 2. A regra prevista na lei estadual de regência é inválida, por violar norma geral prevista na Lei n. 8.666/1993 (0,50) (Art. 87, *caput*, da Lei nº 8.666/1993) (0,10);. | 0,00 / 0,50 / 0,60 |
| 3. Nunca houve atraso na obra: inexistência dos motivos do ato (0,50); | 0,00 / 0,50 |
| 4. O consórcio faz jus ao pagamento das parcelas em atraso, devidas pelo serviço já executado, sob pena de enriquecimento sem causa da Administração (0,50). | 0,00 / 0,50 |
| **Fundamentos para a concessão da tutela antecipada** <br> A) Verossimilhança da alegação violação ao contraditório e à ampla defesa ou violação à regra geral prevista na lei n. 8.666/93, ou inexistência dos motivos do ato. (0,40): <br> B) Fundado receio de dano irreparável: o consórcio não vem recebendo pelos serviços já executados (0,40). | 0,00 / 0,40 /0,80 |
| Pedidos: <br> 1. Citação do réu (0,20) | 0,20 |
| 2. Concessão da tutela antecipada para suspender as penalidades aplicadas e garantir a regularidade dos pagamentos ao consórcio (0,30) | 0,30 |
| A) Procedência dos pedidos formulados na inicial para: <br> a. Anulação das sanções administrativas aplicadas (0,30) <br> b. Pagamento dos atrasados (0,30) | 0,0/0,30/0,60 |
| 4. Produção de Provas (0,20) | 0,20 |
| 5. Condenação em honorários de sucumbência (0,10) | 0,10 |
| 6. Condenação nas custas processuais (0,10) | 0,10 |
| Valor da Causa | 0,10 |
| Fechamento da peça | 0,10 |

(OAB/Exame Unificado- 2016.1- 2ª fase) O Ministério da Cultura publicou, na imprensa oficial, edital de licitação que veio assinado pelo próprio Ministro da Cultura, na modalidade de tomada de preços, para a elaboração do projeto básico, do projeto executivo e da execução de obras de reforma de uma biblioteca localizada em Brasília. O custo da obra está estimado em R$ 2.950.000,00 (dois milhões novecentos e cinquenta mil reais). O prazo de execução é de 16 (dezesseis) meses, e, de acordo com o cronograma divulgado, a abertura dos envelopes se dará em 45 (quarenta e cinco) dias e a assinatura do contrato está prevista para 90 (noventa) dias.

Do edital constam duas cláusulas que, em tese, afastariam do certame a empresa ABCD Engenharia. A primeira diz respeito a um dos requisitos de habilitação, pois se exige dos licitantes, para demonstração de qualificação técnica, experiência anterior em contratos de obra pública com a União (requisito não atendido pela empresa, que já realizou obras públicas do mesmo porte que a apontada no edital para diversos entes da Federação, mas não para a União). A segunda diz respeito à exigência de os licitantes estarem sediados em Brasília, sede do Ministério da Cultura, local onde se dará a execução das obras (requisito não atendido pela empresa, sediada no Município de Bugalhadas).

Na mesma semana em que foi publicado o edital, a empresa o procura para que, na qualidade de advogado, ajuíze a medida cabível para evitar o prosseguimento da licitação, reconhecendo os vícios do edital e os retirando, tudo a permitir que possa concorrer sem ser considerada não habilitada, e sem que haja vício que comprometa o contrato. Pede, ainda, que se opte pela via, em tese, mais célere. Elabore a peça adequada, considerando não ser necessária a dilação probatória, haja vista ser preciso apenas a juntada dos documentos próprios (edital, cópia dos contratos com outros entes federativos etc.) para se comprovar os vícios alegados. Observe o examinando que o interessado quer o procedimento que, em tese, seja o mais célere. **(Valor: 5,00)**

*Obs.: o examinando deve apresentar os argumentos jurídicos apropriados e a fundamentação legal pertinente ao caso.*

## GABARITO COMENTADO

A peça a ser apresentada é um *Mandado de Segurança*, impugnando o edital de licitação publicado pelo Ministério da Cultura.

O Mandado de Segurança há de ser dirigido ao Superior Tribunal de Justiça, competente para o julgamento de Mandado de Segurança contra ato de Ministro de Estado, na forma do artigo 105, I, b, da CRFB/88.

O examinando deve indicar, como impetrante, a empresa ABCD Engenharia, bem como indicar a autoridade coatora (o Ministro da Cultura) e a pessoa jurídica a que se vincula (a União).

Deve ser formulado pedido de concessão de medida liminar, demonstrando-se o fundamento relevante (violação às disposições constantes da Lei federal nº 8.666/1993) e o fundado receio de ineficácia da medida, caso concedida a segurança apenas ao final do processo (uma vez que o contrato poderá já ter sido assinado e iniciada a sua execução).

No mérito, deve ser apontada:

1) a impossibilidade de licitar a obra sem a prévia existência de projeto básico, na forma do Art. 7º, § 2º, I da Lei nº 8.666/1993;

2) a impossibilidade de elaboração de projeto básico e de execução da obra pela mesma pessoa, na forma do Art. 9º, I, da Lei nº 8.666/1993;

3) a violação ao limite de valor para a tomada de preços, conforme previsão do Art. 23, I, b, da Lei nº 8.666/1993;

4) a exigência de experiência de contratação anterior com a União é inválida, conforme previsão do Art. 30, II, da Lei nº 8.666/1993;

5) a vedação da cláusula que estabelece preferência ou distinção em razão da sede da empresa, na forma do Art. 3º, §1º, I, da Lei nº 8.666/1993 e violação ao Art. 20, parágrafo único, da Lei nº 8.666/1993, que veda que seja utilizada a sede como impedimento à participação em licitação.

Ao final, devem ser formulados pedidos de notificação da autoridade coatora e ciência ao órgão de representação judicial da pessoa jurídica de direito público a que se vincula aquela autoridade, bem como pedido de concessão da liminar para suspender a licitação até decisão final, de mérito, e de procedência do pedido, ao final, para determinar a anulação daquele procedimento, viciado pelo edital contrário à legislação.

**Distribuição dos pontos**

| ITEM | PONTUAÇÃO |
|---|---|
| Endereçamento do Mandado de Segurança: Superior Tribunal de Justiça (0,10) | 0,00 / 0,10 |
| **Qualificação das partes:** <br> 1. Impetrante ABCD Engenharia (0,10) <br> 2. Autoridade coatora Ministro da Cultura (0,10) / pessoa jurídica União (0,10) | 0,00 / 0,10 <br> 0,00 / 0,10 / 0,20 |
| **Fundamentação:** <br> 1. A impossibilidade de licitar a obra sem a prévia existência de projeto básico (0,40), na forma do Art. 7º, § 2º, I, da Lei nº 8.666/1993 (0,10). <br> 2. A impossibilidade de elaboração de projeto básico e de execução da obra pela mesma pessoa (0,40), na forma do Art. 9º, I, da Lei nº 8.666/1993 (0,10). <br> 3. A violação do limite de valor para a tomada de preços (0,40), conforme previsão do Art. 23, I, b, da Lei nº 8.666/1993 (0,10). <br> 4. A exigência de experiência de contratação anterior com a União é inválida (0,50), conforme previsão do Art. 30, II **OU** § 5º ambos Lei nº 8.666/1993 (0,10). <br> 5. A vedação à cláusula que estabelece preferência ou distinção em razão da sede da empresa (0,50), na forma do Art. 3º, §1º, I **OU** Art. 20, parágrafo único (0,10), ambos da Lei nº 8.666/1993 | 0,00 / 0,40 / 0,50 <br> 0,00 / 0,40 / 0,50 <br> 0,00 / 0,40 / 0,50 <br> 0,00 / 0,50 / 0,60 <br> 0,00 / 0,50 / 0,60 |
| **Da medida liminar** <br> 1. Demonstração do fundamento relevante, qual seja, a violação às disposições constantes da Lei federal nº 8.666/1993 (0,35). <br> 2. Fundado receio de ineficácia da medida, caso concedida a segurança apenas ao final do processo, uma vez que o contrato poderá já ter sido assinado e iniciada a sua execução, nos termos do Art. 7º, III, da Lei nº 12.016/09. (0,35). | 0,00 / 0,35 <br> 0,00 / 0,35 |

| ITEM | PONTUAÇÃO |
|---|---|
| **Pedidos:**<br>1. Notificação da autoridade coatora (Ministro da Cultura) (0,10);<br>2. Ciência ao órgão de representação judicial da União (0,10);<br>3. Concessão da liminar para suspender a licitação até decisão final (0,30);<br>4. Requerimento de juntada da prova pré-constituída (edital) (0,20)<br>5. Procedência do pedido para anular a licitação, pelos vícios constantes do edital (0,30). | 0,00 / 0,10<br>0,00 / 0,10<br>0,00 / 0,30<br>0,00 / 0,20<br>0,00 / 0,30 |
| **Finalização:**<br>Valor da causa (0,10)<br>Fechamento da peça:<br>Local..., Data..., Advogado...e OAB... (0,10) | 0,00 / 0,10<br>0,00 / 0,10 |

**(OAB- Exame Unificado- 2016.2 – 2ª fase)** Marcos Silva, aluno de uma Universidade Federal, autarquia federal, inconformado com a nota que lhe fora atribuída em uma disciplina do curso de graduação, abordou a professora Maria Souza, servidora pública federal, com um canivete em punho e, em meio a ameaças, exigiu que ela modificasse sua nota. Nesse instante, a professora, com o propósito de repelir a iminente agressão, conseguiu desarmar e derrubar o aluno, que, na queda, quebrou um braço.

Diante do ocorrido, foi instaurado Processo Administrativo Disciplinar (PAD), para apurar eventual responsabilidade da professora. Ao mesmo tempo, a professora foi denunciada pelo crime de lesão corporal.

Na esfera criminal, a professora foi absolvida, vez que restou provado ter agido em legítima defesa, em decisão que transitou em julgado. O processo administrativo, entretanto, prosseguiu, sem a citação da servidora, pois a Comissão nomeada entendeu que a professora já tomara ciência da instauração do procedimento por meio da imprensa e de outros servidores. Ao final, a Comissão apresentou relatório pugnando pela condenação da servidora à pena de demissão.

O PAD foi encaminhado à autoridade competente para a decisão final, que, sob o fundamento de vinculação ao parecer emitido pela Comissão, aplicou a pena de demissão à servidora, afirmando, ainda, que a esfera administrativa é autônoma em relação à criminal. Em 10/04/2015, a servidora foi cientificada de sua demissão, por meio de publicação em Diário Oficial, ocasião em que foi afastada de suas funções, e, em 10/09/2015, procurou seu escritório para tomar as medidas judiciais cabíveis, informando, ainda, que, desde o afastamento, está com sérias dificuldades financeiras, que a impedem, inclusive, de suportar os custos do ajuizamento de uma demanda.

Como advogado(a), elabore a peça processual adequada para amparar a pretensão de sua cliente, analisando todos os aspectos jurídicos apresentados. **(Valor: 5,00)**

*Obs.: o examinando deve fundamentar suas respostas. A mera citação do dispositivo legal não confere pontuação.*

## GABARITO COMENTADO

A peça a ser elaborada consiste em uma *Petição Inicial de Ação de Rito Ordinário*. Não se admite a impetração do Mandado de Segurança, vez que decorridos mais de 120 dias da ciência, pelo interessado, do ato impugnado. (Art. 23 da Lei nº 12.016/09).

A competência para apreciar aludida demanda é da Justiça Federal, nos termos do Art. 109, I, da CRFB. Assim, a petição inicial deverá ser endereçada ao Juiz Federal da Seção Judiciária competente.

O polo ativo da demanda é ocupado por Maria e o passivo, pela Universidade Federal, autarquia federal.

Deve ser indicado que, em razão das dificuldades financeiras enfrentadas pela autora desde sua demissão, não pode suportar as custas judiciais, razão pela qual lhe deve ser deferida a gratuidade de justiça, na forma da Lei nº 1.050/1960.

No mérito, deve ser demonstrado:

F) violação ao contraditório e à ampla defesa da servidora, e a consequente nulidade do processo administrativo disciplinar – Art. 143, parte final, da Lei nº 8.112/90 e Art. 5º, LV, da CRFB;

G) que, na hipótese de absolvição penal com fundamento em excludente de ilicitude, como a legítima defesa, não há espaço para aplicação do resíduo administrativo (falta residual), vez que constitui uma das hipóteses de mitigação ao princípio da independência entre as instâncias, ou seja, a decisão proferida na esfera penal necessariamente vinculará o conteúdo da decisão administrativa – Art. 125 c/c o Art. 126, ambos da Lei nº 8.112/90 c/c o Art. 65 do CPP.

Deverá, ainda, ser mencionada a lesão patrimonial sofrida pelo não recebimento dos vencimentos no período em que esteve arbitrariamente afastada do quadro funcional.

O examinando deve pleitear, em sede de tutela antecipada, a reintegração da servidora aos quadros funcionais, demonstrando o preenchimento dos seus requisitos. – Art. 300, do CPC, quais sejam: (1) a probabilidade do direito(*fumus boni iuris*) consubstanciada na nulidade do PAD por violação ao contraditório (ausência de citação) e na sentença penal absolutória transitada em julgado, que reconheceu que a servidora agiu em legítima defesa; e (2) o perigo de dano ou risco ao resultado útil do processo (*periculum in mora*), demonstrado pelas dificuldades financeiras enfrentadas pela autora.

No pedido, deve requerer a confirmação da tutela antecipada deferida e a procedência dos pedidos: de anulação do ato demissional, de reintegração da servidora aos quadros funcionais da autarquia federal, bem como a condenação do réu ao pagamento retroativo de todas as verbas a que faria jus a servidora, se em exercício estivesse.

O examinando deve requerer, ainda, a concessão da gratuidade de justiça e, por fim, a citação do réu, o protesto pela produção de provas, a condenação em custas e honorários sucumbenciais, além de indicar o valor da causa.

## DISTRIBUIÇÃO DOS PONTOS

| ITEM | PONTUAÇÃO |
|---|---|
| Endereçamento da petição inicial (0,10): Juiz federal da Seção Judiciária Competente. | 0,00 / 0,10 |
| Qualificação das partes: Maria Souza (0,10) e Universidade Federal (0,10). | 0,00 / 0,10 / 0,20 |
| Indicação de que a autora faz jus à concessão da gratuidade de justiça (0,20), na forma da Lei nº 1.060/1950 (0,10) | 0,00 / 0,20 / 0,30 |
| **Fundamentação:** | |
| (1) violação ao contraditório OU a ampla defesa da servidora OU ao devido processo legal (0,60), na forma do Art. 143 da Lei nº 8.112/1990 OU Art. 161, § 1º, da Lei nº 8.112/1990 OU do Art. 5º, LIV OU LV, da CRFB. (0,10)<br>*Obs.: a mera menção ao artigo não pontua.* | 0,00 / 0,60 / 0,70 |
| (2) absolvição penal com fundamento em excludente de ilicitude, como a legítima defesa, não há espaço para aplicação do resíduo administrativo (0,60), conforme Art. 125 OU o Art. 126, ambos, da Lei nº 8.112/90 OU o Art. 65 do CPP. (0,10)<br>*Obs.: a mera menção ao artigo não pontua.* | 0,00 / 0,60 / 0,70 |
| (3) Direito ao pagamento dos atrasados, em razão da lesão patrimonial sofrida pelo não recebimento dos vencimentos (0,60), na forma do Art. 28 da Lei nº 8.112/1990. (0,10) | 0,00 / 0,60 / 0,70 |
| **Fundamentos para a concessão da tutela antecipada** | |
| (A) Prova inequívoca do direito *(fumus boni iuris)* consubstanciada na incontestável nulidade do PAD por violação ao contraditório (ausência de citação), e na sentença penal absolutória transitada em julgado que reconheceu ter agido a servidora/autora em legítima defesa. (0,45) | 0,00 / 0,45 |
| (B) Fundado receio de dano irreparável *(periculum in mora)*, lastreado na ausência de fonte de renda pelo afastamento da servidora. (0,45) | 0,00 / 0,45 |
| **Pedidos** | |
| (1) Concessão da tutela antecipada para garantir a reintegração da servidora, até decisão final. (0,30) | 0,00 / 0,30 |
| (2) Anulação do ato demissional OU Reintegração em definitivo. (0,30) | 0,00 / 0,30 |
| (3) Condenação do réu ao pagamento retroativo de todas as verbas. (0,30) | 0,00 / 0,30 |
| Citação do réu. (0,10) | 0,00 / 0,10 |
| Protesto pela produção de provas. (0,10) | 0,00 / 0,10 |

(**OAB/ Exame Unificado – 2016.3- 2ª fase**) João, ao retornar de um doutorado no exterior, é surpreendido com a presença de equipamentos e maquinário do Estado X em imóvel urbano de sua propriedade, e que, segundo informação do engenheiro responsável pela obra, o referido imóvel estaria sem uso há três anos e meio, e, por essa razão, teria sido escolhido para a construção de uma estação de metrô no local.

Inconformado com a situação, João ingressa com "*ação de desapropriação indireta*" perante o Juízo Fazendário do Estado X, tendo obtido sentença de total improcedência em primeiro grau de jurisdição, sob os seguintes fundamentos:

A) impossibilidade de reivindicação do bem, assim como da pretensão à reparação financeira, em decorrência da supremacia do interesse público sobre o privado;
B) o transcurso de mais de três anos entre a ocupação do imóvel e a propositura da ação, ensejando a prescrição de eventual pleito indenizatório; e
C) a subutilização do imóvel por parte de João, justificando a referida medida de política urbana estadual estabelecida.

Como advogado(a) de João, considerando que a sentença não padece de qualquer omissão, contradição ou obscuridade, elabore a peça adequada à defesa dos interesses de seu cliente, apresentando os fundamentos jurídicos aplicáveis ao caso. **(Valor: 5,00)**

*Obs.: o examinando deve fundamentar suas respostas. A mera citação do dispositivo legal não confere pontuação.*

## GABARITO COMENTADO

O examinando deve elaborar o recurso de apelação em face da sentença de improcedência da pretensão, dirigido ao Juízo Fazendário do Estado X, com as razões recursais dirigidas ao Tribunal de Justiça do Estado X, que as apreciará. O apelante é João e, o apelado, o Estado X.

No mérito, o examinando deverá afastar o argumento utilizado pelo Juízo *a quo*, no sentido da impossibilidade de indenização em decorrência da desapropriação indireta, nos termos do Art. 35 do Decreto 3.365/41, pois a perda da propriedade por meio da desapropriação pressupõe a prévia e justa indenização em dinheiro, nos termos do Art. 5º, inciso XXIV, da CRFB/88, o que não foi observado no caso concreto.

A supremacia do interesse público sobre o privado não autoriza que João perca sua propriedade como uma modalidade de sanção, de modo que ele deve ser reparado financeiramente. Ademais, o examinando deverá apontar que o Art. 10, parágrafo único, do Decreto nº 3.365/41, fixa em 5 (cinco) anos o prazo prescricional para a propositura da ação para a reparação dos danos decorrentes da desapropriação indireta, afastando a incidência do Art. 206, § 3º, inciso V, do Código Civil, por sua especificidade. Desse modo, não há de se falar em prescrição sobre o direito de João.

O examinando deverá, ainda no mérito, argumentar que o Estado não detém competência constitucional para desapropriar como medida de política urbana, a qual é do Município (Art. 182 da CRFB/88).Por fim, o examinando deverá formular pedido de reforma da sentença para que seja reconhecido o direito de indenização pelos prejuízos causados.

**observação dos autores**

Importante observar que, de acordo com o entendimento mais recente do STJ, o prazo prescricional aplicável à desapropriação indireta, na hipótese em que o poder público tenha realizado obras no local ou atribuído natureza de utilidade pública ou de interesse social ao imóvel, é de 10 (dez) anos, conforme parágrafo único do artigo 1.238 do Código Civil.

**(OAB/ Exame Unificado- 2017.1- 2ª fase)** Diante de fortes chuvas que assolaram o Município Alfa, fez-se editar na localidade legislação que criou o benefício denominado "aluguel social" para pessoas que tiveram suas moradias destruídas por tais eventos climáticos, mediante o preenchimento dos requisitos objetivos estabelecidos na mencionada norma, dentre os quais, a situação de hipossuficiência e a comprovação de comprometimento das residências familiares pelos mencionados fatos da natureza.

Maria preenche todos os requisitos determinados na lei e, ao contrário de outras pessoas que se encontravam na mesma situação, teve indeferido o seu pedido pela autoridade competente na via administrativa. Em razão disso, impetrou Mandado de Segurança perante o Juízo de 1º grau competente, sob o fundamento de violação ao seu direito líquido e certo de obter o benefício em questão e diante da existência de prova pré-constituída acerca de suas alegações.

A sentença denegou a segurança sob o fundamento de que a concessão de "aluguel social" está no âmbito da discricionariedade da Administração e que o mérito não pode ser invadido pelo Poder Judiciário, sob pena de violação do princípio da separação dos Poderes.

Considerando que já foram apresentados embargos de declaração, sem qualquer efeito modificativo, por não ter sido reconhecida nenhuma obscuridade, contradição, omissão ou erro material na sentença, e que existe prazo para a respectiva impugnação, redija a peça cabível para a defesa dos interesses de Maria. **(Valor: 5,00)**

*Obs.: a peça deve abranger todos os fundamentos de Direito que possam ser utilizados para dar respaldo à pretensão. A simples menção ou transcrição do dispositivo legal não confere pontuação.*

### GABARITO COMENTADO

A medida cabível é a Apelação em Mandado de Segurança, na forma do Art. 14 da Lei nº 12.016/2009.

A apelação deve ser apresentada ao Juízo que prolatou a sentença (pode ser Vara de Fazenda Pública, Vara Cível ou Vara Única da Comarca do Município Alfa), com as razões recursais dirigidas ao Tribunal que as apreciará.

Na qualificação das partes, deve constar Maria como recorrente e o Município Alfa como recorrido. Na fundamentação, a peça recursal deve:

A) impugnar o fundamento constante da sentença, no sentido de que a concessão do "aluguel social" se submete à discricionariedade da Administração, pois, se a lei elenca os requisitos que impõem a concessão do benefício, sem qualquer margem de escolha para o Administrador, trata-se de ato vinculado, que confere direito subjetivo a quem atenda aos requisitos constantes da norma;

B) destacar a inexistência de violação ao princípio da separação de Poderes, em decorrência do controle de legalidade ou juridicidade a ser realizado sobre tal ato, notadamente porque o Art. 5º, inciso XXXV, da CRFB/88 consagra o princípio da inafastabilidade de jurisdição;

C) apontar a existência de violação de direito líquido e certo da apelante à concessão do benefício, diante do preenchimento de todos os requisitos estabelecidos na lei de regência;

D) indicar, ainda, a violação ao princípio da isonomia, diante do deferimento do benefício a outras pessoas que estão na mesma situação de Maria, bem como a proteção constitucional ao direito de moradia, constante do Art. 6º da CRFB/88.

E) Ao final, a peça deve formular pedido de reforma da sentença, para que seja concedida a segurança, com o fim de determinar à Administração que defira o "aluguel social" para Maria, diante do preenchimento por esta dos requisitos estabelecidos em lei.

F) Arremata a peça a indicação de local, data, espaço para assinatura do(a) advogado(a) e o número de sua inscrição na OAB.

**Distribuição dos pontos**

| ITEM | PONTUAÇÃO |
|---|---|
| **Endereçamento da apelação:** Exmo Sr. Dr. Juiz de Direito da Vara de Fazenda Pública **OU** Vara Cível **OU** Vara Única da Comarca do Município Alfa (0,10) | 0,00/0,10 |
| **Endereçamento das razões da apelação:** Tribunal de Justiça do Estado (0,10) | 0,00/0,10 |
| **Qualificação das partes:** Apelante: Maria (0,10). Apelado: Município Alfa (0, 10). | 0,00/0,10/0,20 |
| **Fundamentação da pretensão recursal:** i) impugnar o fundamento constante da sentença no sentido de que a concessão do "aluguel social" se submete à discricionariedade da Administração, pois trata-se de ato vinculado (0,90). | 0,00/0,90 |
| ii) inexistência de violação ao princípio da separação de poderes, em decorrência do controle de legalidade ou juridicidade a ser exercido sobre tal ato (0,90), diante do princípio da inafastabilidade de jurisdição OU conforme o Art. 5°, inciso XXXV, da CRFB/88 (0,10). | 0,00/0,90/1,00 |
| iii) violação de direito líquido e certo da apelante à concessão do benefício, diante do preenchimento de todos os requisitos estabelecidos na lei (0,60). | 0,00/0,60 |
| iv) violação ao princípio da isonomia OU da impessoalidade, diante do deferimento do benefício a outras pessoas que estão na mesma situação de Maria (0,60), conforme o art. 5°, *caput*, OU o art. 37, *caput*, da CRFB/88 (0,10) | 0,00/0,60/0,70 |
| v) proteção constitucional ao direito de moradia (0,50), constante do Art. 6° da CRFB (0,10). | 0,00/0,50/0,60 |
| **Pedidos:** i) Reforma da sentença OU provimento da apelação, a fim de que seja concedida a segurança (0,35), | 0,00/0,35 |
| ii) Determinar à Administração que defira o aluguel social para a impetrante (0,35). | 0,00/0,35 |
| **Fechamento do recurso:** Local, data, assinatura e número de inscrição na OAB (0,10) | 0,00/0,10 |

(OAB/Exame Unificado - 2017.2 - 2ª fase) Maria ajuizou ação indenizatória em face do Estado Alfa, em decorrência de seu filho Marcos ter sido morto durante uma aula em uma escola estadual (da qual era aluno do sétimo ano) alvejado pelos tiros disparados por Antônio, um ex-aluno que, armado com duas pistolas, ingressou na escola atirando aleatoriamente. Antônio deu causa ao óbito de Marcos, de sua professora e de outros cinco colegas de classe, além de grave ferimento em mais seis alunos. Depois disso, suicidou-se.

O Estado promoveu sua defesa no prazo e admitiu a existência dos fatos, amplamente divulgados na mídia e incontroversos nos autos. Na contestação, requereu a denunciação da lide a Agenor, servidor público estadual estável, inspetor da escola, que, na qualidade de responsável por controlar a entrada e a saída de pessoas no estabelecimento de ensino, teria viabilizado o acesso do ex-aluno.

Nenhuma das partes requereu a produção de prova que importasse em dilação probatória, e o Juízo de 1o grau admitiu a denunciação da lide.

Inconformada com a intervenção de terceiro determinada pelo Juízo, Maria procura você para, na qualidade de advogado(a), impugnar tal determinação jurisdicional.

Redija a peça apropriada, expondo todos os argumentos fáticos e jurídicos pertinentes. (Valor: 5,00)

*Obs.: a peça deve abranger todos os fundamentos de Direito que possam ser utilizados para dar respaldo à pretensão. A simples menção ou transcrição do dispositivo legal não confere pontuação.*

## GABARITO COMENTADO

A peça pertinente é o Agravo de Instrumento, na forma do Art. 1.015, inciso IX, do CPC/15, com formulação de pedido de eficácia suspensiva da decisão agravada. O recurso deve ser endereçado ao Exmo. Sr. Dr. Desembargador Relator do Tribunal de Justiça do Estado Alfa. A agravante é Maria e o agravado é o Estado Alfa.

A fundamentação do recurso deve destacar:

A) inicialmente, a viabilidade do recurso, diante da previsão expressa no Art. 1.015, inciso IX, do CPC/15, bem como a necessidade de concessão de efeito suspensivo, na forma do Art. 1019, inciso I, do CPC/15, diante do relevante fundamento fático e jurídico e pela possibilidade de causar gravame de difícil reparação ao andamento do processo.

B) O descabimento da intervenção de terceiro no caso, pois viola os princípios da efetividade e da celeridade processuais, postos no Art. 5°, inciso LXXVIII, da CRFB/88, na medida em que:

C.1. O Art. 37, § 6°, da CRFB/88 atribui responsabilidade civil objetiva ao Estado, no caso caracterizada pelo dever de guarda que o Poder Público tem sobre os alunos nos respectivos estabelecimentos de ensino e responsabilidade subjetiva aos servidores que, nessa qualidade, tenham dado causa ao dano mediante culpa ou dolo;

C.2. Introduzirá na demanda fundamento novo, qual seja a apuração do elemento subjetivo da conduta do servidor (Agenor), desnecessária à solução da lide principal, entre Maria e o Estado, certo que o processo está pronto para julgamento, considerando que os fatos são incontroversos e não há pedido de produção de prova que importe em dilação probatória por qualquer das partes;

C.3. Impõe-se ação de regresso ( ação autônoma) do Estado Alfa em face do servidor causador do dano para a discussão de fundamento que não consta da pretensão veiculada na lide principal;

C.4. Inexiste prejuízo para eventual ajuizamento futuro de ação de regresso pelo Estado, dirigida a Agenor, considerando que a denunciação da lide não é obrigatória no caso ou, de acordo com a teoria da dupla garantia, até mesmo vedada.

Quanto aos pedidos, deve ser formulado pedido de efeito suspensivo, na forma do Art. 1.019, inciso I, do CPC/15, diante do relevante fundamento fático e jurídico e pela possibilidade de causar gravame de difícil reparação ao andamento do processo.

Ao final, deve ser formulado pedido de reforma da decisão que admitiu a denunciação da lide, a fim de que o denunciado seja excluído da demanda, bem como a condenação em custas e honorários advocatícios.

A peça deve ser finalizada com a indicação do local, data, assinatura do advogado e número de inscrição na OAB.

**Distribuição dos pontos**

| ITEM | PONTUAÇÃO |
| --- | --- |
| Endereçamento do Agravo: Exmo. Sr. Desembargador Relator do Tribunal de Justiça do Estado Alfa. (0,10) | 0,00/0,10 |
| Qualificação das partes: Agravante: Maria (0,10). Agravados: Estado Alfa (0, 10). | 0,00/0,10/0,20 |
| Fundamentação da pretensão recursal: A. Inicialmente, a viabilidade/cabimento do recurso uma vez que se trata de decisão interlocutória que decide intervenção de terceiro (0,30), diante da previsão expressa no Art. 1.015, inciso IX, do CPC/15 (0,10). | 0,00/0,30/0,40 |
| B. A fundamentação da concessão de efeito suspensivo, na forma do Art. 1019, inciso I, do CPC/15 (0,10), diante do relevante fundamento fático e jurídico (0,20) e pela possibilidade de causar gravame de difícil reparação ao andamento do processo (0,20). | 0,00/0,20/0,30/ 0,40/0,50 |
| C. O descabimento da intervenção de terceiro no caso, pois viola os princípios da efetividade (0,20) e celeridade processuais (0,20), a que alude o Art. 5º, inciso LXXVIII, da CRFB/88 (0,10). | 0,00/0,20/0,30/ 0,40/ 0,50 |
| C1. O Art. 37, § 6º, da CRFB/88 (0,10) atribui responsabilidade civil objetiva ao Estado, caracterizada, no caso, pelo dever de guarda que o Poder Público tem sobre os alunos nos estabelecimentos de ensino (0,40), e responsabilidade subjetiva aos servidores que, nessa qualidade, tenham dado causa ao dano mediante culpa ou dolo (0,40); | 0,00 /0,40/0,50 0,80/0,90 |
| C2. Considerando que os fatos são incontroversos e não há pedido das partes que importe em dilação probatória (0,20), a introdução do elemento subjetivo da conduta do servidor acarretará necessidade de instrução probatória que prejudicará o regular andamento do processo (0,30); | 0,00/0,20/0,30/ 0,50 |
| C3. Impõe-se ação de regresso do Estado Alfa em face do servidor causador do dano (0,50) | 0,00/0,50 |

| | |
|---|---|
| C4. Inexiste prejuízo para o ajuizamento futuro de eventual ação de regresso do Estado em face de Agenor (0,30), considerando que, no caso, a denunciação da lide não é obrigatória (0,20). | 0,00/0,20/0,30/ 0,50 |
| Pedidos:<br>- deve ser formulado pedido de concessão de efeito suspensivo (0,20). | 0,00/0,20 |
| - pedido de reforma da decisão que admitiu a denunciação da lide (0,40) | 0,00/0,40 |
| - condenação em custas (0,10) e honorários de advogado (0,10). | 0,00/0,10/0,20 |
| Fechamento:<br>Local, data, assinatura e número de inscrição na OAB (0,10). | |

**(OAB/Exame Unificado – 2017.3- XXIV Exame - 2ª fase)** No dia 05/06/2015, o estado Alfa fez publicar edital de concurso público para o preenchimento de cinco vagas para o cargo de médico do quadro da Secretaria de Saúde, com previsão de remuneração inicial de R$ 5.000,00 (cinco mil reais), para uma jornada de trabalho de 20 horas semanais. O concurso teria prazo de validade de um ano, prorrogável por igual período.

Felipe foi aprovado em quinto lugar, conforme resultado devidamente homologado em 23/08/2015. No interregno inicial de validade do concurso, foram convocados apenas os quatro primeiros classificados, e prorrogou-se o prazo de validade do certame.

Em 10/03/2017, o estado Alfa fez publicar novo edital, com previsão de preenchimento de dez vagas, para o cargo de médico, para jornada de 40 horas semanais e remuneração inicial de R$ 6.000,00 (seis mil reais), com prazo de validade de um ano prorrogável por igual período, cujo resultado foi homologado em 18/05/2017, certo que os três primeiros colocados deste último certame foram convocados, em 02/06/2017, pelo Secretário de Saúde, que possui atribuição legal para convocação e nomeação, sem que Felipe houvesse sido chamado.

Em 11/09/2017, o advogado constituído por Felipe impetrou mandado de segurança, cuja inicial sustentou a violação de seu direito líquido e certo de ser investido no cargo para o qual havia sido aprovado em concurso, nos exatos termos previstos no respectivo instrumento convocatório, com a carga horária de 20 horas semanais e remuneração de R$ 5.000,00 (cinco mil reais), mediante fundamentação nos argumentos jurídicos pertinentes, sendo certo que as normas de organização judiciária estadual apontavam para a competência do Tribunal de Justiça local.

Sobreveio acórdão, unânime, que denegou a segurança, sob o fundamento de que o Judiciário não deve se imiscuir em matéria de concurso público, por se tratar de atividade sujeita à discricionariedade administrativa, sob pena de violação do princípio da separação de Poderes.

Foram opostos embargos de declaração, rejeitados por não haver omissão, contradição ou obscuridade a ser sanada.

Redija a petição da medida pertinente à defesa dos interesses de Felipe contra a decisão prolatada em única instância pelo Tribunal de Justiça estadual, publicada na última sexta-feira, desenvolvendo todos os argumentos jurídicos adequados à análise do mérito da demanda. **(Valor: 5,00)**

*Obs.: a peça deve abranger todos os fundamentos de Direito que possam ser utilizados para dar respaldo à pretensão. A simples menção ou transcrição do dispositivo legal não confere pontuação.*

## GABARITO COMENTADO

A medida cabível é o *Recurso Ordinário em Mandado de Segurança*, na forma do Art. 105, inciso II, alínea b, da CRFB/88.

O recurso deve ser dirigido ao Desembargador Presidente do Tribunal de Justiça do Estado, ou ao Vice-Presidente, de acordo com a respectiva organização judiciária, formulando pedido de remessa ao Superior Tribunal de Justiça, que é o competente para a apreciação do recurso.

Na qualificação das partes deve constar Felipe como recorrente e o estado Alfa como recorrido. Também será admitido, como recorrido, a autoridade coautora ou ambos: o Estado e a autoridade coautora.

Na fundamentação, a peça recursal deve:

a) impugnar as razões de decidir do acórdão, na medida em que o mandado de segurança não versa sobre as regras do concurso ou matéria submetida à discricionariedade da Banca Examinadora, mas sobre violação ao direito líquido e certo do impetrante de ser investido no cargo para o qual fora aprovado em concurso público, dentro do número de vagas previsto no respectivo edital.

b) suscitar a inconstitucionalidade/ilegalidade resultante da preterição de Felipe, pela convocação dos aprovados em concurso posterior, dentro do prazo de validade do certame anterior, a violar o disposto no Art. 37, inciso IV, da CRFB/88.

c) indicar que a aprovação do candidato dentro do número de vagas previsto no edital confere-lhe direito subjetivo à nomeação dentro do prazo de validade do certame, conforme entendimento consolidado pelo STF em sede de repercussão geral (tema 161).

d) arguir a obrigatoriedade de a administração fazer cumprir os exatos termos do edital para o qual Felipe foi aprovado, em decorrência da vinculação ao instrumento convocatório.

Ao final, deve ser formulado pedido de conhecimento e provimento do recurso, com a reforma da decisão do Tribunal Estadual, a fim de que seja concedida a segurança e determinada a investidura ou nomeação de Felipe no cargo público em questão.

Deve ser pleiteada, ainda, a condenação em custas e demonstrada a tempestividade do recurso.

Arrematar a peça com indicação de local, data, espaço para assinatura do advogado e número de sua inscrição na OAB.

**Distribuição dos pontos**

| ITEM | PONTUAÇÃO |
|---|---|
| **PETIÇÃO DE INTERPOSIÇÃO** | |
| 1 – Endereçamento: Desembargador Presidente / Vice-Presidente do Tribunal de Justiça do **estado Alfa** (0,10) | 0,00/0,10 |
| 2 – Qualificação das partes Recorrente: Felipe (0,10). Recorrido: estado Alfa E/OU autoridade coatora (0,10). | 0,00/0,10/0,20 |

| | |
|---|---|
| 3 – Fundamento legal: Art. 18 da Lei nº 12.016/09 **OU** Art. 105, inciso II, alínea *b*, da CRFB/88 **OU** Art. 1.027, II, 'a', do CPC/15 (0,10) | 0,00/0,10 |
| 4 – Pedido de remessa dos autos ao Superior Tribunal de Justiça (0,30) | 0,00/0,30 |
| **RAZÕES DE RECURSO** | |
| **Fundamentos** | 0,00/0,30/0,60/0,90 |
| 5 – Possibilidade do controle judicial porque não se trata de matéria sujeita à discricionariedade administrativa da Banca Examinadora (0,60), mas sim de violação ao direito líquido e certo do impetrante (0,30). | |
| 6 – Inconstitucionalidade **OU** ilegalidade da preterição de Felipe pela convocação dos aprovados em concurso posterior, dentro do prazo de validade do certame anterior (0,70), a violar o disposto no **Art. 37, inciso IV, da CRFB/88** (0,10). | 0,00/0,70/0,80 |
| 7 – A aprovação do candidato dentro do número de vagas previsto no edital confere-lhe direito subjetivo à nomeação dentro do prazo de validade do certame (0,70), conforme entendimento consolidado pelo STF em sede de repercussão geral (0,10) | 0,00/0,70/0,80 |
| 8 – Obrigatoriedade de a administração fazer cumprir os exatos termos do edital, provendo-o na vaga para a qual foi aprovado (0,60), em decorrência da vinculação ao instrumento convocatório (0,20). | 0,0/0,20/0,60/0,80 |
| **Pedidos** | 0,00/0,10/0,30/0,40 |
| 9.1 – Conhecimento (0,10) e provimento do recurso para que seja reformada a decisão do tribunal do estado Alfa (0,30), | |
| 9.2 – determinando-se, em consequência, a investidura ou a nomeação de Felipe para o cargo público (0,30). | 0,00/0,30 |
| 10 – Condenação em custas (0,10) | 0,00/0,10 |
| **Tempestividade** | 0,00/0,10 |
| 11 – Demonstração da tempestividade: prazo final em 09/02/2018 **OU** prazo legal de 15 dias **OU** prazo do Art. 1.003, §5º, do CPC/15. | |
| **Fechamento** | 0,00/0,10 |
| local, data, assinatura do advogado e número de inscrição na OAB (0,10). | |

**(OAB/Exame Unificado – 2018.1- 2ª fase)** Lúcia, servidora pública federal estável, foi demitida do cargo que ocupava, após processo administrativo disciplinar pelo rito sumário, sob o fundamento de abandono de cargo, em razão de haver se ausentado do serviço por mais de trinta dias consecutivos, no período entre 15/02/2017 e 05/04/2017, sendo certo que a penalidade foi aplicada em 10/05/2017, pelo Ministro de Estado competente para tanto.

Inconformada, Lúcia buscou assessoria jurídica, na data de hoje, à qual informou que jamais teve a intenção de abandonar o cargo, tanto que, em 20/08/2016, formalizou pedido de licença por motivo de afastamento de seu cônjuge, Antônio, professor concursado de uma universidade pública federal, que, no interesse da Administração, foi deslocado para cursar pós-doutorado na

Alemanha, a ser iniciado em 20/01/2017. Esclareceu que, apesar de insistentes tentativas de obter um pronunciamento por parte do órgão competente para a apreciação de seu pedido de licença, não obteve qualquer resposta.

A servidora narrou que, com o início do ano letivo na Alemanha, em 15/02/2017, viu-se compelida a se ausentar fisicamente do país, com vistas a proteger a unidade familiar, considerando que possui dois filhos pequenos com Antônio, que já estavam matriculados em uma escola na cidade em que o cônjuge cursaria o pós-doutorado.

Lúcia acrescenta que comunicou formalmente aos seus superiores o novo endereço e telefones de contato, mas que foi surpreendida quando uma antiga colega de trabalho lhe informou a portaria contendo a sua demissão, sem que qualquer notificação acerca da existência de processo administrativo disciplinar lhe tivesse sido anteriormente remetida.

Ao buscar os respectivos autos, Lúcia verificou que o processo consistia apenas de portaria inaugural, constituindo a comissão processante, composta por dois servidores ocupantes de cargo efetivo, certo que um deles ainda estava em estágio probatório. A comissão atestou o não comparecimento da servidora no mencionado período e, ato contínuo, elaborou um relatório concluindo pela aplicação da pena de demissão, sem que tivesse sido promovida sua notificação ou a nomeação de qualquer pessoa que pudesse realizar sua defesa.

Considerando que Lúcia já retornou definitivamente com sua família ao Brasil e que não pretende obter indenização pelo período em que não trabalhou, bem como que você é o(a) advogado(a) por ela consultado, na data de hoje, redija a peça para a defesa dos interesses de sua cliente, com indicação de todos os fundamentos jurídicos pertinentes. **(Valor: 5,00)**

*Obs.: a peça deve abranger todos os fundamentos de Direito que possam ser utilizados para dar respaldo à pretensão. A simples menção ou transcrição do dispositivo legal não confere pontuação.*

## OBSERVAÇÃO EM RELAÇÃO AO GABARITO COMENTADO

A banca examinadora do Exame da OAB admitiu, como medida judicial cabível, duas peças: *ação anulatória* ou *mandado de segurança*. Nesse sentido é que foram elencados dois gabaritos comentados, a seguir reproduzidos.

## GABARITO COMENTADO – PETIÇÃO ANULATÓRIA

A medida cabível é a *petição inicial* de ação anulatória do ato demissional **E/OU** de reintegração em cargo no serviço público federal.

A peça deve ser endereçada a um dos Juízos da Justiça Federal da Seção Judiciária do Estado X. Na qualificação das partes: Lúcia é a autora e a União é a ré.

Na fundamentação, deve ser sustentado que a ilegalidade do ato praticado importa na violação do direito líquido e certo de Lúcia, com base nas seguintes razões:

a) Violação ao princípio do devido processo legal **OU** dos princípios da ampla defesa e do contraditório, previstos respectivamente no Art. 5º, incisos LIV **OU** LV, CRFB/88.

b) Deveria ter sido realizada a devida indiciação de Lúcia, com a sua citação para apresentação de defesa, na forma do Art. 133, § 2º da Lei nº 8.112/90.

c) A Comissão processante deveria ser composta por dois servidores estáveis, como se depreende do Art. 133, inciso I, da Lei n° 8112/90, aplicável ao abandono de cargo, por força do Art. 140, da Lei n° 8.112/90.

d) Impossibilidade de caracterização do *animus abandonandi* **OU** do elemento subjetivo **OU** da intenção de Lúcia de abandonar o cargo, na forma do Art. 140, inciso II, da Lei n° 8.112/90, em decorrência da prova pré-constituída consistente no pedido de licença por motivo de afastamento do cônjuge, que não foi apreciado pela Administração, a caracterizar, inclusive, abuso de direito, em decorrência da omissão administrativa.

Ao final, deve ser formulado pedido de procedência, para que seja anulada a demissão de Lúcia, com a sua reintegração no cargo.

Ademais, devem ser expressamente requeridas a citação do réu, a produção de provas, especificamente a juntada dos documentos acostados à inicial; a opção do autor pela realização ou não da audiência de conciliação, a condenação em custas e honorários; e o valor da causa.

Arremata a peça a indicação de local, data, assinatura do advogado e o número de sua inscrição na OAB.

**Distribuição dos pontos – PETIÇÃO ANULATÓRIA**

| ITEM | PONTUAÇÃO |
|---|---|
| **Endereçamento da inicial** | |
| Exmo. Sr. Dr. Juiz Federal da Vara da Seção Judiciária do Estado (0,10) | 0,00/0,10 |
| **Qualificação das partes** | |
| Autora: Lúcia (0,10). Ré: União (0,10). | 0,00/0,10/0,20 |
| **Fundamentação:** Ilegalidade da demissão de Lúcia, pelas seguintes razões: | |
| (A) Violação ao princípio do devido processo legal **OU** dos princípios da ampla defesa e do contraditório (0,70), previstos, respectivamente, no Art. 5°, inciso LIV **OU** no Art. 5°, inciso LV, da CRFB/88 (0,10).: | 0,00/0,70/0,80 |
| (B) Deveria ter sido realizada a devida indiciação de Lúcia, com sua citação para apresentação de defesa (0,70), na forma do Art. 133, § 2°, da Lei n° 8.112/90 (0,10). | 0,00/0,70/0,80 |
| (C) A Comissão processante deveria ser composta por dois servidores estáveis (0,70), consoante o Art. 133, inciso I, da Lei n° 8.112/90 (0,10). | 0,00/0,70/0,80 |
| (D) Fundamentação legal: Art. 140 da Lei n° 8.112/90 (0,10). *Obs.: A pontuação deste item depende da referência conjunta ao art. 133 da Lei n° 8.112/90* | 0,00/0,10 |
| (E) Ausência de *animus abandonandi* **OU** do elemento subjetivo **OU** da intenção de Lúcia de abandonar o cargo (0,30), na forma do Art. 140, inciso II, da Lei n° 8.112/90 (0,10). | 0,00/0,30/0,40 |
| (F) diante do pedido de licença por motivo de afastamento do cônjuge, que não foi apreciado pela Administração, a caracterizar, inclusive, abuso de direito, em decorrência da omissão administrativa (0,30). | 0,00/0,30 |

| Pedidos: | |
|---|---|
| I. Citação do réu (0,10) | 0,00/0,10 |
| II. Procedência do pedido formulado na inicial, para que seja anulada a demissão de Lúcia (0,40), com a sua reintegração no cargo do serviço público federal (0,30). | 0,00/0,30/0,40/0,70 |
| III. Produção de provas (0,10), especificamente da juntada dos documentos acostados à inicial (0,10). | 0,00/0,10/0,20 |
| IV. Opção pela realização ou não da audiência de conciliação (0,10). | 0,00/0,10 |
| IV. Condenação em custas (0,10). | 0,00/0,10 |
| V. Condenação em honorários sucumbenciais (0,10). | 0,00/0,10 |
| Valor da Causa (0,10). | 0,00/0,10 |
| **Fechamento** | |
| Local, data, assinatura e número de inscrição na OAB (0,10). | 0,00/0,10 |

## GABARITO COMENTADO – MANDADO DE SEGURANÇA

Em se tratando de Mandado de Segurança, este deverá ser impetrado contra ato de Ministro de Estado que determinou a demissão de Lúcia.

A peça deve ser endereçada ao Superior Tribunal de Justiça, na forma do art. 105, I, *b* da CRFB/88.

O examinando deve indicar, como impetrante, Lúcia, bem como apontar a autoridade coatora (o Ministro de Estado) e a pessoa jurídica a que se vincula (a União).

A peça deverá conter exposição específica quanto ao seu cabimento, notadamente com a demonstração inequívoca das razões que justifiquem a inocorrência do óbice decadencial (art. 23 da Lei nº 12.016/09) e do embasamento da pretensão em provas pré-constituídas.

Na fundamentação, deve ser sustentado que a ilegalidade do ato praticado importa na violação do direito líquido e certo de Lúcia, com base nas seguintes razões:

a) Violação ao princípio do devido processo legal **OU** dos princípios da ampla defesa e do contraditório, previstos respectivamente no Art. 5º, incisos LIV **OU** LV, CRFB/88.

b) Deveria ter sido realizada a devida indiciação de Lúcia, com a sua citação para apresentação de defesa, na forma do Art. 133, § 2º da Lei nº 8.112/90.

c) A Comissão processante deveria ser composta por dois servidores estáveis, como se depreende do Art. 133, inciso I, da Lei nº 8112/90, aplicável ao abandono de cargo, por força do Art. 140, da Lei nº 8.112/90.

d) Impossibilidade de caracterização do *animus abandonandi* **OU** da intenção de Lúcia de abandonar o cargo, na forma do Art. 140, inciso II, da Lei nº 8.112/90, em decorrência da prova pré-constituída consistente no pedido de licença por motivo de afastamento do cônjuge, que não foi apreciado pela Administração, a caracterizar, inclusive, abuso de direito, em decorrência da omissão administrativa.

Ao final, deve ser formulado pedido concessão da ordem **OU** procedência do pedido, para que seja anulada a demissão de Lúcia, com a sua consequente reintegração ao cargo.

Devem ser expressamente requeridas a notificação da autoridade coatora e a ciência ao órgão de representação judicial da pessoa jurídica a que se vincula, assim como pleiteada a juntada da prova pré-constituída, a condenação em custas e indicado o valor da causa.

A peça deve ser arrematada com a indicação de local, data, assinatura do advogado e o número de sua inscrição na OAB.

**Distribuição dos pontos – MANDADO DE SEGURANÇA**

| ITEM | PONTUAÇÃO |
|---|---|
| **Endereçamento da inicial** | |
| Ministro Presidente do Superior Tribunal de Justiça **OU** Superior Tribunal de Justiça (0,10) | 0,00/0,10 |
| **Qualificação das partes** | |
| Impetrante: Lúcia (0,10). Autoridade coatora: Ministro de Estado (0,10), com menção à pessoa jurídica a que se vincula: União (0,10) | 0,00/0,10/0,20/0,30 |
| **Cabimento** | |
| 1. Demonstração inequívoca das razões que justifiquem a inocorrência do óbice decadencial (0,50), nos termos do art. 23 da Lei nº 12.016/09 (0,10). | 0,00/0,50/0,60 |
| 2. Indicação do embasamento da pretensão exclusivamente em provas pré-constituídas, dispensando-se a dilação probatória (0,40). | 0,00/0,40 |
| **Fundamentação** | |
| Violação ao direito líquido e certo em razão da Ilegalidade de sua demissão (ato coator) em razão de: | |
| (A) Desrespeito ao princípio do devido processo legal **OU** aos princípios da ampla defesa e do contraditório (0,60), previstos, respectivamente, no Art. 5º, inciso LIV **OU** no Art. 5º, inciso LV, da CRFB/88 (0,10).: | 0,00/0,60/0,70 |
| (B) Deveria ter sido realizada a devida indiciação de Lúcia, com sua citação para apresentação de defesa (0,60), na forma do Art. 133, § 2º, da Lei nº 8.112/90 (0,10). | 0,00/0,60/0,70 |
| (C) A Comissão processante deveria ser composta por dois servidores estáveis (0,40), consoante o Art. 133, inciso I, da Lei nº 8.112/90 (0,10). | 0,00/0,40/0,50 |
| (D) Fundamentação legal: Art. 140 da Lei nº 8.112/90 (0,10). *Obs.: A pontuação deste item depende da referência conjunta ao art. 133 da Lei nº 8.112/90* | 0,00/0,10 |
| (E) Ausência de *animus abandonandi* **OU** da intenção de Lúcia de abandonar o cargo (0,20), na forma do Art. 140, inciso II, da Lei nº 8.112/90 (0,10). | 0,00/0,20/0,30 |

| | |
|---|---|
| (F) diante do pedido de licença por motivo de afastamento do cônjuge, que não foi apreciado pela Administração, a caracterizar, inclusive, abuso de direito, em decorrência da omissão administrativa (0,20). | 0,00/0,20 |
| **Pedidos** | |
| 1. Concessão da ordem **OU** Procedência do pedido formulado na inicial, para que seja anulada a demissão de Lúcia (0,30), com a sua consequente reintegração no cargo do serviço público federal (0,20). | 0,00/0,20/0,30/0,50 |
| 2. Notificação da autoridade coatora (0,10) | 0,00/0,10 |
| 3. Ciência ao órgão de representação judicial da União (0,10). | 0,00/0,10 |
| 4. Juntada da prova pré-constituída (0,10). | 0,00/0,10 |
| 5. Condenação em custas (0,10). | 0,00/0,10 |
| **Indicação do Valor da Causa.** | 0,00/0,10 |
| **Fechamento** | |
| Local, data, assinatura e número de inscrição na OAB (0,10). | 0,00/0,10 |

**(OAB/Exame Unificado – 2018.2- 2ª fase)** A sociedade empresária Leva e Traz explora, via concessão, o serviço público de transporte de passageiros no município Sigma, conhecido pelos altos índices de criminalidade; por isso, a referida concessionária encontra grande dificuldade em contratar motoristas para seus veículos. A solução, para não interromper a prestação dos serviços, foi contratar profissionais sem habilitação para a direção de ônibus.

Em paralelo, a empresa, que utiliza ônibus antigos (mais poluentes) e em péssimo estado de conservação, acertou informalmente com todos os funcionários que os veículos não deveriam circular após as 18 horas, dado que, estatisticamente, a partir desse horário, os índices de criminalidade são maiores. Antes, por exigência do poder concedente, os ônibus circulavam até meia-noite.

Os jornais da cidade noticiaram amplamente a precária condição dos ônibus, a redução do horário de circulação e a utilização de motoristas não habilitados para a condução dos veículos.

Seis meses após a concretização da mencionada situação e da divulgação das respectivas notícias, a associação municipal de moradores, entidade constituída e em funcionamento há dois anos e que tem por finalidade institucional, dentre outras, a proteção dos usuários de transporte público, contrata você, jovem advogado(a), para adotar as providências cabíveis perante o Poder Judiciário para compelir o poder concedente e a concessionária a regularizarem a atividade em questão.

Há certa urgência, pois no último semestre a qualidade do serviço público caiu drasticamente e será necessária a produção de provas no curso do processo.

Considerando essas informações, redija a peça cabível para a defesa dos interesses dos usuários do referido serviço público. **(Valor: 5,00)**

*Obs.: a peça deve abranger todos os fundamentos de Direito que possam ser utilizados para dar respaldo à pretensão. A simples menção ou transcrição do dispositivo legal não confere pontuação.*

## GABARITO COMENTADO

Considerando tratar-se de direitos coletivos, a medida judicial adequada é o ajuizamento de *Ação Civil Pública* (ACP).

A ACP deve ser dirigida ao Juízo de Fazenda Pública ou à Vara Cível competente.

O examinando deve indicar, como autora, a associação municipal de moradores e, como réus, o município Sigma e a sociedade empresária Leva e Traz.

O examinando deve demonstrar, em preliminar, a legitimidade ativa da associação. Assim, cabe citar que a entidade está constituída há mais de um ano (Art. 5º, inciso V, alínea *a*, da Lei nº 7.347/85) e sua finalidade institucional está alinhada com o tema da ação (pertinência temática – Art. 5º, inciso V, alínea *b*, da Lei nº 7.347/85).

No mérito, o examinando deve apontar, genericamente, a violação ao dever de adequação na prestação do serviço público, conforme previsto pelos artigos 6º, § 1º, da Lei nº 8.987/95 **OU** do Art. 22 da Lei nº 8.078/90 (Código de Defesa do Consumidor – CDC) **OU** do Art. 4º, da Lei nº 13.460/17, e, de forma específica, com base nos seguintes fundamentos:

I. a concessão pressupõe a prestação de serviço público em condição segura para os usuários, o que não está sendo feito, pois os motoristas dos ônibus não têm habilitação para direção e os veículos apresentam péssimo estado de conservação, o que viola o princípio da segurança dos serviços públicos;

II. a concessão pressupõe a prestação de serviço público regular e contínuo, requisitos que não estão sendo observados, dada a interrupção da circulação dos ônibus a partir das dezoito horas, deixando a população desprovida do serviço, o que implica violação dos princípios da regularidade e continuidade dos serviços públicos;

III. a utilização de veículos antigos e mais poluentes viola o princípio da atualidade do serviço, que pressupõe a modernidade dos equipamentos postos à disposição dos usuários.

Deve ser requerida e fundamentada medida liminar para impedir a designação de motoristas sem habilitação (obrigação de não fazer) e para obrigar os réus à renovação da frota e à circulação dos ônibus até meia-noite (obrigações de fazer). A probabilidade do direito está caracterizada pelos fundamentos já expostos nos itens I, II e III do parágrafo anterior. O perigo de dano também está caracterizado, pois cidadãos deixam de ser atendidos pelo transporte público. Em relação àqueles que utilizam os ônibus, eles estão expostos a riscos de acidentes, tendo em vista a inabilitação dos condutores e a precária condição dos veículos.

Quanto aos pedidos, o examinando deve requerer:

a) a concessão da liminar para impedir a designação de motoristas sem habilitação (obrigação de não fazer) e para obrigar à renovação da frota e à circulação dos ônibus novos até meia-noite (obrigações de fazer);

b) a procedência do pedido, obrigando-se o réu ao cumprimento das obrigações de fazer e de não fazer indicadas na alínea "a";

c) a condenação do réu ao pagamento de custas e honorários;

d) a produção de provas.

e) A condenação dos réus ao pagamento de custas e honorários advocatícios.

f) Indicação do valor da causa.

Por fim, o fechamento.

## Distribuição dos pontos

| ITEM | PONTUAÇÃO |
|---|---|
| **Endereçamento** | |
| 1. Endereçamento da Ação Civil Pública: Juízo de Fazenda Pública ou à Vara Cível competente (0,10). | 0,00/0,10 |
| **Qualificação das partes** | |
| 2. Autora: Associação Municipal de Moradores (0,10). | 0,00/0,10 |
| 3. Réus: sociedade empresária Leva e Traz (0,10) e Município Sigma (0,10). | 0,00/0,10/0,20 |
| **Legitimidade ativa** | |
| 4. A entidade está constituída há mais de um ano **OU** A entidade atende ao requisito previsto no Art. 5º, inciso V, alínea ´a´, da Lei nº 7.347/85 (0,15). | 0,00/0,15 |
| 5. A finalidade institucional da autora está alinhada ao tema da ação (pertinência temática) **OU** A autora atende ao requisito previsto no Art. 5º, inciso V, alínea ´b´, da Lei nº 7.347/85 (0,15). | 0,00/0,15 |
| **Fundamentação** | |
| 6. Violação ao dever de adequação na prestação do serviço público (0,50), nos termos do Art. 6º, § 1º, da Lei nº 8.987/95 **OU** do Art. 22 da Lei nº 8.078/90 (Código de Defesa do Consumidor – CDC) **OU** do Art. 4º, da Lei nº 13.460/17 (0,10), **com base nos seguintes fundamentos específicos:** | 0,00/0,50/0,60 |
| I – A utilização de motoristas sem habilitação para direção de veículos de transporte coletivo viola o princípio da segurança dos serviços públicos (0,70). | 0,00/0,70 |
| II – A interrupção da circulação dos ônibus a partir das dezoito horas, deixando a população desprovida do serviço, viola os princípios da regularidade e continuidade (0,70). | 0,00/0,70 |
| III – A utilização de veículos antigos e mais poluentes viola o princípio da atualidade do serviço público, que pressupõe a modernidade dos equipamentos postos à disposição dos usuários (0,70). | 0,00/0,70 |
| **Fundamentos para a concessão da medida liminar** | |
| 7. A probabilidade do direito está fundamentada na prestação de serviço público inadequado, que não satisfaz as condições de regularidade e continuidade, segurança e atualidade (0,25). | 0,00/0,25 |
| 8. O perigo da demora está presente no caso concreto, pois o serviço é interrompido antes do horário previsto, causando prejuízos à população, além de ser prestado em condições que colocam em risco os usuários (0,25). | 0,00/0,25 |
| **Pedidos** | |
| 9. A concessão da liminar para: | |

| ITEM | PONTUAÇÃO |
|---|---|
| I. impedir a utilização de motoristas sem habilitação (obrigação de não fazer) (0,10) | 0,00/0,10 |
| II. obrigar os réus à renovação da frota (obrigação de fazer) (0,10) | 0,00/0,10 |
| III. obrigar os réus à circulação dos ônibus novos até meia-noite (obrigação de fazer) (0,10) | 0,00/0,10 |
| 10. A produção de provas necessárias à demonstração do direito | 0,00/0,10 |
| 11. A procedência do pedido, confirmando em definitivo a liminar concedida para impor aos réus as obrigações de fazer e não fazer do item (9) | 0,00/0,30 |
| 12. A condenação dos réus ao pagamento de custas (0,10) e honorários advocatícios (0,10). | 0,00/0,10/0,20 |
| 13. Indicação do valor da causa (0,10). | 0,00/0,10 |
| **Fechamento da peça** | |
| Local..., Data..., Advogado... e OAB... (0,10). | 0,00/0,10 |

**(OAB/Exame Unificado – 2018.3- 2ª fase)** Mateus, nascido no México, veio morar no Brasil juntamente com seus pais, também nascidos no México. Aos dezoito anos, foi aprovado no vestibular e matriculou-se no curso de engenharia civil. Faltando um semestre para concluir a faculdade, decidiu inscrever-se em um concurso público promovido por determinada Universidade Federal brasileira, que segue a forma de autarquia federal, para provimento do cargo efetivo de professor. Um mês depois da colação de grau, foi publicado o resultado do certame: Mateus tinha sido o primeiro colocado.

Mateus soube que seria nomeado em novembro de 2018, previsão essa que se confirmou. Como já tinha uma viagem marcada para o México, outorgou procuração específica para seu pai, Roberto, para que este assinasse o termo de posse. No último dia previsto para a posse, Roberto comparece à repartição pública.

Ocorre que, orientado pela assessoria jurídica, o Reitor não permitiu a posse de Mateus, sob a justificativa de não ser possível a investidura de estrangeiro em cargo público. A autoridade também salientou que outros dois fatos impediriam a posse: a impossibilidade de o provimento ocorrer por meio de procuração e o não cumprimento, por parte de Mateus, de um dos requisitos do cargo (diploma de nível superior em engenharia) na data da inscrição no concurso público.

Ciente disso, Mateus, que não se naturalizara brasileiro, interrompe sua viagem e retorna imediatamente ao Brasil. Quinze dias depois da negativa de posse pelo Reitor, Mateus contrata você, como advogado(a), para adotar as providências cabíveis perante o Poder Judiciário. Há certa urgência na obtenção do provimento jurisdicional, ante o receio de que, com o agravamento da crise, não haja dotação orçamentária para a nomeação futura. Considere que todas as provas necessárias já estão pré-constituídas, não sendo necessária dilação probatória.

Considerando essas informações, redija a peça cabível que traga o procedimento mais célere para a defesa dos interesses de Mateus. A ação deve ser proposta imediatamente. Explicite as teses favoráveis ao seu cliente. **(Valor: 5,00)**

*Obs.: a peça deve abranger todos os fundamentos de Direito que possam ser utilizados para dar respaldo à pretensão. A simples menção ou transcrição do dispositivo legal não confere pontuação.*

## GABARITO COMENTADO

O examinando deve apresentar *Mandado de Segurança*, impugnando a validade da decisão que impediu Mateus de tomar posse no cargo público.

O Mandado de Segurança há de ser dirigido a Juízo Federal, competente para o julgamento de Mandado de Segurança contra ato do Reitor, na forma do Art. 109 da CRFB/88.

O examinando deve indicar, como impetrante, Mateus, bem como indicar a autoridade coatora (o Reitor) e a pessoa jurídica a que se vincula (autarquia federal – Universidade Federal).

O examinando deve demonstrar o cabimento da impetração, pois (i) houve violação a direito líquido e certo, nos termos do Art. 5º, LXIX, da CRFB/88, **OU** do Art. 1º, da Lei n. 12.016/09; e (ii) há respeito ao prazo decadencial previsto no Art. 23 da Lei n. 12.016/09.

No mérito, deve ser alegado:

i) o candidato deve cumprir os requisitos do cargo no momento da posse, não no da inscrição no concurso público, em consonância com a Súmula 266 do STJ;

ii) a legislação permite a posse por procuração específica, nos termos do Art. 13, § 3º, da Lei nº 8.112/1990; e

iii) as universidades podem prover seus cargos de professor com estrangeiros, nos termos do Art. 5º, § 3º, da Lei nº 8.112/1990.

Deve ser formulado pedido de concessão de medida liminar, demonstrando-se o fundamento relevante (violação ao Art. 5º, § 3º, e ao Art. 13, § 3º, ambos da Lei nº 8.112/1990, e à Súmula 266 do STJ) e o fundado receio de ineficácia da medida, caso concedida a segurança apenas ao final do processo, dado o risco real de não haver dotação orçamentária para a nomeação futura.

Ao final, devem ser formulados pedidos de notificação da autoridade coatora e de ciência ao órgão de representação judicial da pessoa jurídica de direito público a que se vincula aquela autoridade. Também deve ser requerida a concessão da liminar para suspender os efeitos da decisão do Reitor, determinando a posse imediata de Mateus.

No mérito, o examinando deve requerer a concessão da segurança, confirmando a liminar concedida, para anular a decisão do Reitor e, por consequência, garantir o direito de Mateus à posse no cargo público.

**Distribuição dos pontos**

| ITEM | PONTUAÇÃO |
|---|---|
| **Endereçamento:** | |
| 1. Juízo Federal (0,10) | 0,00/0,10 |
| **Qualificação das partes:** | |
| 2. Impetrante: Mateus (0,10). | 0,00/0,10 |
| 3. Autoridade coatora: Reitor (0,10) | 0,00/0,10 |
| 4. Pessoa jurídica interessada: Autarquia federal (Universidade Federal) (0,10) | 0,00/0,10 |

| ITEM | PONTUAÇÃO |
|---|---|
| **Cabimento** | |
| 5. Houve violação a direito líquido e certo **OU** A medida encontra fundamento no Art. 5º, LXIX, da CRFB/88, **OU** no Art. 1º, da Lei n. 12.016/09 (0,10) | 0,00/0,10 |
| 6. Obediência ao prazo previsto no Art. 23 da Lei n. 12.016/09 (0,10)<br>Obs.: não será pontuada a menção a prazo prescricional | 0,00/0,10 |
| **Fundamentação** | |
| 7. O impetrante deve cumprir os requisitos do cargo no momento da posse e não no ato da inscrição no concurso público (0,70), em consonância com a Súmula 266 do STJ (0,10) | 0,00/0,70/0,80 |
| 8. A legislação permite a posse por procuração específica (0,70), nos termos do Art. 13, § 3º, da Lei nº 8.112/90 (0,10). | 0,00/0,70/0,80 |
| 9. As universidades podem prover seus cargos de professor com estrangeiros (0,70), nos termos do Art. 5º, § 3º, da Lei nº 8.112/90 **OU** do Art. 207, § 1º, da CRFB/88 (0,10). | 0,00/0,70/0,80 |
| **Fundamentos para a concessão da medida liminar** | |
| 10. Indicar a probabilidade do direito de acordo com a fundamentação (itens 7, 8 e 9) (0,30) | 0,00/0,30 |
| 11. Indicar o perigo da demora com fundamento no receio de ineficácia da medida, caso concedida a segurança apenas ao final, dado o risco real de não haver dotação orçamentária para a nomeação futura (0,30) | 0,00/0,30 |
| 12. Nos termos do Art. 7º, III, da Lei n. 12.016/09 (0,10)<br>Obs.: esta pontuação está condicionada à indicação correta dos requisitos dos itens 10 ou 11. | 0,00/0,10 |
| **Pedidos** | |
| 13. Concessão da liminar para **suspender** os efeitos do ato coator **OU** para **determinar** a posse imediata de Mateus (0,40) | 0,00/0,40 |
| 14. Notificação da autoridade coatora (Reitor) (0,10) | 0,00/0,10 |
| 15. Ciência ao órgão de representação judicial da Autarquia federal (Universidade) (0,10) | 0,00/0,10 |
| 16. Juntada de documentos que demonstrem a prova pré-constituída (0,10) | 0,00/0,10 |
| 17. Concessão da segurança para **anular** o ato coator **OU** para garantir em definitivo o direito de Mateus à posse no cargo público (0,40) | 0,00/0,40 |
| **Finalização:** | |
| 18. Indicação do valor da causa (0,10) | 0,00/0,10 |
| **Fechamento da peça:** | |
| 19. Local..., Data..., Advogado...e OAB... (0,10) | 0,00/0,10 |

(OAB/Exame Unificado – 2019.1- 2ª fase) Apolônio Silva foi encarcerado há três anos, pela prática do crime de lesão corporal seguida de morte (Art. 129, § 3º, do CP), em razão de decisão penal transitada em julgado proferida pelo Tribunal de Justiça do Estado Alfa, que o condenou à pena de doze anos de reclusão.

Apesar das tentativas da Defensoria Pública de obter a ordem de soltura, Apolônio permaneceu preso, até que, no ano corrente, foi morto durante a rebelião que ocorreu no presídio em que estava acautelado. Durante a mesma rebelião, numerosos condenados foram assassinados a tiros, sendo certo que as armas ingressaram no local mediante pagamento de propina aos agentes penitenciários.

Inconformada, Maria da Silva, mãe de Apolônio, procurou você para, na qualidade de advogado(a), tomar as medidas cabíveis, com vistas a obter a responsabilização civil do Estado. Ela demonstrou que, ao tempo da prisão, ele era filho único, solteiro, sem filhos, trabalhador, e provia o seu sustento. Como Maria tem idade avançada e problemas de saúde, ela não tem condições de arcar com os custos do processo, notadamente porque gastou as últimas economias para proporcionar um funeral digno para o filho.

Redija a peça cabível, mediante apontamento de todos os argumentos jurídicos pertinentes. **(Valor: 5,00)**

*Obs.: a peça deve abranger todos os fundamentos de Direito que possam ser utilizados para dar respaldo à* pretensão. *A simples menção ou transcrição do dispositivo legal não confere pontuação.*

## GABARITO COMENTADO

A medida cabível é a petição inicial de <u>Ação De Responsabilidade Civil</u> **OU** <u>Ação Indenizatória</u>.

A peça deve ser endereçada a um dos Juízos da Vara de Fazenda Pública **OU** Vara Cível da Comarca X do Estado Alfa.

Na qualificação das partes: Maria da Silva é a autora e o Estado Alfa é o réu.

Inicialmente, deve ser requerida a gratuidade de justiça, diante da impossibilidade de a autora arcar com as custas do processo, sem prejuízo do próprio sustento, na forma do Art. 98 do CPC.

Na fundamentação, deve ser alegada a caracterização do dever de indenizar pelo Estado, com base nos seguintes fundamentos:

a. Presença dos elementos configuradores da responsabilidade objetiva do Estado **OU** independentemente da demonstração do elemento subjetivo (dolo ou culpa), destacando-se ainda:

$a_1$. Violação do dever de preservação da integridade física e moral do preso na forma do Art. 5º, inciso XLIX, da CRFB/88.

$a_2$. Incidência do Art. 37, § 6º, da CRFB/88, que adota a teoria do risco administrativo.

b. Com relação ao dano, o examinando deve apontar também:

$b_1$. Caracterização do dano moral (*in re ipsa*), decorrente do falecimento do filho da demandante.

$b_2$. Dependência financeira da autora, que contava com o falecido para o seu sustento, para fins de pensionamento, na forma do Art. 948, inciso II, do Código Civil;

$b_3$. Necessidade de ressarcimento das despesas de funeral, na forma do Art. 948, inciso I, do Código Civil.

Ao final, deve ser formulado pedido de procedência, para que o Estado seja condenado no pagamento de indenização por danos morais, ressarcimento pelas despesas de funeral, bem como no pensionamento da autora.

Ademais, devem ser expressamente requeridas a produção de provas para a demonstração da verdade dos fatos alegados; a condenação em custas e honorários; o valor da causa e a opção do autor pela realização, ou não, de audiência de conciliação ou mediação.

Arremata a peça a indicação de local, data, espaço para assinatura do advogado e número de sua inscrição na OAB.

**Distribuição dos pontos**

| ITEM | PONTUAÇÃO |
|---|---|
| **Endereçamento da inicial** | |
| 1. Juízo da Vara de Fazenda Pública **OU** Vara Cível da Comarca X do Estado Alfa (0,10) | 0,00/0,10 |
| **Partes** | |
| 2. Autora: Maria da Silva (0,10); Réu: Estado Alfa (0,10). | 0,00/0,10/0,20 |
| **Gratuidade de Justiça** | |
| 3. Concessão da gratuidade de justiça (0,20), na forma do Art. 98 do CPC (0,10). | 0,00/0,20/0,30 |
| **Fundamentação** | |
| 4. Violação do dever de preservação da integridade física e moral do preso (0,60), na forma do Art. 5º, inciso XLIX, da CRFB/88 (0,10). | 0,00/0,60/0,70 |
| 5. Caracterização da responsabilidade objetiva do Estado **OU** responsabilidade independentemente da demonstração do elemento subjetivo (dolo ou culpa) **OU** responsabilidade em razão da teoria do risco administrativo (0,60), nos termos do Art. 37, § 6º, da CRFB/88 (0,10) | 0,00/0,60/0,70 |
| 6. Com relação ao dano, apontar: | |
| 6.1. caracterização do dano moral (*in re ipsa*), decorrente do falecimento do filho da demandante (0,50). | 0,00/0,50 |
| 6.2. caracterização do dano material em decorrência da dependência financeira da autora, que contava com o falecido para o seu sustento, para fins de pensionamento (0,40), na forma do Art. 948, inciso II, do Código Civil (0,10). | 0,00/0,40/0,50 |
| 6.3. caracterização do dano material em razão das despesas de funeral (0,40), na forma do Art. 948, inciso I, do Código Civil (0,10). | 0,00/0,40/0,50 |
| **Pedidos** | |
| 7. Procedência do pedido para que o Estado seja condenado no pagamento de indenização (0,30), especificamente: | 0,00/0,30 |

| ITEM | PONTUAÇÃO |
|---|---|
| 7.1. danos morais (0,20) | 0,00/0,20 |
| 7.2. pensionamento à autora (0,20) | 0,00/0,20 |
| 7.3. ressarcimento pelas despesas de funeral (0,20). | 0,00/0,20 |
| 8. Produção de provas (0,10). | 0,00/0,10 |
| 9. Opção pela realização ou não da audiência de conciliação (0,10). | 0,00/0,10 |
| 10. Condenação em custas (0,10) e honorários sucumbenciais (0,10) **OU** condenação nos ônus da sucumbência (0,20) | 0,00/0,10/0,20 |
| 11. Indicação do valor da causa (0,10) | 0,00/0,10 |
| **Fechamento** | |
| 12. Local, data, assinatura e número de inscrição na OAB (0,10). | 0,00/0,10 |

**(OAB/Exame Unificado – 2019.2- 2ª fase)** Em concurso realizado na vigência da Emenda Constitucional nº 20/98, Joel foi aprovado para desempenhar serviços notariais e de registro, vindo a ser nomeado tabelião de notas de serventia extrajudicial, no Estado Alfa. Ao completar setenta e cinco anos de idade, em maio de 2018, Joel foi aposentado compulsoriamente pelo regime próprio de previdência do ente federativo em questão, contra a sua vontade, sob o motivo de que havia atingido a idade limite para atuar junto à Administração Pública, nos termos da CRFB/88.

Joel, em razão da aposentação compulsória, sentindo-se violado nos seus direitos de personalidade, entrou em depressão profunda em menos de dois meses. O quadro tornou-se ainda mais grave devido à grande perda patrimonial, considerando que os proventos de inativo são bem inferiores ao valor do faturamento mensal do cartório.

Seis meses após a decisão que declarou "vacante" a sua delegação junto a específico cartório de notas, e o deu por aposentado, Joel procura você, como advogado(a), para tomar as providências pertinentes à defesa de seus interesses. Menciona que sua pretensão seria voltar à atividade e ser reparado por todos os danos sofridos.

Redija a peça processual adequada para a plena defesa dos interesses de Joel, mediante o apontamento de todos os argumentos pertinentes. **(Valor: 5,00)**

*Obs.: a peça deve abranger todos os fundamentos de Direito que possam ser utilizados para dar respaldo à pretensão. A simples menção ou transcrição do dispositivo legal não confere pontuação.*

## GABARITO COMENTADO

A medida cabível é a *petição inicial de ação anulatória* do ato de aposentadoria de Joel, com a reintegração na função delegada, bem como indenização pelo período do afastamento ilegal e por danos morais, *com pedido de liminar*.

A peça deve ser endereçada a um dos Juízos da Vara de Fazenda Pública do Estado Alfa ou para a Vara Cível competente.

Na qualificação das partes: Joel é o autor e o Estado Alfa é o réu.

Na fundamentação, deve ser alegada a nulidade da aposentadoria compulsória de Joel, pelos fundamentos a seguir.

I. Apesar de realizarem concurso público, os tabeliães, notários e oficiais dos serviços notariais e de registro não são servidores públicos, mas agentes que exercem função delegada, na forma do Art. 236 da CRFB/88 **OU** Art. 3º da Lei nº 8.935/94.

II. Consequentemente, os tabeliães, notários e oficiais de serviços notariais estão vinculados ao regime geral de previdência social e/ou não se submetem ao regime de aposentadoria próprio dos servidores públicos ocupantes de cargos efetivos, notadamente à aposentadoria compulsória, prevista no Art. 40, § 1º, inciso II, da CRFB/88.

Com relação à indenização, deve ser destacado:

a. A presença dos elementos configuradores da responsabilidade civil do Estado – conduta ilícita, nexo causal e dano – a ensejar o dever de reparação material e moral, na forma do Art. 37, § 6º, da CRFB/88.

b. Quanto ao dano material, ressaltar os enormes prejuízos sofridos por Joel em razão da redução de sua remuneração a partir de sua aposentadoria compulsória.

c. Em relação ao dano moral, frisar que a conduta ilegal foi além do mero aborrecimento **OU** violou direitos da personalidade do demandante.

Deve ser efetuado pedido de concessão de liminar para suspender os efeitos do ato de aposentadoria e reintegrar o autor nas funções notariais, na forma do Art. 300, *caput*, **OU** do Art. 311, inciso II, ambos do CPC.

Ao final, deve ser formulado pedido de procedência, para anular o ato de aposentadoria compulsória de Joel, com sua reintegração na função delegada, bem como indenizá-lo pelos prejuízos materiais e morais sofridos.

Ademais, devem ser expressamente requeridas a citação do réu, juntada de provas para a demonstração da verdade dos fatos alegados; a condenação em custas e honorários; o valor da causa e a opção do autor pela realização, ou não, de audiência de conciliação ou mediação.

Arremata a peça a indicação de local, data, espaço para assinatura do advogado e o número de sua inscrição na OAB.

**Distribuição dos pontos**

| ITEM | PONTUAÇÃO |
|---|---|
| **Endereçamento da inicial** | |
| 1. Juízo da Vara de Fazenda Pública **ou** Vara Cível da Comarca (...) do Estado Alfa (0,10). | 0,00/0,10 |
| **Qualificação das partes** | |
| 2. Autor: Joel (0,10); Réu: Estado Alfa (0,10). | 0,00/0,10/0,20 |

| ITEM | PONTUAÇÃO |
|---|---|
| **Fundamentação** | |
| Nulidade do ato de aposentadoria: | 0,00/0,60/0,70 |
| 3. Apesar de realizarem concurso público, os tabeliães, notários e oficiais dos serviços notariais e de registro não são servidores públicos, mas agentes que exercem função delegada (0,60), na forma do Art. 236 da CRFB/88 **OU** do Art. 3º da Lei nº 8.935/94 **OU** repercussão geral julgada no RE 647.827 (0,10). | |
| 4. Não submissão ao regime próprio de aposentadoria dos servidores públicos, notadamente à aposentadoria compulsória (0,60), prevista no Art. 40, *caput* **OU** inciso II, da CRFB/88 (0,10). | 0,00/0,60/0,70 |
| Com relação à indenização: | 0,00/0,50/0,60 |
| 5. A presença dos elementos configuradores da responsabilidade objetiva do Estado – conduta ilícita, nexo causal e dano (0,50), na forma do Art. 37, § 6º, da CRFB/88 (0,10). | |
| 6. Ocorrência do dano material (0,10), em razão da abrupta redução da remuneração de Joel a partir de sua aposentadoria compulsória (0,20). | 0,00/0,10/0,30 |
| 7. Ocorrência do dano moral (0,10), porque a conduta ilegal foi além do mero aborrecimento **OU** violou direitos da personalidade do demandante (0,20). | 0,00/0,10/0,30 |
| **Fundamentação da Liminar** | |
| 8. Presença dos requisitos para a concessão da tutela de urgência **OU** tutela de evidência (0,20), diante da probabilidade do direito **e** perigo de dano ao resultado útil do processo **OU** porque os fatos podem ser demonstrados documentalmente **e** diante da repercussão geral julgada pelo STF (0,30), na forma do Art. 300, *caput*, **OU** do Art. 311, inciso II, ambos do CPC (0,10). | 0,00/0,20/0,30/ 0,40/0,50/0,60 |
| **Pedidos** | |
| 9. Concessão de liminar para suspender os efeitos do ato de aposentadoria e reintegrar o autor nas funções notariais, até julgamento final (0,20). | 0,00/0,20 |
| 10. Procedência do pedido, para: | |
| 10.1. que seja anulado o ato de aposentadoria compulsória (0,30); | 0,00/0,30 |
| 10.2. que Joel seja reintegrado definitivamente na função delegada (0,20), | 0,00/0,20 |
| 10.3. que o Estado Alfa seja condenado ao pagamento de indenização material (0,10) e moral (0,10) pelos prejuízos sofridos. | 0,00/0,10/0,20 |
| 11. Produção de provas, mediante a juntada dos documentos acostados à inicial (0,10). | 0,00/0,10 |
| 12. Condenação em ônus da sucumbência (0,20) **OU** honorários advocatícios (0,10) e reembolso das custas processuais (0,10) | 0,00/0,10/0,20 |
| 13. Opção pela realização, ou não, de conciliação ou mediação (0,10). | 0,00/0,10 |

| ITEM | PONTUAÇÃO |
|---|---|
| **Fechamento** | |
| 14. Valor da Causa (0,10). | 0,00/0,10 |
| 15. Local, data, assinatura do advogado e número de inscrição na OAB (0,10). | 0,00/0,10 |

**(OAB/Exame Unificado – 2019.3- 2ª fase)** Márcio foi prefeito do Município Alfa, entre janeiro de 2009 e dezembro de 2012. Na campanha eleitoral em 2008, Márcio prometeu que, se eleito, construiria um hospital no Município. A proposta visava facilitar o atendimento médico da população, que até então precisava se deslocar para a capital do Estado, distante 300 km.

Após assumir o mandato, Márcio identificou um rombo nas contas públicas, em muito provocado pelos altos salários do funcionalismo. A situação perdurou por todo o mandato, tendo em vista a ausência de crescimento das receitas municipais. Nesse cenário, restou inviabilizada a construção do hospital.

Ao término do mandato, o Ministério Público estadual, ciente de que Márcio não fora reeleito, instaurou inquérito civil público para investigar a promessa não cumprida. Em janeiro de 2018, o *parquet* ingressou com ação civil pública por ato de improbidade administrativa em desfavor do ex-prefeito Márcio.

Na inicial, sustenta-se que a omissão atentou contra os princípios da Administração Pública, sobretudo porque, supostamente, teria violado o dever de honestidade e deixado de praticar, injustificadamente, ato de ofício que se põe vinculado por promessa eleitoral. Por essa razão, foi requerida a suspensão dos direitos políticos de Márcio, por três anos, bem como a imposição de multa no valor de R$ 500.000,00 (quinhentos mil reais). Também foi requerida a medida cautelar de indisponibilidade dos bens do ex-prefeito.

Antes de oferecer qualquer oportunidade de manifestação a Márcio, o magistrado da Vara da Fazenda Pública recebeu a inicial, afirmando a presença de justa causa, e determinou a citação do ex-prefeito. Quanto à medida cautelar de indisponibilidade de bens, a autoridade judicial consignou que o pedido seria examinado após a apresentação da defesa.

Regularmente citado, Márcio contrata você, como advogado(a), para assumir sua defesa. O ex-gestor público alega ter sido surpreendido pela aludida citação, sem ter direito à manifestação prévia, e faz questão de expor suas razões para o Juízo de primeiro grau, na medida em que considera que o ajuizamento da ação é perseguição política.

Considerando essas informações e ciente que Márcio procurou você no mesmo dia da citação, sem que ainda tivesse iniciado a contagem dos prazos processuais, **redija a peça cabível, junto ao juízo onde tem curso a ação, para a defesa dos interesses de Márcio, invocando todos os argumentos pertinentes à luz do caso concreto. (Valor: 5,00)**

*Obs.: a peça deve abranger todos os fundamentos de Direito que possam ser utilizados para dar respaldo à pretensão. A simples menção ou transcrição do dispositivo legal não pontua.*

## GABARITO COMENTADO

O examinando deve elaborar uma *contestação*, nos termos do Art. 17, § 9º, da Lei nº 8.429/92. A peça deve ser dirigida ao Juízo competente e indicar Márcio como requerido e o Ministério Público como requerente.

O examinando deve abordar as seguintes questões:

A) Como preliminar:

I – Ocorrência de prescrição da ação de improbidade, tendo em vista que o mandato do ex-prefeito encerrou-se em dezembro de 2012 e a ação só foi ajuizada em janeiro de 2018. Transcorreram, no caso concreto, mais de cinco anos até a propositura da ação. Como fundamento legal, o Art. 23, inciso I, da Lei nº 8.429/92;

II – A nulidade da decisão que recebeu a ação de improbidade, ante a violação ao princípio constitucional do contraditório. Antes do recebimento, deveria o Juízo ter dado oportunidade para o requerido se manifestar acerca da acusação que lhe foi feita, em conformidade com o Art. 17, § 7º, da Lei nº 8.429/92;

III – Ausência dos pressupostos para a decretação da indisponibilidade de bens, tendo em vista que a referida cautelar só pode ser decretada quando o ato de improbidade causar lesão ao patrimônio público ou ensejar enriquecimento ilícito. Na hipótese do enunciado, Márcio está sendo acusado da prática de ato de improbidade que atenta contra os princípios da Administração Pública. O examinando deve apontar, como fundamento, o Art. 7º da Lei nº 8.429/92;

B) No mérito:

I – Falta do elemento subjetivo (dolo e/ou culpa) na conduta de Márcio e, por consequência, a inexistência do ato de improbidade.

II – A não construção do hospital decorreu de situação alheia à vontade do ex-Prefeito, uma vez que o município não dispunha de recursos suficientes para arcar com as obras (cláusula da reserva do possível). A promessa de campanha é fato atípico, incabível de ser penalizado.

Devem ser formulados os seguintes pedidos:

i) improcedência liminar da ação, tendo em vista a ocorrência de prescrição;

ii) nulidade da decisão de recebimento da ação de improbidade por ofensa ao contraditório;

iii) indeferimento da decretação de indisponibilidade de bens ante a ausência dos pressupostos autorizadores;

iv) improcedência da ação, dada a inexistência do ato de improbidade; e

v) produção genérica de provas.

Por fim, o fechamento da peça.

**Distribuição dos pontos**

| ITEM | PONTUAÇÃO |
|---|---|
| **Endereçamento** | |
| 1. Endereçamento da *contestação*: Vara da Fazenda Pública (0,10). | 0,00/0,10 |
| **Qualificação das partes** | |
| 2. Requerente: Ministério Público (0,10); requerido: Márcio (0,10). | 0,00/0,10/0,20 |
| **Fundamentação, como preliminar** | |
| 3. Ocorrência de prescrição da ação de improbidade, tendo em vista que o mandato do ex-Prefeito encerrou-se em dezembro de 2012 e a ação só foi ajuizada em janeiro de 2018. Transcorreram, no caso concreto, mais de cinco anos até a propositura da ação (0,60). Como fundamento legal, o Art. 23, inciso I, da Lei nº 8.429/1992 (0,10). | 0,00/0,60/0,70 |
| 4. Nulidade da decisão que recebeu a ação de improbidade, ante a violação ao princípio constitucional do contraditório (0,50), em conformidade com o Artigo 5º LV CRFB (0,10). OU Antes do recebimento, deveria o Juízo ter dado oportunidade para que o requerido se manifestasse acerca da acusação que lhe foi feita (0,50), em conformidade com o Art. 17, § 7º, da Lei nº 8.429/92 (0,10). | 0,00/0,50/0,60 |
| 5. Na hipótese, Márcio está sendo acusado da prática de ato de improbidade que atenta contra os princípios da Administração Pública. Assim, ausentes os pressupostos para a decretação da indisponibilidade de bens, tendo em vista que a referida cautelar só pode ser decretada quando o ato de improbidade causar lesão ao patrimônio público ou ensejar enriquecimento ilícito (0,50), segundo o Art. 7º da Lei nº 8.429/92 (0,10). | 0,00/0,50/0,60 |
| **Fundamentação, no mérito** | |
| 6. Falta do elemento subjetivo (dolo e/ou culpa) na conduta de Márcio e, por consequência, a inexistência do ato de improbidade (0,60). | 0,00/0,60 |
| 7. A não construção do hospital decorreu de fator alheio à vontade do ex-Prefeito, consistente no fato de que o município não dispunha de recursos suficientes para arcar com as obras (cláusula da reserva do possível) OU A promessa de campanha é fato atípico, incabível de ser penalizado. (0,60). | 0,00/0,60 |
| **Pedidos** | |
| 8. Improcedência liminar da ação, tendo em vista a ocorrência de prescrição (0,40). | 0,00/0,40 |
| 9. Nulidade da decisão de recebimento da ação de improbidade por ofensa ao contraditório (0,30). OU Por não ter sido oportunizada apresentação de defesa prévia. (0,30). | 0,00/0,30 |
| 10. Indeferimento da decretação de indisponibilidade de bens ante a ausência dos pressupostos autorizadores (0,30). | 0,00/0,30 |
| 11. Improcedência da ação ante a inexistência do ato de improbidade (0,30). | 0,00/0,30 |
| 12. Produção genérica de provas (0,20). | 0,00/0,20 |
| **Fechamento** | |
| 13. Local..., data..., advogado... e OAB... (0,10) | 0,00/0,10 |

(OAB/Exame Unificado – 2020.1- 2ª fase) Para incentivar a prática de diversos esportes olímpicos, a Secretaria de Esportes de determinado estado da Federação publicou edital de licitação (parceria público-privada na modalidade concessão patrocinada), que tinha por objeto a construção, gestão e operação de uma arena poliesportiva.

No estudo técnico, anexo ao edital, consta que as receitas da concessionária advirão dos valores pagos pelas equipes esportivas para a utilização do espaço, complementadas pela contrapartida do parceiro público. O aporte de dinheiro público corresponde a 80% do total da remuneração do parceiro privado. Na época da publicação do instrumento convocatório, dois deputados estaduais criticaram o excessivo aporte de recursos públicos, bem como a ausência de participação da Assembleia Legislativa nesse importante projeto.

Diversas empresas participaram do certame, sagrando-se vencedor o consórcio *Todos Juntos*, que apresentou proposta de exatos R$ 30 milhões. O prazo de duração do futuro contrato, conforme estabelecido em edital, é de cinquenta anos.

Dias antes da celebração do contrato, após o certame ter sido homologado e adjudicado, foi constituída uma Sociedade de Propósito Específico (SPE), que seria responsável por implantar e gerir o objeto da parceria. O representante da SPE, não satisfeito com a minuta contratual que lhe fora apresentada, resolveu procurar o Secretário de Esportes para propor que toda a contraprestação do parceiro público fosse antecipada para o dia da celebração do contrato, o que foi aceito pela autoridade estadual, após demorada reunião.

Diversos veículos de comunicação divulgaram que o acolhimento do pleito da SPE ocorreu em troca de apoio financeiro para a campanha do Secretário de Esportes ao cargo de Governador. A autoridade policial obteve, por meio lícito, áudio da conversa travada entre o Secretário e o representante da SPE, que confirma a versão divulgada na imprensa.

Dias depois, a mulher do Secretário de Esportes procura a polícia e apresenta material (vários documentos) que demonstram que a licitação foi "dirigida" e que o preço está bem acima do custo.

Ricardo, cidadão brasileiro residente na capital do referido estado, com os direitos políticos em dia, procura você para, na qualidade de advogado(a), **redigir a peça adequada para anular a licitação. Há certa urgência na obtenção do provimento jurisdicional, tendo em vista a iminente celebração do contrato. Considere que, de acordo com a lei de organização judiciária local, o foro competente é a Vara da Fazenda Pública. A peça deve abranger todos os fundamentos de Direito que possam ser utilizados para dar respaldo à pretensão, inclusive quanto à legitimidade do demandante. (Valor: 5,00)**

Obs.: *a simples menção ou transcrição do dispositivo legal não confere pontuação.*

### GABARITO COMENTADO

A peça adequada é a *Ação Popular*, destinada, nos termos do Art. 5º, inciso LXXIII, da CRFB/88, à anulação de ato lesivo ao patrimônio público e à moralidade administrativa.

Não é cabível a utilização de Mandado de Segurança, que não é substitutivo da Ação Popular (Súmula 101 do STF), nem Ação Ordinária.

A Ação Popular deve ser proposta no Juízo da Vara da Fazenda Pública da capital do Estado. O autor é Ricardo. Os réus da ação são o Secretário de Esportes, o Estado e a SPE, beneficiária direta dos atos (Art. 6º da Lei nº 4.717/65).

O examinando deve demonstrar, em preliminar, a legitimidade ativa de Ricardo. Assim, deve citar que o autor é cidadão com direitos políticos vigentes, conforme demonstrado por juntada de cópia de título de eleitor, tal como exige o Art. 1º, § 3º, da Lei nº 4.717/65.

No mérito, o examinando deve abordar os seguintes pontos:

i) O prazo de vigência do contrato de parceria público-privada não pode ser superior a 35 (trinta e cinco) anos, nos termos do Art. 5º, inciso I, da Lei nº 11.079/04;

ii) A contraprestação da Administração Pública deve obrigatoriamente ser precedida da disponibilização do serviço objeto do contrato de parceria público-privada, não podendo ser antecipada para a data da celebração do contrato, nos termos do Art. 7º da Lei nº 11.079/04;

iii) Como o aporte de dinheiro público corresponde a 80% do total da remuneração do parceiro privado, seria necessária a autorização legislativa específica, o que não ocorreu no caso concreto, violando, assim, o Art. 10, § 3º, da Lei nº 11.079/04;

iv) O favorecimento da SPE em troca de apoio financeiro para campanha eleitoral fere o princípio da moralidade **ou** da impessoalidade, nos termos do Art. 37 da CRFB/88.

Deve ser formulado pedido de concessão de medida liminar, consistente na suspensão do certame com a consequente não celebração do contrato, demonstrando-se o fundamento relevante (itens i, ii, iii e iv do parágrafo anterior) e o perigo da demora (materialização do dano consubstanciado pela celebração do contrato).

Quanto aos pedidos, o examinando deve requerer:

i) a concessão de liminar para a suspensão do certame, com a consequente não celebração do contrato;

ii) a citação dos réus;

iii) a intimação do representante do Ministério Público (Art. 7º, inciso I, alínea *a*, da Lei nº 4.717/65);

iv) procedência do pedido para a confirmação da liminar e para a anulação da licitação; e

v) a condenação dos réus ao pagamento das verbas de sucumbência. Deve, ainda, requerer a produção de provas.

Por fim, o fechamento.

**Distribuição dos pontos**

| ITEM | PONTUAÇÃO |
| --- | --- |
| **Endereçamento** | |
| 1. Endereçamento da Ação Popular: Juízo da Vara da Fazenda Pública da capital do Estado (0,10). | 0,00/0,10 |
| 2. Qualificação das partes: | |
| Autor: Ricardo (0,10). | 0,00/0,10 |
| Réu: Secretário de Esportes (0,10), Estado (0,10) e a SPE (0,10). | 0,00/0,10/0,20/0,30 |

| ITEM | PONTUAÇÃO |
|---|---|
| **Fundamentação** | |
| 3. Preliminar de legitimidade ativa de Ricardo, no sentido e que o autor é cidadão com direitos políticos vigentes, conforme título de eleitor (0,10), tal como exige o Art. 1°, § 3°, da Lei n° 4.717/65 (0,10) | 0,00/0,10/0,20 |
| **No mérito** | |
| 4. Afigura-se ilegal a fixação do prazo de 50 anos pelo edital, haja vista que o prazo do contrato de parceria público-privada não pode ser superior a 35 (trinta e cinco) anos (0,55), nos termos do Art. 5°, inciso I, da Lei n° 11.079/04 (0,10); | 0,00/0,55/0,65 |
| 5. Não é possível a antecipação da contraprestação do parceiro público para a data da celebração do contrato, devendo, obrigatoriamente, ser precedida da disponibilização do serviço objeto do contrato de parceria público-privada, (0,55), nos termos do Art. 7° da Lei n° 11.079/04 (0,10); | 0,00/0,55/0,65 |
| 6. Como o aporte de dinheiro público corresponde a 80% do total da remuneração do parceiro privado, seria necessária a autorização legislativa específica, o que não ocorreu no caso concreto (0,55), violando, assim, o Art. 10, § 3°, da Lei n° 11.079/04 (0,10); | 0,00/0,55/0,65 |
| 7. O favorecimento da SPE em troca de apoio financeiro para campanha eleitoral fere o princípio da moralidade **ou** da impessoalidade (0,55), nos termos do Art. 37 da CRFB/88 (0,10)<br><br>OU<br><br>Configura desvio de finalidade (0,55), nos termos do Art. 2°, "e" da Lei n° 4717/65 (0,10). | 0,00/0,55/0,65 |
| **Fundamentos para a concessão da medida liminar** | |
| 8. A probabilidade do direito está demonstrada pelos fundamentos de mérito da lide (0,20). | 0,00/0,20 |
| 9. O perigo da demora baseia-se no receio de ineficácia da medida caso aguarde a decisão final de mérito do processo, tendo em vista a iminente materialização do dano consubstanciado pela celebração do contrato (0,20). | 0,00/0,20 |
| **Pedidos** | |
| 10. Concessão de liminar para a suspensão do certame (0,40); | 0,00/0,40 |
| 11. Citação dos réus (0,10); | 0,00/0,10 |
| 12. Procedência do pedido para a anulação da licitação (0,40); | 0,00/0,40 |
| 13. Condenação dos réus ao pagamento das verbas de sucumbência (0,10); | 0,00/0,10 |
| 14. Requerimento para a produção de provas (0,10); | 0,00/0,10 |
| 15. Valor da causa (0,10) | 0,00/0,10 |
| **Fechamento da peça** | |
| 16. Local..., Data..., Advogado... e OAB... (0,10) | 0,00/0,10 |

**(OAB/Exame Unificado – 2020.2- 2ª fase)** No início de 2016, Amália se inscreveu no concurso para Delegado de Polícia do Estado *Ômega*, cujo edital previa a realização de prova escrita e de aptidão física para os candidatos que tivessem sido aprovados na fase anterior. O instrumento convocatório continha cláusula expressa no sentido de que tais exames seriam agendados na mesma data para todos os candidatos, sem a possibilidade de remarcação por circunstâncias pessoais do candidato.

Após inúmeros percalços no certame, que teve anulação da primeira prova escrita, em razão de fraude, além da remarcação da segunda oportunidade de realização, foi finalmente divulgada a lista de aprovados na fase preliminar e agendado o teste de aptidão física.

Amália obteve excelente classificação na prova escrita, mas estava grávida de trinta e duas semanas no momento em que seria realizado o teste físico e precisava ficar em repouso, por ordem médica, em decorrência de complicações na gestação, de modo que não poderia realizá-lo.

Imediatamente após ter sido indeferido o pedido de remarcação do exame de aptidão física pelo Presidente da Comissão do Concurso, Amália impetrou Mandado de Segurança, com o objetivo de remarcar a prova de aptidão física, mediante a apresentação dos argumentos jurídicos pertinentes.

Devidamente processado o Mandado de Segurança, com manifestação de todas as partes e interessados, o Juízo de 1º grau, qual seja, a 1ª Vara da Fazenda Pública da Comarca da Capital, denegou a ordem, sob o fundamento de que se operou a decadência, na medida em que há questionamento de cláusula do edital, divulgado em momento que antecedeu, em muito, os seis meses previstos em lei para a impetração. Opostos embargos de declaração da sentença, houve o desprovimento do recurso por decisão publicada na última sexta-feira.

Em razão disso, Amália procura você, no dia em que publicada a decisão dos Embargos de Declaração, para, na qualidade de advogado(a), tomar as providências cabíveis para reformar a decisão do Juízo de primeiro grau e obter o pronto exame do mérito.

*Redija a peça adequada, mediante a exposição de todos os argumentos jurídicos pertinentes. (Valor: 5,00)*

*Obs.: a peça deve abranger todos os fundamentos de Direito que possam ser utilizados para dar respaldo à pretensão. A simples menção ou transcrição do dispositivo legal não confere pontuação.*

## GABARITO COMENTADO

A peça adequada é a *Apelação em Mandado de Segurança*, na forma do Art. 14 da Lei nº 12.016/09.

A apelação deve ser apresentada ao Juízo que prolatou a sentença (1ª Vara de Fazenda Pública da Comarca da Capital), com as razões recursais dirigidas ao Tribunal que as apreciará.

Na qualificação das partes, deve constar Amália como recorrente e, o Estado *Ômega*, como recorrido.

Na fundamentação, a peça recursal deve:
a. impugnar o fundamento constante da sentença que reconheceu a decadência para a impetração do Mandado de Segurança, na medida em que não há a impugnação de cláusula do edital, mas pleito para o reconhecimento de sua inaplicabilidade decorrente

de circunstâncias posteriores, que só se concretizaram quando da definição do exame de aptidão física;

b. apontar a viabilidade de pronto julgamento do feito de acordo com a legislação processual (Art. 1.013, § 4º, do CPC) e da procedência do pedido, diante da violação do direito líquido e certo de obter o adiamento do teste físico em razão da gravidez, pelos seguintes fundamentos:

$b_1$. a proteção à gestação exorbita o âmbito individual da candidata, pois ampara, sobretudo, a maternidade **e/ou** a família **e/ou** o planejamento familiar, na forma do Art. 226 da CRFB/88 **ou** é dever do Estado de proteger a criança, ainda que no ventre da mãe, com prioridade, consoante o Art. 227 da CRFB/88;

$b_2$. a violação ao princípio da acessibilidade ao serviço público, por culminar na impossibilidade de ingresso das grávidas, previsto no Art. 37, inciso I, da CRFB/88;

$b_3$. a violação ao princípio da isonomia, no sentido material, considerando a necessidade de tratamento diferenciado daqueles que se apresentam em circunstâncias diversas dos demais, consagrado no Art. 37, *caput*, da CRFB/88.

Ao final, devem ser pleiteados o conhecimento e o provimento do recurso com a reforma da sentença e o pronto julgamento do mérito, para que seja concedida a segurança, com o fim de determinar a remarcação da prova de aptidão física, para que a impetrante possa prosseguir no concurso público em questão.

Arremata a peça a indicação de local, data, assinatura do(a) advogado(a) e o número de sua inscrição na OAB.

# MODELOS DE PEÇAS
## E ESTRUTURA BÁSICA

## 1. PETIÇÃO INICIAL

### 1.1. ESTRUTURA BÁSICA

| REQUISITOS | Art. 319, do CPC |
|---|---|
| COMPETÊNCIA | – Verificar se a competência para conhecer da ação é originária de primeiro grau ou se deve ser aforada em Tribunal.<br>– Quanto à primeira instância, verificar o art. 109 da Constituição, a fim de apurar se a competência é da Justiça Federal. Não sendo, será da Justiça Estadual, desde que não se trate de caso afeto à Justiça especializada (trabalhista – art. 114 da CF, e eleitoral – art. 121 da CF).<br>– No caso de competência da Justiça Federal, verificar se a ação pode ser aforada no Juizado Especial Cível Federal (Lei 10.259/2001).<br>– Verificar lei de organização judiciária local.<br>– A respeito da competência originária dos Tribunais, devem ser observados os dispositivos da Constituição Estadual local e também os da Constituição Federal – arts. 102 (STF), 105 (STJ), 108 (TRFs), 113 e 114 (TRTs), 118 a 121 (TREs). |
| QUALIFICAÇÃO | Inserir nomes, prenomes, estado civil, profissão, domicílio e residência do autor e do réu. |
| TRATAMENTO DAS PARTES | a) ações em geral: "autor" e "réu"; não há problema em se repetir várias vezes as palavras "autor" e "réu";<br>b) ações cautelares: "requerente" e "requerido"; não use essas expressões nas ações em geral, mas apenas nas ações cautelares;<br>c) mandado de segurança: "impetrante" e "impetrado"; este também é chamado de autoridade coatora;<br>d) execução: "exequente" e "executado";<br>e) ação trabalhista: "reclamante" e "reclamado". |

| | |
|---|---|
| FUNDAMENTOS FÁTICOS E JURÍDICOS | Estes requisitos tratam do seguinte: "DOS FATOS" (fundamentos de fato) e "DO DIREITO" (fundamentos jurídicos).<br><br>A indicação dos **fundamentos fáticos** consiste na narrativa de fatos que constituam lesão ou ameaça de lesão a direito. Deve-se tomar cuidado para não falar do direito, mas apenas dos fatos que violam o direito. |
| FUNDAMENTOS FÁTICOS E JURÍDICOS | A indicação dos **fundamentos jurídicos** consiste na exposição dos dispositivos legais em que os fatos narrados se enquadram e que servirão de fundamento para fazer os pedidos, ao final. Assim, deve-se fazer a conexão dos fatos narrados com o direito aplicável. A melhor técnica é primeiro citar os dispositivos legais, e os princípios aplicáveis, para depois trazer a doutrina e a jurisprudência, nessa ordem.<br><br>A parte dos fundamentos jurídicos ("DO DIREITO") assemelha-se a uma dissertação. Começa com uma tese, passa para o desenvolvimento e termina com uma conclusão, independentemente do pedido que se fará no outro capítulo da petição. |
| PEDIDO | O pedido deve ser certo e determinado. Mesmo nas ações que pedem dano moral, o autor deve indicar o valor que pretende (em reais, e não em salários mínimos). O pedido deve conter todas as pretensões do autor, pois, de acordo com a lei, "os pedidos são interpretados restritivamente" (art. 322, do CPC). |
| VALOR DA CAUSA | A lei determina que a toda causa será atribuído um valor certo, ainda que não tenha conteúdo econômico imediato (art. 291, do CPC).<br><br>O valor deve corresponder ao proveito econômico que o autor terá com a procedência da demanda.<br><br>Há regras específicas sobre sua atribuição nos arts. 292 e 293, do CPC.<br><br>Quando se tiver de atribuir um valor da causa apenas para fins de alçada, sem que se tenha como mensurar o proveito econômico que o autor teria com a ação, pode-se indicar o valor do salário mínimo vigente no momento como valor da causa. |
| PROVAS | O autor deve protestar pela produção de todos os tipos de prova admitidas no Direito, especificando desde já as provas que tem interesse em produzir, tais como testemunhal, documental, pericial etc. |
| PROVAS | É neste momento em que o autor, em qualquer procedimento, pode pedir a inversão do ônus da prova, cabível quando se está diante de uma relação de consumo. *Vide* art. 6.º, VIII, do CDC (inversão do ônus da prova) e art. 22 também do CDC (aplicação do CDC a órgãos públicos, quanto aos serviços públicos).<br><br>De acordo com os elementos trazidos no problema ou no caso a resolver, o autor deve indicar com as expressões "DOC.1", "DOC.2" os documentos que detém para provar os fatos constitutivos do seu direito. |
| CITAÇÃO | O autor deve requerer a citação do réu por oficial de justiça, com os benefícios do art. 212, § 2.º, do CPC. |

## 1.2. MODELO – PETIÇÃO INICIAL

EXCELENTÍSSIMO SENHOR DOUTOR JUIZ DE DIREITO DA ... VARA ... DA COMARCA DE ... – ...

*Pular 10 linhas*

_____ *(qualificação do autor – nome, estado civil, profissão, endereço, CNPJ, endereço)*, vem mui respeitosamente à presença de Vossa Excelência, por meio de seu advogado e bastante procurador que esta subscreve (doc. 01 – mandato), com fundamento no art. ____ da Lei/Constituição, propor a presente

AÇÃO _____ *(indenizatória, anulatória, declaratória de nulidade, de revisão contratual etc.)*

em face da **FAZENDA DO ESTADO DE** _____, Pessoa Jurídica de Direito Público, com sede na _____, em virtude dos fatos elencados a seguir:

**I – DOS FATOS**

*a) Tentar repetir, ao máximo, os fatos descritos na questão;*
*b) Relatar os acontecimentos em ordem cronológica, especificando cada ponto;*
*c) Tentar deixar o mais claro possível;*
*d) Mostrar de forma evidente o ato/fato causador do dano.*

**II – DO DIREITO** *(Citar a lei, amarrada com os fatos, bem como legislação, doutrina e jurisprudência.)*

**1. Da violação ao princípio da legalidade**
(...)
**2. Da violação ao princípio da moralidade**
(...)
**3. Da violação ao art. ____ da Lei ____**
(...)

**III – DO PEDIDO**

Ante o exposto, é o presente para requerer a Vossa Excelência o quanto segue:

1. A citação da ré, no endereço declinado no pórtico desta inicial, para, querendo, contestar a presente ação no prazo legal, sob as penas da lei processual civil.
2. A procedência da ação para condenar ou anular ou revisar o contrato etc. ...
3. O protesto pela produção de prova documental e pericial, e de todos os meios probatórios em direito admitidos, ainda que não especificados na Lei processual civil, desde que moralmente legítimos (art. 369, CPC).

*(Se for o caso, deve-se pedir antecipação de tutela já no primeiro item do pedido.)*

*(Se for aplicável o CDC – art. 22 e art. 6.º, VIII, deve-se pedir a inversão do ônus da prova.)*

> *(A depender da condição econômica dos autores, deve-se pedir os benefícios da justiça gratuita.)*
>
> Dá-se à causa o valor de R$ _____ (valor por extenso).
> Termos em que pede deferimento.
> Local ..., data...
> Advogado ...
> OAB ....

## 2. CONTESTAÇÃO

### 2.1. ESTRUTURA BÁSICA

| REQUISITOS | Arts. 335, e seguintes, do CPC. |
|---|---|
| ENDEREÇAMENTO | Juízo ou Tribunal que efetivou a citação. |
| IDENTIFICAÇÃO DO PROCESSO | Indicação das partes, do número do processo e do nome da ação. |
| TRATAMENTO DAS PARTES | a) ações em geral: "autor" e "réu"; não há problema em se repetir várias vezes as palavras "autor" e "réu"; <br> b) ações cautelares: "requerente" e "requerido"; não use essas expressões nas ações em geral, mas apenas nas ações cautelares; <br> c) mandado de segurança: "impetrante" e "impetrado"; este também é chamado de autoridade coatora; <br> d) execução: "exequente" e "executado"; <br> e) ação trabalhista: "reclamante" e "reclamado". |
| FUNDAMENTOS FÁTICOS E JURÍDICOS | Estes requisitos tratam do seguinte: "DOS FATOS" (fundamentos de fato) e "DO DIREITO" (fundamentos jurídicos). <br><br> Quanto à parte "I – DOS FATOS", pode se fazer a seguinte subdivisão: "1) Dos fatos alegados pelo autor" (aqui se faz um breve resumo da petição inicial); "2) Da verdade dos fatos" (aqui se conta a versão do réu sobre os fatos). Essa divisão é pertinente, principalmente quando houver controvérsia sobre como os fatos ocorreram. |
| FUNDAMENTOS FÁTICOS E JURÍDICOS | Quanto à parte "II – DO DIREITO", pode-se fazer a seguinte divisão: 1) Das preliminares; 2) Do mérito. <br><br> Segundo o art. 337, do CPC é dever do réu discutir as preliminares processuais antes do mérito. As preliminares processuais são as seguintes: Incumbe ao réu, antes de discutir o mérito, alegar: I – inexistência ou nulidade da citação; II – incompetência absoluta e relativa; III – incorreção do valor da causa; IV – inépcia da petição inicial; V – perempção; VI – litispendência; VII – coisa julgada; VIII – conexão; IX – incapacidade da parte, defeito de representação ou falta de autorização; X – convenção de arbitragem; XI – ausência de legitimidade ou de interesse processual; XII – falta de caução ou de outra prestação que a lei exige como preliminar; XIII – indevida concessão do benefício de gratuidade de justiça. <br><br> Há outras preliminares processuais no art. 485, do CPC. <br><br> Em seguida, discutem-se as preliminares de mérito. Nesse ponto deve-se discutir a prescrição e a decadência (elas estão dentro do item "Das preliminares"). Não está incorreto trazer o tema prescrição e decadência para dentro do capítulo "Do mérito". |

| | |
|---|---|
| | Por último deve o réu tratar do item "Do mérito". O réu deve manifestar-se precisamente sobre os fatos narrados na petição inicial. Cada fato apontado na petição inicial merece comentário, seja para negar o fato, seja para dizer que aquele fato não conduz ao direito que o autor alega ter.<br><br>Além de se rebater os fatos e o direito alegados pelo autor, deve o réu citar legislação, doutrina e jurisprudência, nessa ordem. |
| PEDIDO | No caso de o réu alegar preliminares e mérito, deve, primeiro, pedir o reconhecimento da preliminar, com a extinção do processo correspondente e, subsidiariamente, pedir a improcedência da demanda, com extinção do processo com julgamento de mérito. |
| PROVAS | Nos termos do art. 336, do CPC compete ao réu especificar as provas que pretende produzir. Na verdade, o réu deve desde já apresentar as provas documentais que já existam. Depois da contestação, só poderá apresentar documentos novos (art. 434, do CPC). Já quanto às provas testemunhais e periciais, serão realizadas em momento oportuno. |

## 2.2. MODELO – CONTESTAÇÃO

EXCELENTÍSSIMO SENHOR DOUTOR JUIZ DE DIREITO DA ... VARA ... DA COMARCA DE ...-... .

*Pular 10 linhas*

_____ *(qualificação do réu – nome, estado civil, profissão, endereço, CNPJ, endereço)*, vem mui respeitosamente à presença de Vossa Excelência, por meio de seu advogado e bastante procurador que esta subscreve (doc. 01 – mandato), oferecer

### CONTESTAÇÃO

à ação que lhe promove a **FAZENDA DO ESTADO DE** _____, pessoa jurídica de direito público interno, com sede na _____, nos termos dos fundamentos de fato e de direito a seguir aduzidos.

**I – DOS FATOS**

**1. Dos fatos alegados pelo autor**

(...)

**2. Da verdade dos fatos**

(...)

**II – DO DIREITO**

**1. Das preliminares processuais**

(*Vide* arts. 337 e 485, do CPC.)

**2. Das preliminares de mérito**

(Se houver prescrição ou decadência.)

**3. Do mérito**

*(Citar a lei, amarrada com os fatos, bem como legislação, doutrina e jurisprudência.)*

**III – DO PEDIDO**

Ante o exposto, é o presente para requerer que Vossa Excelência se digne em:

a) extinguir o processo, sem apreciação de mérito, nos termos do art. 485, CPC;

b) subsidiariamente, julgar improcedente a presente demanda, por não existir o direito alegado pelo autor;

c) em qualquer caso, condenar o autor ao pagamento das custas e despesas processuais, bem como dos honorários advocatícios.

*(A depender da condição econômica do réu, deve-se pedir os benefícios da justiça gratuita.)*

O réu protesta pela produção de prova documental e pericial, e de todos os meios probatórios em direito admitidos, ainda que não especificados no Código de Processo Civil, desde que moralmente legítimos (art. 369, CPC).

Dá-se à causa o valor de R$ _____ (valor por extenso).

Termos em que pede deferimento.

Local ..., data...

Advogado ...

OAB ....

## 3. RECURSOS

### 3.1. AGRAVO DE INSTRUMENTO

#### 3.1.1. ESTRUTURA BÁSICA

| | |
|---|---|
| FUNDAMENTO LEGAL | Art. 1015, e seguintes do CPC. |
| CABIMENTO | O recurso de agravo é aquele cabível contra decisões interlocutórias (art. 1015. do CPC). Decisão interlocutória é aquela que, sem pôr fim ao processo, resolve alguma questão incidente ou provoca algum gravame à parte ou ao interessado (art. 203, § 2.º, do CPC). Só caberá **agravo de instrumento nas hipóteses taxativas dispostas no art. 1015, CPC:** Cabe agravo de instrumento contra as decisões interlocutórias que versarem sobre: I – tutelas provisórias; II – mérito do processo; III – rejeição da alegação de convenção de arbitragem; IV – incidente de desconsideração da personalidade jurídica; V – rejeição do pedido de gratuidade da justiça ou acolhimento do pedido de Das sua revogação; VI – exibição ou posse de documento ou coisa; VII – exclusão de litisconsorte; VIII – rejeição do pedido de limitação do litisconsórcio; IX – admissão ou inadmissão de intervenção de terceiros; X – concessão, modificação ou revogação do efeito suspensivo aos embargos à execução; XI – redistribuição do ônus da prova nos termos do art. 373, § 1º; XII – (VETADO);XIII – outros casos expressamente referidos em lei. |

| | |
|---|---|
| | Parágrafo único. Também caberá agravo de instrumento contra decisões interlocutórias proferidas na fase de liquidação de sentença ou de cumprimento de sentença, no processo de execução e no processo de inventário.<br><br>Cabe agravo de instrumento contra decisões interlocutórias, nas seguintes hipóteses taxativas:<br><br>1 - tutelas provisórias<br><br>2 - mérito do processo<br><br>3 - rejeição da alegação de convenção de arbitragem<br><br>4 - incidente de desconsideração da personalidade jurídica<br><br>5 - rejeição do pedido de gratuidade da justiça ou acolhimento do pedido de sua revogação<br><br>6 - exibição ou posse de documento ou coisa<br><br>7 - exclusão de litisconsorte<br><br>8 - rejeição do pedido de limitação do litisconsórcio<br><br>9 - admissão ou inadmissão de intervenção de terceiros<br><br>10 - concessão, modificação ou revogação do efeito suspensivo aos embargos à execução<br><br>11 - redistribuição do ônus da prova nos termos do art.373, §1º<br><br>12 - outros casos expressamente referidos em lei.<br><br>13 - Também, contra decisões interlocutórias proferidas na fase de liquidação de sentença ou de cumprimento de sentença, no processo de execução e no processo de inventário.<br><br>Poderá haver antecipação de tutela recursal, nas hipóteses previstas no art. 932, II, CPC |
| PRAZO | 15 dias (art. 1.003, § 5º, CPC) |
| TRATAMENTO DAS PARTES | Agravante e agravado. |
| AGRAVO RETIDO | Não existe mais previsão de Agravo Retido no Novo Código de Processo Civil |
| PETIÇÃO DE INTERPOSIÇÃO DO AGRAVO DE INSTRUMENTO | Será endereçada ao Presidente do Tribunal ao qual competir o conhecimento e o julgamento do recurso, identificará as partes, indicará que se trata de recurso de agravo de instrumento, fará requerimento de atribuição de efeito suspensivo ou tutela antecipada ao recurso e requererá a juntada das guias de custas de preparo, porte de remessa e retorno dos autos, se for o caso (art. 1016, CPC) |
| MINUTA DE AGRAVO DE INSTRUMENTO | A minuta de agravo de instrumento fará um breve resumo, tratará da possibilidade de interposição do agravo de instrumento no caso), trará as razões para atribuição de efeito suspensivo ou de julgamento de tutela provisória ao recurso, trará as razões de mérito do recurso e conterá pedido para que o recurso seja recebido e processado, concedendo-se de imediato o efeito suspensivo ou ativo, e dando provimento ao recurso para o fim pretendido pelo agravante. |
| OUTROS REQUISITOS DO AGRAVO DE INSTRUMENTO | O agravante deverá, também, relacionar os documentos que instruem o recurso, bem como descrever o nome e o endereço das partes. Essas informações ficarão depois da assinatura do advogado e poderão constar tanto na Petição de interposição do agravo, como na minuta de Agravo de Instrumento. |

## 3.1.2. MODELO – RECURSO – AGRAVO DE INSTRUMENTO

EXCELENTÍSSIMO SENHOR DOUTOR PRESIDENTE DO EGRÉGIO TRIBUNAL DE JUSTIÇA DO ESTADO DE ....

*Pular 10 linhas*

_____ *(qualificação – nome, estado civil, profissão, endereço, CNPJ, endereço)*, por meio de seu advogado que este ato subscreve, com escritório na rua _____, CEP _____, na cidade de _____, estado de _____, vem, respeitosamente, à presença de Vossa Excelência, com fulcro nos arts. 1015, e seguintes do Código de Processo Civil, interpor o presente

### AGRAVO DE INSTRUMENTO

contra a r. decisão de fls. ..., proferida pelo MM. Juízo da ... Vara ... da Comarca de ..., nos autos da Ação ..., autos n° ..., que lhe promove ... *(qualificação)*, nos termos das razões de fato e de direito apresentadas na minuta em anexo.

Requer, outrossim, a CONCESSÃO DE EFEITO SUSPENSIVO ao presente recurso, nos termos do art. 1.019, do Código de Processo Civil, e das razões em anexo.

Requer, ainda, a juntada das guias de custas de preparo e porte de retorno dos autos, devidamente recolhidas.

Por fim, informa que, no prazo de 3 (três) dias, cumprirá o disposto no art. 1018, do Código de Processo Civil.

Termos em que pede deferimento.

Local / data.

Nome / OAB

### PEÇAS QUE INSTRUEM O PRESENTE RECURSO

Peças obrigatórias (art. 1017, do CPC):

procuração do agravante;

procuração do agravado;

cópia da petição inicial;

cópia da decisão agravada de fls.;

cópia da certidão da respectiva intimação ou outro documento oficial que comprove a tempestividade

cópia da contestação

petição que ensejou a decisão agravada

Peças facultativas (art. 1017, II, do CPC):

Outras peças que o agravante reputar úteis

Nome, número de OAB e endereço dos procuradores das partes:

1) Do agravante: _____
2) Do agravado: _____

*(A minuta deve ser apresentada na página seguinte.)*

## MINUTA DE AGRAVO DE INSTRUMENTO

Agravante: ...
Agravado: ...
Autor nº:...
Vara de origem: ....

## EGRÉGIO TRIBUNAL,
## COLENDA CÂMARA,
## NOBRES JULGADORES.

### I – BREVE RESUMO

*(Breve relato do ocorrido na demanda até o momento da decisão recorrida.)*

### II – DO CABIMENTO DE AGRAVO DE INSTRUMENTO

*(Demonstração da existência de uma das hipóteses da parte final do art. 1.015, do CPC.)*

### III – DAS RAZÕES DE FATO E DE DIREITO

*(Fundamentos de fato e de direito que dão suporte ao provimento do recurso.)*

### IV – DA NECESSIDADE DE CONCESSÃO DE EFEITO SUSPENSIVO AO PRESENTE RECURSO

*(Enquadramento do caso a uma das hipóteses do art. 1.019, do CPC; se o objetivo for de conseguir uma decisão nova de urgência em sede de Tutela Antecipada Recursal*

### V – DO PEDIDO

Ante o exposto, requer que Vossa Excelência se digne de conceder o efeito suspensivo pleiteado, processando-se a irresignação na forma prevista no Código de Processo Civil, para, ao final, dar provimento ao recurso, reformando-se a decisão recorrida para o fim de *(exemplo: indeferir a tutela antecipada ou deferir a tutela antecipada)*.

Termos em que pede deferimento.

Local ..., data...

Advogado ...

OAB ....

## 3.2. APELAÇÃO
### 3.2.1. ESTRUTURA BÁSICA

| | |
|---|---|
| FUNDAMENTO LEGAL | Art. 1009, e seguintes do CPC. |
| CABIMENTO | O recurso é cabível contra sentença (art. 1.009, do CPC). Para uma decisão ser considerada sentença da qual cabe apelação, ela há de extinguir a relação jurídica processual por inteiro, nos termos dos art. 485, do CPC (art. 203, § 1.º). |
| PRAZO | 15 dias. |
| TRATAMENTO DAS PARTES | Apelante e apelado. |
| PETIÇÃO DE INTERPOSIÇÃO | Deve ter os seguintes elementos:<br><br>– endereçamento ao juízo recorrido;<br>– nomes e qualificação das partes; se já houver qualificação nos autos, pode-se usar a expressão "já qualificado nos autos", para os recorrentes e recorridos; indicação de que se trata de recurso de apelação;<br>– requerimento para que o recurso seja recebido em ambos os efeitos, com a devida motivação, se for o caso (arts. 1012, do CPC);<br>– requerimento de juntada das guias de custas de preparo, porte de remessa e retorno dos autos, se for o caso. |
| RAZÕES DE RECURSO | Devem ter os seguintes requisitos (art. 1010, CPC): PPPe<br><br>breve resumo da demanda;<br>– fundamentos de fato e de direito do recurso;<br>– Pedido de provimento do recurso para reformar ou anular a sentença para algum fim (exemplo: provimento do recurso para reformar a decisão recorrida, julgando improcedente a demanda). |

### 3.2.2. MODELO – RECURSO DE APELAÇÃO

EXCELENTÍSSIMO SENHOR DOUTOR JUIZ DE DIREITO DA ... VARA ... DA COMARCA DE ....

*Pular 10 linhas*

Autos n.º ....

..., qualificado nos autos, por meio de seu advogado que subscreve a presente, vem, respeitosamente, à presença de Vossa Excelência, com fulcro no art. 1009, e seguintes do Código de Processo Civil, interpor a presente

**APELAÇÃO**

contra a r. sentença de fls. ..., proferida por esse D. Juízo, na ação promovida por ..., já qualificado, nos termos das razões de fato e de direito apresentadas na minuta em anexo.

Requer, outrossim, que seja o presente recurso recebido nos efeitos devolutivo e suspensivo, intimando-se a parte contrária para, querendo, apresentar suas contrarrazões, no prazo legal.

Requer, em seguida, a remessa dos autos para o E. Tribunal de Justiça para processamento, conhecimento e julgamento.

Por fim, requer a juntada das custas de preparo e porte de remessa e retorno.

Termos em que pede deferimento.

Local ..., data...

Advogado ...

OAB ....

*(As razões são na página seguinte)*

## RAZÕES DE RECURSO DE APELAÇÃO

Apelante: ... .

Apelado: ... .

## EGRÉGIO TRIBUNAL, COLENDA CÂMARA, NOBRES JULGADORES.

### I – BREVE RESUMO

*(Breve relato do ocorrido na demanda até o momento da decisão recorrida.)*

### II – DAS RAZÕES DE FATO E DE DIREITO

*(Fundamentos de fato e de direito que dão suporte ao provimento do recurso.)*

### IV – DO PEDIDO

Ante o exposto, requer que Vossa Excelência se digne de processar o presente na forma prevista no Código de Processo Civil para, ao final, dar provimento ao recurso a fim de reformar a sentença proferida pelo D. Juízo *a quo*, julgando procedente o pedido inicial, com a inversão do ônus sucumbencial.

Termos em que pede deferimento.

Local ..., data...

Advogado ...

OAB ....

## 3.3. RECURSOS EXTRAORDINÁRIO E ESPECIAL
### 3.3.1. ESTRUTURA BÁSICA

| | |
|---|---|
| FUNDAMENTO LEGAL | Recurso extraordinário: art. 102, III, da CF; <br> Recurso especial: art. 105, III, da CF. |
| CABIMENTO | O **recurso extraordinário**, a ser julgado pelo STF, cabe nas causas decididas em única ou última instância, quando a decisão recorrida (art. 102, III, da CF): <br> a) contrariar dispositivo da Constituição; <br> b) declarar a inconstitucionalidade de tratado ou lei federal; <br> c) julgar válida lei ou ato de governo local contestado em face da Constituição; <br> d) julgar válida lei local contestada em face de lei federal. <br> O **recurso especial**, a ser julgado pelo STJ, cabe nas causas decididas em única ou última instância pelos TRFs ou TJs quando a decisão recorrida (art. 105, III, da CF): <br> a) contrariar tratado ou lei federal, ou negar-lhes vigência; <br> b) julgar ato de governo local contestado em face de lei federal; <br> c) der a lei federal interpretação divergente da que lhe haja atribuído outro tribunal. |
| PRAZO | 15 dias. |
| TRATAMENTO DAS PARTES | Recorrente e recorrido. |
| PETIÇÃO DE INTERPOSIÇÃO | Deve ter os seguintes elementos: <br> – endereçamento ao presidente do tribunal recorrido; <br> – nomes e qualificação das partes; se já houver qualificação nos autos, pode-se usar a expressão "já qualificado nos autos" para os recorrentes e recorridos; <br> – indicação de que se trata de recurso extraordinário ou de recurso especial; <br> – indicação de que preenche os pressupostos de admissibilidade, conforme as razões em anexo; <br> – requerimento para que seja o recorrido intimado para apresentar contrarrazões, no prazo legal; <br> – requerimento para que o recurso seja devidamente processado, em virtude de preencher os pressupostos de admissibilidade, remetendo-se os autos ao E. Supremo Tribunal Federal ou ao E. Superior Tribunal de Justiça para julgamento; <br> – requerimento de juntada das guias de custas de preparo, porte de remessa e retorno dos autos. |
| RAZÕES DE RECURSO | Devem ter os seguintes requisitos: <br> – breve resumo da demanda; <br> – demonstração do cabimento do recurso; aqui, deve-se enquadrar o recurso numa das hipóteses dos arts. 102, III, se for recurso extraordinário, e 105, III, se for recurso especial; <br> – em se tratando de **recurso extraordinário**, demonstração da existência de repercussão geral, nos termos do art. 1035, do CPC; considera-se de repercussão geral as "questões relevantes do ponto de vista econômico, político, social ou jurídico, que ultrapassem os limites subjetivos da causa" (§ 1.º); haverá repercussão geral "sempre que o recurso impugnar decisão contrária a súmula ou jurisprudência dominante do Tribunal" (§ 3.º); <br> – demonstração da existência de prequestionamento, ou seja, que a matéria levada à apreciação já foi debatida na esfera jurisdicional inferior; indicação do fato de que não se quer julgamento sobre questão de fato, mas sobre questão de direito; <br> – razões fáticas e jurídicas do pedido de reforma da decisão recorrida; neste ponto, está-se diante do "Mérito"; <br> – pedido de nova decisão (exemplo: provimento do recurso para decisão recorrida, julgando improcedente a demanda). |

## 3.3.2. MODELO – RECURSO EXTRAORDINÁRIO

EXCELENTÍSSIMO SENHOR DOUTOR DESEMBARGADOR PRESIDENTE DO E. TRIBUNAL DE JUSTIÇA DO ESTADO DE ... .

*Pular 10 linhas*

Recurso n.º ... .

..., qualificado nos autos, por meio de seu advogado que subscreve a presente, vem, respeitosamente, à presença de Vossa Excelência, com fulcro no art. 102, III, alínea "___", da Constituição Federal, interpor o presente

### RECURSO EXTRAORDINÁRIO

contra o v. acórdão de fls...., proferido por esse D. Tribunal de Justiça, no recurso em epígrafe, em que figura como <u>*recorrido (ou recorrente)*</u> ..., já qualificado, nos termos das razões de fato e de direito apresentadas na minuta em anexo.

Requer, outrossim, que seja o presente recurso devidamente recebido e processado, intimando-se a parte contrária para que ofereça, dentro do prazo legal, as contrarrazões.

Em seguida, requer que seja o recurso admitido, por preencher os requisitos legais e constitucionais, conforme demonstração nas razões em anexo, remetendo-se os autos ao Colendo Supremo Tribunal Federal.

Por fim, requer a juntada das custas de preparo, e porte de remessa e retorno.

Termos em que pede deferimento.

Local ..., data...

Advogado ...

OAB ....

*(As razões são na página seguinte)*

### RAZÕES DE RECURSO EXTRAORDINÁRIO

Recorrente: ....

Recorrido: ....

### SUPREMO TRIBUNAL FEDERAL
### COLENDA TURMA

**I – BREVE RESUMO**

*(Breve relato do ocorrido na demanda até o momento da decisão recorrida.)*

**II – DO CABIMENTO DO RECURSO**

*(Aqui, deve-se enquadrar o recurso numa das hipóteses do art. 102, III, da CF.)*

## III – DA EXISTÊNCIA DE REPERCUSSÃO GERAL

*(Aqui, há de se demonstrar a existência de repercussão geral, nos termos do art. 1.035, CPC; considera-se de repercussão geral as "questões relevantes do ponto de vista econômico, político, social ou jurídico, que ultrapassem os limites subjetivos da causa (§ 1.º); haverá repercussão geral "sempre que o recurso impugnar decisão contrária a súmula ou jurisprudência dominante do Tribunal")*

## IV – DA EXISTÊNCIA DE PREQUESTIONAMENTO

*(Aqui, há de se demonstrar que a matéria levada à apreciação já foi debatida na esfera jurisdicional inferior.)*

## V – DAS RAZÕES DE FATO E DE DIREITO

*(fundamentos de fato e de direito que dão suporte ao provimento do recurso, deixando claro que não se quer modificar a moldura fática delineada pela instância anterior, mas apenas discutir questão de Direito)*

## VII – DO PEDIDO

Ante o exposto, requer que Vossa Excelência se digne de processar o presente na forma prevista no Código de Processo Civil para, ao final, dar provimento ao recurso, reformando-se (ou anulando-se) a r. decisão recorrida para o fim de julgar improcedente (ou procedente) a demanda.

Termos em que pede deferimento.

Local ..., data...

Advogado ...

OAB ....

### 3.3.3. MODELO – RECURSO ESPECIAL

EXCELENTÍSSIMO SENHOR DOUTOR DESEMBARGADOR PRESIDENTE DO E. TRIBUNAL DE JUSTIÇA DO ESTADO DE ... .

*Pular 10 linhas*

Recurso n.º ....

Nome ..., qualificado nos autos, por meio de seu advogado que subscreve a presente, vem, respeitosamente, à presença de Vossa Excelência, com fulcro no art. 105, III, alínea "___", da Constituição Federal, interpor o presente

### RECURSO ESPECIAL

contra o v. acórdão de fls. ..., proferido por esse D. Tribunal de Justiça, no recurso em epígrafe, em que figura como recorrido (ou recorrente) ..., já qualificado, nos termos das razões de fato e de direito apresentadas na minuta em anexo.

Requer, outrossim, que seja o presente recurso devidamente recebido e processado, intimando-se a parte contrária para que ofereça, dentro do prazo legal, as contrarrazões.

Em seguida, requer que seja o recurso admitido, por preencher os requisitos legais e constitucionais, conforme demonstração nas razões em anexo, remetendo-se os autos ao Colendo Superior Tribunal de Justiça.

Por fim, requer a juntada das custas de preparo, e porte de remessa e retorno.

Termos em que pede deferimento.

Local ..., data...

Advogado ...

OAB ....

*(As razões são na página seguinte)*

## RAZÕES DE RECURSO ESPECIAL

Recorrente: ....

Recorrido: ....

## SUPERIOR TRIBUNAL DE JUSTIÇA
## COLENDA TURMA

### I – BREVE RESUMO

*(Breve relato do ocorrido na demanda até o momento da decisão recorrida.)*

### II – DO CABIMENTO DO RECURSO

*(Aqui, deve-se enquadrar o recurso numa das hipóteses do art. 105, III, da CF.)*

### III – DA EXISTÊNCIA DE PREQUESTIONAMENTO

*(Aqui, há de se demonstrar que a matéria levada à apreciação já foi debatida na esfera jurisdicional inferior.)*

### IV – DAS RAZÕES DE FATO E DE DIREITO

*(Fundamentos de fato e de direito que dão suporte ao provimento do recurso, deixando claro que não se quer modificar a moldura fática delineada pela instância anterior, mas apenas discutir questão de Direito.)*

### V – DO PEDIDO

Ante o exposto, requer que Vossa Excelência se digne de processar o presente na forma prevista no Código de Processo Civil, para, ao final, dar provimento ao recurso, reformando-se (ou anulando-se) a r. decisão recorrida, para o fim de julgar improcedente (ou procedente) a demanda.

Termos em que pede deferimento.

Local ..., data...

Advogado ...

OAB ....

## 3.4. RECURSO ORDINÁRIO CONSTITUCIONAL

### 3.4.1. ESTRUTURA BÁSICA

| FUNDAMENTO LEGAL | arts. 102, II, e 105, II, da CF. |
|---|---|
| CABIMENTO | O recurso ordinário constitucional, **a ser julgado pelo STF** cabe nas causas que julgarem crime político e no *habeas corpus*, mandado de segurança, *habeas data* e mandado de injunção decididos em única instância pelos Tribunais Superiores, se denegatória a decisão (art. 102, II, da CF); <br><br> Já o recurso ordinário constitucional, **a ser julgado pelo STJ**, cabe para este julgar (art. 105, II, da CF): <br><br> a) os *habeas corpus* decididos em única ou última instância pelos TRFs ou pelos TJs quando a decisão for denegatória; <br> b) os mandados de segurança decididos em única instância pelos TRFs ou pelos TJs quando denegatória a decisão; <br> c) as causas em que forem partes Estado estrangeiro ou organismo internacional, de um lado, e, do outro, Município ou pessoa residente ou domiciliada no País. |
| PRAZO | 15 dias. |
| TRATAMENTO DAS PARTES | Recorrente e recorrido. |
| PETIÇÃO DE INTERPOSIÇÃO | Devem ter os seguintes elementos: <br><br> – endereçamento ao presidente do tribunal recorrido; <br> – nomes e qualificação das partes; se já houver qualificação nos autos, pode-se usar a expressão "já qualificado nos autos" para os recorrentes e recorridos; <br> – indicação de que se trata de "recurso ordinário em (....)"; pode ser "em mandado de segurança", "em *habeas corpus*", "em *habeas data*" etc. <br> – indicação de que preenche os pressupostos de admissibilidade, conforme as razões em anexo; <br> – requerimento para que seja o recorrido intimado para apresentar contrarrazões, no prazo legal; <br> – requerimento para que o recurso seja devidamente processado, em virtude de preencher os pressupostos de admissibilidade, remetendo-se os autos ao E. Supremo Tribunal Federal ou ao E. Superior Tribunal de Justiça para julgamento; <br> – requerimento de juntada das guias de custas de preparo, porte de remessa e retorno dos autos. |

| | |
|---|---|
| RAZÕES DE RECURSO | Devem ter os seguintes requisitos:<br>– breve resumo da demanda;<br>– demonstração do cabimento do recurso; aqui, deve-se enquadrar o recurso numa das hipóteses dos arts. 102, II, se for de competência do STF, e 105, III, se for de competência do STJ;<br>– razões fáticas e jurídicas do pedido de reforma da decisão recorrida; neste ponto, está-se diante do "Mérito";<br>– pedido de nova decisão (exemplo: provimento do recurso para reformar a decisão recorrida, concedendo a segurança). |

### 3.4.2. MODELO – RECURSO ORDINÁRIO CONSTITUCIONAL

EXCELENTÍSSIMO SENHOR DOUTOR PRESIDENTE DO E. ... *(verificar o tribunal que julgou a ação em única instância)*.

*Pular 10 linhas*

Ação n.º _____.

Nome ..., qualificado nos autos, por meio de seu advogado que subscreve a presente, vem, respeitosamente, à presença de Vossa Excelência, com fulcro no artigo *(102, II, "a" ou 105, II, alínea "b")* da Constituição Federal, interpor o presente

### RECURSO ORDINÁRIO CONSTITUCIONAL

contra o v. acórdão de fls. ..., proferido por esse D. Tribunal, na ação em epígrafe, em que figura *no polo passivo* ..., já qualificado, nos termos das razões de fato e de direito apresentadas na minuta em anexo.

Requer, outrossim, que seja o presente recurso devidamente recebido e processado, intimando-se a parte contrária para que ofereça, dentro do prazo legal, as contrarrazões, remetendo-se, ao final, os autos ao Colendo *(STF ou STJ)*.

Por fim, requer a juntada das despesas.

Termos em que pede deferimento.

Local ..., data...

Advogado ...

OAB ....

*(As razões são na página seguinte)*

### RAZÕES DE RECURSO ORDINÁRIO CONSTITUCIONAL

Recorrente: ... .

Recorrido: ... .

**SUPREMO TRIBUNAL FEDERAL**
**(OU SUPERIOR TRIBUNAL DE JUSTIÇA)**
**COLENDA TURMA**

**I – BREVE RESUMO**

*(Breve relato do ocorrido na demanda até o momento da decisão recorrida.)*

**II – DO CABIMENTO DO RECURSO**

*(Aqui, deve-se enquadrar o recurso numa das hipóteses dos arts. 102, II, ou 105, II, da CF.)*

**III – DAS RAZÕES DE FATO E DE DIREITO**

*(Fundamentos de fato e de direito que dão suporte ao provimento do recurso, deixando claro que não se quer modificar a moldura fática delineada pela instância anterior, mas apenas discutir questão de Direito.)*

**IV – DO PEDIDO**

Ante o exposto, requer que Vossa Excelência se digne de processar o presente na forma prevista no Código de Processo Civil para, ao final, dar provimento ao recurso, reformando-se (ou anulando-se) a r. decisão recorrida para conceder a segurança para o fim de ... .

Termos em que pede deferimento.

Local ..., data...

Advogado ...

OAB ....

## 4. AÇÃO RESCISÓRIA

### 4.1. ESTRUTURA BÁSICA

| | |
|---|---|
| COMPETÊNCIA | a) do Tribunal competente para o julgamento da apelação contra a sentença;<br>b) do STF e do STJ, em caráter originário, quanto às ações rescisórias de suas decisões (arts. 102, I, *j*, e 105, I, *e*, ambos da CF). |
| PARTES | a) tratamento: autor e réu;<br>b) legitimidade: art. 967, do CPC. |
| HIPÓTESES DE CABIMENTO | São necessários os seguintes requisitos:<br>a) sentença (ou acórdão) de mérito;<br>b) trânsito em julgado;<br>c) presença de uma das hipóteses do art. 966, do CPC. |

| | |
|---|---|
| PRAZO | O direito de propor ação rescisória se extingue em 2 anos, contados do trânsito em julgado da decisão (art. 975, CPC); O STF entendeu inconstitucional prazo diferenciado para a Fazenda Pública. |
| FUNDAMENTO LEGAL | Art. 966, do CPC. |
| PEDIDO | a) liminar cautelar ou tutela antecipada, quando couber (art. 969, do CPC);<br>b) citação;<br>c) procedência para: rescindir a sentença ou o acórdão (pedido rescindendo ou de rescisão); novo julgamento da demanda (pedido rescisório);<br>d) juntada da guia de 5% sobre o valor da causa (art. 968, II, do CPC). |
| PROVAS | Protestar pela produção de provas que puderem demonstrar a veracidade dos fatos alegados. |
| VALOR DA CAUSA | Valor da sentença rescindenda. |

## 4.2. MODELO – PETIÇÃO INICIAL DE AÇÃO RESCISÓRIA

EXCELENTÍSSIMO SENHOR DOUTOR DESEMBARGADOR PRESIDENTE DO E. TRIBUNAL DE JUSTIÇA DO ESTADO DE ... .

*(verificar se não se trata da competência de algum TRF ou do STF ou do STJ)*

*Pular 10 linhas*

Nome...... *(qualificação do autor – nome, estado civil, profissão, endereço, CNPJ, endereço)*, vem mui respeitosamente à presença de Vossa Excelência, por meio de seu advogado e bastante procurador que esta subscreve (doc. 01 – mandato), com fundamento no art. 485 e seguintes do Código de Processo Civil, propor a presente

### AÇÃO RESCISÓRIA

da r. sentença de mérito transitada em julgado, prolatada no bojo da *ação indenizatória* ........., promovida pelo autor em face da FAZENDA DO ESTADO DE _____, Pessoa Jurídica de Direito Público, com sede na _____, em virtude dos fatos elencados a seguir:

**I – DOS FATOS**

*a) Tentar repetir, ao máximo, os fatos descritos na questão.*

*b) Relatar os acontecimentos em ordem cronológica, especificando cada ponto.*

*c) Tentar deixar o mais claro possível.*

*d) Mostrar de forma evidente o ato/fato que dá ensejo a uma das hipóteses do art. 966, do CPC, sem fazer a qualificação jurídica, por enquanto.*

## II – DA TEMPESTIVIDADE

*Explicar que ação está sendo promovida no prazo previsto no art. 975, do CPC.*

## III – DO DIREITO

*(Citar a lei, amarrada com os fatos, bem como legislação, doutrina e jurisprudência.)*

### 1. Do pedido rescindendo

*(Explicar por que a sentença ou o acórdão deve ser objeto de rescisão, enquadrando o fato narrado a uma das hipóteses do art. 966, do CPC.)*

### 2. Do pedido de novo julgamento

*(Explicar o que se quer e as razões do pedido de novo julgamento.)*

## IV – DO PEDIDO

Ante o exposto, é o presente para requerer a Vossa Excelência o quanto segue:

1. A citação da ré, no endereço declinado no pórtico desta inicial, para, querendo, contestar a presente ação no prazo legal sob as penas da lei processual civil;
2. A procedência da ação para rescindir a r. sentença de mérito proferida pelo _____, promovendo-se novo julgamento para o fim de condenar ou anular ou revisar o contrato etc....
3. O protesto pela produção de provas admitidas em direito.
4. A juntada da guia de depósito na importância de 5% do valor da causa, nos termos do art.968, II, do CPC.

*(Se for o caso, deve-se pedir antecipação de tutela já no primeiro item do pedido.)*

*(Se for aplicável o CDC – art. 22 e art. 6.º, VIII, deve-se pedir a inversão do ônus da prova.)*

*(A depender da condição econômica dos autores, deve-se pedir os benefícios da justiça gratuita.)*

Dá-se à causa o valor de R$ ... (valor por extenso).

Termos em que pede deferimento.

Local ..., data...

Advogado ...

OAB ....

# 5. AÇÕES ESPECÍFICAS

## 5.1. DESAPROPRIAÇÃO

### 5.1.1. ESTRUTURA BÁSICA – PETIÇÃO INICIAL DE AÇÃO DE DESAPROPRIAÇÃO

| | |
|---|---|
| COMPETÊNCIA | O foro competente para o julgamento de ação de desapropriação é o da situação da área desapropriada. No caso da Justiça Federal, a regra permanece, ou seja, é competente o juízo federal onde se situa o imóvel objeto da demanda. |
| TRATAMENTO DAS PARTES | Autor e réu. |
| FUNDAMENTOS FÁTICOS E JURÍDICOS | A petição inicial conterá:<br>a) preenchimento dos requisitos previstos no art. 319, do CPC;<br>b) oferta do preço;<br>c) exemplar do contrato, ou do jornal oficial, em que foi publicado o decreto (serve cópia autenticada);<br>d) planta ou descrição do bem e suas confrontações.<br>Deve-se indicar o caso de utilidade pública, necessidade pública ou interesse social que fundamenta a desapropriação – *vide* art. 5.º do Dec.-lei 3.365/41, art. 2.º da Lei 4.132/62, art. 2.º da Lei 8.629/93, art. 8.º da Lei 10.257/2001, e os dispositivos constitucionais pertinentes; arts. 5.º, XXIV, 182 e 183. |
| PEDIDO | Procedência da presente ação para o fim de decretar-se por sentença a desapropriação da área descrita na planta juntada aos autos, com sua consequente incorporação ao patrimônio do ente, condenando-se o réu ao pagamento das custas e despesas processuais, inclusive honorários advocatícios. |
| VALOR DA CAUSA | Deve ser o valor da oferta feita pelo Poder Público. |
| PROVAS | Deve-se protestar pela produção de prova documental e pericial, e de todos os meios probatórios em direito admitidos, ainda que não especificados no CPC, desde que moralmente legítimos (CPC, art. 369). |
| CITAÇÃO | O autor deve requerer a citação do réu. |

## 5.2. MODELO – PETIÇÃO INICIAL DE AÇÃO DE DESAPROPRIAÇÃO

EXCELENTÍSSIMO SENHOR DOUTOR JUIZ DE DIREITO DA ... VARA DA FAZENDA PÚBLICA DA COMARCA DE ... – ... .

*Pular 10 linhas*

MUNICIPALIDADE DE ..., pessoa jurídica de direito público interno, com sede na ..., vem mui respeitosamente à presença de Vossa Excelência, por meio de seu procurador que esta subscreve (doc. 01), com fundamento no art. 5.º, XXIV, da Constituição Federal, e no art. 5.º do Decreto-lei 3.365/41 *(indicar o caso de utilidade pública, necessidade pública ou interesse social que fundamenta a desapropriação – vide art. 5.º do Dec-lei 3.365/41, art.*

*2.º da Lei 4.132/62, art. 2.º da Lei 8.629/93, art. 8.º da Lei 10.257/2001, e os respectivos dispositivos constitucionais)* propor a competente

## AÇÃO DE DESAPROPRIAÇÃO

em face de _____, qualificação (nome, *estado civil, profissão, endereço e documentos)*, proprietário do imóvel sito na rua _____, em virtude dos fatos elencados a seguir:

**I – DOS FATOS**

1) *Tentar repetir, ao máximo, os fatos descritos na questão.*
2) *Relatar os acontecimentos em ordem cronológica, especificando cada ponto.*

Conforme o Decreto Municipal n.º _____, foi declarado de utilidade pública, para fins de desapropriação (doc. 2 – Diário Oficial), o imóvel urbano sito na _____, objeto do registro na matrícula n.º _____, do ___ Registro de Imóveis desta Capital (doc. 3 – Certidão do Registro de Imóveis).

O imóvel é de propriedade dos expropriados, conforme referida documentação (doc. 3).

A área expropriada é necessária para a realização de abertura de via pública, conforme o novo Plano Viário Municipal.

Segue, em anexo, planta com descrição do bem e de suas confrontações (doc. 4).

Conforme laudo de avaliação, o preço ofertado para o imóvel em tela é de R$ _____ (doc. 5).

Tentou-se composição amigável com os réus, o que resultou infrutífero (doc. 6).

Por outro lado, a Municipalidade necessita urgente de se imitir na posse do imóvel para efetuar o melhoramento público referido.

**II – DO DIREITO**

**1. Da desapropriação**

Nos termos do art. 5.º do Decreto-lei 3.365/41, considera-se caso de utilidade pública:
"*i) a abertura, conservação e melhoramento de vias ou logradouros públicos; a execução de planos de urbanização, o parcelamento do solo, com ou sem edificação, para sua melhor utilização econômica, higiênica ou estética; a construção ou ampliação de distritos industriais.*" (g.n.)

O Decreto Expropriatório apresentou os três requisitos da declaração de utilidade pública: a) o fundamento legal que embasa a desapropriação (art. 5.º, *i*, do Decreto-lei 3.365/41), b) a destinação específica a ser dada ao bem (abertura da rua X, nos termos do novo Plano Viário da Cidade); e c) a identificação do bem expropriado (conforme certidão e planta apresentadas).

A petição inicial está em termos. Cumpre os requisitos do art. 319, do CPC. Traz o Diário Oficial com a publicação do decreto expropriatório, a planta com a descrição do bem (e de suas confrontações) e a oferta de preço para aquisição do imóvel (docs. 3 a 5).

Também ficou demonstrado o interesse de agir, com a recusa do expropriado à proposta formulada pela autora (doc. 6).

## 2. Da imissão provisória na posse

Nos termos do art. 15, *caput*, do Decreto-lei 3.365/41 há dois requisitos para que seja deferido o pedido de imissão provisória na posse, em favor do expropriante. São eles: a) alegação de urgência; b) depósito da quantia arbitrada.

Quanto ao primeiro requisito, o decreto expropriatório declarou urgência para fins de imissão provisória na posse *(caso não haja declaração no decreto, pode-se alegar urgência na própria petição inicial)*.

Quanto ao segundo requisito, a Municipalidade apresenta oferta consistente no valor venal do imóvel, oferta que requer que seja acolhida por esse D. Juízo, eis que em acordo com o art. 15, § 1.º, do Decreto-lei 3.365/41 *(caso não haja especificação da oferta apresentada, deve-se dizer que "a Municipalidade apresenta oferta que requer seja acolhida por esse D. Juízo, eis que em acordo com o art. 15, § 1.º, do Decreto-lei 3.365/41")*.

Assim sendo, o pedido preenche os requisitos previstos em lei.

### III – DO PEDIDO

Ante o exposto, é o presente para requerer a Vossa Excelência o quanto segue:

1) A citação da ré, no endereço declinado no pórtico desta inicial, para, querendo, contestar a presente ação no prazo legal, sob pena de confissão e revelia.

2) O deferimento do pedido de imissão provisória na posse, expedindo-se o respectivo mandado.

3) O protesto pela indicação oportuna de seu assistente técnico e os quesitos pertinentes.

4) A procedência da presente ação, para o fim de decretar-se por sentença a desapropriação da área descrita na planta juntada aos autos, com sua consequente incorporação ao patrimônio da Municipalidade de _____, condenando-se a requerida ao pagamento das custas e despesas processuais, inclusive honorários advocatícios.

5) O protesto pela produção de prova documental e pericial, e de todos os meios probatórios em direito admitidos, ainda que não especificados no CPC, desde que moralmente legítimos (CPC, art. 369).

Dá-se à causa o valor de R$ ...*(valor da oferta escrito por extenso)*.

Termos em que pede deferimento.

Local ..., data...

Advogado ...

OAB ....

## 5.3. ESTRUTURA BÁSICA – CONTESTAÇÃO EM AÇÃO DE DESAPROPRIAÇÃO

| ENDEREÇAMENTO | Juízo que efetivou a citação. |
|---|---|
| TRATAMENTO DAS PARTES | Autor e réu. |

| | |
|---|---|
| FUNDAMENTOS FÁTICOS E JURÍDICOS | O réu na ação expropriatória só poderá apresentar os seguintes fundamentos (art. 20 do Dec.-lei 3.365/41):<br>a) vício do processo judicial;<br>b) indenização injusta, ou seja, insuficiente;<br>c) direito de extensão da área a ser desapropriada, quando a área que restará da expropriação se tornar inútil ou de difícil utilização.<br>Outras questões devem ser discutidas em ação própria, salvo situações de patente desvio de finalidade. |
| PEDIDO | Dependerá do fundamento da defesa. Se só houver impugnação do preço, deve-se pedir a fixação de indenização no valor que for apurado em perícia, com todos os consectários legais. |
| PROVAS | Deve-se protestar pela produção de prova documental e pericial, e de todos os meios probatórios em direito admitidos, ainda que não especificados no CPC, desde que moralmente legítimos (CPC, art. 369). |

## 5.4. MODELO – CONTESTAÇÃO EM AÇÃO DE DESAPROPRIAÇÃO

EXCELENTÍSSIMO SENHOR DOUTOR JUIZ DE DIREITO DA ... VARA DA FAZENDA PÚBLICA DA COMARCA DE ... – ....

*Pular 10 linhas*

Processo n.º ....

Ação de Desapropriação.

Nome ... *(qualificação do autor – nome, estado civil, profissão, endereço, CNPJ, endereço)*, por seu advogado adiante assinado, (doc.1 – mandato), <u>com escritório profissional na Rua _____, nesta cidade,</u> onde recebe intimações e notificações, vem, respeitosamente, à presença de V. Exa., oferecer, no tempo e modo devido, sua

### CONTESTAÇÃO

à AÇÃO DE DESAPROPRIAÇÃO em epígrafe, que lhe promove a MUNICIPALIDADE DE ..., pessoa jurídica de direito público interno, já qualificada na inicial, pelos motivos de fato e de direito a seguir aduzidos.

**I – DOS FATOS**

A autora alega que expediu decreto expropriatório, com o cumprimento dos requisitos legais, declarando de utilidade pública o imóvel sito na _____, de propriedade do ora contestante, para fins de realização de abertura de via pública, conforme o novo Plano Viário Municipal.

A autora também aduz que ofertou, extrajudicialmente, valor suficiente para indenizar o réu pela perda da propriedade, valor esse que novamente oferece em juízo.

Todavia, há dois fatos extremamente relevantes que não foram narrados na petição inicial.

O primeiro diz respeito ao valor do metro quadrado calculado pela autora para o local. Essa quantia, como se demonstrará nesta demanda, está muito aquém do valor do metro quadrado para a região, mormente se considerarmos as condições especiais do imóvel do réu. Para se ter ideia da diferença, *vide* as cotações feitas por imobiliárias locais (doc. 2 – avaliações). *(verificar na questão que tipo de elemento se tem para contrariar o valor oferecido pelo autor)*

*(Aqui, há de se verificar, também, se não há outros danos emergentes e lucros cessantes a serem inseridos na indenização; exemplo: mudança, fundo de comércio do proprietário etc.)*

O segundo ponto diz respeito a fato de a declaração de utilidade pública ter abarcado apenas parte do imóvel do réu, ou seja, está-se diante de desapropriação parcial. E a parte que remanescerá ao ora contestante ficará esvaziada economicamente, pois não terá utilidade, dado seu reduzido tamanho e sua localização *(inserir essa defesa para o caso de realmente existir desapropriação parcial, com direito de extensão; o esvaziamento econômico pode decorrer do tamanho, da localização encravada, da topografia, da geometria etc.)*

*(Aqui é o momento de trazer à tona eventual "vício do processo judicial", "vício no decreto expropriatório", neste caso desde que estejam patentemente comprovados.)*

## II – DO DIREITO

### 1. Da justa indenização

A Constituição Federal, em seu art. 5.º, XXIV, dispõe o seguinte:

> *"XXIV – a lei estabelecerá o procedimento para desapropriação por necessidade ou utilidade pública, ou por interesse social, mediante justa e prévia indenização em dinheiro, ressalvados os casos previstos nesta Constituição." (g.n.)*

O art. 27 do Decreto-lei 3.365/41, por sua vez, assevera o seguinte:

> *"Art. 27. O juiz indicará na sentença os fatos que motivaram o seu convencimento e deverá atender, especialmente, à estimação dos bens para efeitos fiscais; ao preço de aquisição e interesse que deles aufere o proprietário; à sua situação, estado de conservação e segurança; ao valor venal dos da mesma espécie, nos últimos 5 (cinco) anos, à valorização ou depreciação de área remanescente, pertencente ao réu." (g.n.)*

Ora, da leitura do texto constitucional percebe-se que a indenização não pode levar em conta somente o valor venal do imóvel. O texto constitucional exige indenização justa, ou seja, indenização que reflita o real valor de mercado do imóvel, e que contemple, também, os demais consectários previstos em lei.

No caso em tela, a oferta apresentada não está de acordo com o valor de mercado do imóvel, seja porque o valor venal não corresponde ao valor de mercado da região, seja porque não se levou em conta as características particulares do imóvel em tela, consistente na sua localização privilegiada na região e no seu estado de conservação, circunstâncias que, segundo o art. 27 do Decreto-lei citado, devem ser levadas em conta pelo juiz na fixação do *quantum* indenizatório.

Assim, não pode prevalecer o valor ofertado pela autora, que contraria tanto o texto constitucional, como o texto da Lei de Desapropriações, conforme avaliações ora apresentadas e conforme também será demonstrado por ocasião da prova pericial.

**2. Do direito de extensão**

Não bastasse o valor incorreto no metro quadrado do imóvel do ora contestante, a desapropriação em curso também afeta outro direito do réu, qual seja, o direito de extensão.

Isso porque, como se viu, a desapropriação é parcial e a área remanescente ficará esvaziada economicamente, em virtude de seu reduzido tamanho e do fato de ter ficado encravada, inviabilizando, assim, qualquer tipo de aproveitamento.

Para esse tipo de situação a doutrina e a jurisprudência vêm reconhecendo o direito de extensão, pelo qual a desapropriação deve abarcar todo o imóvel, com a indenização correspondente.

O fundamento jurídico desse direito também é a norma constitucional que determina a fixação da justa indenização (art. 5.º, XXIV). Isso porque, caso o expediente da desapropriação parcial com esvaziamento econômico da área remanescente não fosse impedido, a justa indenização, por vias transversas, estaria sendo prejudicada.

**III – DO PEDIDO**

Ante o exposto, é o presente para requerer a Vossa Excelência o quanto segue:

1. A realização de prova pericial para determinar o valor da justa indenização _prova que deverá levar em conta a totalidade do imóvel, e não só a parte prevista no decreto expropriatório (esta segunda parte só existirá se houver o direito de extensão)_.
2. O protesto pela indicação oportuna de seu assistente técnico e dos quesitos pertinentes.
3. A fixação de indenização que leve em conta os critérios legais e as avaliações ora apresentadas, que apontam para o valor de R$ _____ para a totalidade do imóvel, e, subsidiariamente, para o valor de R$ _____ para a parte do imóvel prevista no decreto expropriatório, julgando a demanda parcialmente procedente, com a fixação de:

– juros compensatórios pela imissão provisória no imóvel, juros esses devidos desde a imissão provisória na posse e que devem ser de 6% ao ano, conforme o art. 15-A do Decreto-lei 3.365/41, reputado constitucional pelo STF (ADI 2.332); conforme a mesma decisão do STF, a base de cálculo dos juros compensatórios deve ser a diferença eventualmente apurada entre 80% do preço ofertado em juízo e o valor do bem fixado na sentença _(fazer esse pedido para o caso de ter sido realizada imissão provisória na posse)_;

– juros moratórios, na forma do art. 100, § 12, da Constituição Federal;

– correção monetária, contada desde a realização do laudo pericial que fixar o valor do bem expropriado;

– custas e despesas processuais, bem como honorários advocatícios, estes no valor máximo de 5% da diferença entre o valor oferecido pelo Poder Público e o valor fixado pelo Poder Judiciário, sem qualquer limitação do valor apurado;

– os juros compensatórios serão calculados sobre o valor total da indenização, corrigido monetariamente (Súmula 113 do STJ);

- os honorários advocatícios incidirão, também, sobre as parcelas relativas aos juros compensatórios e moratórios, devidamente corrigidos (Súmula 131 do STJ).

4. O protesto pela produção de prova documental e pericial, e de todos os meios probatórios em direito admitidos, ainda que não especificados no CPC, desde que moralmente legítimos (CPC, art. 369).

Termos em que pede deferimento.

Local ..., data...

Advogado ...

OAB ....

## 5.5. ESTRUTURA BÁSICA – PETIÇÃO INICIAL DE AÇÃO DE INDENIZAÇÃO POR DESAPROPRIAÇÃO INDIRETA

| | |
|---|---|
| COMPETÊNCIA | O foro competente para o julgamento de ação de desapropriação é o do local do imóvel. |
| TRATAMENTO DAS PARTES | Autor e réu. |
| FUNDAMENTOS FÁTICOS E JURÍDICOS | Deve-se narrar que o autor é o legítimo proprietário e que o Poder Público se apropriou de seu imóvel, ao nele ingressar e implantar atividade de interesse público, o que gerou o direito à indenização pleiteada.<br><br>O fundamento desse direito é o próprio art. 35 do Dec.-lei 3.365/41, que assegura que "os bens expropriados, uma vez incorporados à Fazenda Pública, não podem ser objeto de reivindicação, ainda que fundada em nulidade do processo de desapropriação. Qualquer ação, julgada procedente, resolver-se-á em perdas e danos". Trata-se do princípio do fato consumado.<br><br>Também fundamentam o instituto o art. 5.º, XXIV, da CF, e o art. 15, § 3.º, do Dec.-lei 3.365/41. |
| PEDIDO | Procedência da presente ação, para o fim de condenar o Poder Público a pagar a indenização apurada em perícia. |
| VALOR DA CAUSA | Deve ser o valor das avaliações extrajudiciais feitas pelo autor da ação. |
| PROVAS | Deve-se protestar pela produção de prova documental e pericial, e de todos os meios probatórios em direito admitidos, ainda que não especificados no CPC, desde que moralmente legítimos (CPC, art. 369). |
| CITAÇÃO | O autor deve requerer a citação do réu. |

## 5.6. MODELO – PETIÇÃO INICIAL DE AÇÃO DE INDENIZAÇÃO POR DESAPROPRIAÇÃO INDIRETA

EXCELENTÍSSIMO SENHOR DOUTOR JUIZ DE DIREITO DA ... VARA DA COMARCA DE ... – ....

*Pular 10 linhas*

NOME ... *(qualificação do autor – nome, estado civil, profissão, endereço, CNPJ, endereço)*, vem mui respeitosamente à presença de Vossa Excelência, por meio de seu advogado e bastante procurador que esta subscreve (doc. 01 – mandato), com fundamento no art. 5.º, XXIV, da Constituição Federal, e nos arts. 15-A, § 3.º, e 35 do Decreto-lei 3.365/41, propor a competente

### AÇÃO DE INDENIZAÇÃO POR DESAPROPRIAÇÃO INDIRETA

em face da **MUNICIPALIDADE DE** _____, Pessoa Jurídica de Direito Público, com sede na _____ em virtude dos fatos elencados a seguir:

**I – DOS FATOS**

a) Tentar repetir, ao máximo, os fatos descritos na questão.

b) Relatar os acontecimentos com uma ordem cronológica, especificando cada ponto.

c) Tentar deixar o mais claro possível.

d) Mostrar de forma evidente o ato/fato causador do dano.

No dia _____, o autor, ao comparecer no imóvel sito na rua _____, número _____, de sua propriedade (doc. 2 – documento comprobatório da propriedade), constatou que a Municipalidade tinha invadido o bem, nele fazendo obras de pavimentação para alargar a citada rua.

A constatação de que o Poder Público havia se apropriado do bem, ainda que de modo irregular e abusivo, fez com que o autor buscasse a Municipalidade para receber indenização cabal pelos prejuízos sofridos.

Todavia, o autor não logrou êxito nesse intento, o que o leva a propor a presente ação indenizatória.

**II – DO DIREITO**

**1. Do fundamento jurídico da presente ação indenizatória**

É pacífico na doutrina e na jurisprudência que, quando o Poder Público se apropria de bem particular, sem observância dos requisitos do processo de indenização, o lesado tem direito de buscar a devida indenização junto ao Poder Judiciário.

O fundamento maior desse direito é o art. 5.º, XXIV, que dispõe que a desapropriação requer pagamento de prévia e **justa** indenização em dinheiro.

O art. 35 do Decreto-lei 3.365/41, por sua vez, assevera que "os bens expropriados, uma vez incorporados à Fazenda Pública, não podem ser objeto de reivindicação, ainda que fundada em nulidade do processo de desapropriação". O mesmo dispositivo dispõe que eventuais problemas devem ser resolvidos por meio de indenização por perdas e danos. Esse dispositivo deixa claro que a única alternativa para um caso como o presente é intentar ação indenizatória, já que, uma vez incorporado o bem ao patrimônio público, não é possível desfazer essa situação.

Por fim, o § 3.º do art. 27 do Decreto-lei 3.365/41, parágrafo acrescentado pela Medida Provisória 2.183-56/01, dispõe que a disciplina dos juros compensatórios, em matéria de desapropriação, vale também para "as ações ordinárias de indenização por apossamento administrativo ou desapropriação indireta". Essa disposição assume expressamente o dever de indenizar quando ocorre a desapropriação indireta.

Por fim, a responsabilidade objetiva do Estado prevista no art. 37, § 6.º, da CF, também reclama indenização por prejuízos causados por conduta estatal, independentemente de culpa ou dolo.

Assim, os fundamentos jurídicos expressos acima demonstram, cabalmente, que é devida indenização no caso presente, em que o Poder Público se apropriou de imóvel do autor, sem cumprir as formalidades previstas em lei.

**2. Das verbas indenizatórias devidas**

A indenização devida deve contemplar diversas parcelas e não só o valor de mercado do bem expropriado. Assim, há de se fixar as seguintes verbas indenizatórias:

a) **valor de mercado do bem (art. 5.º, XXIV, da CF, e 27 do Decreto-lei 3.365/41)**: para tanto, requer que seja fixado valor conforme as avaliações ora apresentadas (doc. 3 – avaliações do imóvel) e conforme também será demonstrado por ocasião da prova pericial;

b) **danos emergentes e lucros cessantes**: observar o mesmo item, na desapropriação indireta; *(Aqui, há de se verificar, também, se não há outros danos emergentes e lucros cessantes a serem inseridos na indenização; exemplo: mudança, fundo de comércio do proprietário etc.)*

c) **juros compensatórios**: aqui, os juros compensatórios são devidos desde a ocupação do imóvel pelo Poder Público; os juros incidirão sobre o total de indenização, uma vez que, diferente da desapropriação direta, não há diferença entre o valor fixado na sentença e o valor ofertado, pois aqui não se fala em valor ofertado; os juros compensatórios correspondem a 6% ao ano, conforme o art. 15-A do Decreto-lei 3.365/41, reputado constitucional pelo STF (ADI 2.332);

d) **juros moratórios:** na forma do art. 100, § 12, da Constituição Federal;

e) **correção monetária:** contada desde a realização do laudo pericial que fixar o valor do bem expropriado;

f) **custas e despesas processuais**: deverá ser de responsabilidade do Poder Público, inclusive quanto ao adiantamento das quantias para fazer frente aos honorários periciais (STJ, REsp 788.817, j. 19/06/2007);

g) **honorários advocatícios**: o Decreto-lei 3.365/41 dispõe que, à moda do que ocorre na desapropriação direta, os honorários serão fixados entre 0,5 e 5% da diferença entre o valor oferecido pelo Poder Público e o valor fixado pelo Poder Judiciário (art. 27,

§§ 1.º e 3.º, do Dec.-lei, com a redação dada pela MP 2.183-56/2001); todavia, como não há diferença entre valor fixado pelo juiz e valor ofertado pelo Poder Público, já que este se apoderou do bem sem seguir os trâmites legais, deve incidir os honorários sobre o valor total da condenação, prevalecendo os parâmetros previstos no art. 85, § 2.º, do CPC (entre 10% e 20% do valor da condenação), conforme lição de José dos Santos Carvalho Filho (*Manual de direito administrativo*, 18.ª edição, Rio de Janeiro: Lumen Juris, 2007, p. 767.).

**III – DO PEDIDO**

Ante o exposto, é o presente para requerer a Vossa Excelência o quanto segue:

1. A citação da ré, no endereço declinado no pórtico desta inicial, para, querendo, contestar a presente ação no prazo legal, sob as penas da lei processual civil.
2. A realização de prova pericial para determinar o valor da justa indenização *prova que deverá levar em conta a totalidade do imóvel, e não só a parte apropriada pela ré (esta segunda parte só existirá se houver o direito de extensão)*.
3. O protesto pela indicação oportuna de seu assistente técnico e dos quesitos pertinentes.
4. A procedência da ação com a fixação de indenização que leve em conta os critérios legais e as avaliações ora apresentadas, que apontam para o valor de R$ _____ para a totalidade do imóvel, e, subsidiariamente, para o valor de R$ _____ para a parte do imóvel prevista no decreto expropriatório com a fixação de:
   – juros compensatórios pela imissão provisória no imóvel, juros esses devidos desde a apropriação do imóvel pela ré, ocorrida em _____; os juros devem ser de 6% ao ano e incidir sobre a totalidade do valor indenizatório;
   – juros moratórios, na forma do art. 100, § 12, da Constituição Federal;
   – correção monetária, contada desde a realização do laudo pericial que fixar o valor do bem expropriado;
   – custas e despesas processuais, bem como honorários advocatícios, estes no valor de 20% sobre o total da condenação;
   – os juros compensatórios serão calculados sobre o valor total da indenização, corrigido monetariamente (Súmula 114 do STJ);
   – os honorários advocatícios incidirão, também, sobre as parcelas relativas aos juros compensatórios e moratórios, devidamente corrigidos (Súmula 131 do STJ).
5. O protesto pela produção de prova documental e pericial, e de todos os meios probatórios em direito admitidos, ainda que não especificados no CPC, desde que moralmente legítimos (CPC, art. 369).

Dá-se à causa o valor de R$ _____ (valor por extenso). *(Valor das avaliações feitas.)*
Termos em que, pede deferimento.
Local ..., data...
Advogado ...
OAB ....

# 6. AÇÃO DE COBRANÇA

## 6.1. ESTRUTURA BÁSICA

| | |
|---|---|
| COMPETÊNCIA | A competência para conhecer da ação de cobrança é do lugar onde a obrigação deva ser satisfeita (art. 53, IV, *d, do CPC*), que, no caso, é local onde o pagamento do credor é realizado, observadas as normas sobre competência para conhecer de ação em que figure como parte pessoa de direito público. Quando o réu for a União, entidade autárquica ou empresa pública federal, compete à Justiça Federal processar e julgar a causa (art. 109, I, da CF). Quanto à Justiça Federal, há mais duas regras que incidem quanto à competência (art. 109 da CF): <br><br> "§ 1.º As causas em que a União for autora serão aforadas na seção judiciária onde tiver domicílio a outra parte. <br><br> § 2.º As causas intentadas contra a União poderão ser aforadas na seção judiciária em que for domiciliado o autor, naquela onde houver ocorrido o ato ou fato que deu origem à demanda ou onde esteja situada a coisa, ou, ainda, no Distrito Federal". <br><br> Repare que, de acordo com o § 2.º da CF, o autor pode aforar a demanda, também, em seu domicílio. |
| TRATAMENTO DAS PARTES | Autor e réu. |
| FUNDAMENTOS FÁTICOS E JURÍDICOS | A fundamentação legal envolverá o contrato e os dispositivos legais pertinentes (estes estarão presentes na Lei 8.666/93, no Código Civil, no Código do Consumidor e em leis especiais que tratarem de contratos). No que concerne ao Código Civil, os contratos estão regulamentados nos arts. 421 a 853, o inadimplemento nos arts. 389 a 401 e as consequências do inadimplemento nos arts. 402 a 420. No que concerne à Lei 8.666/93, as cláusulas essenciais dos contratos estão previstas no art. 55 da lei e a inexecução dos contratos e as consequências do inadimplemento estão reguladas nos arts. 77 a 80. E quanto ao CDC, os arts. 12 a 54 tratam da responsabilidade contratual. A revisão contratual está prevista, no CC, nos arts. 478 a 480 e no art. 317; na Lei 8.666/93, no art. 65, II; e no CDC, no art. 6.º, V. Também merece referência a nova lei de licitações e contratos (Lei 14.133/21). |
| PEDIDO | A procedência da ação para condenar a ré no pagamento da quantia de _____, relativa ao contrato administrativo n.º _____, devendo incidir sobre as parcelas, a partir do 1.º dia útil do mês seguinte à realização dos respectivos serviços e até o devido pagamento, o índice de remuneração básica e de juros da poupança (art. 1º-F da Lei 9.494/97), condenando-se a ré no pagamento das custas e despesas processuais e de honorários advocatícios no montante de 20% do valor total da condenação. No que tange à correção monetária, aplicável índice que espelhe o fenômeno inflacionário (como o IPCA, como já decidiu o STJ)1. |
| VALOR DA CAUSA | Deve ser o valor da cobrança feita. |

---

1 No início de 2013, o STF proferiu importantes decisões no âmbito das ADIs 4.357 e 4.425. Numa delas, decidiu que fere o princípio da igualdade a correção monetária do precatório pelo índice da poupança, pois esse índice não recompõe as perdas inflacionárias. Essa decisão se referiu especificamente ao regime do precatório (art. 100, § 12, da CF). Posteriormente, em 2019, o STF julgou inconstitucional o art. 1º-F da Lei 9.494/97 (alterado pela Lei 11.960/2009), pelas mesmas razões.

| | |
|---|---|
| PROVAS | Deve-se protestar pela produção de prova documental e pericial, e de todos os meios probatórios em direito admitidos, ainda que não especificados no CPC, desde que moralmente legítimos (CPC, art. 369). |
| CITAÇÃO | O autor deve requerer a citação do réu. |

## 6.2. MODELO – PETIÇÃO INICIAL DE AÇÃO DE COBRANÇA

EXCELENTÍSSIMO SENHOR DOUTOR JUIZ DE DIREITO DA ... VARA DA COMARCA DE ... – ....

*Pular 10 linhas*

_____ *(qualificação do autor – nome, estado civil, profissão, endereço, CNPJ, endereço)*, vem, respeitosamente, à presença de Vossa Excelência, por meio de seu advogado e bastante procurador que esta subscreve (doc. 01 – mandato), com fundamento nos arts. 389, 404 e 406 do Código Civil, propor a competente

### AÇÃO DE COBRANÇA

em face da **MUNICIPALIDADE DE** _____, Pessoa Jurídica de Direito Público, com sede à _____ em virtude dos fatos elencados a seguir:

**I – DOS FATOS**

*a) Tentar repetir, ao máximo, os fatos descritos na questão.*
*b) Relatar os acontecimentos em ordem cronológica, especificando cada ponto.*
*c) Tentar deixar o mais claro possível.*
*d) Mostrar de forma evidente o ato/fato causador do dano*

A autora, após se sagrar vencedora da Concorrência Pública n.° _____, celebrou o Contrato Administrativo n.° _____ com a ré, com vistas à execução de obra pública (doc. 2).

Ficou acertado que o contratante receberia sua remuneração segundo as medições a serem feitas nas datas previstas no contrato. Todavia, as últimas quatro medições feitas não foram objeto de pagamento pela Municipalidade (doc. 3).

O autor tomou todas as providências possíveis para receber, extrajudicialmente, as faturas que lhes são devidas (doc. 4). Em que pese as tentativas, não logrou êxito nesse intento, o que o leva a propor a presente ação indenizatória.

**II – DO DIREITO**

Ao celebrar o contrato administrativo em tela a Municipalidade se comprometeu a fazer pagamentos periódicos ao autor, sempre no primeiro dia útil do mês seguinte à realização de cada etapa da obra *(verificar se a questão trata das datas de vencimento; se não tratar, utilizar o critério acima)*. Todavia, nos quatro últimos meses do contrato, o autor não recebeu as quantias objeto de medição. Essa circunstância faz incidir as disposições do art. 389 do Código Civil. Confira:

"*Art. 389. Não cumprida a obrigação, responde o devedor por perdas e danos, mais juros e atualização monetária segundo índices oficiais, regularmente estabelecidos, e honorários advocatícios.*"

Por se tratar de obrigação de pagamento em dinheiro, outro dispositivo que serve como fundamento da presente demanda é o art. 404 do mesmo Código:

"*Art. 404. As perdas e danos, nas obrigações de pagamento em dinheiro, serão pagas com atualização monetária segundo índices oficiais regularmente estabelecidos, abrangendo juros, custas e honorários de advogado, sem prejuízo da pena convencional*".

Perceba que os dois dispositivos determinam, além da prestação principal devida, que o inadimplente arque com as seguintes verbas: a) correção monetária; b) juros moratórios; c) multa, se for convencionada; e d) custas judiciais e honorários advocatícios.

Os valores da prestação principal já se encontram delimitados, inclusive pela própria ré, conforme doc. 3.

A correção monetária deverá incidir desde o momento em que cada prestação era exigível, no caso, a partir do 1.º dia útil do mês seguinte à realização das parcelas da obra. Mesmo não havendo previsão contratual da correção monetária, existe previsão legal nesse sentido (arts. 389 e 404 acima citados) e a jurisprudência do STJ é pacífica quanto à sua incidência. Confira:

"*A mora no pagamento do preço avençado em contrato administrativo, constitui ilícito contratual. Inteligência da Súmula 43 do STJ. A correção monetária, ainda que a lei ou o contrato não a tenham previsto, resulta da integração ao ordenamento do princípio que veda o enriquecimento sem causa e impõe o equilíbrio econômico-financeiro do contrato. O termo inicial para a incidência da correção monetária nos contratos administrativos de obra pública, na hipótese de atraso no pagamento, não constando do contrato regra que estipule a data para o efetivo pagamento do preço avençado, deverá corresponder ao 1.º (primeiro) dia útil do mês subsequente à realização da obra, apurada pela Administração Pública mediante critério denominado medição. Precedentes do STJ (REsp 71127/SP, REsp 61817/SP). O retardamento em pagar medições de obras já efetuadas configura violação do contrato e a inadimplência de obrigação juridicamente pactuada, com consequências que se impõem ao contratante público*" (REsp 679.525/SC, Rel. Min. Luiz Fux, Primeira Turma, julgado em 12.05.2005, DJ 20.06.2005, p. 157).

Os juros legais também deverão incidir desde o momento em que cada prestação era exigível, no caso, a partir do 1.º dia útil do mês seguinte à realização das parcelas da obra. Mesmo não havendo previsão contratual dos juros moratórios, existe previsão legal nesse sentido (os mesmos arts. 389 e 404 acima citados) e a jurisprudência do STJ é pacífica quanto à sua incidência. Confira:

"*A jurisprudência da c. Primeira Seção desta eg. Corte de Justiça é firme no sentido de que o termo inicial para a contagem dos juros moratórios, em se tratando de relação contratual, é o do vencimento de cada obrigação. Precedentes: REsp 465.836/RJ, Rel. Min. Denise Arruda, DJ de 19/10/2006; EDcl no REsp 535.858/ RJ, Rel. Min. Eliana Calmon, DJ de 15/03/2004; REsp 402.423/RO, Rel. Min. Castro Meira, DJ de 20/02/2006; REsp 419.266/SP, Rel. Min. Humberto Gomes de Barros, DJ de 08/09/2003. Em relação ao percentual de incidência, também se firmou no sentido de que os respectivos juros relativos à mora ocorrida em período anterior ao novo Código Civil são devidos nos termos do mesmo* Codex *de 1916, e os relativos ao período posterior regem-se por normas supervenientes. Precedentes: REsp 803.567/PE, Rel. Min. Teori Albino Zavascki, DJ de 30.11.06; AgRg no REsp 848.431/SP, Rel. Min. José Delgado, DJ de 20.11.06. III – Agravo improvido"* (AgRg no REsp 917.419/MG, Rel. Min. Francisco Falcão, Primeira Turma, julgado em 15.05.2007, DJ 11.06.2007, p. 295).

Quanto ao montante de juros deve-se aplicar o disposto no art. 1º-F da Lei 9.494/97, que estabelece o índice de remuneração básica e de juros da poupança, como aplicável para fins de remuneração de capital e compensação pela mora. No que tange à correção monetária, deve-se aplicar índice que espelhe o fenômeno inflacionário (como o IPCA-E, como já definido pelo STJ).

## III – DO PEDIDO

Ante o exposto, é o presente para requerer a Vossa Excelência o quanto segue:

1. A citação da ré, no endereço declinado no pórtico desta inicial, para, querendo, contestar a presente ação no prazo legal, sob as penas da lei processual civil.

2. A procedência da ação para condenar a ré no pagamento das quatro últimas parcelas de medição do contrato administrativo n.º _____, devendo incidir sobre as parcelas, a partir do 1.º dia útil do mês seguinte à realização dos respectivos serviços o índice de que trata o art. 1º-F da Lei 9.494/97, aplicando-se o disposto no art. 100, § 12, da Constituição Federal, tudo sem prejuízo da condenação da ré no pagamento das custas e despesas processuais e de honorários advocatícios no montante de 20% do valor total da condenação. No que tange à correção monetária, deve-se aplicar índice que espelhe o fenômeno inflacionário (como o IPCA-E, como já definido pelo STJ).

3. O protesto pela produção de prova documental e pericial, e de todos os meios probatórios em direito admitidos, ainda que não especificados no Código de Processo Civil, desde que moralmente legítimos (CPC, art. 369).

Dá-se à causa o valor de R$ _____ (valor por extenso). *(Valor das faturas feitas.)*

Termos em que pede deferimento.

Local ..., data...

Advogado ...

OAB ....

# 7. AÇÃO DE RESPONSABILIDADE EXTRACONTRATUAL

## 7.1. ESTRUTURA BÁSICA

| | |
|---|---|
| COMPETÊNCIA | A competência é do lugar do ato ou fato que causar o dano à vítima (art. 53, IV, *ä"*, do CPC). Quando o réu for a União, entidade autárquica ou empresa pública federal, compete à Justiça Federal processar e julgar a causa (art. 109, I, da CF). Quanto à Justiça Federal, há mais duas regras que incidem quanto à competência (art. 109 da CF): "§ 1.º As causas em que a União for autora serão aforadas na seção judiciária onde tiver domicílio a outra parte. § 2.º As causas intentadas contra a União poderão ser aforadas na seção judiciária em que for domiciliado o autor, naquela onde houver ocorrido o ato ou fato que deu origem à demanda ou onde esteja situada a coisa, ou, ainda, no Distrito Federal". Repare que o autor, no que concerne à responsabilidade civil, tem duas opções: a) seu domicílio; b) lugar onde houver ocorrido o ato ou fato que deu origem à demanda. |
| TRATAMENTO DAS PARTES | Autor e réu. |
| PEDIDO | A procedência da ação para condenar o réu ao pagamento da quantia de _____, referentes aos danos materiais, e de _____, referente aos danos morais. Quanto ao dano material, há de se diferenciar os danos emergentes dos lucros cessantes. Os primeiros dizem respeito a danos que decorrem diretamente da ação lesiva (por exemplo, conserto do carro, despesas com medicamentos etc.), ou seja, dizem respeito ao que já se perdeu. Já os segundos dizem respeito ao que razoavelmente deixou-se de lucrar. São exemplos de lucros cessantes os dias em que a pessoa deixou de trabalhar, as quantias que o falecido deixou de levar para casa para cuidar de sua família (pedido de pensão). Já quanto aos danos morais, é importante fazer pedido de valor certo (por exemplo: pedido de R$ 150.000,00; o STJ não admite a fixação de danos morais em salários mínimos – REsp 419.059/SP, rel. Min. Eliana Calmon, DJ de 29/11/2004). |
| VALOR DA CAUSA | Deve ser o valor total do pedido indenizatório. |
| PROVAS | Deve-se protestar pela produção de prova documental e pericial, e de todos os meios probatórios em direito admitidos, ainda que não especificados no CPC, desde que moralmente legítimos (CPC, art.369). |
| CITAÇÃO | O autor deve requerer a citação do réu. |

## 7.2. MODELO – PETIÇÃO INICIAL DE AÇÃO INDENIZATÓRIA – RESPONSABILIDADE CIVIL EXTRACONTRATUAL

EXCELENTÍSSIMO SENHOR DOUTOR JUIZ DE DIREITO DA ... VARA DA FAZENDA PÚBLICA DA COMARCA DE ... – ....

*Pular 10 linhas*

AUTORA 1 (esposa do falecido), qualificação, domicílio, AUTOR 2 (primeiro filho do falecido), qualificação, domicílio, AUTOR 2 (segundo filho do falecido), qualificação, domicílio,(SEGUNDO EXEMPLO ADOTADO PARA O MODELO) os dois últimos autores representados pela primeira autora, vem mui respeitosamente à presença de Vossa Excelência, por meio de seu advogado e bastante procurador que esta subscreve (doc. 01 – mandato), com fundamento nos art. 37, § 6.º, da Constituição Federal, e no art. 948 do Código Civil, propor a presente

### AÇÃO INDENIZATÓRIA

em face da FAZENDA ESTADUAL DE _____, Pessoa Jurídica de Direito Público, com sede na _____ em virtude dos fatos elencados a seguir:

**I – DOS FATOS**

a) Tentar repetir, ao máximo, os fatos descritos na questão.

b) Relatar os acontecimentos em ordem cronológica, especificando cada ponto.

c) Tentar deixar o mais claro possível.

d) Mostrar de forma evidente o ato/fato causador do dano.

*(Segundo exemplo adotado para o modelo)*

No dia _____, _____, marido da primeira autora e pai dos demais autores (doc. 2 – certidões de casamento e de nascimento), quando trafegava pela rua _____, nesta Comarca, foi atingido por projétil disparado por arma de fogo de policial militar do Estado ré, que disparava diversos tiros na perseguição de bandidos que haviam roubado banco nas proximidades (doc.3 – cópia do inquérito policial).

O tiro atingiu a cabeça de _____, que faleceu a caminho do hospital (DOC. 4 – certidão de óbito).

_____ ganhava aproximadamente R$ 1.200,00 mensais, conforme demonstra documentação juntada ao presente (doc. 5 – recibos de pagamento).

Os autores dependiam totalmente do trabalho do falecido para sobreviver. Sua esposa era dona de casa e seus filhos têm sete e cinco anos.

Além da perda da receita, a esposa do falecido teve de arcar com as despesas do funeral do *de cujus*, no montante de R$ 1.500,00 (doc. 6 – notas fiscais).

Os autores buscaram indenização junto à Fazenda Pública. Em que pesem as tentativas, não lograram êxito nesse intento, o que os levaram a propor a presente ação indenizatória.

## II – DO DIREITO

### 1. Da responsabilidade objetiva do Estado

A Constituição Federal, em seu art. 37, § 6.º, consagra a responsabilidade objetiva do estado por danos causados a terceiros. Confira:

> "§ 6.º As pessoas jurídicas de direito público e as de direito privado prestadoras de serviço público responderão pelos danos que seus agentes, nessa qualidade, causarem a terceiros, assegurado o direito de regresso contra o responsável, nos casos de dolo ou culpa."

Os fatos narrados na petição inicial enquadram-se perfeitamente na hipótese de incidência prevista no dispositivo constitucional citado, pelos seguintes motivos: a) o policial militar atuava nessa qualidade, além de usar arma da corporação; b) o policial militar é agente de pessoa jurídica de direito público (responsabilidade do Estado); c) a conduta estatal – disparo de arma de fogo – é comissiva e, portanto, enseja a responsabilidade objetiva do Estado; d) o marido e pai dos autores faleceu em virtude do tiro feito pelo policial militar; e) os autores tiveram danos materiais e morais.

Por outro lado, não ocorre no caso presente qualquer das causas excludentes da responsabilidade estatal.

A jurisprudência vem reconhecendo a responsabilidade objetiva do Estado em casos como o presente, infelizmente muito comuns nos dias de hoje. Confira:

> "Processual civil e administrativo. Falecimento de menor atingido por disparo de arma de policial militar. Responsabilidade civil do Estado" (STJ, REsp 727.439/BA, rel. Min. Eliana Calmon, DJ de 14/11/2005).

Demonstrada a responsabilidade objetiva do Estado no caso presente, de rigor, agora, tratar das verbas indenizatórias devidas aos autores.

### 2. Das verbas indenizatórias devidas

O art. 948 do Código Civil tem o seguinte teor:

> "Art. 948. No caso de homicídio, a indenização consiste, sem excluir outras reparações:
> I – no pagamento das despesas com o tratamento da vítima, seu funeral e o luto da família;
> II – na prestação de alimentos às pessoas a quem o morto os devia, levando-se em conta a duração possível da vida da vítima."

Por outro lado, a Constituição Federal, em seu art. 5.º, V e X, e o Código Civil, em seus arts. 186 (ato ilícito) e 944 ("a indenização mede-se pela extensão do dano") impõem que os danos morais também devem ser indenizados.

Considerando que houve despesas comprovadas de funeral, que os autores dependiam economicamente do falecido e que o dano moral é consequência natural e imediata do falecimento do marido e dos filhos dos autores, independendo de comprovação, segundo a jurisprudência, os autores fazem jus às seguintes verbas indenizatórias:

a) danos materiais, consistentes no ressarcimento das despesas de funeral e na fixação de pensão aos autores;

b) danos morais, devidos a cada um dos autores.

### 2.1. Da pensão

Nos termos da jurisprudência do STJ, a pensão devida aos filhos deve se estender até a idade de 24 anos, quando presumidamente estes encerrarão sua formação escolar, podendo ingressar no mercado de trabalho em melhores condições para prover sua subsistência. Confira:

> *"A pensão pela morte do pai será devida até o limite de vinte e quatro anos de idade, quando, presumivelmente, os beneficiários da pensão terão concluído sua formação, inclusive curso universitário, não mais subsistindo vínculo de dependência"* (STJ, Resp. 142.526/RS, rel. Min. Cesar Asfor Rocha, DJ 17/09/01).

Já a pensão devida à esposa, deve ser paga até que esta perfaça 70 anos, tendo em vista o aumento da expectativa de vida do brasileiro que hoje é, em média, de 71,9 anos. Confira:

> *"Possibilidade de determinar como termo final do pagamento da pensão, a data em que a vítima completaria 70 (setenta) anos de idade, em função do caso concreto. Precedentes: REsp 164.824/RS e REsp 705.859/SP"* (REsp 895.225/RN, Rel. Min. Francisco Falcão, Primeira Turma, julgado em 13.03.2007, DJ 09.04.2007, p. 242).

Já quanto ao *quantum* devido, as decisões do STJ vêm fixando a pensão em 2/3 da remuneração que recebia o *de cujus*. Confira:

> *"Responsabilidade civil do Estado. Acidente de trânsito com vítima fatal. Adequada a fixação do valor da pensão em 2/3 (dois terços) dos rendimentos da vítima, deduzindo que o restante seria gasto com seu sustento próprio"* (STJ, REsp 603.984/MT, rel. Min. Francisco Falcão, DJ de 16/11/2004).

O mesmo Tribunal também vem entendendo ser cabível o direito de acrescer aos demais autores, na medida em que os filhos do falecido forem completando a idade que não mais permite o recebimento da pensão (STJ, REsp 625.161/RJ, rel. Min. Aldir Passarinho Junior, DJ 17/12/2007).

Por fim, é importante ressaltar que tanto a correção monetária como os juros moratórios das parcelas devidas a título de indenização por danos materiais devem incidir desde a data do evento danoso (STJ, REsp 705.859/SP, rel. Min. Jorge Scartezzini, DJ de 21/03/2005).

Como o art. 406 do Código Civil determina a aplicação da taxa Selic e esta abarca juros e correção monetária, estes incidirão com a simples aplicação da taxa referencial (STJ, REsp 897.043/RN, rel. Min. Eliana Calmon, 2ª T., j. 03-05-2007, DJU 11-05-2007, p. 392).

### 2.2. Dos danos morais

O STJ vem entendendo que não se pode fixar o valor do dano moral tomando como critério o salário mínimo. Deve-se fixar esta verba em valor certo, valor esse que, em caso de homicídio, vem sendo fixado na quantia de R$ 190 mil. Confira o seguinte caso:

> *"CIVIL E PROCESSUAL. AÇÃO DE INDENIZAÇÃO. ACIDENTE DE TRÂNSITO COM VÍTIMA FATAL, ESPOSO E PAI DOS AUTORES. DANO MORAL. FIXAÇÃO. MAJORAÇÃO. Dano moral aumentado, para amoldar-se aos parâmetros usualmente adotados pela Turma. R$ 190 mil para esposa e filhas"* (STJ, REsp 625.161/RJ, rel. Min. Aldir Passarinho Júnior, DJ 17/12/07).

Em matéria de dano moral, a correção monetária é devida desde a data da fixação de seu valor, ou seja, desde a data da decisão judicial que fixar a indenização por dano moral. Já os juros moratórios são calculados tendo-se em conta a data do evento danoso (Súmula 54 do STJ: "os juros moratórios fluem a partir do evento danoso, em caso de responsabilidade extracontratual").

### 2.3. Dos honorários advocatícios

Segundo o STJ, os honorários devem incidir da seguinte forma: *"para efeito de cálculo da verba honorária, a condenação é constituída pelo somatório de todas as prestações vencidas, além das demais verbas já definidas (dano moral, pensão, juros etc.), e doze das vincendas, inaplicável o disposto no § 5.º do art. 20 do CPC (atual art. 85, §9º, CPC)"* (STJ, REsp 625.161/RJ, rel. Min. Aldir Passarinho Júnior, DJ 17/12/2007).

## III – DO PEDIDO

Ante o exposto, é o presente para requerer a Vossa Excelência o quanto segue:

1. A citação da ré, no endereço declinado no pórtico desta inicial, para, querendo, contestar a presente ação no prazo legal, sob as penas da lei processual civil.

2. A procedência da ação para condenar a ré no pagamento: a) da quantia de R$ _____, relativa às despesas com funeral; b) de pensão mensal de R$ 800,00, devida aos autores desde o evento danoso, sendo que os filhos receberão até completarem 25 anos e a esposa, até completar 70 anos, com direito de extensão para a segunda, na medida em que os filhos não forem mais recebendo a pensão; c) de indenização por dano moral no valor de R$ 190 mil, para os três autores; d) de correção monetária e juros legais, que, quanto aos danos materiais (itens "a" e "b"), incidirão a partir do evento danoso, e quanto aos danos morais, incidirão a partir da data de sua fixação (a correção monetária) e a partir do evento danoso (quanto aos juros legais); e) honorários advocatícios de 20%, incidentes sobre o somatório de todas as prestações vencidas, além das demais verbas já definidas (dano moral, pensão, juros etc.) e doze das vincendas.

3. O protesto pela produção de prova documental e pericial, e de todos os meios probatórios em direito admitidos, ainda que não especificados no Código de Processo Civil, desde que moralmente legítimos (art. 369, CPC).

*(Se o quantum dos danos não estiver determinado, deve-se requer sua apuração em liquidação de sentença.)*

*(A depender da condição econômica dos autores, deve-se pedir os benefícios da justiça gratuita.)*

Dá-se à causa o valor de R$ _____ (valor por extenso).
Termos em que pede deferimento.
Local ..., data...
Advogado ...
OAB ....

## 8. MANDADO DE SEGURANÇA

### 8.1. MANDADO DE SEGURANÇA – INDIVIDUAL

#### 8.1.1. ESTRUTURA BÁSICA

| | |
|---|---|
| COMPETÊNCIA | De acordo com a sede da autoridade coatora e a sua categoria funcional. |
| PARTES | Impetrante: pessoa física ou jurídica.<br>Impetrado: autoridade pública. |
| HIPÓTESES DE CABIMENTO | Para proteção de direito individual, líquido e certo, não amparado por *habeas data* ou *habeas corpus*, lesado ou ameaçado de lesão, por ato de autoridade pública ou agente de pessoa jurídica no exercício de atribuições do Poder Público. |
| PRAZO | 120 dias a contar do conhecimento oficial do ato. |
| FUNDAMENTO LEGAL | – Constituição Federal: art. 5.º, LXIX.<br>– Lei 12.016/09. |
| FUNDAMENTAÇÃO JURÍDICA | Ilegalidade do ato da autoridade coatora violando direito líquido e certo do impetrante. |
| PEDIDO | a) concessão da liminar, se for o caso;<br>b) notificação da autoridade coatora para prestar informações;<br>c) o pedido de notificação de litisconsortes passivos, conforme o caso;<br>d) intimação da pessoa jurídica à qual está vinculada a autoridade coatora, para contestar;<br>e) oitiva do representante do Ministério Público;<br>f) concessão da segurança. |
| PROVAS | É vedada em sede de mandado de segurança a produção de prova. Dessa forma, só cabe a ação se houver prova pré-constituída. |
| HONORÁRIOS | Súmula 512 do STF: "Não cabe condenação em honorários de advogado na ação de mandado de segurança". |
| CUSTAS | De acordo com a lei local. |
| VALOR DA CAUSA | Para fins de alçada. |

#### 8.1.2. MODELO – PETIÇÃO INICIAL DE MANDADO SEGURANÇA INDIVIDUAL

EXCELENTÍSSIMO SENHOR DOUTOR JUIZ FEDERAL DA ___ VARA CÍVEL DE VITÓRIA – SEÇÃO JUDICIÁRIA DO ESPÍRITO SANTO – ES.

*[Deixe espaço de aproximadamente 10 cm para eventual despacho ou decisão do juiz.]*

Ricardo .., estado civil, profissão, residente e domiciliado em ..., portador do RG ... e do CPF ...., por seu advogado que firma a presente (procuração anexada – doc.1), com escritório para recebimento de intimações na ... (art. 36, I, CPC) vem à presença de Vossa Excelência, respeitosamente, impetrar em face do Senhor Diretor de Gestão de Pessoal, do Departamento de Polícia Federal, o presente

## MANDADO DE SEGURANÇA COM PEDIDO DE LIMINAR

nos termos do artigo 5º, inciso LXIX, da Constituição Federal e da Lei nº 12.016/2009, pelas razões a seguir aduzidas:

### I – DOS FATOS

O impetrante fez inscrição no concurso público para provimento de cargos de delegado de polícia federal, atendendo a edital publicado em 30/04/04 (doc. 2).

Ocorre que, consultando o edital quanto à regulação da prova de títulos, o impetrante verificou que eram atribuídos dois pontos para cada ano de trabalho em atividade policial exercida no Departamento de Polícia Federal e apenas um ponto para cada ano de trabalho em atividade policial exercida em outros órgãos públicos (doc. 3).

O impetrante, policial militar do Espírito Santo com vários anos de experiência (doc. 4), considerando inconstitucional esse tratamento desigual, resolveu insurgir-se contra a previsão do edital, ingressando com pedido administrativo de modificação da regra editalícia mencionada.

O pedido administrativo foi indeferido em 30/06/04, por decisão do diretor de gestão de pessoal do Departamento de Polícia Federal, agente público competente para elaborar e modificar editais de concurso público (doc. 5).

Dessa forma, não resta outra alternativa ao impetrante que não a de ingressar com o presente mandado de segurança.

### II – DO DIREITO

#### 1. Do cabimento do mandado de segurança

#### 1.1. Existência de ato de autoridade

O edital ora impugnado é ato de autoridade pública, no caso ato emanado pelo diretor de gestão de pessoal do Departamento de Polícia Federal.

Dessa forma, o mandado de segurança é cabível quanto a esse aspecto (art. 5º, LXIX, da CF e art. 1º da Lei 12.016/09).

#### 1.2. Existência de prova pré-constituída

Os fatos que dão suporte ao direito alegado pelo impetrante estão comprovados de plano, por meio da prova documental ora juntada, consistentes nos seguintes documentos: a) comprovante de inscrição no concurso público; b) edital do concurso público impugnado; c) requerimento administrativo de modificação do edital, acompanhado da respectiva decisão.

Assim, também está comprido o requisito de prova pré-constituída, essencial para o cabimento do mandado de segurança.

### 1.3. Respeito ao prazo decadencial de 120 dias

O prazo decadencial para ingressar com o presente *mandamus* também é requisito que está cumprido. Isso porque, segundo o Superior Tribunal de Justiça, esse prazo é contado da publicação do edital do concurso público. E o edital impugnado foi publicado no dia 30/04/04, ou seja, data que, contada até a data dessa impetração, não supera os 120 dias previstos na lei.

Assim sendo, o requisito temporal também está ordem.

### 1.4. Inexistência de outros impedimentos legais ou jurisprudenciais para a propositura do mandado de segurança

Por fim, não se configura no presente quaisquer outros impedimentos legais (arts. 1º e 5º da Lei 12.016/09) e jurisprudenciais ao manejo do presente remedido constitucional.

### 2. Da legitimidade ativa e passiva

A legitimidade ativa está em ordem, pois o impetrante defende, em nome próprio, direito próprio decorrente da violação ao princípio da isonomia no edital de concurso no qual está inscrito.

A autoridade coatora também está corretamente indicada, uma vez que o diretor de gestão de pessoal do Departamento de Polícia Federal, agente público competente para elaborar e modificar editais de concurso público, enquadra-se no requisito legal, no sentido de que é "autoridade coatora aquela que tenha praticado o ato impugnado ou da qual emane a ordem para a sua prática" (art. 6º, § 3º, da Lei 12.016/09).

### 3. Do direito líquido e certo violado

O impetrante tem direito de ver respeitado os princípios da isonomia (art. 5º da CF) e da razoabilidade (art. 2º, *caput*, da Lei 9.784/99), violados no presente caso.

Com efeito, o edital não poderia dar tratamento diferenciado, para efeito de atribuição de títulos, ao exercício de cargo de policial estadual ou federal.

Isso porque as experiências em atividades policiais, sejam elas estaduais ou federais, têm a mesma relevância, uma vez que tanto a polícia federal como a polícia estadual estão voltadas à defesa da segurança pública, ao combate ao crime, à preservação da ordem pública e da incolumidade das pessoas e do patrimônio, conforme o disposto no art. 144 da Constituição Federal aplicável às duas carreiras referidas.

A discriminação é também atentatória do princípio da razoabilidade, uma vez que não faz sentido considerar a atividade de policial federal 100% mais importante, para fins de títulos, que a atividade de policial militar, também pelas razões já explicitadas. O fato de a primeira atividade ter pontuação dobrada em relação à segunda revela a desproporção na forma de atuar da autoridade coatora, desproporção essa que deverá ser desfeita, de modo a proteger direito líquido e certo do impetrante. No caso, a única forma de prestigiar os princípios citados é atribuir ao impetrante a mesma pontuação atribuída pelo edital aos candidatos que tiverem trabalho na polícia federal, ou seja, é atribuir ao impetrante dois pontos por ano de trabalho na polícia militar do Espírito Santo.

E tal medida reclama a modificação no edital, em face da indivisibilidade da cláusula impugnada.

## III – DA LIMINAR

Excelência, a prova do concurso impugnado deverá ocorrer entre 30 e 60 dias contados da data presente e o resultado final do certame deve sair entre 5 e 6 meses, também contados da data presente.

Tal situação revela que a melhor medida a ser tomada é determinar que a autoridade competente modifique a cláusula editalícia impugnada desde já, a fim de que conste no novo edital a atribuição da mesma pontuação, quanto aos títulos, pelo exercício de atividades policiais federais ou estaduais.

Tal medida, que implicará a reabertura de prazo para a inscrição no exame, impedirá que, no futuro, qualquer interessado que tenha desistido do certame por não concordar com os critérios dos títulos, possa pedir a anulação do concurso.

Caso não seja deferida a liminar pleiteada, haverá grande prejuízo não só ao impetrante, como a todos os candidatos, tendo em vista que a concessão dessa medida ao final poderá implicar a anulação de todo o certame, por influir em regra do edital que pode ter afastado interessados de participar da disputa pública.

Ademais, a discriminação efetuada importa nítido desrespeito a direito líquido e certo do impetrante, nos termos do art. 5º da Constituição Federal, não podendo ser recusada a determinação para modificação imediata do edital, sob pena de dano irreversível.

O *periculum in mora* inverso não existe, pois o fato de se modificar o edital, possibilitando a participação de novos candidatos no exame, com a ciência de todos de que a questão está *sub judice*, não impede que, no futuro, se for o caso, atribua-se mais ou menos pontos a policiais estaduais que participarem do exame.

Sendo assim, o impetrante requer que seja deferida a medida liminar antes mesmo da notificação da autoridade coatora, nos termos do art. 7º, III, da Lei 12.016/2009, para que seja determinado à autoridade coatora que modifique imediatamente o edital do concurso em tela para o fim de atribuir aos policiais estaduais a mesma pontuação atribuída aos policiais federais no que se refere aos títulos pelo exercício de tempo de serviços nessas atividades, tendo em vista a relevância do fundamento (aparência do bom direito – *fumus boni iuri*) e o perigo na demora da decisão (*periculum in mora*).

## IV – DO PEDIDO

Por todo o exposto, o impetrante requer que seja:

a) deferida a medida liminar para que seja determinado à autoridade coatora que modifique imediatamente o edital do concurso em tela, atribuindo-se aos policiais estaduais a mesma pontuação atribuída aos policiais federais no que se refere aos títulos pelo exercício de tempo de serviços nessas atividades (art. 7º, III, da Lei 12.016/2009);

b) determinada a notificação da autoridade coatora, enviando-lhe todas as cópias dos documentos que instruem a inicial, para que preste todas as informações necessárias no prazo de 10 dias (art. 7º, I, da Lei 12.016/2009);

c) dada ciência ao órgão de representação judicial da União Federal, enviando-lhe cópia da inicial para que, querendo, ingresse no feito (art. 7º, II, da Lei 12.016/2009);

d) ouvido o representante do Ministério Público para que opine no prazo de 10 dias (art. 12 da Lei 12.016/2009);

e) ao final, confirmada a liminar deferida, concedendo-se definitivamente a segurança pleiteada para que seja reconhecido ao impetrante, quanto aos títulos para o concurso, o direito de receber a mesma pontuação atribuída aos policiais federais pelo exercício da atividade policial.

*[Obs.: toda a prova deve ser juntada à inicial, pois o direito é líquido e certo e não se admite dilação probatória. Não há condenação em honorários advocatícios em mandado de segurança: Súmulas 512/STF 105/STJ]*

Dá-se à causa o valor de R$ 1.000,00.
Termos em que pede deferimento.
Local ..., data...
Advogado ...
OAB ....

## 8.2. MANDADO DE SEGURANÇA – COLETIVO
### 8.2.1. ESTRUTURA BÁSICA

| | |
|---|---|
| COMPETÊNCIA | De acordo com a sede da autoridade coatora e sua categoria funcional. |
| PARTES | Impetrante: partido político com representação no Congresso Nacional, organismo sindical, entidade de classe e associação legalmente constituída e em funcionamento há pelo menos um ano, em defesa dos interesses de seus membros ou associados.<br><br>Impetrado: autoridade pública. Se os associados estiverem sob a área de atuação de autoridades diferentes, a impetrada será a que estiver sobre todos, ainda que não tenha praticado o ato. |
| HIPÓTESES DE CABIMENTO | O mandado de segurança coletivo pode ser impetrado por partido político com representação no Congresso Nacional, na defesa de seus interesses legítimos relativos a seus integrantes ou à finalidade partidária, ou por organização sindical, entidade de classe ou associação legalmente constituída e em funcionamento há, pelo menos, 1 (um) ano, em defesa de direitos líquidos e certos da totalidade, ou de parte, dos seus membros ou associados, na forma dos seus estatutos e desde que pertinentes às suas finalidades, dispensada, para tanto, autorização especial.<br><br>Os direitos protegidos pelo mandado de segurança coletivo podem ser:<br><br>I – coletivos, assim entendidos, para efeito desta Lei, os transindividuais, de natureza indivisível, de que seja titular grupo ou categoria de pessoas ligadas entre si ou com a parte contrária por uma relação jurídica básica;<br><br>II – individuais homogêneos, assim entendidos, para efeito desta Lei, os decorrentes de origem comum e da atividade ou situação específica da totalidade ou de parte dos associados ou membros do impetrante. |
| PRAZO | 120 dias a contar do conhecimento oficial do ato. |
| FUNDAMENTO LEGAL | – Constituição Federal: art. 5.º, LXIX.<br>– Lei 12.016/09 |

| | |
|---|---|
| FUNDAMENTAÇÃO JURÍDICA | Ilegalidade do ato da autoridade coatora violando direito líquido e certo do impetrante. |
| PEDIDO | a) concessão da liminar, se for o caso (verificar o 22, § 2º, da Lei 12.016/09);<br>b) notificação da autoridade coatora para prestar informações;<br>c) intimação da pessoa jurídica à qual está vinculada a autoridade coatora, para contestar (art. 7º, II, da Lei 12.016/09);<br>d) oitiva do representante do Ministério Público;<br>e) concessão da segurança. |
| PROVAS | É vedado em sede de mandado de segurança a produção de prova. Dessa forma, só cabe a ação se houver prova pré-constituída. |
| HONORÁRIOS | Súmula 512 do STF: "Não cabe condenação em honorários de advogado na ação de mandado de segurança". |
| CUSTAS | De acordo com a lei local. |
| VALOR DA CAUSA | Para fins de alçada. |

## 8.2.2. MODELO – PETIÇÃO INICIAL DE MANDADO DE SEGURANÇA COLETIVO

EXCELENTÍSSIMO SENHOR DOUTOR JUIZ DE DIREITO DA ... VARA -- ... DA COMARCA DE ... – ....

_____ *(Qualificação do impetrante – nome, endereço, CNPJ)*, vem respeitosamente à presença de Vossa Excelência, por meio de seu advogado e bastante procurador infra-assinado (doc. 01), com fundamento no art. 5.º, LXIX, da Constituição Federal e nos arts. 21 e 22 da Lei 12.016/09 impetrar o presente

### MANDADO DE SEGURANÇA COLETIVO

contra ato praticado pelo Sr. .... (indicar o cargo da autoridade coatora), qualificação ...., segundo as razões de fato e de direito a seguir expostas.

**I – DOS FATOS**

**II – DO DIREITO**

**1. Do cabimento do mandado de segurança coletivo**

**1.1. Existência de ato de autoridade**

O edital ora impugnado é ato de autoridade pública, no caso ato emanado pelo diretor de gestão de pessoal do Departamento de Polícia Federal.

Dessa forma, o mandado de segurança é cabível quanto a esse aspecto (art. 5º, LXIX, da CF e art. 1º da Lei 12.016/09).

**1.2. Existência de prova pré-constituída.**

Os fatos que dão suporte ao direito alegado pelo impetrante estão comprovados de plano, por meio da prova documental ora juntada, consistentes em ...

Assim, também está cumprido o requisito de prova pré-constituída, essencial para o cabimento do presente mandado de segurança.

**1.3. Respeito ao prazo decadencial de 120 dias**

O prazo decadencial para ingressar com o presente *mandamus* também é requisito que está cumprido. Isso porque não houve superação do prazo de 120 dias previstos na lei entre a data da publicação do ato impugnado e a presente data.

Assim sendo, o requisito temporal também está ordem.

**1.4. Inexistência de outros impedimentos legais ou jurisprudenciais para a propositura do mandado de segurança**

Por fim, não se configura no presente quaisquer outros impedimentos legais (arts. 1º e 5º da Lei 12.016/09) e jurisprudenciais ao manejo do presente remedido constitucional.

**2. Da legitimidade ativa e passiva**

(...)

**3. Do direito líquido e certo da impetrante**

(Explicar os fundamentos jurídicos da ação.)

**III – DA LIMINAR**

(Tratar do *periculum in mora* e *fumus boni iuris.*)

**IV – DO PEDIDO**

Ante todos os fatos e o direito acima expostos, requer a Vossa Excelência:

a) após a oitiva, no prazo de 72 horas, da pessoa jurídica a qual se encontra vinculada à autoridade impetrada (art. 22, § 2º, da Lei 12.016/08), a concessão da liminar para determinar a suspensão do ato lesivo ...

b) determinada a notificação da autoridade coatora, enviando-lhe todas as cópias dos documentos que instruem a inicial para que preste todas as informações necessárias no prazo de 10 dias (art. 7º, I, da Lei 12.016/2009);

c) dada ciência ao órgão de representação judicial da União Federal, enviando-lhe cópia da inicial para que, querendo, ingresse no feito (art. 7º, II, da Lei 12.016/2009);

d) ouvido o representante do Ministério Público para que opine no prazo de 10 dias (art. 12 da Lei 12.016/2009);

e) ao final, confirmada a liminar deferida, concedendo-se definitivamente a segurança pleiteada para que seja reconhecido ao impetrante o direito de...

*[Obs.: toda a prova deve ser juntada à inicial, pois o direito é líquido e certo e não se admite dilação probatória. Não há condenação em honorários advocatícios em mandado de segurança: Súmulas 512/STF 105/STJ.]*

Dá-se à causa o valor de R$ 1.000,00.
Termos em que pede deferimento.
Local ..., data...
Advogado ...
OAB ...

## 9. AÇÃO POPULAR

### 9.1. ESTRUTURA BÁSICA

| | |
|---|---|
| COMPETÊNCIA | Mesmo quando houver réu que tem, na esfera criminal, foro por prerrogativa de função, o Juízo de 1.º grau é competente para conhecer da ação popular (art. 5.º da Lei 4.717/65). |
| PARTES | Autor: cidadão (art. 1.º da Lei 4.717/65).<br><br>Réu (art. 6.º da Lei 4.717/65):<br>I) as pessoas cujo patrimônio se pretende proteger;<br>II) aqueles que causaram a lesão;<br>III) beneficiários diretos. |
| HIPÓTESES DE CABIMENTO | – lesão ao patrimônio público, à moralidade administrativa, ao meio ambiente ou ao patrimônio histórico e cultural<br>– Arts. 2.º, 3.º e 4.º da Lei 4.717/65. |
| PRAZO | Prescreve em 5 anos. |
| FUNDAMENTO LEGAL | – Art 5.º, LXXIII, da CF/88.<br>– Lei 4.717/65. |
| FUNDAMENTAÇÃO JURÍDICA | – o ato viciado deve estar elencado nos arts. 2.º, 3.º ou 4.º da Lei 4.717/65.<br>– demonstrar a ilegalidade e a lesividade. |
| PEDIDO | a) citação dos réus para apresentar defesa sob pena de revelia;<br>b) intimação do Ministério Público;<br>c) concessão de liminar;<br>d) procedência do pedido, decretando-se a nulidade dos atos impugnados;<br>e) sucumbência. |
| PROVAS | Todo tipo de prova admitida em direito. |
| CUSTAS | O autor é isento de custas judiciais e do ônus da sucumbência, salvo comprovada má-fé. |
| VALOR DA CAUSA | Fins de alçada. |

## 9.2. MODELO – PETIÇÃO INICIAL DE AÇÃO POPULAR

EXCELENTÍSSIMO SENHOR DOUTOR JUIZ DE DIREITO DA ... VARA DA FAZENDA PÚBLICA DA COMARCA DE ... – ... .

*[Deixe espaço de aproximadamente 10 cm para eventual despacho ou decisão do juiz.]*

João Paulo, brasileiro, maior de idade, professor de universidade pública, estado civil, profissão, residente e domiciliado em ..., portador do RG ... e do CPF ..., portador do Título Eleitoral nº ..., cidadão em pleno gozo de seus direitos (doc. 01) vem, mui respeitosa e tempestivamente à presença de Vossa Excelência, por meio de seu advogado e bastante procurador infra-assinado (doc. 02) com endereço na ..., com fundamento no artigo 5º, LXXIII da Constituição Federal e Lei 4.717 de 29 de junho de 1965 aforar a presente

**AÇÃO POPULAR**

em face do Estado ..., pessoa jurídica de direito público, com sede ..., na pessoa de seu representante legal .... e de ...., Secretário Estadual dos Transportes, qualificação..., e Empresa de Transportes Coletivos ..., qualificação ..., nos termos do art. 6º, da Lei 4.717/65, com sede de suas atividades na ..., pelas razões de fato e de direito a seguir aduzidas:

**1. DOS FATOS**

Conforme noticiado no Jornal ..., periódico de grande circulação no ..., o Estado ..., ora réu, por meio do Secretário Estadual de Transportes, ora também réu, resolveu, no dia 04/03/2007, renovar por mais 20 anos contrato de permissão de serviço público de transporte coletivo intermunicipal em face de todos os municípios do estado, em favor da Empresa de Transportes Coletivos ..., também ré na presente ação.

Ocorre que tanto o primeiro contrato, celebrado em 05/03/87, como o segundo contrato foram celebrados sem a prévia realização de licitação pública. Ademais, a renovação contratual se deu mediante a inclusão de algumas cláusulas contratuais, por vontade do contrato.

Diante dessa situação, e do fato de que o sistema de transporte no estado não é satisfatório, que as tarifas são muito elevadas e que os ônibus são velhos e sempre atrasam o transporte, o autor requereu pessoalmente, do órgão responsável, o acesso aos documentos necessários para a propositura da presente ação.

Todavia, esse pedido foi negado.

Os fatos noticiados acima justificam a propositura da presente ação popular, sendo certo que o autor se valerá da prerrogativa contida no art. 1º, § 7º, da Lei 4.717/65, propondo a ação desacompanhada dos documentos contidos nos processos administrativos que tratam das contratações referidas, uma vez que, como noticiado, tais documentos tiveram seu acesso negado pelo órgão responsável.

**2. DO DIREITO**

**2.1. Da legitimidade ativa**

A Constituição Federal estabelece que *"qualquer cidadão é parte legítima para propor ação popular que vise a anular ato lesivo ao patrimônio público ou de entidade de que o Estado participe ..."* (art. 5º, LXXIII).

Assim, o autor, que é cidadão brasileiro, e encontra-se quite com a Justiça Eleitoral (doc. X), está legitimado para a propositura da presente ação, que tem por fim desfazer a lesão ao patrimônio público e à moralidade administrativa.

## 2.2. Da lesão ao patrimônio público e ao princípio da moralidade

De acordo com o art. 175 da Constituição Federal, a concessão e a permissão de serviço público dependem de licitação para serem outorgadas.

Repetindo a regra constitucional, a Lei 8.987/95 também exige licitação tanto para a concessão como para a permissão de serviço público (arts. 2º, II e IV, e 14).

Aliás, a Lei 8.987/95 admite que sejam mantidas concessões outorgadas sem licitação anteriormente à Constituição de 1988, impedindo, todavia, a renovação do contrato, que, uma vez findo, deve dar lugar à prestação do serviço pela própria Administração ou por terceiro, mediante novo contrato (art. 42, § 1º), o qual, nos termos da Lei 8.987/95, depende de licitação, como se viu.

Nesse ponto, cumpre destacar que o fato de a empresa ré ter feito investimentos e ter experiência no serviço prestado não é argumento que encontre guarida na Lei 8.987/95 para propiciar a renovação do contrato sem licitação.

Há de se lembrar que a doutrina e a jurisprudência são uníssonas no sentido de que delegações de grande vulto, como é a de transporte coletivo, reclamam outorga de concessão, e não de mera permissão de serviço público, de natureza precária, de modo que não calha qualquer argumento no sentido de que a precariedade da permissão justifica a ausência de licitação.

O fato é que os descumprimentos escancarados da lei e da Constituição no caso presente revelam violação à moralidade administrativa e ao patrimônio público, valores protegidos pela ação popular. O primeiro valor é violado, pois não é crível que um secretário estadual de transportes e uma empresa do porte da ré não conheçam as comezinhas normas do direito das concessões e permissões de serviço público quanto à obrigatoriedade de licitação. E o segundo valor é violado na medida em que a ausência de licitação propicia que não se busque a melhor proposta para a Administração, o que, de acordo com o tipo de concessão a ser realizada, pode gerar menos ou mais recursos em favor do Poder Público.

## 2.3. Da nulidade do ato de renovação da permissão

O artigo 2º da lei 4.717/65 estabelece que são nulos os atos lesivos ao patrimônio público do Estado, por vício de competência, forma, ilegalidade de objeto, inexistência de motivos e desvio de finalidade.

No caso em tela, requisitos procedimentais foram descumpridos, configurando ilegalidade não passível de ser sanada, uma vez que a obrigatoriedade de licitação, no caso, é prevista tanto na Constituição como na Lei de Concessão de Serviços Público, conforme dispositivos já mencionados no presente.

Destarte, de rigor a declaração de nulidade do contrato celebrado, com a consequente determinação para que o Estado-réu promova a realização de licitação pública para a concessão do serviço público em questão.

## 2.4. Da requisição de documentos

Conforme já relatado, o autor requereu pessoalmente a extração de cópia dos processos administrativos nos quais se deram a primeira contratação e sua renovação.

Todavia, o pedido foi negado, o que propiciou a propositura da presente demanda com os benefícios do art. 1º, § 7º, da Lei 4.717/65.

Dessa forma, de rigor que esse D. Juízo se digne de, ao se despachar a petição inicial, requisitar ao Estado-réu cópias dos processos administrativos de que tratam as duas permissões de serviço público outorgadas à empresa-ré, providência a ser cumprida no prazo de 15 dias, tendo em vista a facilidade na obtenção desses documentos (art. 7º, I, "b", da Lei 4.717/65).

Tão logo os documentos estejam juntados aos autos, o autor fará pedido de liminar, nos termos do art. 5º, § 4º, a fim de suspender a renovação da permissão e de determinar a realização imediata de processo licitatório para que outros interessados possam participar do certame com vistas à concessão do serviço público respectivo em condições de igualdade.

## 3. DO PEDIDO

Por todo o exposto, o autor requer que seja:

a) determinada a citação dos réus para responder aos termos da presente ação, sob pena de serem tidos por verdadeiros os fatos aqui narrados;

b) determinada a intimação do represente do Ministério Público para acompanhar a presente ação;

c) requisitado do Estado-réu, na pessoa do Secretário Estadual dos Transportes, também réu na presente demanda, cópia integral dos processos administrativos que tratam da outorga de permissão de serviço público e de sua renovação;

d) julgada procedente a presente ação para o fim de declarar a nulidade do ato de renovação da permissão de serviço público de transporte coletivo intermunicipal em face de todos os municípios do estado, bem como para condenar o Estado-réu a promover a devida licitação para que outras empresas ou empresários possam participar do certame com vistas à concessão do serviço público respectivo em condições de igualdade.

Requer, outrossim, a condenação dos réus nas custas e honorários advocatícios, em montante a ser arbitrado por Vossa Excelência, na forma do artigo 85, do CPC.

Protesta pela produção de todos os meios de prova em direito admitidos, sem exclusão de nenhuma delas, especialmente oitiva dos depoimentos pessoais dos representantes das entidades rés, bem como depoimentos de testemunhas, cujo rol será oferecido oportunamente.

Requer, também, a isenção de custas para o recebimento e processamento da presente ação, nos moldes do inciso LXXIII, do artigo 5º da Constituição Federal.

Dá à causa, apenas para efeito de alçada, o valor de R$ 10.000,00.

Termos em que pede deferimento.

Local ..., data...

Advogado ...

OAB ....

## 10. *HABEAS DATA*

## 10.1. ESTRUTURA BÁSICA

| | |
|---|---|
| COMPETÊNCIA | a) STF: contra atos do Presidente da República, das Mesas da Câmara dos Deputados e do Senado Federal, do Tribunal de Contas da União, do Procurador-Geral da República e do próprio Supremo Tribunal Federal (art. 102, I, *d*, da CF/88);<br>b) STJ: contra atos de Ministro de Estado, dos Comandantes da Marinha, Exército e Aeronáutica ou do próprio Tribunal (art. 105, I, *b*, da CF/88);<br>c) TRF: contra atos do próprio Tribunal ou de juiz federal (art. 108, I, *c*, da CF/88);<br>d) juízes federais: contra ato de autoridade federal, excetuados os casos de competência dos tribunais federais (art. 109, VIII, da CF/88);<br>e) juízes do trabalho: contra ato questionado que envolva matéria sujeita à sua jurisdição (art. 114, IV, da CF/88);<br>f) tribunais estaduais: segundo o disposto na Constituição do Estado;<br>g) juiz estadual, nos demais casos. |
| RECURSO | a) STF: quando a decisão denegatória for proferida em única instância pelos Tribunais Superiores (art. 102, II, *a*, da CF/88);<br>b) STJ: quando a decisão for proferida por um tribunal estadual ou por um TRF em apelação (art. 105, III, da CF/88);<br>c) STJ: quando a decisão for proferida em única instância pelos Tribunais Regionais Federais;<br>d) TRF: quando a decisão for proferida por juiz federal;<br>e) Tribunais Estaduais e o do Distrito Federal: conforme dispuserem a respectiva Constituição e a lei que organizar a Justiça do Distrito Federal;<br>f) TSE: quando o *habeas data* for negado pelo Tribunal Regional Eleitoral (art. 121, § 4.º, V, da CF/88). |
| PARTES | Impetrante: titular do direito, pessoa física ou jurídica.<br>Impetrado: quem detém a informação que se pretende obter, retificar ou anotar. |
| HIPÓTESES DE CABIMENTO | a) acesso aos registros;<br>b) retificação dos registros;<br>c) anotação/complementação dos registros. |
| PRAZO | Não há prazo. |
| FUNDAMENTO LEGAL | Art. 5.º, LXXII, da CF/88.<br>Lei 9.507/97. |
| FUNDAMENTAÇÃO JURÍDICA | Recusa da apresentação/retificação/complementação de informações por parte da autoridade. |
| PEDIDO | a) notificação do coator para, querendo, apresentar as informações no prazo de 10 dias;<br>b) determinar a remessa dos autos para o representante do MP para emitir parecer;<br>c) procedência do pedido, marcando dia e hora para que as informações sejam prestadas ao impetrante. |
| PROVAS | Não admite dilação probatória. |
| VALOR DA CAUSA | Fins de alçada. |

## 10.2. MODELO – PETIÇÃO INICIAL DE *HABEAS DATA*

EXCELENTÍSSIMO SENHOR PRESIDENTE DO COLENDO SUPERIOR TRIBUNAL DE JUSTIÇA

*[Deixe espaço de aproximadamente 10 cm para eventual despacho ou decisão do juiz.]*

José, cidadão estrangeiro, estado civil, profissão, residente e domiciliado em ..., portador do RG ... e do CPF ..., por seu advogado que firma a presente (procuração anexada – doc. ), com escritório para recebimento de intimações na ... (art. 106, I, CPC) vem, respeitosamente, à presença de Vossa Excelência, impetrar, em face do Ministro do Ministério X o presente

### *HABEAS DATA*

nos termos do artigo 5º, inciso LXXII, da Constituição Federal e da Lei nº 9.507/97, pelas razões a seguir aduzidas.

**I – DOS FATOS**

O impetrante é cidadão estrangeiro. Porém, durante trinta anos, residiu no Brasil. Em seguida passou os últimos trinta anos de sua vida no exterior, sem visitar o Brasil.

Agora, decidiu retornar a este país e fixar residência no Brasil.

Certo dia, numa conversa com um de seus mais diletos amigos, este lhe informou que ouvira um rumor de que constaria dos assentamentos do Ministério X que José havia se envolvido em atividade terrorista realizada no território brasileiro, trinta e cinco anos atrás.

José decidiu averiguar a informação e apresentou uma petição ao Ministério X, requerendo cópia de todos os documentos de posse do referido ministério em que constasse seu nome.

Dentro do prazo legal, José obteve várias cópias de documentos. A cópia do processo entregue a José apresentava-o inicialmente como suspeito de participar de reuniões do grupo subversivo em questão. Porém, ao conferir a cópia que lhe foi entregue, José percebeu que, além de faltarem folhas no processo, este continha folhas não numeradas.

Suspeitando de que as folhas faltantes no processo pudessem esconder outro documento em que constasse seu nome, José formulou novo pedido ao Ministério X. Desta vez, novamente dentro do prazo legal, José recebeu comunicado de uma decisão que indeferia seu pedido, assinada pelo próprio ministro da Pasta X, em que este afirmava categoricamente que o peticionário já recebera cópias de todos os documentos pertinentes.

Irresignado, José resolveu impetrar o presente *habeas data* a fim de tomar conhecimento dos documentos que lhe foram sonegados.

**II – DO DIREITO**

**1. Da legitimidade ativa e passiva e da competência do órgão julgador**

O ato atacado – recusa de informações a respeito do impetrante, decidida pelo Ministro do Ministério X –, faz com que a competência para processar e julgar o presente seja originária do Superior Tribunal de Justiça, conforme determina expressamente o art. 105, I, "c", da CF.

O impetrante é legitimado ativo para a presente ação, já que pede, em nome próprio, a efetivação de direito constitucional, consistente em receber informações a seu respeito.

Quanto à legitimidade passiva para o habeas data, a Lei 9.507/97, diferentemente do que ocorre com a Lei 12.016/09 (Lei de Mandado de Segurança), não usa a expressão autoridade coatora, e sim a expressão coator, e não determina a cientificação da pessoa jurídica correspondente, mas sim a notificação do coator.

Nesse sentido, a doutrina entende que é possível que se indique como coator, não só a autoridade que praticou o ato, como também o próprio órgão ou entidade que o praticou.

No caso presente, preferiu-se indicar a própria autoridade que praticou o ato, mas poderia ter sido indicado como coator o "Ministério X" ou mesmo a "União Federal".

**2. Do cabimento do habeas data e do cumprimento dos requisitos para a sua concessão**

O art. 5º, LXXII, da Constituição Federal estabelece que é cabível o habeas data quando se tem os seguintes objetivos: a) para assegurar o conhecimento de informações relativas à pessoa do impetrante, constantes de registro ou bancos de dados de entidades governamentais ou de caráter público; b) para a retificação de dados, quando não se prefira fazê-lo por processo sigiloso, judicial ou administrativo.

A garantia do habeas data está regulamentada na Lei 9.507/97, lei essa que estabelece uma série de requisitos para o cabimento e a concessão da medida, sem prejuízo de outros requisitos de ordem doutrinária e jurisprudencial.

Em resumo, são requisitos para o cabimento do habeas data e a concessão da ordem respectiva, os seguintes: a) necessidade de acesso, retificação ou anotação de informações ou dados constantes de registro ou bancos de dados públicos; b) informações ou dados relativos à pessoa do impetrante; c) prova da recusa da autoridade em dar o acesso ou proceder à retificação ou anotação; d) violação a direito do impetrante, comprovada de plano.

O requisito "a" está cumprido, pois as informações desejadas estão constantes de registro ou banco de dados de entidade governamental, no caso o Ministério X da União.

O requisito "b" está cumprido, pois as informações solicitadas dizem respeito à própria pessoa do impetrante.

O requisito "c" também está cumprido, pois o impetrante fez pedido formal de acesso aos documentos cujas folhas foram retiradas do processo e tal pedido foi expressamente negado pela autoridade coatora.

E o requisito "d" também está cumprido, pois as provas documentais juntadas comprovam de plano os requisitos anteriores. Ademais, não é mero capricho do impetrante o desejo de conhecer as informações a seu respeito, tratando-se de legítimo interesse, já que tais informações lhe causam, no mínimo, graves prejuízos de ordem moral.

Não bastasse, não há necessidade de se manter em sigilo eventuais informações dessa natureza, por não existir procedimento investigativo sigiloso em curso.

No caso em tela, foi negado ao impetrante acesso a documentos que dizem respeito à sua pessoa. Tais documentos, como seu viu, constam de registros de entidade governamental, no caso, de ministério da União,

Assim, estão cumpridos todos os requisitos para a concessão da ordem de habeas data.

**III – DO PEDIDO**

Ante o exposto requer que Vossa Excelência se digne de:

a) determinar a notificação do coator para, querendo, apresentar as informações no prazo de 10 (dez) dias.

b) após, determinar a remessa dos autos para o representante do Ministério Público para emitir parecer, nos termos do art. 12 da Lei 9.507/97.

c) em seguida, julgando procedente o pedido, marcar dia e hora para que as informações sejam prestadas ao impetrante, advertindo o coator das responsabilidades decorrentes de eventual descumprimento de tal determinação judicial.

d) condenar a União Federal ao pagamento de honorários advocatícios, segundo o prudente arbítrio desse C. Tribunal, vez que, diferentemente do que ocorre com a Lei 12.016/09 (Lei de Mandado de Segurança), não há proibição à fixação de honorários na Lei 9.507/97.

Dá à causa o valor de R$ 1.000,00.

Local ..., data...

Advogado ...

OAB ....

## 11. AÇÃO CIVIL PÚBLICA

### 11.1. ESTRUTURA BÁSICA

| | |
|---|---|
| COMPETÊNCIA | No foro do local onde ocorrer o dano (arts. 2.º e 4.º da Lei 7.347/85). |
| PARTES | Legitimado ativo: Ministério Público, entes da Administração Direta e Indireta, associações com pertinência temática e constituídas há pelo menos um ano (associações em sentido amplo, englobando partidos políticos e sindicatos), órgãos públicos, defensoria pública e OAB. Legitimado passivo: qualquer pessoa, física ou jurídica. |
| HIPÓTESES DE CABIMENTO | Ações de responsabilidade por danos morais e patrimoniais causados a interesses difusos, coletivos ou individuais homogêneos (*vide* definições no art. 81, p. único, do CDC). |
| PRAZO | É imprescritível em dois casos: a) reparação de danos ao meio ambiente (STJ); b) reparação do patrimônio público lesado por ato ilícito (STF). Nos demais casos, verificar o prazo previsto em lei. |
| FUNDAMENTO LEGAL | Lei 7.347/85. |

## 11.2. MODELO – PETIÇÃO INICIAL DE AÇÃO CIVIL PÚBLICA

EXCELENTÍSSIMO SENHOR DOUTOR JUIZ DE DIREITO DA ... VARA DA FAZENDA PÚBLICA DA COMARCA DE ... – ... .

*[Deixe espaço de aproximadamente 10 cm para eventual despacho ou decisão do juiz.]*

ASSOCIAÇÃO DE DEFESA DO CIDADÃO, pessoa jurídica de direito privado, inscrita no CNPJ sob n. ...., com sede na rua ..., nº ...., município de ..., conforme cópia de seu estatuto (doc. 1), por meio de seu advogado e bastante procurador infra-assinado (doc. 2), com endereço ..., com fundamento no artigo 1º da Lei 7.347/85, vem respeitosamente à presença de Vossa Excelência propor a presente

### AÇÃO CIVIL PÚBLICA COM PEDIDO DE LIMINAR

em face do Estado ..., pessoa jurídica de direito público interno, com sede ..., na pessoa de seu representante legal .... e da Empresa X, pessoa jurídica de direito privado, com sede de suas atividades na ..., pelas razões de fato e de direito a seguir aduzidas.

**1. DOS FATOS**

**2. DO DIREITO**

**2.1. Do cabimento da ação civil pública**

*(Interesses difusos, coletivos ou individuais homogêneos; vide definições no art. 81, p. único, da Lei 8.078/90.)*

**2.2. Da legitimidade ativa**

(No caso de associação, demonstrar o cumprimento do disposto no art. 5º, V, "a" e "b", da Lei 7.347/85); verificar se não é o caso de fazer o requerimento previsto no § 4º do art. 5º da referida lei – dispensa do requisito temporal).

**2.3. Da lesão ao interesse**

(Explicitar o direito que foi violado; aqui, deve-se reforçar a ideia de que se trata de interesse difuso, coletivo ou individual homogêneo, mas com um *plus*, qual seja, o de explicar qual lei foi violada; exemplos: dano ao meio ambiente, dando ensejo à reparação ambiental; dano a consumidores que adquiriram dado produto, ensejando obrigação de indenizar).

**3. DA ANTECIPAÇÃO DE TUTELA [ou DA LIMINAR]**

(fazer referência aos arts. 12 e 21 da LACP, 84 do CDC e 461 do CPC)

**4. DO PEDIDO**

Por todo o exposto, o autor requer que seja:

a) concedida tutela antecipada, com amparo nas normas constantes do arts. 294 e 297, do CPC, 84 do CDC e 12 da Lei 7.347/85 para determinar a suspensão .... (ou a obrigação de ...)

b) determinada a citação dos réus para responder aos termos da presente ação, sob pena de serem tidos por verdadeiros os fatos aqui narrados;

c) determinada a intimação do represente do Ministério Público para acompanhar a presente ação;

d) julgada procedente a presente ação para o fim de declarar a nulidade do ....(e/ou para o fim de que se condene os réus a ....).

Requer, outrossim, a condenação dos réus nas custas e honorários advocatícios, em montante a ser arbitrado por Vossa Excelência, na forma do artigo 85, do CPC.

Protesta pela produção de todos os meios de prova em direito admitidos, sem exclusão de nenhuma delas, especialmente oitiva dos depoimentos pessoais dos representantes das entidades rés, bem como depoimentos de testemunhas, cujo rol será oferecido oportunamente.

Requer, também, a isenção de custas e demais despesas, nos termos do art. 18 da Lei 7.347/85.

Dá à causa o valor de R$ 10.000,00.

Termos em que pede deferimento.

Local ..., data...

Advogado ...

OAB ....

## 12. AÇÃO DE IMPROBIDADE

### 12.1. ESTRUTURA BÁSICA – PETIÇÃO INICIAL EM AÇÃO DE IMPROBIDADE

| | |
|---|---|
| COMPETÊNCIA | Justiça Comum Estadual ou Justiça Federal caso se inclua nas hipóteses do art. 109 da CF/88. |
| RECURSO | Comuns para toda ação. |
| PARTES | Autor: pessoa jurídica lesada ou Ministério Público.<br>Réu: agentes públicos, servidores ou não e até mesmo particulares beneficiados. |
| HIPÓTESES DE CABIMENTO | Ato de imoralidade qualificada pela lei que importa em enriquecimento ilícito do agente, prejuízo ao erário e/ou violação dos princípios da Administração Pública. |
| PRAZO | Ato de improbidade prescreve em:<br>a) 5 anos após o término do exercício do mandato, de cargo em comissão ou de função de confiança.<br>b) em se tratando de exercente de cargo efetivo ou emprego, dentro do prazo prescricional previsto em lei específica para faltas puníveis com demissão a bem do serviço público. |

| | |
|---|---|
| FUNDAMENTO LEGAL | – Constituição Federal, em seu art. 37, § 4.º.<br>– Lei 8.429/92. |
| FUNDAMENTAÇÃO JURÍDICA | – uma das condutas (enriquecimento ilícito do agente, prejuízo ao Erário e/ou violação dos princípios da Administração Pública).<br>– culpa ou dolo. |
| PEDIDO | a) notificação do réu para que ofereça manifestação por escrito no prazo de 15 (quinze) dias;<br>b) que seja recebida a inicial e determinada a citação do réu para que, querendo, responda a ação;<br>c) que seja intimado o ilustre representante do Ministério Público para que intervenha no feito, conforme determinação legal;<br>d) que seja o pedido julgado procedente para condenar o réu pela prática de atos de improbidade administrativa previstos no art. *(9.º ou 10 ou 11)* da citada lei, aplicando--lhe as seguintes sanções: *(depende do artigo onde o ato foi enquadrado)*;<br>e) que seja condenado o réu ao pagamento das custas, demais despesas processuais e honorários advocatícios. |
| PROVAS | Protestar por provas que poderão demonstrar a veracidade do alegado. |
| VALOR DA CAUSA | Fins de alçada. |

## 12.2. MODELO – PETIÇÃO INICIAL DE AÇÃO DE IMPROBIDADE

EXCELENTÍSSIMO SENHOR DOUTOR JUIZ DE DIREITO DA ... VARA CÍVEL DA COMARCA DE ... – ... .

*(No caso de Juiz Federal):*

EXCELENTÍSSIMO SENHOR DOUTOR JUIZ FEDERAL DA ... VARA DA SEÇÃO JUDICIÁRIA DE ... – ... .

*Pular 10 linhas*

_____ *(qualificação do autor – nome, endereço, CNPJ)*, neste ato representado por _____ *(pessoa que representa a pessoa jurídica. Exemplo: Prefeito)* *(qualificação – nome, endereço, CPF)*, vem, mui respeitosamente à presença de Vossa Excelência, por meio de seu advogado e bastante procurador infra-assinado (doc. 01) com endereço na Rua _____, com fundamento na Lei 8.429/92, impetrar a presente

**AÇÃO DE IMPROBIDADE ADMINISTRATIVA**

*(Deixar sempre destacado.)*

em face de *(nome da parte e demais dados possíveis)*, *(endereço)* pelas razões de fato e de direito a seguir aduzidas:

## I – DOS FATOS

*a) Tentar repetir ao máximo os fatos descritos na questão.*
*b) Relatar os acontecimentos em ordem cronológica, especificando cada ponto.*
*c) Procurar deixar o mais claro possível.*
*d) Mostrar de forma evidente a ocorrência de uma das condutas dos arts. 9.º, ou 10 ou 11 da Lei 8.429/92.*

## II – DO DIREITO

O art. 37 da Constituição brasileira, em seu *caput* e § 4º determina que:

> "*Art. 37.* **A administração pública** *direta e indireta de qualquer dos Poderes da União, dos Estados, do Distrito Federal e dos Municípios* **obedecerá aos princípios de legalidade, impessoalidade, moralidade, publicidade e eficiência e**, *também, ao seguinte:*
> (...)
> "*§ 4.º* **Os atos de improbidade administrativa importarão a suspensão dos direitos políticos, a perda da função pública, a indisponibilidade dos bens e o ressarcimento ao erário**, *na forma e gradação previstas em lei, sem prejuízo da ação penal cabível." (grifei.)*

Seria ocioso insistir em que a conduta do réu ao _____ *(dizer o que o réu fez e enquadrar a conduta de acordo com o caso: enriquecimento ilícito, prejuízo ao Erário ou violação de princípios).*

### ENRIQUECIMENTO ILÍCITO

A atitude do réu importou em enriquecimento ilícito por parte deste com evidente ilegalidade em sua conduta.

Ao _____ não se importou com o exercício de sua função pública, preferindo auferir vantagem pessoal em evidente prejuízo à coletividade.

### PREJUÍZO AO ERÁRIO

Ao _____ o réu trouxe evidente prejuízo à *res publica*, dilapidando bens que não lhe pertencem, em uma atitude reprovável e que deve ser devidamente apurada e punida.

### VIOLAÇÃO DE PRINCÍPIOS

A atitude do réu contraria todos os princípios da Administração Pública, previstos expressamente no art. 37, *caput*, da Constituição brasileira, bem como a regra de conduta prevista no art. 4.º da Lei 8.492/92:

> "*Art. 4.º* **Os agentes públicos de qualquer nível ou hierarquia são obrigados a velar pela observância dos princípios de legalidade, impessoalidade, moralidade e publicidade no trato dos assuntos que lhes são afetos.**" *(Grifo nosso.)*

É claro que foi violado o princípio da _____.

Tais atos além de visivelmente ilícitos, pois ofendem a lei, constituem também atos imorais, pois _____.

*"Art. 11. Constitui ato de improbidade administrativa que atenta contra os princípios da administração pública qualquer ação ou omissão que viole os deveres de honestidade, imparcialidade, legalidade e lealdade às instituições, e notadamente:"* (Grifo nosso.)

Assim, uma vez mais, infringem a lei, violando o regulamento constante do art. 11 da Lei 8.429/92 e, mais ainda, violando os misteres constitucionais de moralidade e obediência à lei no trato da coisa pública.

**III – DO PEDIDO**

Ante todos os fatos e o direito acima expostos, requer de Vossa Excelência que:

a) seja determinada a notificação do réu para que ofereça manifestação por escrito no prazo de 15 (quinze) dias;

b) seja recebida a inicial e determinada a citação do réu para que responda a ação;

c) seja intimado o ilustre representante do Ministério Público para que intervenha no feito, conforme determinação legal;

d) seja o pedido julgado procedente, condenando o réu na forma do art. 12, inciso <u>I ou II ou III</u>, da Lei 8.429, pela prática de atos de improbidade administrativa previstos no art. <u>9.º ou 10 ou 11</u> da citada lei, aplicando-lhe as seguintes sanções (<u>depende do ato</u>);

e) seja condenado o réu, ao pagamento das custas, demais despesas processuais e honorários advocatícios, na forma da Lei.

Protesta e requer provar o alegado por todos os meios de provas em direito permitidos, se necessário for, inclusive juntada posterior de documentos.

Dá-se à causa, apenas para efeito de alçada, o valor de R$ _____ (_____).

Termos em que pede deferimento.

Local ..., data...

Advogado ...

OAB ....

## 12.3. MODELO – DEFESA PRÉVIA EM AÇÃO DE IMPROBIDADE

EXCELENTÍSSIMO SENHOR DOUTOR JUIZ DE DIREITO DA ... VARA DA FAZENDA PÚBLICA DE ... – ... .

*Pular 10 linhas*

Autos n.º _____.

**Ação de Improbidade Administrativa**

_____, *(nome,* estado civil, profissão, residente e domiciliado em ..., portador do RG ... e do CPF ....*),* por meio de seu advogado (doc. 1), vem, respeitosamente, oferecer

## DEFESA PRÉVIA

na ação em epígrafe, promovida pelo **MINISTÉRIO PÚBLICO DO ESTADO DE** _____ em face de _____ e da **EMPRESA** _____, já qualificada nos autos, pelos motivos de fato e de direito que a seguir passa a aduzir.

### I – DOS FATOS

O Ministério Público ingressou com a ação em epígrafe e requereu a aplicação das seguintes **sanções**:

a) declaração de nulidade de todos os contratos emergenciais firmados a partir do ano de 2005 pela Secretária Municipal de Transportes;

b) condenação de _____ e da **EMPRESA** _____ a, solidariamente, devolverem os valores indevidamente acrescidos ao patrimônio da empresa, correspondente ao lucro obtido pelos serviços prestados a partir do segundo contrato firmado sem licitação, conforme liquidação por artigos ou por arbitramento;

c) condenação de _____ à perda da função pública ou da respectiva aposentadoria;

d) suspensão dos direitos políticos de _____, de 5 (cinco) a 8 (oito) anos;

e) condenação de _____ e da **EMPRESA** _____ao pagamento de multa civil de até 2 (duas) vezes o valor do dano;

f) proibição de _____ e da **EMPRESA** _____ contratarem com o Poder Público ou receberem benefícios ou incentivos fiscais ou creditícios, direta ou indiretamente, pelo prazo de 5 (cinco) anos.

Para justificar os pedidos, o Ministério Público apresentou os seguintes **fundamentos fáticos**: foram realizados três contratos emergenciais entre os réus para a execução de serviço de transporte público coletivo, sob a alegação de que a licitação promovida para a respectiva concessão estava suspensa judicialmente, o que reclamava a medida.

Em seguida, apresentou os seguintes **fundamentos jurídicos**:

a) **violação ao princípio da legalidade**, uma vez que houve **demora injustificada** para a realização de concorrência pública referente à contratação de empresa de transportes para atuar na área em questão; *termina suas considerações dizendo que houve "emergência fabricada";*

b) **violação ao disposto no art. 24, inciso IV, da Lei 8.666/93**, *que permite a contratação direta em caso de emergência, mas limita o prazo contratual em 180 dias, vedando a prorrogação dos respectivos contratos* **(EXEMPLO ADOTADO PARA O MODELO)**;

c) **violação ao princípio da moralidade administrativa**, uma vez que o réu _____ visou prorrogar indefinidamente os contratos em proveito da EMPRESA _____;

d) **violação ao princípio da isonomia**, uma vez que a contratação da empresa prejudicou o interesse de outras empresas interessadas em contratar com a Administração;

e) *subsunção dos fatos a dois tipos previstos na Lei de Improbidade (arts. 10 e 11 da Lei 8.429/92), quais sejam "frustrar a licitude de processo licitatório ou dispensá-*

*-lo indevidamente" e "praticar ato visando fim proibido em lei ou regulamento ou diverso daquele previsto na regra de competência".*

O réu _____ foi notificado para apresentação de Defesa Prévia, defesa que passa a fazer a partir de agora.

## II – DA DEFESA PRÉVIA

### 1. Da verdade dos fatos e da aplicação correta da lei

Esta defesa provará que os contratos emergenciais firmados obedeceram à lei e eram necessários para a manutenção adequada da continuidade do serviço público.

Nesse sentido, provará que o autor da ação não a instruiu "com documentos ou justificação que contenham indícios suficientes da existência do ato de improbidade", como determina o art. 17, § 6.º, da Lei 8.429/92.

E requererá, ao final, a rejeição da ação, em face tanto da improcedência da ação, como da inexistência de ato de improbidade.

O caminho que perseguiremos a partir de agora mostrará os fatos e as respectivas motivações, que levaram a celebração de cada um dos contratos impugnados.

Nesse ponto, é importante anotar que o Ministério Público mostrou-se ciente de que havia liminar produzindo efeitos (Mandado de Segurança n.º _____) que impedia a conclusão do certame licitatório para a concessão do serviço.

É fácil perceber, portanto, que as contratações emergenciais feitas eram a única opção para manter a continuidade do serviço.

Quanto ao último contrato, firmado quando já não havia liminar suspendendo o certame original, também foi imperativo, pois, como se sabe, uma licitação não se conclui da noite para o dia. Foram necessárias modificações no Edital, realização de Audiência Pública, revisão de todos os anexos técnicos do instrumento convocatório, além do respeito aos prazos e trâmites da modalidade de licitação concorrência, tudo a justificar mais uma contratação emergencial, contratação essa que não foi feita novamente, com o término do procedimento licitatório em que, por sinal, teve êxito a própria **EMPRESA** _____.

*(Obs.: caso a ação tenha sido proposta contra agente político, deve-se pedir, preliminarmente, sua extinção sem apreciação de mérito, diante do fato de a ação não caber contra essas pessoas, nos termos da decisão dada pelo STF no "Caso Sardenberg" – Reclamação 2.138.)*

### 2. Da inexistência de ilegalidade

#### 2.1. Da legalidade da contratação de emergência

É de conhecimento de todos que o inciso IV do art. 24 da Lei 8.666/93 dispõe ser dispensável a licitação para a celebração de contratos em situação de emergência. De qualquer forma, vale a pena transcrever o dispositivo, para analisarmos com detalhe suas particularidades:

"Art. 24.
(...)

*IV – nos casos de emergência ou de calamidade pública, quando caracterizada urgência de atendimento de situação que possa ocasionar prejuízo ou comprometer a segurança de pessoas, obras, serviços, equipamentos e outros bens, públicos ou particulares, e somente para os bens necessários ao atendimento da situação emergencial ou calamitosa e para as parcelas de obras e serviços que possam ser concluídas no prazo máximo de 180 (cento e oitenta) dias consecutivos e ininterruptos, contados da ocorrência da emergência ou calamidade, vedada a prorrogação dos respectivos contratos."*

Perceba que a situação de emergência é verificada quando é caracterizada urgência de atendimento de a) situação que possa ocasionar prejuízo; b) situação que possa comprometer a segurança de pessoas; c) situação que possa comprometer a segurança de obras; d) situação que possa comprometer a segurança de equipamentos; e) situação de possa comprometer a segurança de outros bens, público ou particulares.

No caso em tela, constatada a impossibilidade de se fazer a licitação para contratação de empresa concessionária – restava patente a situação de emergência.

Imagine o **prejuízo** ao **serviço público** de transporte coletivo na cidade sem a operação do sistema. Não é necessário nem discorrer sobre o caos que isso geraria.

Imagine o comprometimento da segurança das diversas **pessoas** que se valem do transporte coletivo por ônibus como única alternativa para se deslocarem na cidade.

O serviço público não pode parar. Em se tratando de serviço público essencial, como é o de transporte coletivo, essa afirmação é ainda mais peremptória.

Com todo o respeito ao autor da petição inicial, as situações colocadas diante do réu, Secretário Municipal dos Transportes, não lhe davam alternativa que não fazer os contratos emergenciais.

Basta ler com cuidado e bom senso as situações jurídicas e técnicas que envolveram as contratações para verificar que não havia outra solução. Em alguns casos, porque importaria em desobedecer ordem judicial. No último caso, porque importaria em fazer licitação para um objeto ainda não definido, estando pendente uma licitação em curso.

A situação em que se encontrava o réu não era de mera faculdade de contratar sem licitação, mas de verdadeira obrigatoriedade de fazê-lo.

Dessa forma, pode-se afirmar com tranquilidade que todas as contratações estavam rigorosamente em acordo com a lei.

### 2.2. A lei impede a prorrogação, e não a renovação

Por fim, vale uma palavra sobre um assunto que hoje é entendimento tranquilo do Direito Administrativo: a posição de que o que a lei veda é a prorrogação, e não a renovação do contrato de emergência.

Assim, a situação de emergência deve ser vista ao final de cada período contratual de 180 dias, fazendo-se juízo específico sobre sua continuidade ou não, de modo a determinar se se deve ou não fazer um novo contrato.

Essas providências foram rigorosamente tomadas pelo Secretário Municipal dos Transportes, réu _____, como se verifica da documentação acostada e já comentada.

### 3. Da inexistência de ato de improbidade

#### 3.1. Considerações gerais

Como é de conhecimento de todos, para configurar-se um ato de improbidade não basta que o ato seja ilegal. É necessário que, além da contrariedade ao Direito, o ato tenha outras características que o faça um ato ímprobo.

Para isso, o ato deve se revestir do que a doutrina chama de imoralidade qualificada, sendo necessário que preencha precisamente outros requisitos previstos nos tipos de improbidade administrativa.

A afirmação de que "não basta o ato ser ilegal" para ser ímprobo é de fundamental importância. Aliás, se assim não fosse, um juiz que prolatasse uma sentença e depois esta fosse reformada pelo Tribunal por entender que a sentença não estava de acordo com a lei, esse juiz teria cometido um ato de improbidade.

É por isso que, além de o ato ser ilegal (contrário ao Direito), o ato, para ser ato de improbidade, deve também preencher outros requisitos.

Faz-se essa observação para lembrar que os atos praticados pelo réu sequer cumpriram o primeiro requisito para estarmos diante de um ato de improbidade.

Os atos praticados pelo réu, como se viu, sequer são ilegais. Os contratos de emergência firmados, todos, o foram seguindo não só o que a lei faculta, como também o que a lei e o interesse público determinam.

A petição inicial não abalou, e nem conseguiria fazê-lo, a presunção de legitimidade dos atos administrativos questionados que, ainda por cima, envolviam competência discricionária, que requerem prova da falta de razoabilidade das condutas tomadas.

Assim sendo, o item em questão começa, de cara, lembrando que não se cometeu ato de improbidade pelo simples motivo de que os atos praticados sequer eram ilegais, contrários ao direito.

Mas por necessidade de acautelar o princípio da eventualidade, enfrentaremos agora o segundo requisito para a configuração do ato de improbidade, que é o enquadramento do fato praticado em uma das três modalidades previstas na Lei 8.429/92.

O Ministério Público aponta violação às modalidades previstas nos arts. 10 e 11 da Lei.

#### 3.2. O tipo do art. 10 exige perda patrimonial

O art. 10 da Lei 8.429/92 tem o seguinte teor, na parte indicada pelo Ministério Público:
> "Seção II (...)
> Dos Atos de Improbidade Administrativa que Causam Prejuízo ao Erário
> Art. 10. Constitui ato de improbidade administrativa que causa lesão ao erário qualquer ação ou omissão, dolosa ou culposa, que enseje perda patrimonial, desvio, apropriação, malbaratamento ou dilapidação dos bens ou haveres das entidades referidas no art. 1º desta lei, e notadamente:
> (...)
> VIII – frustrar a licitude de processo licitatório ou dispensá-lo indevidamente".

Analisando o tipo, percebemos que, para sua configuração, além do enquadramento do fato às disposições do inciso VIII, é necessário que se esteja diante de "prejuízo ao erário". O próprio título da Seção já traz essa disposição.

Aliás, a jurisprudência do STJ é pacífica nesse sentido:
"*Nos atos de improbidade do art. 10, como está no próprio caput, deve estar presente na configuração do tipo a prova inequívoca do prejuízo ao erário*" (REsp 842.428/ES, Rel. Min. Eliana Calmon, Segunda Turma, julgado em 24.04.2007, DJ 21.05.2007, p. 560 – Grifo nosso).

O Ministério Público foi textual ao dizer que não houve prejuízo material direto.

Ora, se não houve, a petição inicial deve ser rejeitada. Isso porque, como já escrito, nos termos do art. 17, § 6.º, da Lei 8.429/92, o autor da ação de improbidade deve instruí-la "com documentos ou justificação que contenham indícios suficientes da existência do ato de improbidade", sob pena de rejeição da demanda.

Assim, seja porque não se configurou o inciso VIII do dispositivo (já se viu que não se cometeu ilegalidade), seja porque não se configurou o *caput* do mesmo artigo, não estamos diante de ato de improbidade, o que reclama rejeição imediata da presente demanda.

### 3.3. O tipo do art. 11 exige dolo

O art. 11 da Lei 8.429/92 tem o seguinte teor, na parte indicada pelo Ministério Público:
"*Art. 11. Constitui ato de improbidade administrativa que atenta contra os princípios da administração pública qualquer ação ou omissão que viole os deveres de honestidade, imparcialidade, legalidade, e lealdade às instituições, e notadamente:*
*I – praticar ato visando fim proibido em lei ou regulamento ou diverso daquele previsto, na regra de competência*".

Perceba que não restou configurado ato que visa fim proibido em lei ou regulamento, muito menos violação à regra de competência, uma vez que o réu, à época dos fatos, era Secretário Municipal dos Transportes e tinha competência para realizar contratações diretas.

Não bastasse o fato exposto, a modalidade do art. 11 exige conduta dolosa. Veja o texto, quando dispõe praticar ato "visando" fim proibido em lei ou regulamento.

A doutrina e o próprio STJ são pacíficos, hoje, no sentido de que é necessário dolo para a configuração da modalidade prevista no art. 11 da Lei 8.429/92. Confira:
"*Tanto a doutrina quanto a jurisprudência do STJ associam a improbidade administrativa à noção de desonestidade, de má-fé do agente público. Somente em hipóteses excepcionais, por força de inequívoca disposição legal, é que se admite a configuração de improbidade por ato culposo (Lei 8.429/92, art. 10). O enquadramento nas previsões dos arts. 9º e 11 da Lei de Improbidade, portanto, não pode prescindir do reconhecimento de conduta dolosa*" (REsp 604.151/RS, Rel. Min. José Delgado, Rel. p/ Acórdão Ministro Teori Albino Zavascki, Primeira Turma, julgado em 25.04.2006, DJ 08.06.2006, p. 121).

"*O tipo previsto no art. 11 da Lei 8.429/92 é informado pela conduta e pelo elemento subjetivo consubstanciado no dolo do agente. É insuficiente a mera demonstração do vínculo causal objetivo entre a conduta do agente e o resultado lesivo, quando a lei não contempla hipótese da responsabilidade objetiva*" (REsp 626.034/RS, Rel. Min. João Otávio de Noronha, Segunda Turma, julgado em 28.03.2006, DJ 05.06.2006, p. 246).

O Ministério Público não aponta conduta dolosa do réu. Não diz que este, deliberadamente, quis violar os princípios da Administração Pública. Aliás, o Ministério Público sequer aponta conduta culposa. O máximo que fez foi soltar aos ventos que a licitação demorou muito tempo...

A simples falta de descrição da conduta dolosa é suficiente, por si só, para afastar a configuração do ato de improbidade.

Mas, além disso, o réu demonstrou nessa defesa prévia, que não só não agiu com dolo, nem com culpa, como sua conduta foi no sentido do que faculta e também no que determina a lei em matéria de contratação por emergência.

**III – DO PEDIDO**

Ante o exposto, requer que Vossa Excelência se digne de rejeitar a petição inicial do Ministério Público, julgando, desde já, improcedente a presente demanda, como medida de JUSTIÇA.

Termos em que pede deferimento.

Local ..., data...

Advogado ...

OAB ....

## 12.4. ESTRUTURA BÁSICA – CONTESTAÇÃO EM AÇÃO DE IMPROBIDADE

| | |
|---|---|
| ENDEREÇAMENTO | Juízo que efetivou a citação. |
| TRATAMENTO DAS PARTES | Autor e réu. |
| FUNDAMENTOS FÁTICOS E JURÍDICOS | Se se tratar de ação contra agente político, deve-se argumentar que não cabe a aplicação das sanções típicas de improbidade a esse tipo de agente, conforme nova posição do STF.<br><br>Deve-se dizer que não se configurou quaisquer das modalidades de ato de improbidade prevista na lei.<br><br>Deve-se argumentar que as sanções previstas na lei não podem ser aplicadas cumulativamente, indistintamente. |
| PEDIDO | Deve-se requerer ao Juízo que julgue improcedente a presente demanda. Subsidiariamente, para o caso de reconhecimento da prática de ato de improbidade administrativa, deve-se requerer que seja aplicada apenas a sanção de multa civil, no mínimo legal.<br><br>No caso de o réu ser agente político, deve-se pedir a extinção da demanda sem apreciação de mérito. |
| PROVAS | Deve-se protestar pela produção de prova documental e pericial, e de todos os meios probatórios em direito admitidos, ainda que não especificados no CPC, desde que moralmente legítimos (art. 369, CPC). |

Observação: no caso da **Defesa Prévia** em ação de improbidade, deve-se tratar apenas do fato de que não se configura qualquer das modalidades de improbidade administrativa, e não se faz pedido de produção de provas.

## 12.5. MODELO – CONTESTAÇÃO EM AÇÃO DE IMPROBIDADE

EXCELENTÍSSIMO SENHOR DOUTOR JUIZ DE DIREITO DA ... VARA DA FAZENDA PÚBLICA DE ... – ... .

*Pular 10 linhas*

Autos n.º _____ .
**Ação de Improbidade Administrativa**

_____, estado civil, profissão, residente e domiciliado em ..., portador do RG ... e do CPF ...., por meio de seu advogado (doc. 1), vem, respeitosamente, oferecer

## CONTESTAÇÃO

na ação em epígrafe, promovida pelo **MINISTÉRIO PÚBLICO DO ESTADO DE** _____ em face de _____ e da **EMPRESA** _____, já qualificada nos autos, pelos motivos de fato e de direito que a seguir passa a aduzir.

### I – DOS FATOS

**1. Dos fatos alegados pelo autor**

(...)

**2. Da verdade dos fatos**

(...)

### II – DO DIREITO

*(Obs.: caso a ação tenha sido proposta contra agente político, deve-se pedir, preliminarmente, sua extinção sem apreciação de mérito, diante do fato de a ação não caber contra essas pessoas, nos termos da decisão dada pelo STF no "Caso Sardenberg" – Reclamação 2.138.)*

**1. Da inexistência ilegalidade**

**1.1. Da legalidade da contratação de emergência**

(...)

**1.2. A lei impede a prorrogação, e não a renovação**

(...)

**2. Da inexistência de ato de improbidade**

**2.1. Considerações gerais**

(...)

2.2. O tipo do art. 10 exige perda patrimonial

(...)

2.3. O tipo do art. 11 exige dolo

(...)

3. Da impossibilidade de cumulação das sanções

O Ministério Público pede a aplicação cumulativa das sanções previstas na Lei de Improbidade.

Todavia, é pacífico no Superior Tribunal de Justiça que as sanções não podem ser aplicadas indistintamente de modo cumulativo. Há de se observar o princípio da proporcionalidade. Confira:

"*Consoante a jurisprudência desta Corte, as penas do art. 12 da Lei 8.429/92 não são aplicadas necessariamente de forma cumulativa, do que decorre a necessidade de se fundamentar o porquê da escolha das penas aplicadas, bem como da sua cumulação. Para as sanções pecuniárias se faz necessária a motivação da sua aplicação além do mínimo legal*" (REsp 713.146/PR, Rel. Min. Eliana Calmon, Segunda Turma, julgado em 13.03.2007, DJ 22.03.2007, p. 324).

Assim, e considerando o princípio da eventualidade, caso seja reconhecida a prática de ato de improbidade, requer que seja afastada a aplicação das sanções previstas na lei, aplicando-se apenas a sanção de multa civil no mínimo legal, mormente porque não há prova de que o réu agiu com dolo no caso presente, o que impede a aplicação das sanções tanto de modo cumulativo, como além do nível mínimo.

**III – DO PEDIDO**

Ante o exposto, requer que Vossa Excelência se digne de julgar **improcedente** a presente demanda. Subsidiariamente, para o caso de reconhecimento da prática de ato de improbidade administrativa, requer que seja aplicada apenas a sanção de multa civil, no mínimo legal.

Protesta pela produção de todo tipo de **prova** admitida em Direito, principalmente documental, testemunhal e pericial.

Termos em que pede deferimento.

Local ..., data...

Advogado ...

OAB ....

# 13. PROCESSOS ADMINISTRATIVOS

## 13.1. MODELO – RECURSO EM PROCESSO LICITATÓRIO

ILUSTRÍSSIMO SENHOR PRESIDENTE DA COMISSÃO DE LICITAÇÃO DA ... (inserir a modalidade de licitação; exemplo: Concorrência) nº ...

EMPRESA ..., qualificação ..., representada por seu advogado que subscreve a presente (doc. 1 – procuração), vem, com fundamento no art. 109 da Lei 8.666/93 [ou art. 165 da Lei 14.133/2021], interpor o presente

### RECURSO ADMINISTRATIVO

requerendo que, após o processamento previsto na lei, sejam as razões em anexo encaminhadas para a autoridade competente ... .

Termos em que pede deferimento.

Local ..., data...

Advogado ...

OAB ....

*quebra de página*

### RAZÕES DE RECURSO ADMINISTRATIVO

ILUSTRÍSSIMO SENHOR .... (autoridade competente; por exemplo, Secretário Municipal de Saúde)

**I – DOS FATOS**

Relatar tudo o que aconteceu, até a decisão impugnada.

**II – DO DIREITO**

Apresentar os fundamentos jurídicos que deverão levar à anulação ou à reforma da decisão impugnada.

**III – DO PEDIDO**

Ante o exposto, requerer que seja o recurso conhecido, atribuindo-lhe efeito suspensivo (verificar as hipóteses do art. 109, § 2º, da Lei 8.666/93) [ou citar o art. 168 da Lei 14.133/2021], e provido para o fim de .....(exemplo: reformar a decisão impugnada, habilitando-se o recorrente).

Termos em que pede deferimento.

Local ..., data...

Advogado ...

OAB ....

## 13.2. MODELO – IMPUGNAÇÃO EM PROCESSO LICITATÓRIO

ILUSTRÍSSIMO SENHOR PRESIDENTE DA COMISSÃO DE LICITAÇÃO DA ... (inserir a modalidade de licitação; exemplo: Concorrência) nº ...

EMPRESA ..., qualificação ..., representada por seu advogado que subscreve a presente (doc. 1 – procuração), vem, com fundamento no § 2º, do art. 41, da Lei nº 8666/93 [ou art. 164 da Lei 14.133/2021], apresentar

## IMPUGNAÇÃO

aos termos do edital referido em epígrafe, pelos motivos de fato e direito a seguir:

**I – DOS FATOS**

A impugnante, tendo interesse em participar da licitação mencionada, adquiriu o respectivo Edital (doc. 1).

Ocorre que, ao analisar as condições para participação no certame, deparou-se com a exigência formulada no item ..., que tem o seguinte teor ....

Essa exigência, como se verá, é absolutamente ilegal, o que ensejou a presente impugnação.

**II – DO DIREITO**

De acordo com art. 3º, § 1º, I, da Lei nº 8.666/93, é vedado aos agentes públicos: "admitir, prever, incluir ou tolerar, nos atos de convocação, cláusulas ou condições que comprometam, restrinjam ou frustrem o seu caráter competitivo e estabeleçam preferências ou distinções em razão da naturalidade, da sede ou domicílio dos licitantes ou de qualquer outra circunstância impertinente ou irrelevante para o específico objeto do contrato" (g.n.).

(....)

**III – DO PEDIDO**

Diante do exposto, requer-se que seja a presente IMPUGNAÇÃO aceita, para os seguintes fins:

a) declarar nulo o item ... do Edital;

b) determinar nova publicação do Edital, reabrindo o prazo inicialmente previsto, conforme § 4º, do art. 21, da Lei nº 8666/93.

Termos em que pede deferimento.

Local ..., data...

Advogado ...

OAB ....

## 14. PARECER
### 14.1. ESTRUTURA BÁSICA

| PARTES DO PARECER | a) número do parecer;<br>b) interessado;<br>c) assunto;<br>d) ementa;<br>e) relatório;<br>f) fundamentação;<br>g) conclusão. |
|---|---|

### 14.2. MODELO – PARECER

**Parecer n°** ... (a numeração é típica de pareceres nas Procuradorias)

**Interessado:** .

**Assunto:** Solicitação de parecer sobre a possibilidade de sociedade de economia mista que desenvolve atividade econômica sem monopólio adquirir, sem prévia licitação, produto ligado à sua atividade fim.

**Ementa:** Administrativo. Licitação. Contratação direta. Sociedade de economia mista. Produto ligado diretamente à atividade fim da empresa. Não incidência de hipótese de dispensa ou inexigibilidade. *Particularidades da atividade de exploração da atividade econômica. Art. 173, § 1°, da CF. Contratação de produto ligado à atividade fim da empresa. Ausência de *pressuposto jurídico* para a licitação. Possibilidade da contratação direta. (* dessa marcação para frente é possível escrever por extenso)

**1. Relatório**

Trata-se de consulta formulada pelo ___, que solicita parecer sobre a possibilidade de sociedade de economia mista que desenvolve atividade econômica sem monopólio adquirir, sem prévia licitação, produto ligado à sua atividade fim, mesmo não incidindo hipótese de dispensa ou de inexigibilidade de licitação. (...)

É o relatório.

**2. Fundamentação**

(...)

**3. Conclusão**

Ante o exposto, nosso parecer é no sentido da possibilidade de sociedade de economia mista que desenvolve atividade econômica sem monopólio adquirir, sem prévia licitação, produto ligado diretamente à sua atividade fim, mesmo não incidindo hipótese de dispensa ou inexigibilidade de licitação, e desde que a realização do certame possa impedir que a empresa atue no mercado em condições paritárias com as demais empresas.

À consideração superior. (aqui pode ser "É nosso parecer, salvo melhor juízo" ou "É nosso parecer, s. m. j").

Local e data.

Nome, cargo e OAB do procurador (verificar quando for advogado privado).

## 15. DEFESA DA ADMINISTRAÇÃO
## 15.1. MODELO – INFORMAÇÕES EM MANDADO DE SEGURANÇA

EXCELENTÍSSIMO SENHOR DOUTOR JUIZ ...

Autos nº ...

Mandado de Segurança

O **XX (AUTORIDADE COATORA)**, prestando as **INFORMAÇÕES** requisitadas por meio de ofício, e a **UNIÃO FEDERAL,** por seu procurador, requerendo o seu ingresso na condição de assistente litisconsorcial e apresentando **CONTESTAÇÃO**, nos autos do **mandado de segurança** impetrado por **XXXXXXXX**, vêm expor e requerer o quanto segue:

(Obs.: verificar se o enunciado da questão quer que se apresente somente informações ou se também quer que a pessoa jurídica assine junto, apresentando sua contestação)

**I – DOS FATOS**

(...)

**II – DAS PRELIMINARES**

**1. Da ilegitimidade de parte**

*(Indicação da autoridade coatora errada, por exemplo, porque não tem poder de decisão.)*

**2. Do não cabimento pela impossibilidade de dilação probatória**

*(Explicar que o tipo de questão trazida pelo autor depende de dilação probatória, o que não é cabível em MS; aqui não é para dizer que a prova não conduz ao direito alegado, pois isso é questão de mérito.)*

**3. Da existência de impedimento legal ao manejo de mandado de segurança**

*(Olhar lei e súmulas do STF; por exemplo: não cabe MS como substitutivo de ação de cobrança; não cabe MS contra ato disciplinar etc.)*

**III – DO MÉRITO**

Rebater cada fundamento jurídico utilizado pelo impetrante e trazer novos fundamentos, se for possível.

Cada fundamento deve ser tratado num item (1, 2, 3 etc.).

**IV – DA CONCLUSÃO**

Diante do exposto, requer que se digne Vossa Excelência **julgar extinto o feito**, sem julgamento do mérito, nos termos do artigo 267, inciso ____ do Código de Processo Civil, tendo ........, ou, caso não seja este o entendimento, (b) **denegar a ordem**, uma vez demonstrada a fragilidade das alegações da inicial e, ainda a ausência de direito líquido e certo para fundamentar a concessão da segurança impetrada, impondo ao impetrante os ônus sucumbenciais cabíveis.

Termos em que pede deferimento.

Local ..., data...

_____
Autoridade Coatora

_____
Advogado ...
OAB ....

## 15.2. MODELO – PEDIDO DE SUSPENSÃO DE LIMINAR OU DE SEGURANÇA

EXCELENTÍSSIMO SENHOR DESEMBARGADOR PRESIDENTE DO EGRÉGIO TRIBUNAL REGIONAL FEDERAL DA ... REGIÃO.

A **UNIÃO FEDERAL**, por seu procurador, vem à presença de Vossa Excelência, com fundamento no art. 15 da Lei 12.016/09, promover o presente **PEDIDO DE SUSPENSÃO DE EXECUÇÃO DA LIMINAR** proferida nos autos do mandado de segurança impetrado por XXXXXXXX, contra ato do XXXXXXXXX (AUTORIDADE COATORA) – autos nº _____, em trâmite perante a _____ Vara da _____ – pelos motivos de fato e direito que passa a expor.

**I – DOS FATOS**

Relatar o ocorrido até o momento.

**II – DO DIREITO**

**1. Da lesão à ordem pública**

*(E/ou à saúde pública, à segurança pública, à economia pública.)*

Explicar a repercussão da decisão no serviço público.

**2. Do desacerto da decisão atacada**

Embora em sede de pedido de suspensão não se possa avaliar o mérito da decisão concessiva da ordem, aferindo seu desacerto ou legalidade, a teor do que dispõe o artigo 15º da Lei 12.016/09, mister salientar que a decisão....

*(Tratar da ilegalidade dela e reforçar a lesão à ordem pública...)*

### III – DO PEDIDO DE SUSPENSÃO

Nos elementos aqui trazidos demonstram estar presentes os requisitos para a concessão da suspensão dos efeitos da liminar.

Diante de todo o exposto resta demonstrado o risco à ordem pública que será proporcionado com a execução da decisão ora impugnada, razão pela qual requer a União Federal _____ requer que V. Exa. determine a suspensão da execução da liminar, (por exemplo: "permitindo-se o prosseguimento do processo de licitação nº _____ ....").

Termos em que pede deferimento.

Local ..., data...

Advogado ...

OAB ....

## PEÇAS PROCESSUAIS
## MODELOS COMPLEMENTARES

### 1. Exceção de Impedimento

### 1.1. Estrutura Básica

| | |
|---|---|
| REQUISITOS | Art. 146, do CPC. A exceção é processada em apenso. |
| ENDEREÇAMENTO | Juízo ou Tribunal que efetivou a citação. |
| IDENTIFICAÇÃO DO PROCESSO | Indicação das partes, do número do processo e do nome da ação. |
| TRATAMENTO DAS PARTES | Excipiente (quem propõe a exceção) e excepto (que no caso da exceção de impedimento é o próprio juiz) |
| FUNDAMENTOS FÁTICOS E JURÍDICOS | Narrar o ocorrido, mas sem debater o mérito da ação, apenas desenvolvendo os fundamentos jurídicos com base em uma das hipóteses do art. 144, do CPC. |
| PEDIDO | O excipiente deverá pedir o recebimento e processamento da exceção para que o juiz se declare impedido e remeta os autos ao seu substituto legal. |
| PROVAS | O excipiente deverá protestar pela produção de provas capazes de comprovar os fatos alegados. |

## 1.2. Modelo – Exceção de Impedimento

Excelentíssimo Senhor Doutor Juiz De Direito Da ... Vara ... Da Comarca De ... .

*Pular 10 linhas*

_____*(qualificação do réu – nome, estado civil, profissão, endereço, CNPJ, endereço)*, vem mui respeitosamente a presença de Vossa Excelência, por meio de seu advogado e bastante procurador que esta subscreve (doc. 01 – mandato), com fundamento no art. 146, do CPC, oferecer **EXCEÇÃO DE IMPEDIMENTO,** nos termos dos fundamentos de fato e de direito a seguir aduzidos:

**I – DOS FATOS**

Trazer um resumo dos fatos.

**II – DO DIREITO**

Expor as razões que fundamentam o pedido, com fundamento no art. 144 do CPC.

*(Citar a lei, amarrada com os fatos, bem como legislação, doutrina e jurisprudência)*

**III – DO PEDIDO**

Ante o exposto, é o presente para requerer que Vossa Excelência se digne em reconhecer o impedimento, determinando-se a remessa dos presentes autos ao substituto legal, ou, se assim não entender Vossa Excelência, que determine a sua remessa ao E. Tribunal de Justiça (ou Tribunal Regional Federal ou Superior Tribunal de Justiça), nos termos do art. 146, § 1º, do CPC.

Protesta pela produção de prova documental e pericial, e de todos os meios probatórios em direito admitidos, ainda que não especificados no Código de Processo Civil, desde que moralmente legítimos (CPC, art. 369).

Termos em que, pede deferimento.

Local ..., data...

Advogado ...

OAB ....

### Exceção de Incompetência

A exceção de incompetência deve ser alegada como preliminar de contestação, conforme disposto no art. 64, CPC, que assim dispõe: "a incompetência, absoluta ou relativa, será alegada como questão preliminar de contestação."

Portanto, não temos mais uma peça própria (em separado) para esse instituto, estando revogados os arts. 308 a 311, do Código de Processo civil de 1973.

## 2. Exceção de Suspeição

### 2.1. Estrutura Básica

| | |
|---|---|
| REQUISITOS | Art. 146, do CPC. A exceção é processada em apenso. |
| ENDEREÇAMENTO | Juízo ou Tribunal que efetivou a citação. |
| IDENTIFICAÇÃO DO PROCESSO | Indicação das partes, do número do processo e do nome da ação. |
| TRATAMENTO DAS PARTES | Excipiente (quem propõe a exceção) e excepto (no caso da exceção de suspeição é o próprio juiz). |
| FUNDAMENTOS FÁTICOS E JURÍDICOS | Narrar o ocorrido, mas sem debater o mérito da ação, apenas desenvolvendo os fundamentos jurídicos com base em uma das hipóteses do art. 145, do CPC. |
| PEDIDO | O excipiente deverá pedir o recebimento e processamento da exceção para que o juiz acolha a exceção de incompetência, determinando, primeiramente, a suspensão do processo (art. 313, III, do CPC), o apensamento aos autos principais e a intimação do excepto para se manifestar em 10 dias, e, ao final, a remessa dos autos à Vara, Câmara ou Tribunal competente. |
| PROVAS | O excipiente deverá protestar pela produção de provas capazes de comprovar os fatos alegados. |

### 2.2. Modelo – Exceção de Suspeição

Excelentíssimo Senhor Doutor Juiz de Direito da ... Vara ... Da Comarca de ... .

*Pular 10 linhas*

_____(qualificação do réu – nome, estado civil, profissão, endereço, CNPJ, endereço), vem mui respeitosamente a presença de Vossa Excelência, por meio de seu advogado e bastante procurador que esta subscreve (doc. 01 – mandato), com fundamento no art. 146, do CPC, oferecer **EXCEÇÃO DE SUSPEIÇÃO,** nos termos dos fundamentos de fato e de direito a seguir aduzidos:

**I – DOS FATOS**

Trazer um resumo dos fatos.

**II – DO DIREITO**

Expor as razões que fundamentam o pedido, com fundamento no art. 145, do CPC.

*(citar a lei, amarrada com os fatos, bem como legislação, doutrina e jurisprudência)*

**III – DO PEDIDO**

Ante o exposto, é o presente para requerer que Vossa Excelência se digne em reconhecer a suspeição, determinando-se a remessa dos presentes autos ao substituto legal, ou, se assim não entender Vossa Excelência, que determine a sua remessa ao E. Tribunal de Justiça (ou Tribunal Regional Federal ou Superior Tribunal de Justiça), nos termos do art. 146, § 1º do CPC.

Protesta pela produção de prova documental e pericial, e de todos os meios probatórios em direito admitidos, ainda que não especificados no Código de Processo Civil, desde que moralmente legítimos (CPC, art. 369).

Termos em que, pede deferimento.

Local ..., data...

Advogado ...

OAB ....

## 3. Reconvenção

### 3.1. Estrutura Básica

| | |
|---|---|
| REQUISITOS | Os mesmos da petição inicial (art. 319, do CPC). Poderá ser oferecida em peça autônoma ou como preliminar em contestação e o prazo é o mesmo da contestação (15 dias – art. 335, do CPC). |
| ENDEREÇAMENTO | Juízo ou Tribunal que efetivou a citação. |
| IDENTIFICAÇÃO DO PROCESSO | Indicação das partes, do número do processo e do nome da ação. |
| TRATAMENTO DAS PARTES | Reconvinte (aquele que apresenta a reconvenção) e reconvindo (o autor da ação). |
| FUNDAMENTOS FÁTICOS E JURÍDICOS | Estes requisitos tratam do seguinte: "DOS FATOS" (fundamentos de fato) e "DO DIREITO" (fundamentos jurídicos).<br><br>Quanto à parte "I – DOS FATOS", pode se fazer a seguinte subdivisão: "1) Dos fatos alegados pelo autor" (aqui faz-se um breve resumo da petição inicial); "2) Da verdade dos fatos" (aqui conta-se a versão do réu sobre os fatos). Essa divisão é pertinente, principalmente quando houver controvérsia sobre como os fatos ocorreram. |
| FUNDAMENTOS FÁTICOS E JURÍDICOS | Quanto à parte "II – DO DIREITO", pode-se fazer a seguinte divisão: 1) Do cabimento da reconvenção; 2) Do mérito.<br><br>Deverá o reconvinte no item "Do cabimento da reconvenção" demonstrar a conexão e justificar o cabimento da reconvenção.<br><br>Por último deve o réu tratar do item "Do mérito".<br><br>Deverá o reconvinte citar legislação, doutrina e jurisprudência, nessa ordem. |

| | |
|---|---|
| PEDIDO | O reconvinte deverá requerer a intimação do autor reconvindo para contestar a reconvenção no prazo legal; a procedência da ação; bem como os ônus da sucumbência. |
| PROVAS | O réu reconvinte deverá requerer a produção das provas pertinentes para comprovar as suas alegações. |
| VALOR DA CAUSA | Seguirá a regra dos arts. 291 a 293, do CPC. |

## 3.2. Modelo – Reconvenção

Observação em relação ao novo Código de Processo Civil: Conforme disposto no art. 343, CPC, é possível (lícito) ao réu propor reconvenção na contestação. Dessa forma, o autor deverá contestar o pedido, opondo-se a ele, somando à conduta de contra-ataque ao autor, por meio da reconvenção, sendo necessário que deixe muito especificado na contestação esse pedido de reconvenção. Abaixo temos um modelo de reconvenção como peça autônoma.

Excelentíssimo Senhor Doutor Juiz de Direito da ... Vara ... da Comarca de ... .

*Pular 10 linhas*

_____(qualificação do réu – nome, estado civil, profissão, endereço, CNPJ, endereço)*, vem mui respeitosamente a presença de Vossa Excelência, por meio de seu advogado e bastante procurador que esta subscreve (doc. 01 – mandato), oferecer **RECONVENÇÃO** à ação que lhe promove a **FAZENDA DO ESTADO DE** _____, Pessoa Jurídica de Direito Público, com sede na _____, nos termos dos fundamentos de fato e de direito a seguir aduzidos:

### I – DOS FATOS

1. Dos fatos alegados pelo autor reconvindo

(...)

2. Da verdade dos fatos

(...)

### II – DO DIREITO

1. Do cabimento da reconvenção

(vide art. 343 do CPC)

2. Do mérito

*(Citar a lei, amarrada com os fatos, bem como legislação, doutrina e jurisprudência)*

### III – DO PEDIDO

Ante o exposto, é o presente para requerer que Vossa Excelência se digne em:

a) determinar a intimação do autor reconvindo para contestar a presente reconvenção no prazo legal;

b) julgar a presente reconvenção procedente, condenando-se o autor reconvindo ao pagamento de ..., além do pagamento das custas e despesas processuais, bem como dos honorários advocatícios.

*(A depender da condição econômica do réu reconvinte, deve-se pedir os benefícios da justiça gratuita)*

Protesta pela produção de prova documental e pericial, e de todos os meios probatórios em direito admitidos, ainda que não especificados no Código de Processo Civil, desde que moralmente legítimos (CPC, art. 369).

Dá-se à causa o valor de R$ ... (valor por extenso).

Termos em que, pede deferimento.

Local ..., data...

Advogado ...

OAB ....

## 4. Impugnação ao Cumprimento de Sentença

### 4.1. Estrutura Básica

| | |
|---|---|
| REQUISITOS | O Código de Processo Civil não trouxe requisitos, trata-se de mera petição. O prazo para apresentação da impugnação é de 15 dias (art. 523, do CPC). |
| ENDEREÇAMENTO | Juízo ou Tribunal da causa. |
| IDENTIFICAÇÃO DO PROCESSO | Indicação das partes, do número do processo e do nome da ação. |
| TRATAMENTO DAS PARTES | Autor e réu (credor e devedor). |
| FUNDAMENTOS FÁTICOS E JURÍDICOS | Estes requisitos tratam do seguinte: "DOS FATOS" (fundamentos de fato) e "DO DIREITO" (fundamentos jurídicos). <br><br> Quanto à parte "I – DOS FATOS" far-se-á um resumo do ocorrido. |
| FUNDAMENTOS FÁTICOS E JURÍDICOS | Quanto à parte "II – DO DIREITO", o devedor deverá trazer os fundamentos jurídicos conforme dispõe o art. 525, do CPC. <br><br> Deverá o réu citar legislação, doutrina e jurisprudência, nessa ordem. |
| PEDIDO | O réu deverá requerer o recebimento da impugnação nos próprios autos com a suspensão da ação, demonstrando os requisitos legais e o pedido principal de acordo com os fundamentos jurídicos. |
| VALOR DA CAUSA | Não há. |

## 4.2. Modelo – Impugnação ao Cumprimento de Sentença

Excelentíssimo Senhor Doutor Juiz de Direito da ... Vara ... da Comarca de ... .

*Pular 10 linhas*

_____(qualificação do réu – nome, estado civil, profissão, endereço, CNPJ, endereço), vem mui respeitosamente a presença de Vossa Excelência, por meio de seu advogado e bastante procurador que esta subscreve (doc. 01 – mandato), oferecer **IMPUGNAÇÃO AO CUMPRIMENTO DE SENTENÇA COM PEDIDO DE EFEITO,** nos termos dos fundamentos de fato e de direito a seguir aduzidos:

**I – DOS FATOS**

Trazer um resumo do processo.

**II – DO DIREITO**

Trazer os fundamentos jurídicos de acordo com o disposto no art. 525, do CPC.

*(citar a lei, amarrada com os fatos, bem como legislação, doutrina e jurisprudência)*

**III – DO EFEITO SUSPENSIVO**

Trazer os fundamentos para justificar o pedido, nos termos do art. 525, § 6º, do CPC.

**IV – DO PEDIDO**

Ante o exposto, é o presente para requerer de Vossa Excelência a:

a) concessão de efeito suspensivo com o intuito de obstar o prosseguimento do cumprimento de sentença, nos termos do art. 525, § 6º, do CPC;

b) intimação do credor, na pessoa de seu advogado, para que se manifeste acerca da presente impugnação;

c) o acolhimento da presente impugnação, condenando-se o credor ao pagamento das custas e despesas processuais, bem como dos honorários advocatícios.

Termos em que, pede deferimento.

Local ..., data...

Advogado ...

OAB ....

## 5. Petição Inicial de Execução contra a Fazenda Pública

### 5.1. Estrutura Básica

| | |
|---|---|
| REQUISITOS | Os mesmos da petição inicial (art. 319, do CPC), que compatíveis com a execução (art. 598 do CPC ). O procedimento será aquele previsto nos arts. 910, e seguintes, do CPC. |
| ENDEREÇAMENTO | Juiz da causa. |
| TRATAMENTO DAS PARTES | Exequente e executado. |
| FUNDAMENTOS FÁTICOS E JURÍDICOS | Demonstrar o débito da Fazenda Pública, em geral com uma sentença condenatória transitada em julgado. |
| PEDIDO | Citação, por oficial de justiça, da Fazenda Pública para opor embargos no prazo legal.<br><br>Caso a Fazenda não apresente embargos, pedir que o juiz requisite o pagamento por intermédio do Presidente do Tribunal competente (art. 100 da CF).<br><br>Vide também a Lei de Juizados Especiais Federais (art. 17, § 1º, da Lei 10.259/2001) e Lei do Juizado Especial da Fazenda Pública (Lei 12.153/2009). |
| VALOR DA CAUSA | Valor do título. |

### 5.2. Modelo – Petição Inicial de Execução contra a Fazenda Pública

Excelentíssimo Senhor Doutor Juiz de Direito da ... Vara ... da Comarca de ... .

*Pular 10 linhas*

_____*(qualificação do réu – nome, estado civil, profissão, endereço, CNPJ, endereço)*, vem mui respeitosamente a presença de Vossa Excelência, por meio de seu advogado e bastante procurador que esta subscreve (doc. 01 – mandato), oferecer **EXECUÇÃO, com fundamento no art. 910, do CPC, em face da FAZENDA DO ESTADO DE** _____, Pessoa Jurídica de Direito Público, com sede na _____, nos termos dos fundamentos de fato e de direito a seguir aduzidos:

**I – DOS FATOS**

Demonstrar a existência de título contra a Fazenda Pública.

**II – DO DIREITO**

Demonstrar que a hipótese se enquadra no art. 910, do CPC.

*(Citar a lei, amarrada com os fatos, bem como legislação, doutrina e jurisprudência)*

## III – DO PEDIDO

Ante o exposto, é o presente para requerer que Vossa Excelência se digne em:

a) determinar a citação, por oficial de justiça, da Fazenda Pública... para, querendo, opor embargos no prazo legal;

b) caso não sejam opostos embargos ou estes sejam julgados improcedentes, seja expedido ofício ao Presidente do Tribunal... para expedição do respectivo precatório, de acordo com o art. 100 da CF..., para pagamento do valor aqui pleiteado, além do pagamento das custas e despesas processuais, bem como dos honorários advocatícios.

*(A depender da condição econômica do réu reconvinte, deve-se pedir os benefícios da justiça gratuita)*

Dá-se à causa o valor de R$ ... (valor por extenso).

Termos em que, pede deferimento.

Local ..., data...

Advogado ...

OAB ....

# BREVES COMENTÁRIOS SOBRE A LEI 14.133/2021

## I. APLICABILIDADE DA NOVA LEI

Em 1º de abril de 2021 foi editada a Lei 14.133, a **nova lei de licitações e contratos administrativos**.

Importante esclarecer que a Lei 8.666/1993 não foi, de modo geral, imediatamente revogada pelo novo regime. A antiga norma vigorará por 2 anos, com revogação prevista para abril de 2023. Os únicos dispositivos da Lei 8.666/1993 que foram imediatamente revogados foram os arts. 89 a 108, que disciplinavam os crimes relacionados às licitações e aos contratos públicos. Agora o tema é tratado no próprio Código Penal (arts. 337-E a 337-P).

> **Importante!** Por conta disso, atualmente convivem os regimes tanto da Lei 14.133/2021 quanto da Lei 8.666/1993, bem como da Lei 10.520/2002 (Pregão) e Lei 12.462/2011 (Regime Diferenciado de Contratação – RDC). Até a revogação destas últimas, a Administração poderá optar por licitar (ou contratar diretamente) de acordo com o regime mais novo ou o antigo. A opção escolhida deverá ser indicada expressamente, vedada a aplicação combinada dos diplomas normativos.

## II. ASPECTOS GERAIS

A Lei 8.666/1993 prevê os seguintes **objetivos** da licitação pública: (i) seleção da proposta mais vantajosa; (ii) tratamento igualitário entre os licitantes; (iii) desenvolvimento nacional sustentável. A Lei 14.133/2021, além de mantê-los, disciplina outros: (iv) evitar sobrepreço, preços inexequíveis e superfaturamento; (v) incentivo à inovação.

Em relação aos **princípios**, a nova lei igualmente preserva os princípios incorporados na Lei 8.666/1993, como a legalidade, impessoalidade, moralidade, vinculação ao instrumento convocatório, julgamento objetivo, entre outros. Além disso, insere postulados inéditos, merendo destaque os princípios do planejamento (fundamento da fase preparatória), da transparência (corolário da publicidade) e o da segregação de funções (é vedada a atuação simultânea do agente público nas funções sujeitas a risco).

A nova lei de licitações contempla uma série de regramentos relacionados a aspectos **ambientais**, como a possibilidade de estipulação de margem de preferência a bens reciclados, recicláveis ou biodegradáveis. No que se refere ao aspecto **social**, possível à Administração exigir a destinação de percentual mínimo de mão de obra a mulher vítima de violência doméstica.

Outra novidade relevante da nova lei é a valorização da implantação de **programas de integridade** (*compliance*) pelos contratados, podendo representar, entre outros: (a) condição à continuidade de contratações de grande vulto; (b) critério subsidiário de desempate; (c) critério para a dosimetria de sanções administrativas.

## III. CONTRATAÇÃO DIRETA

Da mesma forma que a Lei 8.666/1993, o regime geral da contratação direta disciplinado pela Lei 14.133/2021 envolve, como categorias gerais mais relevantes, a *dispensa* e a *inexigibilidade*.

A **inexigibilidade** está prevista no art. 74 da nova lei de licitações, que elenca cinco hipóteses. Trata-se de rol exemplificativo (da mesma forma que o art. 25 da Lei 8.666/1993, que contempla três incisos). São elas:

- Fornecedor exclusivo (mesma hipótese da Lei 8.666/1993);
- Contratação de artista, desde que consagrado pela crítica ou pela opinião pública (mesma hipótese da Lei 8.666/1993);
- Serviço técnico especializado (ex.: projetos, perícias, estudos técnicos), desde que prestado por profissional de notória especialização (hipótese semelhante à da Lei 8.666/1993, pois a nova lei não prevê de modo expresso o requisito da singularidade do serviço);
- Credenciamento (hipótese não prevista expressamente na Lei 8.666/1993; trata-se de instrumento auxiliar);
- Aquisição ou locação de imóveis cujas características de instalações e de localização tornem necessária sua escolha. **Obs.:** relevante atentar que essa hipótese é tratada pela Lei 8.666/1993 como sendo licitação dispensável.

A **dispensa**, por sua vez, está prevista no art. 75 da nova lei de licitações. Trata-se de rol taxativo (da mesma forma que o art. 24 da Lei 8.666/1993). As peculiaridades trazidas pela Lei 14.133/2021 são:

- Pequeno valor: contratações inferiores a R$ 100 mil para obras e serviços de engenharia, bem como as inferiores a R$ 50 mil para outros serviços e compras (os valores, já corrigidos, da Lei 8.666/1993 são R$ 33 mil e R$ 17,6 mil, respectivamente);
- Licitação deserta (aquela em que não houve interessados): a nova lei passou a condicionar a contratação direta ao prazo de 1 ano da licitação deserta;
- Aquisição de produtos para pesquisa e desenvolvimento: no caso de obras e serviços de engenharia, há um limite de R$ 300 mil;
- Aquisição de medicamentos destinados exclusivamente ao tratamento de doenças raras definidas pelo Ministério da Saúde (hipótese não prevista na Lei 8.666/1993);
- Em virtude de emergência ou calamidade pública: o prazo máximo do contrato deve ser de 1 ano, contado da data da ocorrência da situação excepcional (a Lei 8.666/1993 prevê o prazo de 180 dias); além disso, vedada a recontratação da empresa que firmou o contrato sem licitação.

## IV. MODALIDADES LICITATÓRIAS

As modalidades previstas na Lei 14.133/2021 são:

> **Atenção!** A nova lei de licitações não mais prevê as modalidades tomada de preço e convite (ambas previstas na Lei 8.666/1993), bem como o regime diferenciado de contratações-RDC (disciplinado na Lei 12.462/2011).

- **Pregão**: modalidade obrigatória para a aquisição de bens e serviços comuns (incluindo serviços comuns de engenharia); o critério de julgamento é o menor preço ou o maior desconto;
- **Concorrência**: utilizada para a contratação de: (a) obras, (b) de bens e serviços especiais ou (c) de serviços comuns e especiais de engenharia; podem ser utilizados os

seguintes critérios de julgamento: (i) menor preço; (ii) maior desconto; (iii) melhor técnica ou conteúdo artístico; (iv) técnica e preço; (v) maior retorno econômico (este último é utilizado no contrato de eficiência, em que o contratado é remunerado com base em percentual da economia gerada).

- **Concurso**: o critério de julgamento utilizado é o de melhor técnica ou conteúdo artístico;
- **Leilão**: modalidade destinada à alienação de: (a) bens imóveis; (b) bens móveis inservíveis ou legalmente apreendidos; o critério de julgamento é o do maior lance.
- **Diálogo competitivo**: modalidade inédita no ordenamento brasileiro; pretende-se realizar diálogos com licitantes, no intuito de desenvolver alternativas capazes de atender às suas necessidades de contratação; aproveita-se, assim, a expertise do setor privado para desenvolver soluções eficientes; a condução dessa modalidade é feita por comissão de contratação (composta de pelo menos 3 agentes públicos efetivos/permanentes).

**Importante!** O diálogo competitivo pode ser utilizado, além da modalidade concorrência, para a celebração de contrato de *concessão de serviço público* (cf. Lei 8.987/1995), inclusive *parceria público-privada*-PPP (cf. Lei 11.079/2004).

## V. FASES

Nos termos da nova lei, o procedimento licitatório é conduzido, como regra, por um **agente de contratação**, auxiliado por uma equipe de apoio. Portanto, alterada a lógica da Lei 8.666/1993, em que prevalece a atuação de uma *comissão* de licitação.

Ademais, as licitações devem ser realizadas preferencialmente sob a forma eletrônica.

No âmbito do rito procedimental comum, as **fases** de uma licitação são: 1ª) Fase preparatória; 2ª) Divulgação do edital; 3ª) Apresentação de propostas e lances; 4ª) Julgamento; 5ª) Habilitação; 6ª) Recursos; 7ª) Homologação.

**Importante!** A Lei 14.133/2021 alterou a dinâmica procedimental da Lei 8.666/1993, em que a habilitação precedia a classificação e o julgamento. Assim, pelo novo regime, a habilitação é posterior à fase de julgamento, conferindo maior celeridade à licitação. Esta maneira de proceder já era aplicada, entre outras, na modalidade pregão (cf. Lei 10.520/2002) e agora foi generalizada.

A *disputa* entre os licitantes pode ser de dois modos: (i) modo aberto: possibilidade de lances públicos e sucessivos (como já utilizado no pregão, cf. Lei 10.520/2002); (ii) modo fechado: propostas sob sigilo até a data marcada para sua divulgação (mecanismo clássico da Lei 8.666/1993).

Em caso de *empate*, a nova lei de licitações estipulou os seguintes critérios de desempate: 1º) disputa final entre os licitantes empatados; 2º) avaliação de desempenho contratual prévio; 3º) desenvolvimento de ações de equidade entre homens e mulheres no ambiente de trabalho; 4º) implantação de programa de integridade. Caso persista o empate, estipula-se preferência, sucessivamente, às empresas: 1º) estabelecidas no Estado (ou no DF) do ente público estadual/distrital ou municipal licitante; 2º) brasileiras; 3º) que invistam em pesquisa e desenvolvimento tecnológico no País; 4º) que adotam mecanismos de mitigação na emissão de gases de efeito estufa.

A documentação de habilitação pode ser *dispensada* nas contratações: (a) para entrega imediata; (b) envolvendo valores inferiores a R$ 12,5 mil; (c) de produto para pesquisa e desenvolvimento até o valor de R$ 300 mil.

## VI. INSTRUMENTOS AUXILIARES

A Lei 14.133/2021 disciplina os instrumentos auxiliares às licitações e aos contratos públicos. São eles:

**1º) Credenciamento**: processo de chamamento público em que a Administração convoca interessados em prestar serviços ou fornecer bens; observe-se que a contratação é realizada com todos aqueles que pretendem firmar determinado negócio com a Administração, o que torna inviável a competição e, consequentemente, inexigível a licitação;

**2º) Pré-qualificação**: constitui procedimento seletivo prévio à licitação, convocado por meio de edital, destinado à análise das condições de habilitação, total ou parcial; trata-se de instrumento já previsto na Lei 8.666/1993, embora disciplinado de modo sucinto; seu prazo de validade é de 1 ano;

**3º) Procedimento de manifestação de interesse (PMI)**: procedimento pelo qual a Administração solicita à iniciativa privada o desenvolvimento de estudos e projetos que possam contribuir com aspectos da atuação do Poder Público; não encontra previsão na Lei 8.666/1993 e sim em outras normas, como a lei de concessões (Lei 8.987/1995) e das organizações da sociedade civil (Lei 13.019/2014); o PMI é, como regra, aberta a todos os eventuais interessados, embora pode ser restrito a *startups* (microempreendedores individuais, as microempresas e as empresas de pequeno porte, de natureza emergente e com grande potencial, que se dediquem à pesquisa, ao desenvolvimento e à implementação de novos produtos ou serviços baseados em soluções tecnológicas inovadoras que possam causar alto impacto);

**4º) Sistema de registro de preços (SRP)**: conjunto de procedimentos para realização, mediante contratação direta ou licitação (modalidades: pregão ou concorrência), de registro formal de preços relativos a prestação de serviços, a obras e a aquisição e locação de bens para contratações futuras; já encontrava previsão na Lei 8.666/1993, embora a Lei 14.133/2021 torne seu regramento mais minucioso; as características mais relevantes incorporadas na nova lei de licitações são: (a) possibilidade de SRP para obras e serviços de engenharia; (b) o prazo da vigência da ata de registro de preços é de 1 ano, podendo ser prorrogado por igual período, desde que se demonstre vantajosidade; (c) previsão expressa da figura do "carona" (adesão à ata de registro de preço por ente não participante);

**5º) Registro cadastral**: assentamento pelo qual se permite a qualificação prévia de interessados que desejam participar de licitações futuras promovidas pela Administração; a nova lei exige a utilização de um sistema de registro cadastral unificado, disponibilizado no Portal Nacional de Contratações Públicas.

## VII. CONTRATOS ADMINISTRATIVOS

Os contratos administrativos obedecem à **forma escrita**, sendo nulo e de nenhum efeito o contrato verbal. Exceção: admite-se *contrato verbal* para pequenas compras ou para a prestação de serviços de pronto pagamento, assim entendidos aqueles de valor não superior a R$ 10 mil.

O *instrumento de contrato* é obrigatório, admitindo-se a sua substituição por outros documentos hábeis (exemplo: nota de empenho) nas seguintes situações: (a) dispensa de licitação em razão de valor; (b) compras com entrega imediata e dos quais não resultem obrigações futuras, inclusive quanto à assistência técnica, independentemente de seu valor.

A **divulgação no Portal Nacional de Contratações Públicas** (PNCP) é condição indispensável para a *eficácia* do contrato. Deve ocorrer nos seguintes prazos, contados da data de sua assinatura: (i) 20 dias úteis, no caso de licitação; (ii) 10 dias úteis, no caso de contratação direta.

A Lei 14.133/2021 trouxe alterações em relação ao **prazo de duração** dos contratos administrativos. Assim, de modo exemplificativo: (a) contratos de serviços e fornecimento contínuos: prazo de até 5 anos, cabendo prorrogação até 10 anos; (b) contratos que geram receita e contratos de eficiência: até 10 anos, nos contratos sem investimento; e de até 35 anos, nos contratos com investimento; (c) contratos em que a Administração seja usuária de serviço público (oferecido em regime de monopólio): prazo indeterminado (desde que haja existência de crédito orçamentário a cada exercício financeiro).

Um aspecto relevante da Lei 14.133/2021 é a **alocação de riscos**, os quais são objeto de distribuição ente contratante e contratado por meio da elaboração de uma matriz de riscos. Ela não é obrigatória, salvo na (a) contratação de obras e serviços de grande vulto (contrato cujo valor estimado supera R$ 200 milhões) ou (b) adoção dos regimes de contratação integrada ou semi-integrada.

No que tange aos **encargos do contratado**, a nova lei incorporou a jurisprudência do STF sobre o tema. Assim, como regra, a inadimplência do contratado em relação aos encargos trabalhistas, fiscais e comerciais *não* transfere à Administração a responsabilidade pelo seu pagamento. No entanto, nas contratações de serviços contínuos com regime de dedicação exclusiva de mão de obra (exemplo: contrato de serviço de limpeza), a Administração responde subsidiariamente pelos encargos trabalhistas, se comprovada falha na fiscalização do cumprimento das obrigações do contratado (culpa *in vigilando*).

Já no que se refere à **extinção** dos contratos, a Lei 14.133/2021 dispõe sobre as hipóteses em que o *contratado* tem direito à extinção ou à suspensão do negócio. São elas, entre outras: (a) suspensão de execução do contrato, por ordem escrita da Administração, por prazo superior a 3 meses (hipótese não prevista na Lei 8.666/1993); (b) repetidas suspensões que totalizem 90 dias úteis (hipótese não prevista na Lei 8.666/1993); (c) atraso no pagamento superior a 2 meses (na Lei 8.666/1993 o prazo é de 90 dias).

A **nulidade** do contrato administrativo pode dar ensejo: (a) ao *saneamento* da irregularidade; (b) à *suspensão* ou à *anulação* da avença (com base em critérios de interesse público); (c) à *continuidade* do contrato, de modo que a solução da irregularidade se dá pela indenização por perdas e danos. Além disso, a declaração de nulidade detém, como regra, efeito retroativo (*ex tunc*), podendo ser conferido efeito não retroativo (*ex nunc*), de modo que só tenha eficácia em momento futuro, suficiente para efetuar nova contratação, por prazo de até 6 meses, prorrogável uma única vez.

## VIII. REGIME SANCIONATÓRIO

As **penalidade**s previstas na Lei 14.133/2021 são:

**Advertência**;

- **Multa**: a nova lei, em caráter inédito, definiu o limite mínimo e máximo dessa sanção pecuniária (0,5% a 30% do valor do contrato);
- **Impedimento de licitar e contratar**: vedação de licitação e contratação pelo prazo máximo de 3 anos; sua abrangência restringe-se ao ente federativo que tenha aplicado a sanção;
- **Declaração de inidoneidade**: vedação de licitação e contratação pelo prazo mínimo de 3 anos e máximo de 6 anos; seus efeitos abrange todas as esferas federativas.

**Obs.:** no caso das últimas duas sanções (impedimento e declaração), o processo de responsabilização deve ser conduzido por comissão composta de 2 ou mais agentes públicos estáveis ou dos quadros permanentes (neste caso, com, no mínimo, 3 anos de tempo de serviço).

> **Atenção!** A Lei 14.133/2021 não prevê a sanção de suspensão temporária (contida na Lei 8.666/1993), cujo prazo máximo é de 2 anos.

A aplicação das penalidades não afasta a *obrigação de reparar* integralmente o dano causado.

Além disso, a nova lei disciplinou de modo pormenorizado a *reabilitação* daquele que foi sancionado. Os requisitos para tanto são: (a) reparação integral do dano; (b) pagamento da multa; (c) transcurso do prazo mínimo de 1 ano (contado da aplicação da penalidade), no caso de impedimento de licitar e contratar, ou de 3 anos, no caso de declaração de inidoneidade; (d) cumprimento das condições definidas no ato punitivo; (e) análise jurídica prévia sobre o cumprimento dos presentes requisitos.

O *prazo prescricional* é de 5 anos, contados da ciência da infração pela Administração. Esse interregno é interrompido pela instauração do processo de responsabilização, bem como suspenso pela celebração de acordo de leniência ou por decisão judicial que inviabiliza a conclusão da apuração administrativa.

## IX. OUTROS ASPECTOS DA LEI 14.133/2021

- Criação do *Portal Nacional de Contratações* (sítio eletrônico oficial destinado, entre outras finalidades, à divulgação das licitações e contratos);
- Possibilidade de estabelecer *caráter sigiloso* ao orçamento que embasa a contratação pública; esse sigilo não abrange os órgãos de controle interno e externo;
- *Tramitação prioritária* das ações judiciais relacionadas à aplicação das normas gerais de licitações e contratos;
- Possibilidade de adoção de *meios alternativos* de prevenção e resolução de controvérsias (conciliação, mediação, comitê de resolução de disputas e arbitragem);
- Na contratação de obras, fornecimentos e serviços, inclusive de engenharia, pode ser estabelecida *remuneração variável* vinculada ao desempenho do contratado, com base em metas, padrões de qualidade, critérios de sustentabilidade ambiental e prazos de entrega;
- Regramento das figuras do *reajustamento* em sentido estrito (relacionado à correção monetária) e da *repactuação* (manutenção do equilíbrio econômico-financeiro resultante da variação dos custos contratuais);
- Possibilidade de *desconsideração da personalidade jurídica* em caso de abuso do direito para facilitar, encobrir ou dissimular a prática dos atos ilícitos previstos nesta Lei ou para provocar confusão patrimonial;
- *Representação* (judicial ou extrajudicial) pela *advocacia pública* dos agentes públicos que precisam se defender (nas esferas administrativa, controladora ou judicial) em razão de participação em licitações e contratos envolvendo atos praticados com estrita observância de orientação constante em parecer jurídico.